임동석중국사상100

당재자전
唐才子傳

辛文房 撰 / 林東錫 譯註

〈李白〉

"상아, 물소 뿔, 진주, 옥. 진괴한 이런 물건들은 사람의 이목은 즐겁게 하지만 쓰임에는 적절하지 않다. 그런가 하면 금석이나 초목, 실, 삼베, 오곡, 육재는 쓰임에는 적절하나 이를 사용하면 닳아지고 취하면 고갈된다. 그렇다면 사람의 이목을 즐겁게 하면서 이를 사용하기에도 적절하며, 써도 닳지 아니하고 취하여도 고갈되지 않고, 똑똑한 자나 불초한 자라도 그를 통해 얻는 바가 각기 그 자신의 재능에 따라주고, 어진 사람이나 지혜로운 사람이나 그를 통해 보는 바가 각기 그 자신의 분수에 따라주되 무엇이든지 구하여 얻지 못할 것이 없는 것은 오직 책뿐이로다!"

《소동파전집》(34) 〈이씨산방장서기〉에서 구당(丘堂) 여원구(呂元九) 선생의 글씨

책머리에

　일찍이 《고문진보古文眞寶》를 배울 때 송지문宋之問의 작품으로 되어 있는 〈유소사有所思〉(代悲白頭翁)라는 제목의 "연년세세화상사年年歲歲花相似, 세세년년인부동歲歲年年人不同"(해마다 해마다 꽃은 같은 모습인데, 해마다 해마다 사람은 늙어가네)이라는 구절에 이르러 "이는 원래 유정지(劉廷芝, 希夷)의 글귀인데 송지문이 빼앗기 위해 그를 죽였다. 송지문은 유정지의 장인(舅, 외삼촌)이었다" 라는 말을 듣고 엄청난 충격을 느꼈던 기억이 난다. 그 일화가 《당재자전唐才子傳》이라는 책에 실려 있다는 것이었다. 그 때부터 이 책이 어떤 책인가 하는 흥미와 함께 "시가 아무리 좋다 해도 시 구절 하나를 두고 사람을 죽일 수 있으며, 더구나 인척의 어린 사람을 살해하면서까지 그 시를 자신의 것으로 만들어야 하는가? 무슨 그런 시대가 있었으며 어떤 사회이기에 그런 일이 있을 수 있는가? 그리고 어떤 책이기에 그런 이야기가 적혀 있을까?" 하는 의구심을 갖게 되었다. 아울러 이러한 생각은 머리를 떠나지 않은 채 시간이 흘렀다.

　그런데 중국문학 공부를 본격적으로 하면서 이 《당재자전》이라는 책에 대한 흥미가 되살아나 자연히 관련 자료를 모으고 비교하며 훑어보게 되었다. 과연 당唐이라는 나라는 천하 사람의 자유를 인정하고 시의 세계를 지선至善으로 삼았으며, 기인奇人의 정서情緒 돌출突出까지도 수용할 만큼 넓고 화려한 시대였음을 금방 느끼게 되었다. 그런데 그러한 시대에도 세상이 너무 좁아 도저히 자신의 감정과 시정詩情의 예술혼藝術魂을 다 표현할 수 없다고 여겨 그 이상의 세계를 꿈꾸며 살다가 간 사람들이 있다. 바로 여기에 실린 278명과 부수적으로 이름이 오른 수십 명이 이에 해당한다.

이 책을 읽다보면 우리가 늘 들어온 대가들은 빠짐없이 실려 있고 그 외에 승려, 여인, 심지어 이름이 드러나지 않은 사람들의 뛰어난 작품을 귀신들의 작품으로 여겨 수록한 것까지 참으로 신기한 인간의 생애가 가득 차 있음을 발견하게 된다.

지금 우리는 세계 속에서 지역의 한계를 뛰어넘어 실제 상황을 그대로 보며 살고 있다. 과학문명의 발달로 인한 인터넷의 속도를 보면 사실 무섭기도 하고 내일이나 몇 년 후조차 예상할 수 없는 세상에 살고 있다. 이러한 때에 한번 좀 더 느리고 답답하고, 그러면서 한가로운 당나라 때 초인과 시인, 기인들의 풍류와 고취苦趣를 맛보는 것도 또 다른 여유가 아닌가 한다. 가슴속에 맺혀 풀 수 없는 인간의 숙명적인 위기감은 물론 그 당시도 있었다. 아니 여기에 실린 사람들은, 시대는 당대唐代였지만 생각은 그 때에 적응하지 못하였고, 삶은 그 시대와 아주 멀리 괴리된 모습들이었다. 스스로 소외疏外를 자초하여 혹 은둔하기도 하고, 혹 광기狂氣로 세상을 휘젓기도 하였으며, 또는 결국 신선 세계로 날아가 버린 인물들이다. 이백을 두고 "세상에 귀양 온 신선謫仙人"이라 하였지만 실제 이백뿐이 아니었다. 당나라 때의 재자가인으로 '적선인'이 아닌 자가 없었다.

책의 제목은 "당나라 때의 재자才子들에 대한 전기"라는 이름이지만 여기서 '재자'란 재능이 뛰어난 인물만을 가리키는 것이 아님은 책을 읽어 나가면서 금방 눈치 채게 될 것이다. 오히려 기인奇人, 광인狂人, 경지를 넘어선 도인道人, 선인仙人들쯤에 해당한다.

단지 그 당시 풍미했던 당시唐詩라는 울분 토로吐露 그릇에 그 영감靈感의 진액眞液을 쏟아 담은 것뿐이다. 그러한 쏟아 담을 그릇이 있었다는 것은 참으로 다행이라 할 수 있다. 이것이 중국 문학사를 두고 최고의 경지인 당시시대를 낳은 것이며, 과연 썩지 않을 불후의 작품은 인류에게 아주 넓은 시정詩情의 세계를 열어주었다. 그 전후를 통해 그 이상의 어떤 문학 장르도 태어나지 못하였다. 그래서 얼핏 이 책의 내용이 당대 시인들의 전기가 아닌가 잘못 판단할 수도 있다. 그러나 분명 그것은 아니다. 포괄적으로 재인이라 한 것이며, 그 구체적 유물이 당시였을 뿐이다. 그 때는 시인 아닌 자가 없었고 시인이면서 문인이 아닌 자가 없었으며, 그러면서 과거에도 덤벼보고 벼슬살이도 해보았지만 결국 생의 참된 진리를 위해 우화등선을 꿈꾸는 기인 아닌 자가 없었고, 불교나 도교에 뜻을 두지 않은 자가 없었다. 거기에 여인이나 승려, 도인도 이에 경구절창警句絶唱 한 수 표현해내지 못하면 마치 살아 있으되 제대로 산 것이 아닌 강박관념까지 느낀 것이 아닌가 할 정도로 시와 기행이 들끓는 정신적 동탕動蕩의 가마솥이었다고 느낄 정도이다. 다양한 상상력을 마음대로 펴 볼 수 있고, 그 상상력을 다시 행동으로 옮겨도 되는 자유만끽의 드넓은 시대에 태어난 사람들이, 도리어 세상이 너무 넓어 다시 새장으로 들어가고 싶어 몸부림쳤던 시대였음이 분명하다. 눈앞에 펼쳐진 세상을 너무 좁은 새장으로 여겨 더 넓은 세계를 꿈꾸었으니 인간만이 누릴 수 있는 무한에 대한 욕망의, 끝간 데 모를 추구였는지 모른다.

　　나는 이 책을 역주하면서 참으로 많은 행복감을 느꼈다. 이 시대와 너무 닮은 것도 있고, 내 생각과 너무 같아 나 대신 세상을 살아주는 사람들이 그렇게도 많았음을 발견한 것이다. 그리고 내 삶이 미물일진대 무엇이 그리 나를 짓누르고 있는가? 과연 여세부쟁與世不爭의 삶을 실천해 볼 수는 없는가? 옛 사람 말대로 폭풍처럼 왔다가 티끌처럼 사라질(來似暴風, 去如微塵) 수는 없는가? 이러한 화두를 그대로 일러주고 있는 당나라 재자들의 삶 속에 나를 이입移入시켜도 될 듯한 착각은, 참으로 고맙고 또한 한적한 가치를 나에게 꾸어주고 있다.

물론 이 책은 학술적으로 이용되도록 역주한 것이다. 그러나 일반인들도 읽어보면 얻는 것이 있을 것임은 당연하다. 어디 쉽고 말초적인 표현만이 이 시대 독서인의 전유물이랴? 어려움도 하나의 길이며 험난할수록 도전을 부르는 법이다. 행복한 읽을거리가 될 것이라 여기며, 다시 우리 이 시대의 삶을 조명하는 거울이 될 수도 있을 것이라 여긴다.

끝으로 소략하고 완정完整하지 못한 부분은 강호제현이 살펴 질책해 주기를 기대한다.

줄포茁浦 임동석林東錫이 취벽헌醉碧軒에서 적다.

일러두기

1. 이 책은 삼간초당본三間草堂本《당재자전唐才子傳》(臺灣 廣文書局 영인본, 1972)을 근거로 하여 역주한 것이다.

2. 백화어 번역본으로는 이립박李立朴의《당재자전전역唐才子傳全譯》(貴州人民出版社, 1995)과 《신역당재자전新譯唐才子傳》(戴揚本 三民書局 2005 臺北)이 큰 도움이 되었으며, 일부 세밀한 부분은 부선종傅璇琮(主編)의《당재자전교전唐才子傳校箋》(총6책, 中華書局 1987 北京)이 있어 이 방면의 가장 큰 업적이라 할 수 있다.

3. 〈사고전서四庫全書〉 사부史部(七), 전기류傳記類(三), 총록지속總錄之屬의 《당재자전唐才子傳》은 내용과 체재 등이 심히 소략疏略하며 거론된 인명도 차이가 있다.

4. 역주와 인명의 차례는 〈삼간초당본〉을 따르되 일련번호를 부여하여 쉽게 찾아볼 수 있도록 하였다.

5. 일부 오자, 탈자 등은《당재자전고이唐才子傳考異》와 부선종의《교전校箋》을 따라 바로잡았다.

6. 축자축구逐字逐句식의 직역을 위주로 하였으며 일부 용어는 우리말로 풀어쓰기가 쉽지 않아 그대로 사용한 것도 있다. 이 경우 한자를 병기하여 뜻을 이해할 수 있도록 하였다.

7. 체재는 번역문을 먼저 싣고 원문을 다음 차례로 하였으며, 주譯를 제시하였다.

8. 이어서『참고 및 관련 자료』난을 마련하여 인물의 간단한 생애生涯와 문집文集의 전래 유무有無, 그리고 본문에 거론된 시詩는 물론, 관련된 자료들을《구당서舊唐書》,《신당서新唐書》,《신구오대사新舊五代史》등

사료史料와 《당시기사唐詩紀事》, 《전당시全唐詩》, 《전당시화全唐詩話》 등에서 일일이 찾아 제시하였다.

9. 부록에는 판본 영인을 제시하여 원서의 면모를 알 수 있게 하였다.

10. 부록으로는 각종 (1)관련 서발 (2)저자 신문방辛文防 관련자료 (3)당재 자전고이唐才子傳考異 (4)수隋 당唐 오대십국五代十國 송宋까지의 세계표世系表 (5)당唐 오대五代 건원建元(年號)일람표를 실어 본문 이해와 학문적 연구에 도움이 되도록 하였다. 그리고 끝으로 (6)인명별 참고자료를 일람표로 만들어 일목요연하게 살필 수 있도록 하였다.

❋ 참고문헌

1. 《唐才子傳校箋》(全5冊) 傅璇琮(主編) 中華書局 1990, 北京

2. 《唐才子傳校正》 周本淳 文津出版社 1988, 臺北

3. 《唐才子傳》(筆記叢編, 三間草堂雕, 印本2冊) 廣文書局 1972, 臺北

4. 《唐才子傳》(四庫全書, 文淵閣本) 史部七, 傳記類三 總錄之屬 臺灣商務印書館印本, 臺北

5. 《唐才子傳全譯》 李立朴譯註 貴州人民出版社 1995 貴陽

6. 《新譯唐才子傳》 戴揚本 三民書局 2005 臺北

7. 《全唐詩》(12책) 淸 成祖御定 明倫出版社 1971 臺北

8. 《唐詩紀事》(上下) 宋 計有功 木鐸出版社 1982 臺北

9. 《全唐詩話》 淸 何文煥 木鐸出版社 1982 臺北

10. 《古唐詩合解》 淸 王翼雲 文政出版社 宣統元年 石印本 臺北

11. 《唐摭言》 五代 王定保 四庫全書 子部 12 小說家類 雜事之屬

12. 《舊唐書》 後晉 劉昫(찬) 鼎文書局 1978 臺北

13. 《新唐書》宋 歐陽修(등) 鼎文書局 1978 臺北

14. 《舊五代史》宋 薛居正 鼎文書局 1978 臺北

15. 《新五代史》宋 歐陽修 鼎文書局 1978 臺北

16. 《宋史》元 托克托 鼎文書局 1978 臺北

17. 《詩人玉屑》宋 魏慶之(찬) 臺灣商貿印書館 1980 臺北

18. 《郡齋讀書志校證》宋 晁公武(찬) 孫猛(校證) 上海古籍出版社 1990 上海

19. 《崇文總目》(上下) 王堯臣 臺灣商務印書館 1978 臺北

20. 《直齋書錄解題》陳振孫 臺灣商務印書館 1978 臺北

21. 《唐詩品彙》明 高秉 上海古籍出版社 1981 上海

22. 《唐人軼事彙編》(4책) 周勛初(主編) 上海古籍出版社 1995 上海

23. 《唐代詩人列傳》馮作民 星光出版社 1980 臺北

24. 《滄浪詩話校釋》宋 嚴羽(著) 郭紹虞(校釋) 東昇出版社 1980 臺北

25. 《高僧傳》梁 慧皎 中華出版社 1996 北京

26. 《歷代高僧傳》李山(등) 山東人民出版社 1994 濟南

27. 《唐宋詩舉要》高涉瀛 宏業書局 1977 臺北

28. 《唐詩研究》胡雲 宏業書局 1972 臺北

29. 《杜詩詳註》(4책) 正大印書館印本 1974 臺北

30. 《李太白文集》學生書局印本 1967 臺北

31. 《十八家詩鈔》(2책) 曾國藩 世界書局 1974 臺北

32. 《千家詩》印本 文化圖書公司 1974 臺北

33. 《唐宋名詩索引》孫公望 湖南人民出版社 1985, 長沙

34. 《中國歷代詩詞選》周道榮(외) 新華出版社 1983 北京

35. 《中國歷代詩選》丁嬰 宏業書局 1978 臺北

36. 《中國歷代詩人選》(12책) 源流出版社 1982 臺北

37. 《中國古代情詩選》黃筑 黃河出版社 1979 臺北

38. 《唐詩三百首》萬里書店 1983 홍콩

39. 《唐詩一千首》金聖嘆(批注) 五洲出版社 1980 臺北

40. 《唐人絶句五百首》房開江, 潘中心(편) 貴州人民出版社 1983 貴陽

41. 《唐人萬首絶句選》洪邁本, 王士禎 藝文印書館(印本) 1981 臺北

42. 《柳宗元集》(2책) 四部刊要印本 漢京文化事業有限公司 1982 臺北

43. 《唐詩論叢》陳貽焮 湖南人民出版社 1981 長沙

44. 《唐詩別裁》(上下) 沈德潛 臺灣商務印書館 1978 臺北

45. 《唐詩大觀》上海辭書出版社編輯部 1986 上海

46. 《宋詩大觀》上海辭書出版社編輯部 1989 上海

47. 《歷代詩人年譜》(上下) 臺灣商務印書館 1978 臺北

48. 《中國詩詞發展史》民文出版社 1979 臺北

49. 《宋詩話考》郭紹虞 中華書局 1985 北京

50. 《十四家詩鈔》周自清 上海古籍出版社 1981 上海

51. 《唐詩故事》陸家驥 正中書局 1980 臺北

52. 《全國唐詩討論會論文集》霍松林 陝西人民出版社 1984 西安

53. 《唐詩之旅》愛書人雜誌社 1981 臺北

　　 기타 참고 및 공구서 생략

해제

1. 《당재자전》

　《당재자전》은 전기체傳記體 사서史書이며 당시唐詩 평론서評論書이다.
원元나라 때 신문방辛文房이라는 이가 지은 것으로 당대唐代와 오대五代까지의
인물을 모아 평론한 약전형略傳形의 기록이다. 모두 10권으로 되어 있다.
신문방은 서역西域 사람으로 알려져 있다. 그는 한문학漢文學에 숙통熟通
하였으며, 특히 당대 시인에 대한 연구가 깊어 이를 집대성하고자 노력한
인물로 알려져 있다. 신문방은 스스로 《피사시집披沙詩集》이라는 문집을
남겼다고 하나 이미 사라지고 없다.

　이 《당재자전》은 모두 278명을 대체적인 등제登第 선후를 순서로 삼아
인명人名을 표제로 하여 출신지(혹 貫籍)와 자字, 과거 급제 시기와 상황을
기술하고, 이어서 기이한 일화와 시구詩句, 혹은 교유交遊 등을 서술하였으며,
특히 시단詩壇에서의 평가와 생졸生卒, 문집文集의 전래 유무 등의 체재로
기술하고 있다. 내용 그대로 약전에 불과하며 분량도 많은 양을 넘어서지
않으며 일부는 단 몇 줄에 지나지 않는 것도 있다.

　특히 '재자才子'라는 큰 범위를 정하였으나 대체로 시인詩人이 많고
그 외 승려, 여인, 심지어 끝은 귀신을 언급하고 있어 이채롭다. 거론된
사람들도 공식적인 278명 외에 부기附記한 이름이 120명으로 모두 398명
인 셈이다. 그러나 일부는 부기했다기보다 서술 중에 거론한 인명일 뿐인
경우도 있다. 이 많은 사람 중에 《구당서舊唐書》,《신당서新唐書》에 전傳이
있는 인물은 100여 명에 불과하며 나머지는 여러 자료를 참고한 것으로
보인다.

문장이 간결하고 견해가 정확하여 당대 시인 전기 연구에 귀중한 자료가 될뿐더러, 아울러 당시 풍류의 변화와 시인에 대한 평가, 나아가 작가의 예술 정신을 살펴보는데 없어서는 안 될 자료로 인정받고 있다. 그러나 글 속에 일부 관점은 전혀 새로움이 없어 진부하기도 하고 일부는 착오를 일으켜 잘못 인용하거나 서술한 부분도 있다.

《당재자전》은 특히 만당晚唐 시인에 대한 사적이 상세하고 일부 오대五代, 송대宋代까지 수록하고 있다. 또한 당대의 많은 시인들의 생애에 대한 자료와 과거 경력 등을 담고 있어 매우 중요한 자료로 당시 연구는 물론 시대 상황의 연구에도 귀중한 역할을 하고 있다. 그러나 문장이 지나치게 약화略化되고 내용이 너무 함축되어 이 《당재자전》의 연구는 우선 정사正史와 《전당시全唐詩》, 《당시기사唐詩紀事》, 《전당시화全唐詩話》를 참고하고, 그 외에 《당척언唐摭言》 등 각종 자료를 참증參證하여 연구하는 것이 가장 이상적일 수밖에 없다.

이 책은 원 대덕大德 8년(元 成宗, 1304)에 완성되었으나 신문방 자신의 저작 원본은 물론 사라지고 없다. 그러나 이 책은 원대에 이미 출간되었다. 즉 명초明初 양사기楊士奇가 직접 보았다는 것으로 보아 그 당시까지 〈원간본元刊本〉이 중국에 전해졌던 것이 아닌가 한다. (附錄 楊氏의 〈書唐才子傳後〉 문장을 볼 것. 《東里文集》 권10, 題跋)

그런데 그 후 중국에서는 이 책이 사라져 기록에 보이지 않는다. 다만 《영락대전永樂大典》 〈전운傳韻〉에 수록된 것을 청대淸代 〈사고전서四庫全書〉를 편찬하면서 《영락대전》의 기타 〈운韻〉에서 모두 모아 243명의 전기傳記와 부기副傳 44명 등 287명을 집일輯佚하여 8권으로 만든 것이 있다. 이는 당연히 〈집일본輯佚本〉으로 원서의 면모는 아니다.

　한편 〈원간본〉 10권이 일본日本으로 건너가 고스란히 남아 있었다. 일본에서는 일본대로 14세기 후반에 이를 다시 간행하였으니 〈급고서원영인내각문고장본汲古書院影印內閣文庫藏本〉 10권이 바로 이것이다. 이를 흔히 〈오산본五山本〉으로 부른다. 그리고 일본에서는 다시 정보定保 4년(1647)에 상촌이랑위문上村二郎衛門이 간행한 10권이 있어 이를 〈정보본定保本〉으로 부른다. 이 〈정보본〉은 〈원간본〉을 근거로 한 것이었으나 원문 곁에 가나假名를 넣었으며 오류가 많아 정본正本과는 거리가 있는 것으로 알려져 있다.

　그 뒤 일본에서는 향화享和 2년 계해(癸亥, 1802)에 천폭산인(天瀑山人, 林衡)이라는 자가 〈오산본〉을 근거로 〈일존총서佚存叢書〉 속에 《당재자전》 10권을 넣어 출간하였는데 이를 〈일존총서〉라 부른다.(이 책은 民國 13년(1924)에 中國 商貿印書館에서 影印 출간되었다.)

　이 일본의 〈일존본〉 10권이 중국에 들어오자, 중국에서는 즉시 〈사고전서〉 집일본과 대조하여 완정을 기하는 교정 작업이 이루어졌다. 우선 가경嘉慶 10년(1805) 육지영陸芝榮의 〈삼간초당본三間草堂本〉 10권이다. 이 책은 〈원간본〉에 맞추어 그대로 10권으로 하고, 육씨陸氏 자신의 《당재자전고이唐才子傳考異》 1권과 왕종염王宗炎의 서序, 왕계배汪繼培의 발跋을 실었다.(이 책은 民國 58(1969) 臺灣 廣文書局에서 上下 2책으로 영인 출간하였으나 표지에 「元 辛文房」을 「淸 辛文房」으로 잘못 표기하고 있으며, 筆記叢編이라 하였다. 陸芝榮의 이름도 밝히지 않고 있으며, 出版緣起나 설명이 없고, 게다가 왕종염의 서문과 왕계배의 발문도 생략하였다. 다만 부록으로 육지영의 《고이》는 싣고 있다. 王氏의 序文과 汪氏의 跋文은 참고란을 볼 것)

다음으로 청淸 도광道光 22년(1842) 전희조錢熙祚의 〈지해본指海本〉 10권을 들 수 있다. 이 책은 본문 중간에 협주夾註의 교기校記를 넣고 있으며 비교적 널리 보급된 책이다.(錢氏〈지해본〉 跋文은 참고란을 볼 것)

그밖에 청淸 동치同治 연간부터 민국民國에 이르기까지 일본 〈일존총서〉 본을 복각한 책이 출현하였는데, 대체로 동치 원년(1862) 오숭요伍崇耀가 간행한 〈월아당총서본粤雅堂叢書本〉과 민국 13년(1924) 소주蘇州 문학산방文學山房에서 목활자木活字로 찍어낸 〈강씨취진판총서본江氏聚珍版叢書本〉 등이다. 특히 청 광서光緖 8년(1881) 호상황씨滬上黃氏의 목활자본은 〈일존총서〉 본을 근거로 했다고 하면서 도리어 원문을 임의로 고쳐 원본과 멀어진 경우까지 나타나게 되었다. 일본 〈일존총서〉 본은 1957년 표점을 가해 복인한 고전문학출판사본古典文學出版社本이 가장 완정한 것으로 알려져 있다.

결론적으로 《당재자전》의 판본板本 유전流傳 상황은 3가지 계통인 셈이다. 즉 원대의 신문방 자신의 원본은 사라지고, 〈원간본〉이 일본으로 건너간 다음, 일본 자체의 〈오산본〉, 〈정보본〉, 〈일존본〉으로 이어졌으며, 이 〈일존본〉이 중국에 역수입된 후 중국에서 정리한 〈삼간초당본〉, 〈지해본〉, 〈월아당총서본〉이며 이것이 지금에 이어진 첫 번째 계통이다. 다음으로 〈원간본〉 여부에 관계없이 명초 양사기가 보았다는 판본으로 지금은 사라지고 없다. 이것이 두 번째 계통이다. 그리고 중국 내에 이어온 《영락대전》을 거쳐 〈사고전서〉에 수록된 〈집일본〉 8권이 그 세 번째 계통이다.

한편 현대에 이르러 1988년 대만臺灣 문진출판사文津出版社에서 출간한 주본순周本淳의 《당재자전교정唐才子傳校正》에는 부록으로 각 서발序跋 등 관련 자료를 싣고 있어 연구에 많은 도움을 주고 있으며, 1995년 귀주인민출판사貴州人民出版社에서 이립박李立朴이 《당재자전전역唐才子傳全譯》을 출간하여 일반인의 접근을 쉽게 하였다. 그러나 아무래도 1995년 부선종傅璇琮이 주편主編이 되어 중화서국中華書局에서 출간한 《당재자전교전唐才子傳校箋》은 무려 5책의 방대한 저술로 이 방면의 대미大尾를 장식하고 있다고 할 것이다.

2. 신문방辛文房

《당재자전》의 저자 신문방은 사서史書에 기록이 남아 있지 않아 자세히 알 수 없다. 다만 〈사고전서총목제요四庫全書總目提要〉(58)와 육우인陸友仁의 《연북잡지硏北雜志》(卷下)에 단편적인 언급이 있어, 자字가 양사良史이며 서역西域 출신으로 왕집겸王執謙, 양재楊載 등과 동시대(元代 前期) 인물임을 알 수 있을 뿐이다. 그는 《당재자전》 서문에 해당하는 〈인引〉에서 자신을 "異方之士, ……弱冠斐然, 狃於見聞, 豈所能盡?"이라 하였으며 당대 시인에 관심이 있어 자료를 모아 이 책을 완성한다고 하였다. 간기刊記에 의하면 원元 성종成宗 대덕大德 갑진甲辰(1304)이다.

그 외에 그가 남긴 문장이나 시는 주본순周本淳이 집일輯佚한 《국조문류國朝文類》(권4, 권8)와 관련 사항을 《구곡외사정거선생시집句曲外史貞居先生詩集》(권4)과 《석전선생문집石田先生文集》(권2) 등에서 밝혀낸 4편밖에 없다. (이상은 참고란을 볼 것)

唐才子傳卷第一

西域　辛　文房　撰

魏帝著論稱文章經國之大業不朽之盛事年壽
時而盡求於文章之無窮詩文而音者也唐興尚文
衣冠遷逝淪落亦且多矣況乃浮沈畏途復千家歲月
荏苒相半不亦難乎崇事奕葉苦思積年心神游穹
存之倪耳目及晏曠之際何容易哉尖詩所以動天地感鬼
神厚人倫移風俗也發乎其情止乎禮義非苟尚辭

而已遊尋其來國風雅頌開其端離騷招魂放厥辭
蘇李之高妙足以定律建安之道壯粲爾成家爛熳
於江左淫艷於齊梁皆襲祖浴流坦然明白鏗鏘愧
金石炳煥卯丹青理窮必通困時爲變勿詘於枳橘
非土所宜誰別於渭涇投膠自定蓋係乎得失之運
也唐幾三百年鼎鐘挾雅道中間大體三變故章句
有焦心之人聲律至穿楊之妙於法而能備於言無
所假及其逸度高標餘波遺韻當代響起陳人淡寂
舊格近體古風樂府之類芳沃當
無枯悴之嫌繁藻無淫妖之忌猶金碧助彩宮商自

協端足以仰緒先塵俯謝來世清廟之瑟薰風之琴
未或簡其沈鬱兩晉風流不相下於秋毫也余遐想
高情身服斯道窮其梗槩行藏散見錯出使覽於逝
作冷昧音容浴彼姓名求辨機軸嘗切病之頭以端
居多覬害事都揖游目簡編宅心史集或求詳累帙
因備先傳撰擬成篇班班有據以悉全時之盛用成
一家之言客冠以時定爲先後遠陪公議誰得而誣
也如方外高格逸名散人上漢仙侶幽闃綺思雖多
若亦不多至若觸事典寵附篇末異方之士弱冠
微考實故削總論之天下英奇似人心相去
斐然乢乢所能盡敢倡斯盟尚顧同志相與
廣焉庶乎作九京於長夢詠一代之清風後來奮飛
可畏相激百世之下猶期賞音也傳成凡二百七十
八篇因而附錄不泯者又一百二十家釐爲十卷名
以唐才子傳云有元大德甲辰春引

六帝

夫雲漢昭回仰彌高於宸極洪鐘叩發至響於咸
池以太宗天縱玄廟聰明憲德文僖睿姿繼挺俱以
萬機之暇特駐吟情奎壁騰輝袞龍浮彩寵延臣下
每錫贈酬故上有好者下必有甚焉者矣

上

欽定四庫全書

唐才子傳卷一

元 辛文房 撰

崔信明

盧照鄰 兄光乂附

宋之問

杜審言 孫甫附

劉希夷

陳子昂

王勃

楊炯

駱賓王

沈佺期

李嶠

李百藥

張說　　張子容

賀知章

王灣　　李昂

孫逖　　王泠然

崔顥　　劉眘虛

祖詠　　綦毋潛

崔國輔　儲光羲

王昌齡　常建

下

陶翰

崔信明　明青州人　少英敏及長彊記美文章高孝
基語生才冠一時但恨位不到耳為堯城令寶
建德偉號信明弟仕勣信明降節當得美官不肯從遂
蹈城去隱太行山中貞觀中詔即其家拜興世丞還奉
川令（全文已佚今以新唐書百藥宗編附識於此）
李百藥（重規定州安平人）才行天下推服好獎拔後進
翰藻沉鬱有關文

欽定四庫全書

唐才子傳卷一

王勃　按新舊唐書勃字子安絳州龍門人六歲善辭章未及冠授朝散郎
沛王署為府修撰諸王鬭雞會勃戲為文檄高宗聞之
怒斥出府既廢父福時遷交阯令勃往省迹過南昌
時都督閻公新造滕王閣成九月九日大會賓客將令
其壻作記以誇盛事勃至入謁帥知其才因請為之勃
欣然對客操觚頃刻而就文不加點滿座大驚辭別帥
贈百縑即舉帆去勃屬文綺麗請者甚多金帛盈積心
纖而衣筆耕而食有集三十卷及舟中篆序五卷今行

《唐才子傳》四庫全書 史部(7) 傳記類(3) 總錄之屬.《永樂大典》을 근거로 집일한 것이며 모두 8권으로 되어 있다. 내용과 체제 등이 매우 소략하며 인명과 순서 등에 차이가 있다.

統序科第

五代 王定保 撰

周禮鄉大夫興鄉飲酒之教考其德行察其道藝三年
舉賢者貢于王庭非夫鄉舉里選之義源于中古乎夫
于聖人始以四科齒門第子後王因而範之漢尊秦亂
講求典禮亦聮隨達守轍以須賢俊考德行則升孝廉
而澄浮俗撝道藝則第焦遘而廣人文故郡國貢士無
虛歲矣錄是天下上計集于大司徒府所以顯五教于
萬民者也我唐沿隋法漢玫玫砥砥以羅草澤琴瑟不
改而清濁殊塗丹漆不施而豐儉異致始自武德辛巳
歲四月一日勅諸州學士及蚤有明經及秀才俊士進
士明于理體為鄉里所稱者委本縣考試州長重覆取
其合格每年十月隨物入貢斯我唐貢士之始也厥有
沿草錄之如左

貢舉釐革并行鄉飲酒

開元二十五年二月勅應諸州貢士上州歲貢三人中
州二人下州一人必有才行不限其數所宜貢之人解
送之日行鄉飲禮牲用少年以官物充

會昌五年舉格節文

公卿百寮子弟及京畿內士寄客外州府舉士人等
修明經進士業者並隸名所在監及官學仍精加考試
所送人數其國子監明經舊格每年送三百五十人今
送二百人其進士依舊格送三十人其隸名明經亦請
請送二百人其進士等送二十人其東監同華河中
所送進士不得過三十人明經不得過五十人其鳳翔
山南西道東道荊南鄂岳湖南鄭滑浙西浙東鄜坊宣
商涇邠江南江西淮南西川東川陝虢等道所送進士
不得過二十五人明經不得過二十人其河東陳許汴
徐泗易定齊德魏博澤潞幽孟靈夏淄青鄆曹兖海鎮
冀麟勝等道所送進士不得過一十人明經不得過十

《唐摭言》五代 王定保(찬) 四庫全書본. 唐代 인물 연구에 많은 자료를 제공하고 있다.

古唐詩合解卷一

吳郡王堯衢翼雲註

門人李　楫宏達　同校
　　　　桓廣心

五言古

述懷　　　　　　　　　　　　　　　魏徵

中原還逐鹿投筆事戎軒　縱橫計不就慷慨志猶存　杖策謁天子驅馬出關門　請纓繫南越憑軾下東藩　鬱紆陟高岫出沒望平原　古木鳴寒鳥空山啼夜猿　既傷千里目還驚九折魂　豈不憚艱險深懷國士恩　季布無二諾侯嬴重一言人生感意氣功名誰復論

登碣石館望黃金臺　　　　　　　　陳子昂

南登碣石館遙望黃金臺邱陵盡喬木昭王安在哉霸圖悵已矣驅馬復歸來

薊丘覽古　○

五言古詩卷之一　　唐詩品彙

新寧高棅廷禮編
新安汪宗尼視詩[校]

正始上

太宗皇帝

幸武功慶善宮賦

壽丘唯舊跡豐邑乃前基粵予承累景聖縣孤亦在茲
翁齡逢運改提劍鬱匡時指麾八荒定懷桑萬國夷
梯山咸入款駕海亦來思單于陪武帳日逐衛文螭

端扆朝四嶽無爲任百司霜節明秋景輕水結氷湄
芸黃遍原隰禾穎積京坻共樂謳歌此大風詩

正日臨朝

條風開獻節灰律動初陽百巒奉遨善萬國朝未央
雖無舜禹跡幸欣天地康車軌同八表書文混四方
赫奕儼冠蓋紛綸盛服章羽旄飛馳道鐘鼓振巖廊
組練輝霞色霜戟耀朝光晨宵懷至理終愧撫遐荒

春日玄武門宴群臣

韶光開令序淑氣動芳年駐輦華林側高宴柏梁前
紫庭文樹滿丹墀袞綬連九夷慕瑤席五狄列瓊筵

娛賓歌湛露廣樂奏鈞天盈尊浮綠醑雅曲韻朱絃
辱余君萬國還慚撫八埏庶幾保貞固虛己屬求賢

經破薛舉戰地

昔年懷壯氣提戈初仗節心隨朗日高志與秋霜潔
移鋒驚電起轉戰長河決營碎落星流陣卷橫雲裂
一揮氛珍靜再屬鯨鯢滅於茲撫舊原屬目駐華軒
洗沙無故跡減竈有殘痕浪霞穿水淨峰霧抱蓮昏
世途亟流易人事殊今昔長想眺前蹤撫躬聊自適

飲馬長城窟行

塞外悲風切交河冰已結瀚海百重波陰山千里雪

迥戍危烽火層巒疊引高節悠悠卷旆旌飲馬出長城
塞沙連騎跡朔吹斷邊聲胡塵清玉塞羌笛韻金鉦
絕漠千戈戢車徒振原隰都尉反龍堆將軍旋馬邑
揚麾氛霧靜紀石功名立荒裔一戎衣雲臺凱歌入

虞世南

從軍行

高棅《唐詩品彙》

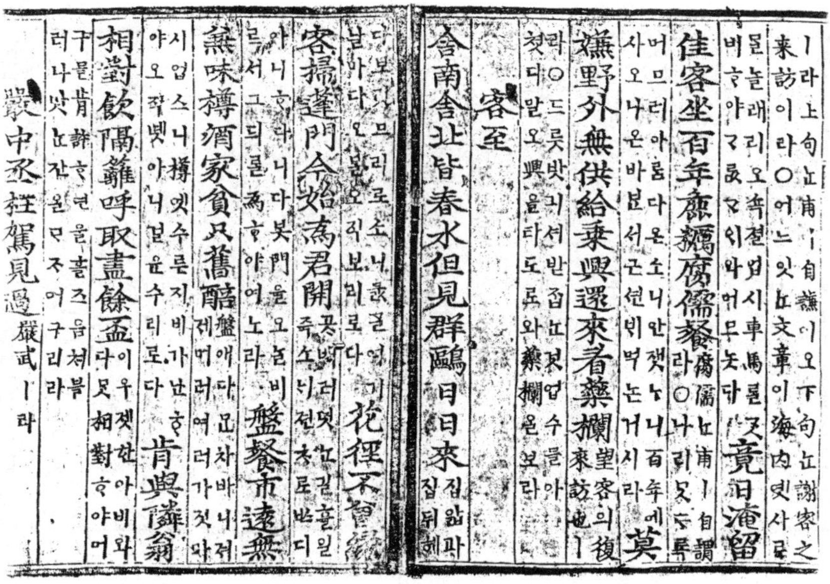

ㅣ라 上句ᄂᆞᆫ 甫ㅣ 自謝 客之

竟日淹留

佳客坐 百年麁糲腐儒餐

嫌野外無供給 乘興遣來者 藥欄 來歓

客至

舍南舍北皆 春水 但見群鷗 日日來

花徑不曾

客掃蓬門今始為君開

盤飧市遠無兼味

樽酒家貧只舊醅

肯與鄰翁

相對飲隔籬呼取盡餘盃

嚴中丞枉駕見過

《杜詩諺解》중간본. 필자 소장.

唐詩正音輯註卷之三

襄城楊士弘　伯謙編次

新淦張震　文亮輯註

五言律詩

暉上人獨坐山亭

是名上人又僧一經云呼佛号手也又古師云内有如法外有勝行在人

行阿耨多羅三藐三菩提若一入佛心不敢一心

陳伯玉

鐘梵經行罷　香林坐入禪　巖亭交雜樹　石瀨瀉鳴泉　水月心方寂　雲霞思獨玄　寧知人代裏　疲病得攀緣

春日登九華觀　唐詩正音三

白玉仙臺古丹丘　別堂遙望山川亂　雲日樓臺入炯霄　鶴舞千年樹　虹飛百尺橋　還逢赤松子　天路坐相邀

晚次樂鄉縣

故鄉杳無際　日暮且孤征　川原迷舊國　道路入邊城　野戍荒煙斷　深山古木平　如何此時恨　噭噭夜猿鳴

春夜別友人

銀燭吐青烟　金樽對綺筵　離堂思琴瑟　別路繞山川　明月隱高樹　長河没曉天　悠悠洛陽去　此會在何年

《唐詩正音輯註》조선시대 판본, 필자 소장.

唐人萬首絕句選卷一

鄱陽　洪邁　元本

濟南　王士禎　選本

五言一

王勃

寒夜思 三首

久別侵懷抱他鄉變容色月夜調鳴琴相思此何極

雲開征思斷月下歸愁切鴻雁西南飛如何故人別

朝朝碧山下夜夜滄江曲復此遙相思清尊湛芳淥

別人

霜華淨天末霧色籠江際客子常畏人胡為久留滯

思歸

長江悲已滯萬里念將歸況復高風晚山山黃葉飛

盧照鄰

曲江花

洪邁元《唐人萬首絕句選》

李太白文集卷第一

草堂集序

宣州當塗縣令李陽冰

李白字太白隴西成紀人涼武昭王暠九世孫蟬聯
珪組世為顯著中葉非罪謫居條支易姓與名然自
窮蟬至舜七世為庶累世不大曜亦可歎焉神龍之
始逃歸于蜀復指李樹而生伯陽驚姜之夕長庚入
夢故生而名白以太白字之世稱太白之精得之矣
不讀非聖之書恥為鄭衛之作故其言多似天仙之
辭凡所著述言多諷興自三代已來風騷之後馳驅
屈宋鞭撻揚馬千載獨步唯公一人故王公趨風列
岳結軫群賢翕習如鳥歸鳳盧黃門云陳拾遺橫制
頹波天下質文㸦然一變至今朝詩體尚有梁陳宮
掖之風至公大變掃地并盡今古文集遏而不行唯
公文章橫被六合可謂力敵造化歟天寶中皇祖下
詔徵就金馬降輦步迎如見綺皓以七寶床賜食御
手調羹以飯之謂曰卿是布衣名為朕知非素畜道
義何以及此置于金鑾殿出入翰林中問以國政潛
草詔誥人無知者醜正同列害能成謗格言不入帝
用踈之公乃浪跡縱酒以自昏穢詠歌之際屢稱東
山又與賀知章崔宗之等自為八仙之遊謂公謫仙
人朝列賦謫仙之詞凡數百首多言公之不得意天
子知其不可留乃賜金歸之遂就從祖陳留採訪大

《李太白文集》

石壕吏〔王應麟曰石壕蓋陝州陝縣之石壕鎮也〕

〔志云石壕鎮本硤縣後週置貞觀十四年改〕

暮投石壕邨　有吏夜捉人　老翁踰墻走　老婦出門看

吏呼一何怒　婦啼一何苦〔叶上聲〕　聽婦前致詞

三男鄴城戍〔叶上一男附書至〕　二男新戰死

存者且偷生　死者長已矣　室中更無人　惟有

《杜詩詳註》明 仇兆鰲(편집)

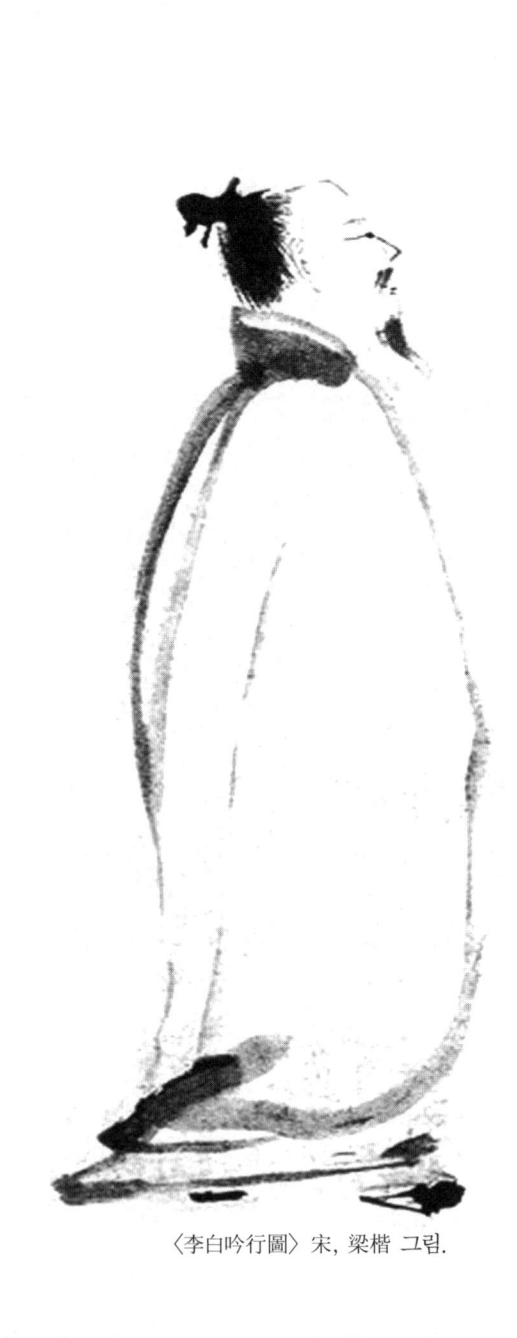

〈李白吟行圖〉宋, 梁楷 그림.

四川 成都의 「杜甫草堂」 정문.

白居易 〈長恨歌詩意圖〉 淸 袁江 그림.

唐 永泰公主墓 벽화

〈文苑圖〉唐 韓滉 그림

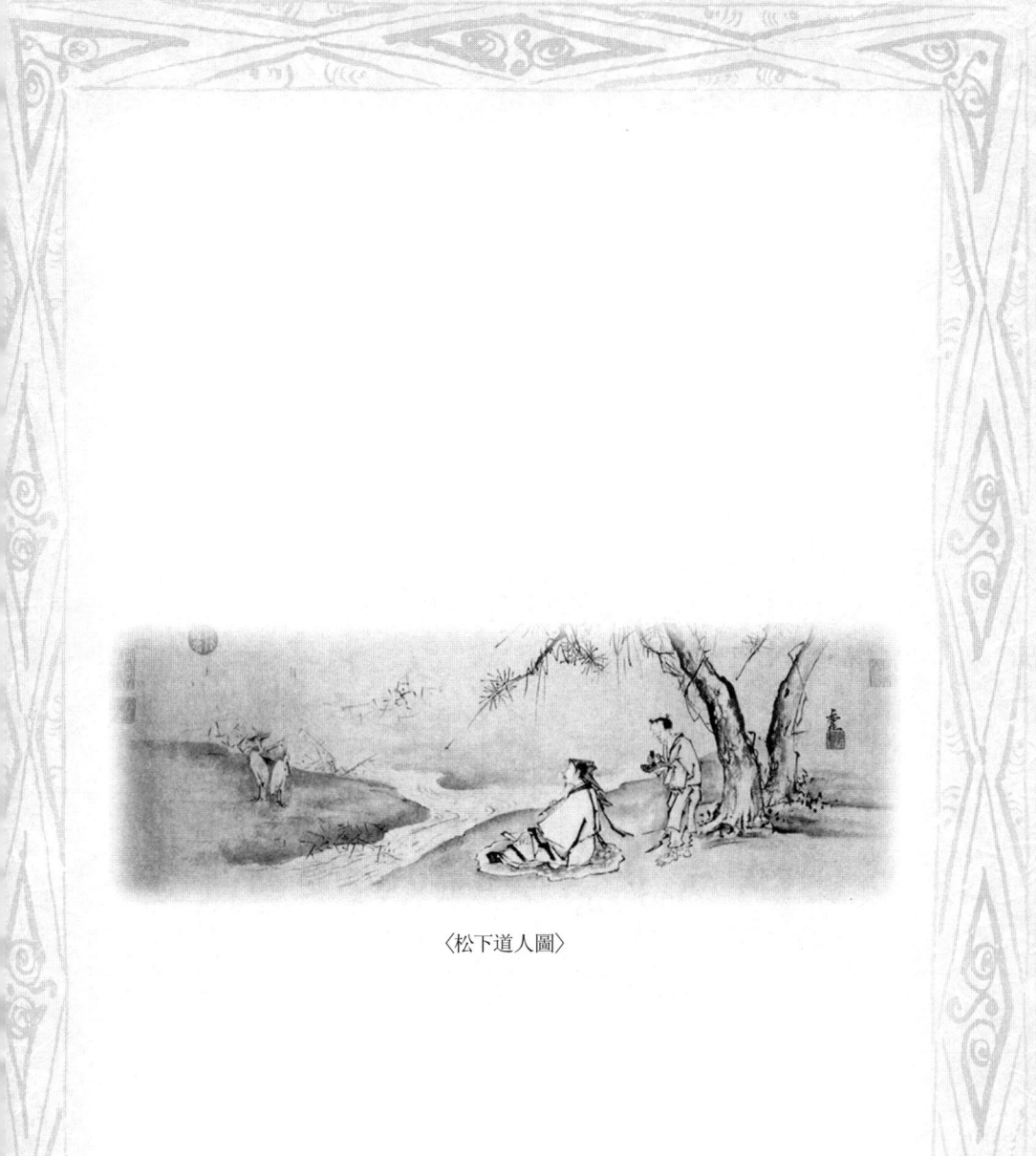

〈松下道人圖〉

당 현종과 양귀비의 애정 고사가 얽힌 華清池

草堂集序

宣州當塗縣令李陽冰

李白字太白隴西成紀人涼武昭王暠九世孫蟬聯
珪組世為顯著中葉非罪謫居條支易姓為名然自
窮蟬至舜七世麤累世不大曜亦可數焉神龍之
始逃歸于蜀復指李樹而生伯陽驚姜之夕長庚入
夢故生而名白以太白字之世稱太白之精得之矣
不讀非聖之書恥為鄭衛之作故其言多似天仙之
辭凡所著述言多諷興自三代已來風騷之後馳驅
屈宋鞭撻楊馬千載獨步唯公一人故王公趨風列
岳結軌群賢翕習如鳥歸鳳盧黃門云陳拾遺橫制

《李太白文集》

〈牛耕圖〉江蘇 睢寧縣 東漢墓 출토(1952) 畫像石

〈紡織圖〉江蘇 徐州 출토(1956) 畫像塼

〈道人圖〉

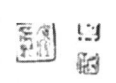

〈靑蛙圖〉

〈漁獵圖〉

〈打馬球圖〉唐 章懷太子墓 벽화

차 례

唐才子傳 三

卷一 (001-026)

唐才子傳 三

卷五 (112 −142)

卷六 (143 −168)

卷七 (169 –194)

唐才子傳 三

卷八 (195 −219)

❀ 부록

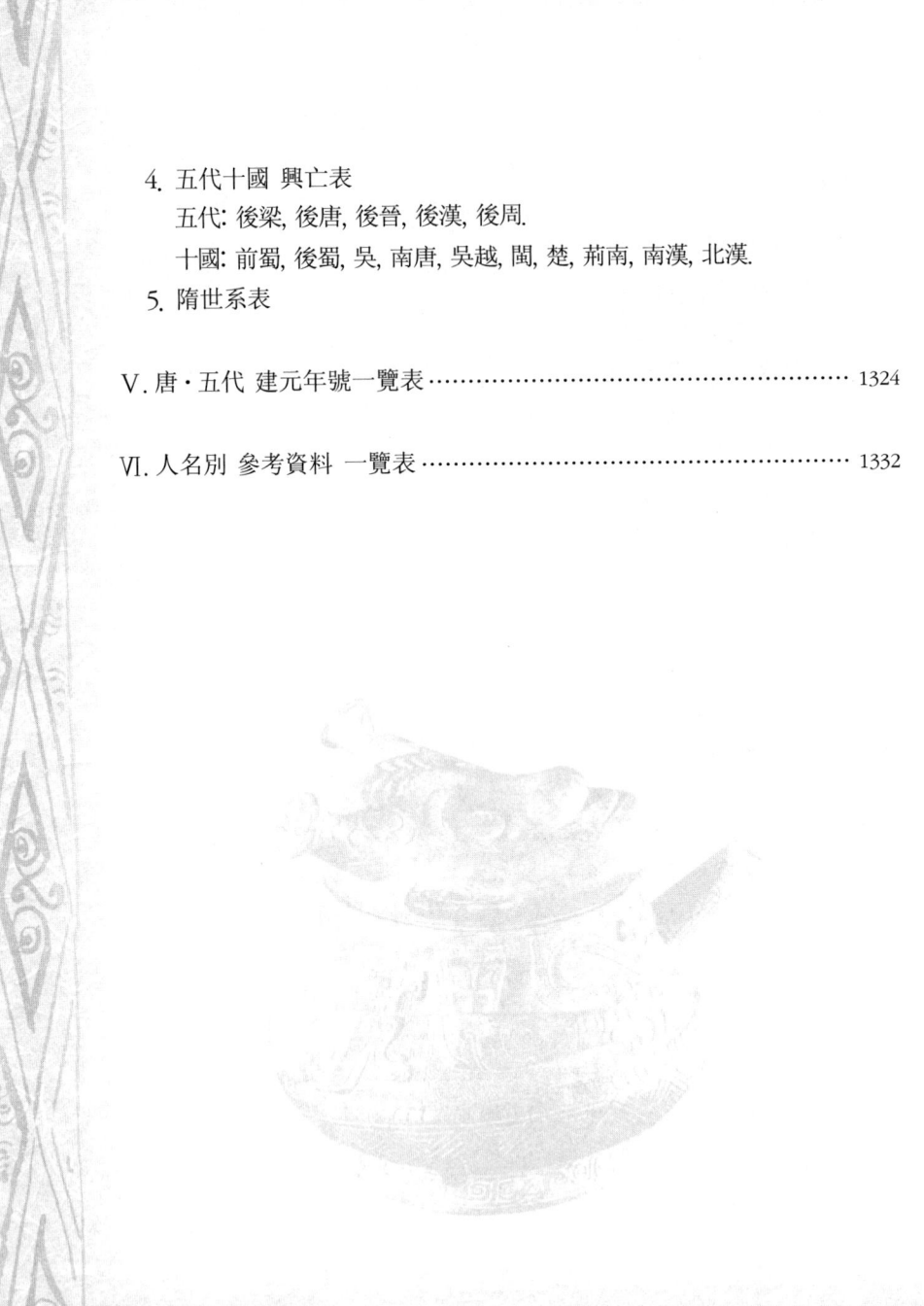

4. 五代十國 興亡表

    五代: 後梁, 後唐, 後晉, 後漢, 後周.

    十國: 前蜀, 後蜀, 吳, 南唐, 吳越, 閩, 楚, 荊南, 南漢, 北漢.

5. 隋世系表

당재자전 唐才子傳

卷一(001 - 026)

〈道人圖〉

인引

위魏 문제文帝는 그의 글에서 이렇게 말하였다.

"문장이란 나라를 경영하는 대업大業이요, 썩지 않는 성사盛事이다. 사람의 수명은 때가 되면 다하는 것이어서 문장의 무궁함만 같지 못하다."

시詩란 문文이면서 음악을 가진 것이다. 당唐나라가 들어서서 문을 숭상하여 의관제도가 함께 교화敎化됨으로써 얼마나 많은 예가 있는지 헤아릴 수도 없다. 시에다 그 아름다움을 드날려 이름을 떨쳤던 자가 다시금 천가千家는 넘으리라.

세월이 유유히 흘러 그 변천을 따라 묻혀버려 제대로 알려지지 못한 자들 역시 많을 것이다. 그런데 하물며 외도畏途에 부침하고 낮은 관직에 정신없이 휩쓸리다보면, 그 이름의 존몰存沒이 반 정도가 되는 것조차 역시 어려운 일이 아니겠는가?

누대累代를 걸쳐 글 쓰는 업무를 숭상하여 수년을 걸쳐 고심하며 심신心神이 저 천지 끝까지 유영游泳해 보고, 이목耳目이 끝없는 넓은 곳까지 내쳐 다행스럽게 저술을 이루었다 해도 다시금 그것이 조령凋零하거나 병화兵火가 끝이 없으니, 지금 이제까지 전달된다는 것이 또한 어찌 쉽다고 말할 수 있으리오!

무릇 시詩란 천지를 움직이고 귀신을 감동케 하며 인륜을 후하게 하고 풍속을 바로잡는 것이다. 그것은 정情에서 나와 예의禮義에서 그치는 것이니,

구차스럽게 언사言辭를 숭상하는 데에 있는 것이 아니로다. 그 근원을 찾아 보면 〈국풍國風〉·〈아雅〉·〈송頌〉에서 그 시작을 열었고 〈이소離騷〉·〈초혼 招魂〉에서 그 언사를 풀어헤쳤으며 소무蘇武와 이릉李陵의 고묘高妙함은 족히 그 율격律格을 결정하였다 할 것이며, 건안建安의 주장遒壯함은 찬란 하게 그것을 문단文壇의 일가를 이루었고, 그것을 바탕으로 강좌江左에 찬만燦爛히 되어 제齊·양梁의 남상濫觴이 되었으니, 이 모두는 옛것을 따르고 새 물결을 이은 것으로 그 맥락이 탄연히 명백하다.

그 쟁쟁함은 금석金石을 부끄럽게 하고, 그 번쩍임은 단청丹靑을 무색 하게 하였다. 이치란 궁한 데에 이르면 반드시 통하게 마련이며, 시기가 원인이 되면 그로 인해 변화가 있게 되나니 탱자나 귤이 심는 장소에 따라 서로 다름은 놀랄 일이 아니다. 그 토질에 맞지 않기 때문일 뿐이다. 그러니 그 누가 위수渭水와 경수涇水의 청탁의 정도를 변별하리오만 아교를 넣어 보면 저절로 판결나고 마는 일이로다. 대개 득실의 운행이 곧 이런 데에 배어 있는 것이로다.

당唐나라가 세워진 지 거의 삼백 년, 안정되게 자리 잡아 훌륭한 도를 실행하고 있으나, 그 중간에 세 번의 큰 변화가 있었다.

그 때문에 문장의 미려함은 더 이상 어디로 갈까 하는 걱정까지 들게 하고, 성률은 버들잎을 뚫을 정도로 신묘한 경지에까지 이르러 작법은 갖출 것이 다 갖추어졌고 언어는 가탁假託할 수 있는 데까지 가탁되었다.

그 높은 경지는 최고조에 달하였고 나머지 물결조차 그 여운을 남기고 있으며 시인들은 높은 곳에 오르면 능히 글을 짓고, 한가하면 한가한 대로 낮은 소리를 읊조리니 구격舊格·근체近體는 물론 고풍古風·악부樂府를 통틀어 당대當代에 꽃을 피워 우둔한 사람조차 다 불러 감흥이 일게 하고 있다.

담적淡寂한 글이라고 해서 고췌枯悴한 병폐가 있는 것도 아니고, 번조 繁藻한 문장이라고 해서 음요淫妖한 꺼림칙함이 있는 것도 아니다. 오히려 금벽金碧이 서로 그 문채를 돕고 궁상宮商이 스스로 협조하여 조화를 이룸과 같으니, 진실로 위로는 옛사람의 티끌조차 우러러보며 아래로는 뒤 사람에게 허리 굽혀 모범을 보임이로다.

청묘지슬清廟之瑟같은 옛 아악雅樂이나 훈풍지금薰風之琴 같은 민요조차 당나라의 이러한 울창함에 대해 오만을 부릴 수 없고, 양진兩晉의 풍류조차 당나라로써 추호秋毫도 그에 밑질 것이 없도다.

나는 당나라 사람들의 그 높은 뜻을 아득히 그리워하며 이일에 몸을 던졌다. 그들의 경개梗槪와 행장行藏을 연구해 보니 그 기록이 이리 저리 산견散見되고 착출錯出되어 그들의 작품은 감상할 수 있다 해도, 그 음용音容은 알 수가 없으며, 그 시인의 성명은 알 수 있다 해도 그 작품들의 기축機軸은 알 길이 없음을 깨닫고, 늘 이를 안타깝게 여겨 왔다.

그 얼마 후, 집에서 한가함을 얻어 방해되는 일은 모두 버려 버리고 간편簡編을 뒤져 사서史書와 문집文集에 택심宅心하여 많은 책들을 상세히 구해 보고 이를 통해 전해 내려오던 모든 것을 모을 수 있게 되었다. 그리하여 임시로 편장篇章을 이루니 곳곳마다 근거가 있고 그 시기 전체의 풍성함을 다 훑어 일가지언一家之言을 완성시킬 수 있었다. 각각 머리에 그 시대에 맞추어 선후를 결정하되 멀리 공의公議를 기준으로 하였으니 누가 능히 잘못되었다 하리오?

이를테면 세상 밖의 고고한 인격으로 그 이름을 숨기고자 한 사람들이나, 저 하늘 은하수에나 올라 살 선인들, 깊은 안방에 묻혀 비단 같은 글을 남긴 여인들, 이러한 인물도 많기는 하나 그 사실을 알아보기 어렵다. 그 때문에 이들은 따로 묶어 언급한 것이 그 예이다.

천하의 영재英才·기사奇士는 누구나 그들에 대해 보는 눈이 비슷할 것이다. 그러나 사람의 마음이란 서로 다른 것이니 역시 안타깝지만 많이 실을 수는 없었다. 다만 일을 만나 감흥을 느껴 꼭 실을 만한 사건이나 일이라면 각 편의 말미에 부수적으로 기록하였다.

나는 이방異方의 선비로 약관弱冠의 어린 나이에 비연斐然한 인물이라고 하나 견문見聞에만 얽매이는 자이니 어찌 능히 진선盡善할 수 있겠는가?

감히 내 자신의 이런 맹세를 드러내어 오히려 뜻을 같이한 이들과 함께 더 넓은 경지에 힘입었을 뿐이다. 바라기는 구경九京의 장몽長夢 속에서도 일대一代의 청풍清風을 읊조리는 자가 되기 원할 뿐이다. 후세에 더욱 뛰어난 자 있어 후생가외後生可畏라 하였으니, 서로 격려하며 백세 후에도 오히려 상음賞音하는 자가 있기를 기대한다.

이 책이 완성되어 무릇 이백칠십팔 편二百七十八篇이며, 그 이름을 민멸泯滅할 수 없는 자는 다시 백이십가百二十家를 부록으로 실어 모두 십 권十卷으로, 이름을 《당재자전唐才子傳》이라 하였다. 원元나라 대덕大德 갑진甲辰, 1304년에 쓰다.

引:

魏帝著論, 稱:「文章, 經國之大業, 不朽之盛事; 年壽有時而盡, 未若文章之無窮」. 詩, 文而音者也. 唐興尙文, 衣冠兼化, 無慮不可勝計. 擅美於詩, 當復千家. 歲月荏苒, 遷逝淪落, 亦且多矣. 況乃浮沈畏途, 黽勉卑官, 存沒相半, 不亦難乎? 崇事奕葉, 若思積年, 心神游穹厚之倪, 耳目及晏曠之際, 幸成著述, 更或凋零, 兵火相仍, 名逮於此, 談何容易哉!

夫詩, 所以動天地·感鬼神·厚人倫·移風俗也. 發乎其情, 止乎禮義, 非苟尙辭而已. 遡尋其來, 〈國風〉·〈雅〉·〈頌〉開其端, 〈離騷〉·〈魂〉放厥辭; 蘇·李之高妙, 足以定律; 建安之遒壯, 粲爾成家; 爛熳於江左, 濫觴於齊·梁, 皆襲祖沿流, 坦然明白. 鏗鏘愧金石, 炳煥卻丹靑. 理窮必通, 因時爲變, 勿訝於枳橘, 非土所宜; 誰別於渭·涇, 投膠自定. 蓋係乎得失之運也.

唐幾三百年, 鼎鐘挾雅道, 中間大體三變. 故章句有焦心之人, 聲律至穿楊之妙, 於法而能備, 於言無所假. 及其逸度高標, 餘波遺韻, 臨高能賦, 閒暇微吟, 舊格近體·古風樂府之類, 芳沃當代, 響起陳人. 淡寂無枯悴之嫌; 繁藻無淫妖之忌, 猶金碧助彩, 宮商自協, 端足以仰緒先塵, 俯謝來世.

清廟之瑟, 薰風之琴, 未或簡其沈鬱; 兩晉風流, 不相下於
秋毫也.

余遐想高情, 身服斯道, 窮其梗槩行藏, 散見錯出, 使覽
於述作, 尚昧音容; 洽彼姓名, 未辨機軸, 嘗切病之. 頃以端
居多暇, 害事都捐, 游目簡編, 宅心史集, 或求詳累帙, 因備
先傳. 撰擬成篇, 班班有據, 以悉全時之盛, 用成一家之言.
各冠以時, 定爲先後, 遠陪公議, 誰得而誣也? 如方外高格,
逃名散人, 上漢仙侶, 幽閨綺思, 雖多, 微考實, 故別總論之.
天下英奇, 所見畧似, 人心相去, 苦亦不多. 至若觸事興懷, 隨附
篇末. 異方之士, 弱冠斐然, 狃於見聞, 豈所能盡? 敢倡斯盟,
尚賴同志相與廣焉. 庶乎作九京於長夢, 詠一代之清風. 後來
奮飛, 可畏相激, 百世之下, 猶期賞音也. 傳成, 凡二百七十八篇,
因而附錄不泯者又一百二十家, 鼇爲十卷, 名以《唐才子傳》云.
有元大德甲辰春引.

【引】文體의 일종. 徐師曾의 《文體明辨》에 "唐以後始有此體, 大略如序而稍
　　爲短簡, 蓋序之濫觴也"라 하였다.
【魏帝】魏 文帝 曹丕(187~226). 字는 子桓·譙人. 曹操의 둘째아들. 아버지
　　曹操를 이어 魏王에 襲封되었다가 漢을 멸하고 稱帝(220)하였다. 洛陽을
　　首都로 하고 魏를 國號로 하였다. 〈燕歌行〉의 七言詩를 남겼으며 《典論·
　　論文》은 문학비평의 중요한 著作이다. 《三國志》(卷2)에 紀가 있다.
【著論】曹丕의 《典論·論文》을 말한다. 《文選》(52)에 실려 있다.
【畏途】인생의 험한 길을 가리킨다. 《莊子》達生篇 참조.
【穹厚】天地. 穹은 穹蒼, 즉 하늘. 厚는 《周易》坤卦에 "坤厚載物"이라 하였다.
【夫詩, 所以動天地~移風俗也】漢 毛萇의 《毛詩序》에 "故正得失, 動天地, 感
　　鬼神, 莫近於詩. 先王以是經夫婦, 成孝敬, 厚人倫, 美敎化, 移風俗, ……變風
　　發乎情, 止乎禮義, 發乎情, 民之性也; 止乎禮義, 先王之澤也"라 하였다.

【國風·雅·頌】《詩經》은 國風·小雅·大雅·頌으로 나누어져 있으며 〈詩六義〉는 風·雅·頌·賦·比·興을 말한다.

【離騷·招魂】둘 모두 《楚辭》의 篇名.

【蘇李】蘇武와 李陵.《文選》에 이들의 五言詩 7首가 실려 있으며 이를 〈蘇李詩〉라 한다. 그러나 이는 東漢末의 無名氏作으로 본다.

【建安】漢末 獻帝의 年號(B.C. 196~220). 이 시대 文學의 특징은 "建安風骨"이라 하여 詩歌가 홍성하였으며 三曹(曹操·曹丕·曹植)와 建安七子(孔融, 陳琳, 王璨, 徐幹, 阮瑀, 應瑒, 劉楨), 그리고 蔡琰 등이 대표적인 人物이다.

【江左】동쪽을 左, 서쪽을 右라 하여 江東을 江左라 하였다. 따라서 長江 동쪽, 즉 지금의 南京 지역을 지칭하며 그곳에 都邑을 정하였던 東晉·宋·齊·梁·陳의 南朝를 일컫는 말이 되었다.

【濫觴】'시작이나 發源이 심히 미미하여 잔 하나에 넘칠 정도'라는 뜻.《孔子家語》三恕篇과 《韓詩外傳》에 "夫江始出岷山. 其源可以濫觴"이라 하였다.

【枳橘】淮水 남쪽의 橘을 북쪽에 심으면 탱자로 변한다는 뜻.《周禮》考工記에 "橘逾淮而北爲枳, ……此地氣然也"라 하였다.

【渭·涇】涇水와 渭水를 말한다. 陝西 高陵에서 合水하여 黃河로 흘러들어 간다. 두 물은 淸濁의 구별이 심하다고 한다.

【膠】阿膠를 말한다. 葛洪의 《抱朴子》嘉遯篇에 "寸膠不能治黃河之濁"이라 하였고 宋, 沈括의 《夢溪筆談》에 "東阿亦濟水所經, 取井水煮膠, 謂之阿膠, 用以攪濁水則淸"이라 하였다.

【鼎鐘】둘 모두 古代의 器로 功德을 새겼다.《三國志》魏志 陳思王植傳에 "功名著於鼎鐘, 名垂於竹帛"이라 하였다. 여기에서는 唐代의 "文治武功"을 비유한 것이다.

【穿楊】기량이 뛰어남을 말하는 것으로 弓士가 백 보 멀리서 버들잎을 쏘아 맞힌 故事에서 유래되었다.《戰國策》西周策에 "楚有養由基者, 善射. 去柳葉者百步而射之, 百發百中"이라 하였다.

【近體】今體라고도 하며, 唐代에 형성된 律詩·律絶에 대한 통칭이다.

【樂府】漢 武帝 때 民間音樂을 수집하기 위하여 세운 관청. 후에 그 가사를 문학작품의 연구 대상으로 삼으면서 文學 장르로 인정하게 되었다.

【宮商】古代에는 宮·商·角·徵·羽로 五音을 삼았다. 여기에서는 음악을 통칭한다.

【淸廟之瑟】《詩經》의 淸廟篇. 여기에서는 궁중음악을 뜻한다.

【薰風之琴】 여기에서는 민간음악이나 가요를 말한다.《孔子家語》에 "昔者,
舜彈五弦之琴, 造南風之詩. 其詩曰: '南風之薰兮, 可以解吾民之慍兮. 南風
之時兮, 可以阜吾民之財兮.'"라 하였다.

【兩晉風流】 魏晉時代 풍류 인사들의 玄言淸談.《世說新語》참조.

【秋毫】 짐승들이 가을에 털갈이를 하게 되면 새로 난 털은 가늘고 미세하다
한다.《孟子》梁惠王(上)에 "明足以察秋毫之末, 而不見輿薪, 則王許之乎?"라
하였다.

【行藏】 出處·行動擧止·事跡. 나가서 벼슬하거나 물러서 은둔함을 뜻한다.
《論語》述而篇에 "用之則行, 舍之則藏"라 하였으며 蘇軾의〈捕蝗至浮雲嶺
有懷子由弟〉詩에 "殺馬毁車從此逝, 子來何處問行藏?"이라 하였다.

【機軸】 機는 弩牙, 軸은 車軸. 가장 중요한 곳을 비유한 말이다.

【宅心】 存心.《尙書》康誥에 "汝丕遠惟商成耉人, 宅心知訓"이라 하였다.

【弱冠】 古代에는 남자가 20세에 冠禮를 치렀다.《禮記》曲禮(上)에 "二十日
弱而冠"이라 하였다.

【斐然】 文彩의 아름다움을 뜻한다.《論語》公冶長篇에 "吾黨之小子狂簡, 斐然
成章, 不知所以裁之"라 하였다.

【九京】 春秋時代 晉나라 卿大夫들의 墓地.《禮記》檀弓(下)에 "是全要領以
從先大夫於九京也"라 하였고 鄭玄의 注에 "晉卿大夫之墓地在九原, 京蓋字
之誤也. 當爲原"이라 하였다.

【後生可畏】《語論》子罕篇에 "後生可畏, 焉知來者之不如今也?"라 하였다.

【大德】 元나라 成宗의 年號(1297~1307). 甲辰은 大德 8年(1304).

 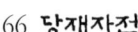

육제六帝

무릇 운한雲漢이 소회昭回하는 하늘을 우러러보면 많은 별들이 북극성을 돌고 있다.

큰 종鐘소리는 희미하나 그 소리가 함지咸池까지 울리는 법이다.

태종太宗은 마음껏 그 재질을 풀어 볼 수 있게 하늘이 풀어놓아 준 자이며 현종玄宗은 지혜가 총명하고, 헌종憲宗·덕종德宗·문종文宗·희종僖宗은 예지가 뛰어난 분이며 자품이 훌륭하여 모두가 천하를 다스리는 바쁜 겨를에도 특별히 잠시 멈추어 시정詩情을 읊곤 하였다. 그들의 규벽奎璧은 빛을 발하였고 곤룡袞龍의 문채는 아름다워 신하에게까지 그 은총이 미쳤으며 시로써 증수贈酬하며 하사하였다.

〈唐太宗〉

그러므로 이렇게 말한 것이다.

"윗사람이 좋아하는 것이 있으면 아랫사람은 반드시 그보다 더 심한 자가 있게 마련이다."

六帝:

夫雲漢昭回, 仰彌高於宸極; 洪鐘希叩, 發至響於咸池.
以太宗天縱, 玄廟聰明, 憲·德·文·僖, 睿姿繼挺, 俱以萬機
之暇, 特駐吟情. 奎璧騰輝, 袞龍浮彩, 寵延臣下, 每錫贈酬.
　故「上有好者, 下必有甚焉者矣」

【六帝】唐 太宗, 玄宗, 憲宗, 德宗, 文宗, 僖宗을 가리킴.
【雲漢昭回】《詩經》大雅·雲漢의 구절. "倬彼雲漢, 昭回于天"이라 하였다.
【彌高】《論語》子罕篇에 "顏淵喟然歎曰: '仰之彌高, 鑽之彌堅, 瞻之在前, 忽焉
　在後.'"라 하였다.
【洪鐘】큰 종. 《老子》(41章)의 "大音希聲"과 같은 뜻이다.
【咸池】동쪽의 큰 못. 神話 속에서는 해가 목욕하는 곳.《淮南子》天文訓에
　"日出於暘谷, 浴於咸池"라 하였다. 여기에서는 '동쪽 끝 아주 먼 곳까지'라는
　뜻이다.
【太宗】唐 太宗 李世民. 高祖 李淵의 둘째아들로 秦王에 봉해졌다가 玄武
　門政變을 일으켜 太子(627~649)가 되었고 정치에 힘써 '貞觀之治'를 구가
　하였다. 그의 시 69首가 《全唐詩》에 수록되어 있다.
【天縱】하늘이 풀어놓아 줌. 천부적인 재능을 뜻한다.《論語》子罕篇에 "固天
　縱之將聖, 又多能也"라 하였다.
【玄廟】唐 玄宗 李隆基(712~756 재위. 唐 六代 皇帝). 開元之治를 이루었으며
　楊貴妃와의 사랑으로도 유명하다.《全唐詩》에 그의 詩 63首가 수록되어
　있다.
【憲宗】李純. 唐나라 제 11대 皇帝. 806~820 재위.
【德宗】李適. 당나라 제 9대 皇帝. 780~805 재위.
【文宗】李昂. 당나라 제 14대 皇帝. 827~840 재위.
【僖宗】李儇. 당나라 제 18대 皇帝. 874~888 재위.
【奎璧】皇帝의 글을 가리킨다.
【袞龍】皇帝 禮服의 용무늬.
【上有好者, 下必有甚焉者矣】《孟子》滕文公(上)의 구절.

〈당대 제왕들〉《三才圖會》

〈明皇納涼圖〉唐 張萱(그림)

001(1-1)
왕적 王績

왕적王績의 자는 무공無功이요 강주絳州 용문龍門 사람으로 문중자文中子 왕통王通의 아우이다. 열다섯에 장안長安에 유학하여 양소楊素를 만났을 때 그 자리에 있던 모든 이들이 그의 영민英敏함에 탄복하며 서로 눈짓으로 '신선동자神仙童子'라 하였다. 수隋나라 대업大業 말년에 효렴과孝廉科에 높은 점수로 급제하여 비서성정자秘書省正字를 제수받았다. 그러나 그는 벼슬에 뜻을 잃고 병을 핑계로 사직하였다가 다시 양주揚州의 육합현六合縣의 현승縣丞을 제수받았다. 그는 자신의 술버릇이 정사에 방해가 되고, 또 당시 천하 역시 어지러워지자 풍병風病을 핑계로 드디어 작은 배에 몸을 싣고 밤에 그곳을 떠나 버렸다.

그러고는 이렇게 탄식하였다.

"하늘이 모두 그물인데 내 어디로 갈 수 있으랴?"

이에 그는 고향으로 되돌아왔다.

그 뒤 당唐 무덕武德 연간에 황제가 천하 인재를 찾았을 때 옛날의 수隋나라 관직을 인정받아 문하성門下省의 대조待詔로 초빙되었다. 그러자 아우인 왕정王靜이 그에게 물었다.

"대조 벼슬이 즐겁습니까?"

이에 왕적은 이렇게 대답하였다.

"대조 벼슬은 봉급이 박하고 분위기도 소슬하나 다만 좋은 술 석 되 정도 빚어 먹을 수 있으니 그것이 약간의 끌리는 매력일 뿐이다."

이에 강국공江國公이 이 말을 듣고는 이렇게 말하였다.

"좋은 술 석 되만으로 선생을 그 자리에 붙들어 두기에는 부족하다."

그러고는 특별히 매일 술 한 말씩을 주도록 하였다. 때문에 당시 사람들은 그를 '두주학사斗酒學士'라 불렀다. 다시 정관貞觀 초년, 그는 병으로 벼슬을 그만두고 귀향하였다. 그때 집 근처 강가 둔덕에 중장자광仲長子光이란 사람이 있었다. 그 역시 은사隱士로서 처자도 없이 살고 있었다. 왕적은 그의 진실 됨에 매료되어 그만 자신도 그의 집 근처에 초려를 짓고 날마다 그와 더불어 술로 세월을 보냈다. 왕적에게는 노비 몇 명이 있었다. 모두 기장 농사를 짓게 하여 봄가을로 술을 빚었으며, 역시 오리와 기러기를 길렀고 약초도 심어 스스로 자급하며 살았다. 또한 《주역周易》·《장자莊子》·《노자老子》를 늘 침상 머리맡에 두고, 다른 일상의 일에는 마음을 쓰지 않았으며, 스스로 '동고자東皐子'라 호를 삼았다. 자사刺史가 찾아와 만나자고 해도 응하지 않았다. 집에서 생을 마쳤다.

그의 성품은 간오簡傲하고 술을 좋아하여, 능히 다섯 말은 마실 정도였으며 그로 인해 스스로 〈오두선생전五斗先生傳〉을 짓기도 하였다. 거문고, 시, 문장에 모두 고아한 정취가 보통의 기氣를 넘어서 당시 독보적인 존재였다. 《주경酒經》 1권과 《주보酒譜》 1권을 지었다. 이순풍李淳風은 이를 보고 이렇게 탄복하였다.

"그대는 정말 술에 대해서는 남사南史요 동호董狐로다!"

그의 시와 부賦 등은 지금도 세상에 전한다.

◎ 논하건대 당나라가 일어서서 수나라를 이었지만 왕적의 시대에는 시간도 충분히 경과되지 아니한 때라 시끄러운 날도 많았다. 그 때문에 비록 초의대삭草衣帶索하는 미천한 자라 할지라도 편안히 살기가 어려웠다. 당시에 재앙을 입지 않은 사람이란 바로 산 속으로 도망쳐 있거나 아니면 바닷가로 피해버린 자들이며, 이들은 모두 덕은 있으나 자신을 숨긴 자들이다. 왕이나 군君이라는 유인幽人이 가끔 출현하니 모두가 멀리 세상을 피해 오랫동안 돌아오지 않던 사람들로, 그들은 행동이 꼿꼿하고 언어는 겸손하여, 거듭되는 재앙의 조짐을 알고 높은 벼슬을 벼 껍질처럼

하찮게 여기고는 그 관冠을 걸어두고 물러나 버린 인물들, 이런 자들을 왕왕 볼 수 있다. 그들은 몸은 비록 염량炎冷의 세상살이에 날고뛰고 있지만 마음은 하황공夏黃公이나 기리계綺里季 같은 인물을 표준으로 삼고 있다.

비록 더러는 산림에 묻혀 살다가 벼슬길에 초빙을 받아 할 수 없이 억지로 관을 쓰고 인수印綬를 차지만 어서 급히 자연 속에 묻히는 것이 더욱 편안하다고 여기는 자들일 따름이다. 그렇게 하지 못하고는 도저히 백인白刃을 벗어나지 못하고 비명에 죽고 말기 때문이다. 무릇 행적은 모호하나 이름이 드날린 자로서 기풍이 높고 티끌을 끊어버린 자라면 그 어찌 글 솜씨가 뛰어나다거나 소아騷雅의 작품이 기이하기 때문이 아니겠는가?

훌륭하도다! 문장은 썩지 않는 성사盛事라는 뜻이여!

요堯·순舜의 백성이 되지 못함을 부끄럽게 여기는 것은 학자라면 누구나 갖게 되는 뜻이며, 자신의 임금을 삼황三皇·오제五帝로 만들어 받들고 싶은 것은 겁 많은 필부라도 용기를 내어 해야 할 일이라고 알고 있다.

지금이라면 명성과 이익을 버리고 산 속에 묻혀 사슴 모자에 오리털 신을 신는 것이 오히려 비단옷을 입고 세상에 얽매인 것보다 편하며, 나무수레를 몰며 모옥茅屋에 사는 것이 아름답게 치장한 큰집에 사는 것보다 편안하고, 쌀알 없는 나물죽을 먹는 것이 오정지미五鼎之味보다 달며, 흰 거문고에 탁주를 마시는 것이 훌륭한 음식 대접보다 즐겁고, 청산에 나무하고 맑은 물에 고기 잡는 것이 장식용 금어金魚를 차고 보랏빛 인수를 매고 다니는 것보다 만족스러운 것이다. 시대란 각각 다른 때가 있고 일이란 똑같지 않은 경우가 있다. 상자평向子平은 이렇게 말하였다.

"나는 일찍이 부유함이라는 것이 가난함만 못하고 귀하다는 것이 천함만 못하다는 것을 알고 있었다. 다음 차례대로 죽는 것이 사는 것과는 어떤지는 아직 모르고 있다."

이는 바로 달인達人의 말이다.

《주역周易》에는 이렇게 말하였다.

"군자로서 물러날 때를 아는 것은 그 의가 참으로 크도다!(遯之時義, 大矣哉!)"

王績:

績, 字無功, 絳州龍門人, 文中子通之弟也. 年十五遊長安, 謁楊素, 一座服其英敏, 目爲「神仙童子」. 隋大業末, 舉孝廉高第, 除祕書正字. 不樂在朝, 辭疾, 復授揚州六合縣丞. 以嗜酒妨政, 時天下亦亂, 遂託病風, 輕舟夜遁.

歎曰:「網羅在天, 吾將安之?」

乃還故鄉. 至唐武德中, 詔徵以前朝官待詔門下省.

績弟靜謂績曰:「待詔可樂否?」

曰:「待詔俸薄, 況蕭瑟, 但良醞三升, 差可戀耳」

待詔江國公聞之曰:「三升良醞, 未足以絆王先生」

特判日給一斗. 時人呼爲「斗酒學士」.

貞觀初, 以疾罷歸. 河渚間有仲長子光者, 亦隱士也, 無妻子. 績愛其眞, 遂相近結廬, 日與對酌. 君有奴婢數人, 多種黍, 春秋釀酒, 養鳧鴈·蒔藥草自供. 以《周易》·《莊》·《老》置牀頭, 無他用心也.

自號「東皐子」. 雖刺史謁見, 皆不答. 終於家. 性簡傲, 好飲酒, 能盡五斗, 自著〈五斗先生傳〉. 彈琴·爲詩·著文, 高情勝氣, 獨步當時. 撰《酒經》一卷·《酒譜》一卷.

李淳風見之曰:「君酒家南·董也」及詩賦等傳世.

◎ 論曰: 唐興迄季葉, 治日少而亂日多, 雖草衣帶索, 罕得安居. 當其時, 遠釣弋者, 不走山而逃海, 斯德而隱者矣. 自王君以下, 幽人間出, 皆遠騰長往之士, 危行言遜, 重撥禍機, 糠覈軒晃, 掛冠引退, 往往見之. 躍身炎冷之途, 標華黃·

綺之列. 雖或累聘邱園, 勉加冠佩, 適足以速深藏於藪澤耳.
然猶有不能逃白刃, 死非命焉. 夫蹟晦名彰, 風高塵絶, 豈不
以有翰墨之妙, 騷雅之奇? 美哉! 文章爲不朽之盛事也. 恥不
爲堯舜民, 學者之所同志; 致君於三五, 懦夫尙知勇爲. 今則
捨聲利而向山栖, 鹿冠烏鳥几, 便於錦繡之服; 柴車茅舍,
安於丹膲之厦; 藜羹不糝, 甘於五鼎之味; 素琴濁酒, 和於
醇餡之奉; 樵青山, 漁白水, 足於佩金魚而紆紫綬也. 時有不
同也, 事有不侔也.

向子平曰:「吾故知富不如貧, 貴不如賤, 第未知死何如生?」
此達人之言也.

《易》曰:「遯之時義, 大矣哉!」.

【絳州龍門】지금의 山西省 河津縣.《唐書》王績傳과 王績의 친구 呂才가
　쓴〈王無功文集序〉에는 王績의 籍貫을 '太原祁人'이라 하였다.
【文中子】王通, 王績의 형이며 王勃의 할아버지. 隋나라 때의 學者. 諡號는
　文中子.
【楊素】隋나라 때 功臣으로 越國公에 봉해졌다가 楚國公이 되었다. 煬帝를
　옹립하여 司徒에 올랐다.《隋書》에 傳이 있다.
【大業】隋 煬帝의 年號(605~617).
【孝廉】孝悌廉潔科. 과거 선발 제도의 하나로 지방장관과 유지들의 추천으로
　孝悌스럽고 廉潔한 자를 추천을 통해 뽑는 제도.
【六合縣】지금의 江蘇省 六合縣. 縣丞은 縣의 副長官.
【武德】唐 高祖 李淵의 年號(618~626).
【王靜】王績의 아우.
【待詔】皇帝의 조서 명령을 기다렸다가 실행하는 직책.
【江國公】陳叔達. 王通의 門徒로 武德 4年에 侍中을 거쳐 이듬해 江國公에
　봉해졌다. 兩《唐書》에 傳이 있다.

【貞觀】唐 太宗 李世民의 年號(627~649).

【仲長子光】字는 不曜. 洛陽人으로 隋·唐 교체기의 隱士. 王績은 그를 위해 〈仲長先生傳〉을 썼다.

【李淳風】唐나라 초기의 유명한 天文曆算家. 兩《唐書》에 傳이 있다.

【南董】南史와 董狐. 南史는 春秋時代 齊나라 史官이며 董狐는 晉나라 史官이다. 둘 모두 죽음을 무릅쓰고 直筆한 인물.《文心雕龍》에 "辭宗丘明, 直歸南董"이라 하였다.

【釣弋】원래 낚시나 새를 잡는 끈 달린 화살.《論語》述而篇에 "子釣而不綱, 弋不射宿"이라 하였다. 그러나 여기에서는 '재앙'을 의미한다.

【危行言遜】바른 행동과 겸허한 말씨.《論語》憲問篇에 "邦無道, 危行言遜"이라 하였다.

【黃·綺】漢나라 초기의 夏黃公과 綺里季. 이들은 常山에 隱居하며 高祖의 부름에 응하지 않아 甪里先生·東園公과 함께 '商山四皓'로 불렸다.《史記》留侯世家·《高士傳》·《新序》 등 참조.

【三皇五帝】여러 설이 있다. 三皇은 伏羲·女媧·神農을 가리키며 五帝는 皇帝·顓頊·帝嚳·堯·舜을 말한다.《史記》五帝本紀 참조.

【烏几】'鳥几'의 오기이다. 원래 神仙 王喬의 신발.《後漢書》王喬傳,《搜神記》(卷1)를 볼 것.

【丹雘】집을 단장하는 데 사용되는 훌륭한 도료·안료.《尙書》梓材에 "惟其涂丹雘"이라 하였다.

【藜羹不糝】쌀알이 없는 거친 음식. 藜羹은 轉하여 惡食.《莊子》讓王篇에 "孔子窮於陳蔡之間, 七日不火食, 藜羹不糝"이라 하였다.

【向子平】東漢 때의 向長. 字는 子平으로 王의 부름을 거절하였다.《後漢書》에 그 傳이 실려 있다. 여기서 向은 姓氏로 쓰일 경우 '상'으로 읽는다.

【遯之時義, 大矣哉】《周易》遯卦(天山遯)의 象辭.

참고 및 관련 자료

1. 왕적(王績: 584~644)

初唐 詩人. 自號는 東皋子. 王績에 대한 기록은 그의 친구 呂才(《舊唐書》75,《新唐書》107에 傳이 있다)의 《東皋子集序》가 최초이다. 그의 文集 및 詩가

《新唐書》藝文志(4)에는 '王勣'으로, 《宋史》藝文志(7)에는 '王續'으로 잘못 실려 있으며 文集 5권이 있었다고 한다. 宋나라 晁公武의 《郡齋讀書志》4에는 王績의 《東皋子集》5권이 실려 있었으며 元代 이후 3권이 늘었고, 淸抄本 《王無功文集》5권(北京圖書館 소장)이 있다. 《全唐詩》卷37에 詩 1권이 있으며 《全唐詩外篇》·《全唐詩續拾》에 補詩 69首가 있다. 그리고 《唐詩紀事》卷4에 그에 관한 기록이 실려 있다.

2.《舊唐書》卷912 隱逸傳 王績 참조.

3.《新唐書》卷196 隱逸傳 王績 참조.

4.《唐詩紀事》卷4 王績

績, 字無功, 絳州人. 兄通, 大儒也. 績誕縱, 與李播·呂才善, 大業末, 任爲六合丞, 嗜酒不任事, 因解去. 居河渚間, 與仲長子光友. 以《周易》·《老子》置牀頭, 他書罕讀也. 著〈五斗先生傳〉·〈醉鄉記〉·〈無心子傳〉. 豫知終日, 自誌其墓. 自號東皋子.

5.《全唐詩》卷37 王績

王績, 字無功, 絳州龍門人. 文中子之弟, 隋末, 授祕書省正字, 不樂在朝, 求爲六合丞, 嗜酒不任事. 尋還鄉里. 唐高祖無德初, 以前官待詔門不省, 時太樂署史焦革家善釀, 績求爲丞, 革死. 棄官歸東皋著書, 號東皋子. 集五卷, 今編詩一卷.

002(1-2)
최신명崔信明

최신명崔信明은 청주青州 사람으로 어려서부터 영민英敏하였으며 자라서는 강기强記하여 아름다운 문장을 많이 썼다.

당시 고효기高孝基는 신명을 두고 이렇게 말하였다.

"최생은 그 재능이 일시에 으뜸이지만 그에 맞는 직위를 얻지 못한 것이 한스러울 따름이다."

수隋나라 대업大業 연간에 요성堯城의 영令이 되었다. 마침 두건덕竇建德이 참호僭號하여 난을 일으켰다. 신명의 아우가 그 무리에 가담하여 형인 신명에게 절개를 꺾으면 훌륭한 관직을 주겠다고 유혹하였다. 신명은 끝내 거절하고 담을 넘어 도망하여 태항산太行山에 숨어버렸다.

당唐 정관貞觀 6년, 황제가 조서를 내려 그를 흥세현興勢縣의 승상으로 임명하였다가 뒤에 진천秦川의 영令으로 옮겨 주었고 뒤에 그곳에서 졸卒하였다. 최신명은 자신의 재주를 믿고 건항蹇亢하게 굴었으며 자신의 글 재주를 자랑하였었다. 당시 양주揚州의 녹사참군錄事參軍인 형양榮陽 사람 정세익鄭世翼이란 자가 있었다. 역시 오만하게 굴면서 남들과 어울리지 않는 성격이었다.

마침 강가에서 우연히 최신명을 만나게 되자 그는 대뜸 최신명에게 이렇게 물었다.

"듣건대 그대의 시에

'단풍잎 떨어지니 오강이 차네.'   楓落吳江冷

라는 구절이 있다면서요? 내 그대의 그 나머지 시도 보고 싶소"
이 말에 최신명은 흔연히 옛날 지었던 시들을 꺼내 보여 주었다. 정세익
은 이를 다 보기도 전에 이렇게 말하였다.
"보아하니 듣던 바만 못하군!"
그러고는 둘둘 말아 물에 던져 버리고는 배를 끌어 타고 떠나 버렸다.
그 때문에 지금 그의 시는 전하는 것이 몇 편에 불과하다.

崔信明:
信明, 青州人. 少英敏, 及長, 彊記, 美文章.
高孝基語人曰:「崔生才冠一時, 但恨位不到耳」
隋大業中, 爲堯城令. 竇建德僭號, 信明弟仕賊, 勸信明降節,
當得美官. 不肯從, 遂踰城去, 隱太行山中.
唐貞觀六年, 詔卽家拜興勢丞, 遷秦川令, 卒. 信明恃才寨亢,
嘗自矜其文. 時有揚州錄事參軍滎陽鄭世翼, 亦驚倨忤物.
遇信明於江中, 謂曰:「聞君有『楓落吳江冷』之句, 仍願見
其餘」
信明欣然多出舊製.
鄭覽未終, 曰:「所見不逮所聞!」
投卷於水, 中引舟而去. 今其詩傳者數篇而已.

【青州】兩《唐書》에는 '青州益都人'으로 실려 있다. 青州는 지금의 山東省
益都縣을 가리킨다.
【高孝基】高橫. 字는 孝基.《隋書》에 傳이 있다.

【大業】隋 煬帝의 年號(605~618).

【堯城】지금의 河南省 安陽市 근처.

【竇建德】隋末 河北 農民軍의 수령. 大業 7年(611)에 봉기하여 夏王·夏帝라 칭하였으며 唐 武德 4年(621) 李世民에 패하였다.

【興世】지금의 陝西省 洋縣.

【秦川】唐나라 때의 縣 이름. 구체적인 지역은 알 수 없다.

【蹇亢】오만함을 뜻한다.《舊唐書》(190, 上)에 "信明頗蹇傲自伐, 常賦詩吟嘯, 自謂過於李百藥, 時人多不許之"라 하였다.

【鄭世翼】北周 때의 將軍 鄭敬德의 孫子. 貞觀 연간에 비방죄로 걸려 雟州로 유배되었다.《舊唐書》에 그의 傳이 있으며《全唐詩》(卷38)에 "鄭世翼. 滎陽人, 弱冠有盛名. 武德中. 歷萬年丞·揚州錄事參軍. 數以言辭忤物. 貞觀中, 坐怨謗. 流雟州卒, 集多遺失. 今存詩五首"라 하였다.

참고 및 관련 자료

1. 최신명(崔信明)

그의 文集 및 詩는《全唐詩》(권38)에 〈送金竟陵入蜀〉 1首와 〈楓落吳江冷〉 殘句가 전할 뿐이다.

2.《舊唐書》卷190(上) 文苑傳(上) 崔信明 참조.

3.《新唐書》卷201 文藝傳(上) 崔信明 참조.

4.《全唐詩》卷38 崔信明

崔信明, 靑州益都人. 博聞疆記, 下筆成章. 大業中, 令堯城, 竇蹇德招之, 不掘. 去隱太行山. 貞觀中, 應詔擧, 終秦川令, 詩一首.

5. 殘句 〈楓落吳江冷〉(《全唐詩》卷38)

『楓落吳江冷: 新唐書云: 信明蹇傲自伐, 嘗謂過李百藥. 讒者不許, 鄭世翼亦傲倨, 歎傲輕忤物. 遇信明江中, 謂之曰:「聞公有楓落吳江冷, 願見其餘」信明欣然多出衆篇, 世翼覽未終, 曰:「所見不逮所聞!」投諸水, 引舟去.

003(1-3)
왕발王勃

왕발王勃의 자는 자안子安이며 태원太原 사람으로 왕통王通의 여러 손자 중 하나이다. 여섯 살에 문장을 잘 지어 인덕麟德 초에 유상도劉祥道가 그의 인물됨을 표로 올려 시험을 보도록 해주자 그 대책對策 문장에 최고 성적으로 급제하였다. 그로 인해 그는 약관弱冠의 나이도 되지 않아 조산랑朝散郎을 제수 받았으며, 패왕沛王은 그를 서부署府의 수찬修撰으로 불러들일 정도였다.

당시에 여러 왕王들이 투계鬪鷄 놀이에 빠져들자 왕발은 이에 이를 희화하여 영왕英王의 투계를 성토하는 격문檄文을 지었다. 그러자 고종高宗이 이를 듣고 노하여 그를 부府에서 출척黜斥시켜 버렸다. 왕발은 면직을 당하고 검남劍南 지역을 떠돌게 되었다. 산에 올라 사방을 둘러보며 개연히 제갈량諸葛亮의 공적을 그리워하여 부시賦詩로써 그 감정을 펴 보였다.

또 그는 한때 사형의 죄를 지은 관의 노비를 숨겨준 적이 있어 그 사실이 누설될까 두려워 그만 그 자를 죽인 적이 있었다. 끝내 그 사실이 발각되어 사형에 처해지게 되었으나 마침 사면령이 내려 그 명단에서 제외되기는 하였지만, 그의 아버지 왕복치王福畤가 이에 연좌되어 교지령交趾令으로 좌천되고 말았다.

왕발은 이에 아버지를 뵈러 그곳으로 가던 길에 남창南昌을 경과하게 되었다. 당시 그곳의 도독都督이었던 염공閻公이 마침 새로이 등왕각滕王閣을 지어 이를 완성하고 9월 9일에 빈객을 초청, 큰 연회를 베풀면서 그 사위를 시켜 〈등왕각기滕王閣記〉를 짓도록 하여 그 사업을 자랑하고자 할 참이었다. 왕발이 그곳에 이르러 염공을 뵙자 그는 얼른 왕발의 글 재주를 알아보고 그에게 글을 청하게 되었다. 왕발은 흔쾌히 허락하고 빈객이 보는 앞에서 경각지간頃刻之間에 지어내게 되었다. 그 문장에는 어떤 가필이나 점획 하나 더할 수 없었다. 만좌滿座가 크게 놀랐음은 물론이다. 함께 술을 즐기다가 떠나려 하자 염공은 그에게 좋은 비단을 백 필을 선물하였고 왕발은 역시 돛대를 올려 그 자리를 떠났다.

남방 더운 곳에 이르러 그는 배를 띄워 바다로 나갔다가 그만 물에 빠져 죽고 말았다. 그때 나이가 겨우 스물아홉이었다.

왕발의 문장은 기려綺麗하여 그에게 글을 청하는 자가 아주 많았으며 그 대가로 받은 금은 비단이 집안에 그득 쌓일 정도였다. 그는 글 쓰는 재주를 짜서 옷을 해 입고 붓으로 농사지어 먹고살았다고 할 수 있다. 그러나 그는 깊이 생각하며 이리 저리 재어보는 습관이 아니었다. 먼저 먹을 몇 되쯤 갈아 놓고는 술에 흠뻑 취하여 자리로 인도되어 얼굴을 뒤집어 쓴 채 잠에 곯아떨어진다. 그리고 깨어나서는 붓을 잡아 문장을 완성하고는 한 글자도 바꾸지 않는 것이었다. 그래서 사람들은 그를 '복고腹稿'라 불렀다.

그는 또 일찍이 사람의 아들로 태어나서 의술醫術을 익히지 않으면 안 된다고 말하였다. 당시 마침 장안長安에 조원曹元이라는 자가 많은 비방秘方을 알고 있어 왕발은 그를 좇아 그 의술을 모두 배우고 나서, 괵주虢州에 약초가 많이 난다는 것을 알고 그 곳의 참군參軍으로 보임補任해 달라고 요구하기도 하였다. 그러나 왕발은 자신의 재능을 믿고 남을 능멸하고 깔고 앉아 동료와 관리들은 모두 그를 싫어하였다.

그는 문집 30권 및 《주중찬서舟中纂序》 5권을 남겼으며 모두가 지금까지 전하고 있다.

◎ 왕발이 일찍이 이인異人을 만났다. 그가 왕발의 관상을 보고 이렇게 말하였다.

"그대는 정신은 강하고 골재는 약하며 기는 청수하나 육체가 연약하다.

뇌골이 휴함虧陷하여 눈동자가 온전치 못하다. 이삭이 패기는 하나 열매를 맺지 못하니 끝내 크게 귀해지지는 못하리라."

그러므로 그 재주는 훌륭하나 단명하였던 것이 어찌 그 상相 때문이 아니겠는가!

王勃:

勃, 字子安, 太原人, 王通之諸孫也. 六歲善辭章. 麟德初, 劉道祥祥道表其材, 對策高第. 未及冠, 授朝散郎. 沛王召署府修撰. 時諸王鬪雞會, 勃戲爲文檄英王雞, 高宗聞之怒, 斥出府. 勃旣廢, 客劍南, 登山曠望, 慨然思諸葛之功, 賦詩見情.

又嘗匿死罪官奴, 恐事洩, 輒殺之, 事覺當誅, 會赦除名, 父福時坐是左遷交趾令. 勃往省覲, 途過南昌, 時都督閻公新修滕王閣成, 九月九日, 大會賓客, 將令其壻作記, 以誇盛事. 勃至入謁, 帥知其才, 因請爲之. 勃欣然對客操觚, 頃刻而就, 文不加點, 滿座大驚. 酒酣辭別, 帥贈百縑, 卽擧帆去. 至炎方, 舟入洋海溺死, 時年二十九.

勃屬文綺麗, 請者甚多, 金帛盈積, 心織而衣, 筆耕而食. 然不甚精思, 先磨墨數升, 則酣飮, 引被覆面臥, 及寤, 援筆成篇, 不易一字, 人謂之「腹稿」. 嘗言人子不可不知醫, 時長安曹元有秘方, 勃盡得其術, 又以虢州多藥草, 求補參軍.

倚才陵藉, 僚吏疾之. 有集三十卷, 及《舟中纂序》五卷, 今行於世.

◎ 勃嘗遇異人, 相之曰:「子神强骨弱, 氣淸體羸, 腦骨虧陷, 目睛不全. 秀而不實, 終無大貴矣.」

故其才長而命短者, 豈非相乎!

【太原】 兩《唐書》에 모두 '絳州 龍門人'으로 실려 있다.

【王通】 王勃의 조부이며, 《元經》·《中說》을 지었다. 諡號는 文中子이다. 〈王續篇〉참조.

【麟德】 高宗(李治)의 年號. 재위 2년(664~665).

【劉祥道】 唐 高宗 때의 名臣으로 《唐書》에 傳이 있다. 王勃의 〈上劉右相書〉 가 있다.

【對策】 과거 고시의 하나로 문제에 대한 책론을 작성하는 고시이다.

【沛王】 李賢. 高宗의 여섯째아들. 후에 章懷太子가 되었다. 兩《唐書》에 傳이 있다.

【英王】 李顯. 高宗의 일곱째아들. 후에 中宗(684, 705~710)이 되었다.

【高宗】 당나라의 제 3대 황제인 李治(650~683).

【劍南】 唐나라 十道 중의 하나. 지금의 四川·甘肅·雲南 지역 治所는 成都. 劍閣의 남쪽.

【諸葛亮】 三國時代 蜀의 宰相(181~234).

【王福畤】 王勃의 아버지. 太常博士·六合令·交趾令 등을 지냈다.

【交趾】 唐나라 때 설치된 縣 이름. 지금의 베트남 북부의 통킹·하노이 지역.

【滕王閣】 當 高祖의 아들인 滕王 李元嬰이 洪州都督이었을 때 건립하였으며 지금의 江西省 南昌市에 있다. 贛江 가에 있으며 洪州名勝의 하나이다. 당시 閻伯嶼가 중건하여 낙성식 잔치를 하고 있었다.

【二十九】 王勃이 〈登王閣序〉를 썼던 시기로써 다른 기록에서는 14세 때라 하였다.

【不可不知醫】 王勃의 〈黃帝八十一難經序〉에 "《黃帝八十一難經》, 是醫經之 秘錄也. 昔者岐伯以授黃帝. ……華佗歷六師以授黃公, 黃公以授曹夫子. 夫子 諱元, 字眞道, 自云京兆人也. ……勃養于慈父之手, 每承過庭之訓, 曰: '人子 不知醫, 古人以爲不孝.'因竊求良師, 陰訪其道"라 하였다.

【曹元】 人名. 藥草와 秘方에 대해 많이 알고 있었던 人物.

【虢州】州治는 弘農. 지금의 河南省 靈寶縣. 고대 虢나라가 있었던 곳.
【虧陷】'움푹 패이다'의 뜻.

1. 왕발(王勃: 649~676)
'初唐四傑'중의 한 사람. 특히 〈滕王閣序〉로 이름을 날렸으며 "時來風送滕王閣,
運退雷轟薦福碑"의 성어는 여기에서 비롯된 것이다. 그리고 〈送杜少府之任
蜀州〉의 "海內存知己. 天涯若比隣"은 널리 알려진 구절이다. 《新唐書》藝文志
에 《王勃集》30권이 있다 하였다. 그 외에 《周易發揮》5권, 《次論語》10권,
《舟中纂序》5권, 《千歲曆》등이 있었다 하나 실전되었다. 《全唐詩》에 그의
詩 2권이 실려 있으며(55·56), 《全唐詩外編》및 《全唐詩續拾》에 16首와
1句를 補遺로 싣고 있다. 《唐詩紀事》卷7에 그에 관한 기록이 있다. 그밖에
〈四部備要本〉《初唐四傑集》(中華書局, 1970)이 있다.
2. 楊炯의 《王勃集序》 참조.
3. 《舊唐書》卷190(上) 文苑傳(上) 王勃 참조.
4. 《新唐書》卷201 文藝傳(上) 王勃 참조.
5. 《唐詩紀事》卷7 王勃
勃爲沛王府修撰, 時諸王鬪鷄, 勃戲爲文檄英王鷄. 高宗曰:「是且交構, 斥出府」
勃既廢. 客劍南, 嘗登葛憤山曠望, 慨然思諸葛之功, 賦詩見情, 爲虢州參軍,
坐罪除名. 父福時, 以左遷交趾令, 勃往省 度海溺水, 痵而卒, 年二十九.
6. 《全唐詩》卷55 王勃
王勃, 字子安, 絳州龍門人. 文中子通之孫, 六歲善文辭, 未冠. 應擧及第, 授朝
散郎, 數獻頌闕下. 沛王聞其名, 召署府修撰, 是時諸王鬪雞. 勃戲爲文, 檄英
王雞, 高宗斥之. 勃既廢, 客劍南, 久之. 補虢州參軍, 坐事. 復除名, 勃父福時,
坐勃故, 左遷交趾令. 勃往交趾省父. 渡海溺水, 悸而卒. 年二十八. 勃好讀書,
屬文初不精思, 先磨墨數升, 引被覆面而臥. 忽起書之, 不易一字. 時人謂之腹稿,
與楊炯·盧照鄰·駱賓王皆以文章齊名. 天下稱王楊盧駱, 號四傑. 勃有集三十卷,
今編詩二卷.

7. 〈滕王閣詩〉(序文略.《全唐詩》卷55)

『滕王高閣臨江渚, 珮玉鳴鸞罷歌舞. 畫棟朝飛南浦雲, 珠簾暮捲西山雨. 閒雲潭影日悠悠, 物換星移幾度秋. 閣中帝子今何在, 檻外長江空自流.』

8. 唐, 殷成式《酉陽雜俎》卷12 참조.

9. 滕王閣故事. 이 이야기는 五代 때 王定保의《唐摭言》卷5가 비교적 상세하다.

王勃著〈滕王閣序〉, 時年十四. 都督閻公不之信, 勃强在座, 而閻公意屬子婿孟學士者爲之, 已宿構矣. 及以紙筆巡讓賓客. 勃不辭讓, 公大怒, 拂衣而起, 專令人伺其下筆. 第一報云:「南昌故郡, 洪都新府」公曰:「亦是老先生常談!」又報云:「星分翼軫, 地接衡廬」. 公聞之, 沉吟不言. 又云:「落霞與孤鶩齊飛, 秋水共長天一色.」公矍然而起曰:「此眞天才, 當垂不朽矣!」遂亟請宴所, 極歡而罷.

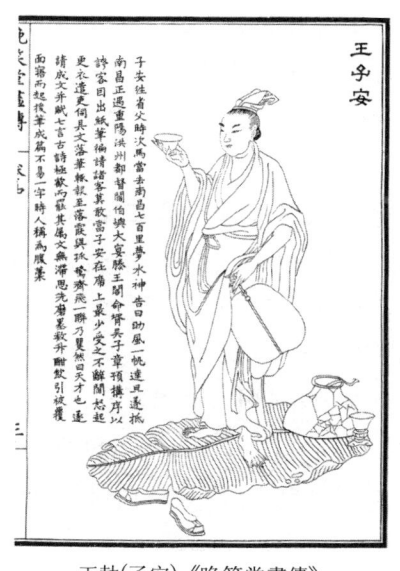

王勃(子安)《晚笑堂畫傳》

《初唐四傑集》(王勃)

004(1-4)
양형楊炯

양형楊炯은 화음華陰 사람으로 현경顯慶 6년에 신동神童으로 천거되어 교서랑校書郎을 제수 받았다.

그리고 영륭永隆 2년에 황태자皇太子가 사전舍奠을 지내면서 표를 올려 호걸준사를 추천할 때에 숭문관학사崇文館學士로 충임充任되었다. 그 뒤 그는 무주婺州 영천盈川의 현령이 되었다가 생을 마쳤다.

양형은 자신의 재능을 믿고 방자하고 오만하게 굴었다. 그리고 늘 조정의 선비들이 자신을 잘못을 변명하고 수식하는데 대해 치분恥忿을 느끼고 그들을 '기린횐麒麟楦'이라 불렀다. 어떤 사람이 그 말뜻을 묻자 그는 이렇게 대답하였다.

"지금 기린을 들어 놀리는 것은 그들이 기린의 형상을 그린 무늬의 가죽으로 당나귀 등을 덮고 있으니 마치 당나귀가 신기한 동물로 보이지만 그 가죽을 벗기고 보면 역시 당나귀뿐인 것과 같소."

이 말을 들은 관리들은 즐거울 리 없었고 그 까닭으로 그는 당시 사람들로부터 미움을 받게 되었다. 처음에 장설張說이 〈잠언箴言〉을 써서 그가 영천 현령으로 갈 때 이를 주면서 너무 가혹하거나 각박하게 하지 말도록 경계하였지만 그가 그 관직에 다다르자 과연 혹독하다는 평을 받게 되었다.

양형은 박학선문博學善文하여 왕발王勃·노조린盧照鄰·낙빈왕駱賓王과 더불어 문사文辭로 이름이 나란히 올라 세상 사람들은 '사재자四才子'라 하였다. 역시 '사걸四傑'로도 불렀으며 그들을 흉내내는 자가 풍미하였다.

양형이 일찍이 이렇게 말하였다.

"나는 노조린 앞에 있는 것은 부끄럽고 왕발 뒤에 있는 것은 치욕스럽다."

그러자 장설은 이렇게 평하였다.

"그대 영천盈川의 문장은 현하懸河와 같아 이를 퍼내도 퍼내도 다함이 없다. 왕발 다음에 이름의 순서가 되는 것이 치욕스럽다는 것은 믿을 만하지만 노조린 앞에 있는 것이 미안하다고 한 것은 겸손한 말이다."

《영천집盈川集》 30권이 세상에 통행되고 있다.

楊炯:

炯, 華陰人. 顯慶六年擧神童, 授校書郎. 永隆二年, 皇太子舍奠, 表豪俊, 充崇文館學士. 後爲婺州盈川令, 卒. 炯恃才憑傲, 每恥朝士矯飾, 呼爲「麒麟楦」.

或問之, 曰:「今假弄麒麟戲者, 必刻畫其形覆驢上, 宛然異物, 及去其皮, 還是驢耳」

聞者甚不平, 故爲時所忌.

初, 張說以箴贈盈川之行, 戒其苛刻, 至官, 果以酷稱. 炯博學善文, 與王勃·盧照隣·駱賓王以文辭齊名, 海內稱「四才子」, 亦曰「四傑」, 效之者風靡焉.

炯嘗謂:「吾愧在盧前, 恥居王後」

張說曰:「盈川文如懸河, 酌之不竭. 恥王後信然, 愧盧前謙也」

有《盈川集》三十卷, 行於世.

【華陰】지금의 陝西省 華陰縣.

【顯慶】唐 高宗의 年號(656~660). 顯慶 6年은 顯慶 4年(659)의 잘못이다. 楊炯의 10歲 때이다.

【神童】唐나라 과거제도의 童子科로 10歲 이하의 어린이들을 상대로 실시하는 시험.《新唐書》選擧志에 "凡童子科, 十歲以下能通一經及《孝經》·《論語》, 卷誦文十, 通者予官, 通七, 予出身"이라 하였다.

【永隆】唐 高宗 때 1년간(680) 사용한 年號. 永隆 2年은 開耀 元年이다.

【盈川】지금의 浙江省 衢縣. 원래 衢州에 속하였다. 辛文房은 兩《唐書》本傳의 잘못을 그대로 引用하여 '婺州'라 한 것이다.

【麒麟楦】楦은 楥과 같다. 원래는 신발의 모형 틀. '기린을 찍어낸 듯하다'라는 뜻으로 낮추어 한 말.

【張說】唐나라의 文人. (1-14) 참조.《全唐文》(卷226) 참조. 그의 문장 〈贈別楊盈川炯箋〉이 있다.

【四傑】初唐四傑. 宋之問의 〈祭杜學士審言文〉에 "後復王·楊·盧·駱"이라 하였다.

참고 및 관련 자료

1. 양형(楊炯: 650~695?)

初唐四傑의 하나. 그의 文集 및 詩는《新唐書》藝文志(4)에《盈川集》30권이 있었다 하나 失傳되고 明나라 때 輯錄된 10권이 있다.《全唐詩》에는 그의 詩集 1권이 실려 있고《全唐詩續拾》에 2首가 補入되어 있다. 그리고 宋計有公의《唐詩紀事》卷7에 그에 관한 기록이 있다. 그 외에 〈四部備要本〉《初唐四傑集》(中華書局, 1970)이 있다.

2.《舊唐書》卷195(上) 文苑傳(上) 楊炯 참조.

3.《新唐書》卷201 文藝傳(上) 楊炯 참조.

4.《太平廣記》卷265 참조.

5.《唐詩紀事》卷7 楊炯

炯, 華陰人, 永隆二年, 皇太子已釋奠, 求豪俊, 充崇文館學士. 後爲盈川令, 說以箋贈行, 戒其苛. 至官, 果以嚴酷稱, 不爲人所多. 卒官. 中宗時, 贈著作郞.

6.《全唐詩》卷50 楊炯

楊炯, 華陰人. 幼聰敏博學, 善屬文. 年十一, 舉神童. 授校書郎, 爲崇文館學士. 遷詹事司直, 恃才簡倨, 人不容之. 武后時, 左轉梓州司法參軍, 秩滿, 遷婺州盈川令. 卒於官. 中宗卽位, 以舊僚贈著作郎. 炯聞時人以四傑稱, 乃自言曰:「吾愧在盧前, 恥居王後」張說曰:「楊盈川文思如懸河注水, 酌之不竭. 旣優於盧, 亦不減王也.」有盈川集三十卷, 今存詩一卷.

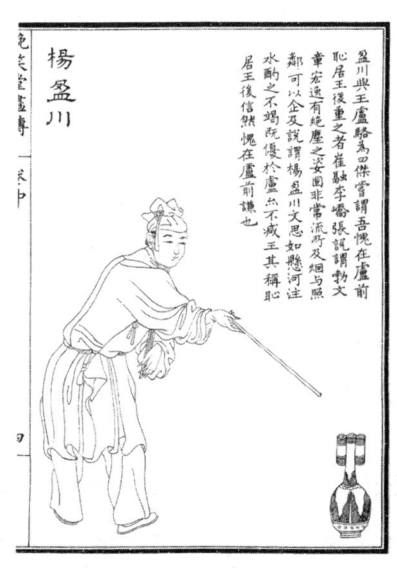

楊炯(盈川)《晚笑堂畫傳》　　　　　《初唐四傑集》(楊炯)

005(1-5)
노조린盧照隣

　노조린盧照隣은 자가 승지升之이며 범양范陽 사람이다.

　등왕鄧王 부부府의 전첨典籤으로 조임調任되자 등왕이 심히 아끼고 사랑하여 남에게 이렇게 말할 정도였다.

　"이 사람은 나에게 있어서 사마상여司馬相如와 같다."

　뒤에 신도新都 현위縣尉로 갔으나 병이 들어 관직을 버리고 태백산太白山에 초막을 짓고 살았다. 그곳에서 방사方土로부터 '현명고玄明膏'라는 약을 얻어 병을 치료할 수 있었다. 그러나 그때 마침 부친의 상을 당해 통곡하다가 구토를 일으켜 그 단약丹藥까지 모두 토해 병이 오히려 심해지고 말았다.

　집이 가난하여 조정의 귀한 자들이 때때로 보내주는 옷과 약으로 겨우 살다가 다시 구자산具茨山 아래로 옮겨, 그곳 전지 수십 묘畝를 매입하여 영수潁水의 물을 끌어들여 집 둘레를 흐르게 하였으며 다시 미리 자신의 무덤을 만들고 그 속에 가서 누워보기도 하였다.

　고종高宗이 당권을 잡았을 때 관리를 숭상해야 치도가 이루어진다고 여겼으며 자기 스스로 유독 유가儒家 학설을 중시하였다. 다시 무측천武則天이 법가法家 사상을 숭상하자 자신은 다시 홀로 황로黃老를 좋아하였고, 뒤에 황제가 숭산崇山에 봉선封禪의 행사를 치르고 현사들을 계속 초빙하자 스스로는 이제 운명이 다하였노라고 여겼다. 그가 지은 〈오비문五悲文〉은 이를 밝힌 문장이다.

그 뒤 수족이 이완되고 경련을 일으켜 10년 동안 일어나 걷지도 못하자 매번 봄이 가고 가을이 와서 구름 낀 골짜기 교외에 연기가 피어오르면 문득 수레를 타고 문 밖 뜰까지 나가 유연悠然히 한번 둘러보곤 하였다. 그리고 스스로 상탄傷嘆하여 〈석질문釋疾文〉을 지었다. 그 가운데에 이런 구절이 있다.

"하늘의 은혜가 비록 넓으나   覆燾雖廣
 이 생명하나 용납 못해줌이 서글프도다   嗟不容乎此生
 땅이 길러줌이 비록 많으나   亭育雖繁
 그 은혜 바로 내 대에서 끊겼네!"   恩已絶乎斯代

이에 그는 친속들과 결별하고 스스로 영수에 빠져 생을 마감하고 말았다.

시문詩文 20권과 《유우자幽憂子》 3권이 세상에 전한다.

盧照隣:

照隣, 字升之, 范陽人. 調鄧王府典籤, 王愛重, 謂人曰:
「此吾之相如也」

後遷新都尉, 嬰病去官, 居太白山草閣, 得方士玄明膏餌之.

會父喪, 號慟, 因嘔, 丹輒出, 疾愈甚. 家貧苦, 貴官時時供衣藥, 乃去具茨山下, 買園數十畝, 疏潁水周舍, 復豫爲墓, 偃臥其中. 自以當高宗之時尚吏, 己獨儒; 武后尚法, 己獨黃老; 后封嵩山, 屢聘賢士, 己已廢, 著〈五悲文〉以自明. 手足攣緩, 不起行已十年, 每春歸秋至, 雲壑煙郊, 輒輿出戶庭, 悠然一望.

遂自傷, 作〈釋疾文〉, 有云: 『覆燾雖廣, 嗟不容乎此生;
亭育雖繁, 恩已絕乎斯代.』

　　與親屬訣, 自沈潁水. 有詩文二十卷及《幽憂子》三卷,
行於世.

【范陽】 지금의 河北省 涿州市.
【鄧王】 唐 高祖 李淵의 17째 아들 李元裕. 貞觀 11年에 鄧王에 봉해졌다.
【司馬相如】 漢나라 최고의 賦家로 字는 長卿(B.C. 117~179)이다. 卓文君과의
　　故事로도 유명하며 〈子虛賦〉·〈上林賦〉 등을 남겼다.《史記》司馬相如列傳
　　참조.
【新都】 지금의 四川省 新都縣.
【太白山】 일명 終南山. 지금의 陝西省 郿縣에 있다.
【玄明膏】 盧照鄰의 〈與洛陽名流朝士乞藥直書〉에 "昔在關西太白山下, 一隱
　　士多玄明膏, 中有丹砂八兩, 予時居貧, 不得好上砂, 但取馬牙顏色微光淨者
　　充用, 自爾丁府君憂, 每一號哭, 涕泗中皆藥氣流出, 三四年羸臥苦嗽, 幾至於
　　不免"이라 하였다.
【具茨山】 河南省 禹縣에 있는 山.
【潁水】 河南省 登封縣에서 發源하여 淮河로 유입되는 물.
【武則天】 巫美郎. 唐 高宗의 皇后로 睿宗을 폐하고(690) 자립하여 스스로
　　皇帝가 되었다. 國號를 周로 바꾸어 '武周'라 하였다. 당대 최고의 女傑로
　　酷吏를 등용하여 獄事를 일으켰다. 재위 684~704년. 후에 中宗이 복귀
　　하여 705~710년까지 제위를 지켰고 다시 睿宗이 이어서 710~712년까지
　　재위하였다.
【黃老】 黃帝와 老子. 道家의 祖宗.
【五悲文】 〈釋疾文〉《全唐書》(167) 참조.
【釋疾文】 疾病에 대하여 읊은 詩.
【覆燾】 '은택과 보호'를 뜻한다.《三國志》魏志 高堂隆傳 참조.
【亭育】 잘 길러 줌을 뜻한다.《老子》(51章)에 "道生之, 德畜之. 長之育之, 亭之
　　毒之, 養之覆之"라 하였다.

참고 및 관련 자료

1. 노조린(盧照鄰: 637~689?)

初唐四傑 중의 한 사람으로 '盧照隣'으로도 표기된다. 그의 文集과 詩는 《新唐書》藝文志(4)에 《詩文》과 《幽憂子》 3卷이 있다 하였으나 失傳되었다. 《四部叢刊》에 明代에 한 문집이 있으며 《全唐詩》 41·42는 그의 詩 2卷이다. 그 외에 《初唐四傑集》(《四部備要本》)이 있다. 《唐詩紀事》 7卷에 그에 관한 기록이 있다.

2. 《舊唐書》 卷190(上) 文苑傳(上) 盧照鄰 참조.

3. 《新唐書》 卷201 文藝傳(上) 盧照鄰 참조.

4. 《唐詩紀事》 卷7 盧照鄰

照鄰, 字昇之, 范陽人. 調新都尉, 病去官. 足攣, 一手又廢, 乃居具茨山下. 自以爲高宗尚吏, 己獨儒; 武后尚法, 己獨黃老; 后封嵩山, 屢聘賢士, 己獨廢, 著〈五悲文〉以自明, 病旣久, 與親屬訣, 自沉潁水.

5. 《全唐詩》 卷41 盧照鄰

盧照鄰, 字昇之, 范陽人. 十歲, 從曹憲·王義方採蒼雅, 調鄧王府典籤. 王有書十二車, 照鄰總披覽, 略能記憶. 王愛重, 比之相如, 調新都尉. 染風疾, 去官. 居太白山, 以復餌爲事, 又客東龍門山. 疾甚, 足攣. 一手又廢, 乃去陽翟具茨山下, 買園數十畝, 疏潁水周舍. 復豫爲墓, 偃臥其中. 後不堪其苦, 與親屬訣. 自投潁水死, 年四十. 嘗著〈五悲文〉以自明, 有集二十卷, 又《幽憂子》三卷, 今編詩二卷.

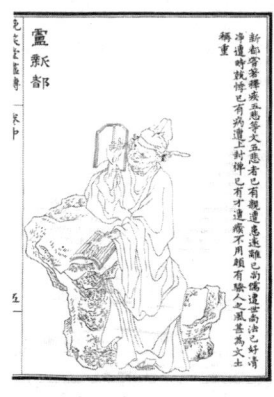

盧照隣(新都) 《晚笑堂畫傳》　　　　《初唐四傑集》(盧照隣)

006(1-6)
낙빈왕駱賓王

낙빈왕駱賓王은 의오義烏 사람으로 일곱 살에 능히 부시賦詩를 지었다. 무측천武則天 때에 상소를 자주 올리고 정사를 비판하다가 죄를 얻어 임해臨海의 현승縣丞으로 좌천되었다. 그러자 뜻을 얻지 못한 것에 대해 앙앙鞅鞅히 여겨 관직을 버리고 떠나 버렸다. 문명文明 연간에 서경업徐敬業이 무측천을 바로잡고자 군사를 일으키자 그에게 투신하여 속관屬官이 되었다. 그는 경업을 위해 격문을 지어 천하에 전달하며 무측천의 죄를 폭로하고 탄핵하였다.

측천무후則天武后가 이를 읽어보고 크게 놀라 물었다.

"누가 지은 문장인가?"

낙빈왕의 글이라 대답하자 무후는 다시 이렇게 말하였다.

"이와 같은 인재를 등용하지 않고 있었으니 이는 바로 재상의 과실이다."

그러나 결국 서경업이 패하자 그도 어디로 사라졌는지 찾을 수 없게 되었다. 뒤에 송지문宋之問이 폄직되었다가 풀려 조정으로 돌아오는 길에 마침 전당錢塘을 지나게 되었다. 그는 그곳에 있는 영은사靈隱寺에 놀러 갔다가 밤에 달이 밝아 장랑長廊 아래에서 시를 읊게 되었다.

"영취산 고갯마루 울창하고 높은데   鷲嶺鬱岧嶢
용궁은 은은히 적막하도다."   龍宮隱寂寥

그러나 이 두 구절만 짓고 다음 연聯을 이루지 못하고 있을 때 노스님 한 분이 연등燃燈을 밝힌 채 좌선坐禪을 하고 있다가 송지문에게 물었다.

"젊은 사람이 가서 잠을 자지 않고 시를 짓겠다고 심히 괴로워하니 무슨 까닭인가?"

송지문이 이렇게 대답하였다.

"이 절을 제목으로 시 한 수 읊고자 하나 생각이 떠오르지 않습니다."

스님은 웃으면서 이렇게 일러주었다.

"어찌

| '누대는 창해에 떠오르는 해를 보고 있고 | 樓觀滄海日 |
| 문은 절강浙江의 조류를 맞대고 있네' | 門對浙江潮 |

라고 하지 않는가?"

그러자 송지문은 이를 이어받아 한 편을 마칠 수 있었다. 이에 다음 구절을 이렇게 완성하였다.

"계수나무 열매 달 가운데로 떨어지고	桂子月中落
하늘까지 오른 향불은 구름 밖에 흩날리네	天香雲外飄
나복蘿蔔 쓰다듬으니 탑 오르기 멀고	捫蘿登塔遠
나무를 깎아들고 샘 찾으러 서성이네	刳木取泉遙
구름 얇아 서릿발 비로소 내리니	雲薄霜初下
얼음이 얇게 어나 잎은 아직 지지 않네	冰輕葉未凋
조금 기다렸다 천태사에 들어와서	待入天台寺
석교 건너는 내 모습 보아주오."	看余渡石橋

스님의 그 한 연은 시 전체의 경책警策이었다. 이튿날 날이 밝고 나서 늦게 그를 다시 찾았으나 스님은 이내 보이지 않았다. 그 스님은 바로 낙빈왕이었다.

또 전해오는 이야기로는 그가 뗏목을 타고 바다 멀리 가버렸다고도 한다. 뒤에 중종中宗이 그의 문장을 수집하게 하여 백여 편을 구하였으며 시詩 등을 모아 10권으로 만들어 극운경郗雲卿으로 하여금 편차와 순서를 정리하게 하였다.

그 외에 《백도판집百道判集》 1권이 있으며 지금까지 세상에 전해오고 있다.

駱賓王:

賓王, 義烏人. 七歲能賦詩. 武后時, 數上疏言事, 得罪貶臨海丞, 鞅鞅不得志, 弃官去. 文明中, 徐敬業起兵欲反正, 往投之, 署爲府屬. 爲敬業作檄傳天下, 暴斥武后罪.

后見讀之, 矍然曰:「誰爲之?」

或以賓王對, 后曰:「有如此才不用, 宰相過也」

及敗, 亡命, 不知所之.

後宋之問貶還, 道出錢塘, 遊靈隱寺, 夜月, 行吟長廊下, 曰:『鷲嶺鬱岧嶢, 龍宮隱寂寥.』

未得下聯. 有老僧燃燈坐禪, 問曰:「少年不寐, 而吟諷甚苦, 何耶?」

之問曰:「欲題此寺而思不屬」僧笑曰:「何不道『樓觀滄海日, 門對浙江潮』?」

之問終篇曰:『桂子月中落, 天香雲外飄. 捫蘿登塔遠, 刳木取泉遙. 雲薄霜初下, 冰輕葉未凋. 待入天台寺, 看余渡石橋.』

僧一聯, 篇中警策也. 遲明訪之, 已不見. 老僧卽駱賓王也. 傳聞桴海而去矣.

後, 中宗詔求其文, 得百餘篇, 及詩等十卷, 命郗雲卿次序之, 及《百道判集》一卷, 今傳於世.

【義烏】지금의 浙江省 義烏縣.

【七歲能詩】《全唐詩》(卷79)에 駱賓王의 〈詠鵝詩〉에 "鵝, 鵝, 鵝. 曲項向天歌, 白毛浮綠水, 紅掌撥淸波"라 하였고 그 注에 '七歲時作'이라 하였다. 그리고 《唐詩紀事》(卷7)에 "賓王七歲詠鵝云: 鵝鵝, 曲項向天歌. 白毛浮淥水, 紅掌撥淸波"라 하였다.

【臨海】지금의 浙江省 臨海縣.

【文明】唐 睿宗의 年號(684). 武則天이 臨朝하던 해를 말한다.

【徐敬業】李敬業을 말한다. 李勣(徐世勣)의 孫子로 光宅 元年(684)에 柳州司馬로 폄직되자 唐之奇·杜求仁·駱賓王 등과 揚州에서 기병하여 武則天에게 대항, 10만여 명을 거느렸으나 후에 관군 李孝逸에게 패하여 죽임을 당하였다. 兩《唐書》에 傳이 있다.

【檄文】唐 段成式의 《酉陽雜俎》(前集)에 "駱賓王爲徐敬業作檄, 極疏犬周過惡, 則天覽及'蛾眉不肯讓人, 狐媚偏能惑主', 微笑而已. 至'一抔之土未乾, 六尺之狐安在.'不悅曰: '宰相何得失如此人!'"이라 하였다.

【宋之問】本書 009 참조.

【錢塘】지금의 浙江省 杭州市. 宋나라 때 臨安이라 하여 南宋의 首都가 되었다.

【靈隱寺】지금의 杭州에 있는 유명한 절.

【蘿蔔】禪問答에 "雲門胡餠團, 鎭州蘿蔔長"(운문의 호떡은 둥글고, 진주의 무는 길다)라는 말이 있다.

【中宗】당나라 4대 황제 李顯. 684年에 즉위한 후 곧바로 睿宗에게 제위를 넘겨주자 武則天이 제위를 탈취하였다. 그 뒤 705年에 武則天을 몰아내고 다시 제위에 올라 710년까지 다스렸다.

【郗雲卿】人名. 다른 本에는 '치운경(郗雲卿)'으로 실려 있다.

> 참고 및 관련 자료

1. 낙빈왕(駱賓王: 640?~684?)

'初唐四傑'의 한 사람. 그의 詩 1백여 편이 전한다는 것은 郗雲卿의 序에 의한 것이며 《新唐書》 藝文志(4)에 역시 그의 文集이 있다고 하였다. 그의 詩는 《全唐詩》 77·78·79의 3권으로 실려 있다. 그 외에 〈四庫全書本〉(《駱丞集》),

〈四部備要本〉(《初唐四傑集》)이 있다. 또한 《唐詩紀事》卷7에 그에 관한 기록이 실려 있다.

2.《舊唐書》卷190(上) 文苑傳(上) 駱賓王 참조.

3.《新唐書》卷201 文藝傳(上) 駱賓王 참조.

4.《唐詩紀事》卷7 駱賓王

賓王, 義烏人. 七歲能賦詩. 武后時, 數上疏言事, 徐臨海丞, 軮軮不得志, 棄官去, 徐敬業亂, 以爲府屬, 代敬業爲檄武后罪. 后讀但嘻笑, 至一抔之土未乾, 六尺之孤安在. 矍然曰:「誰爲之?」或以賓王對. 后曰:「宰相安得失此人!」敬業敗, 亡命, 不知所之. 中宗時, 詔求其文, 得數百篇.

5.《全唐詩》卷77 駱賓王

駱賓王 《晚笑堂畫傳》

駱賓王, 義烏人. 七歲能屬文, 尤妙於五言詩. 嘗作〈帝京篇〉, 當時以爲絶唱. 初爲道王府屬, 歷武功主簿, 又調長安主簿. 武后時, 左遷臨海丞, 怏怏失志, 棄官去, 徐敬業舉義, 署爲府屬. 爲敬業草檄, 斥武后罪狀, 后讀之, 矍然歎曰:「宰相安得失此人?」敬業事敗, 賓王亡命, 不知所終. 中宗時, 詔求其文, 得數百篇. 集成十卷, 今編詩爲三卷.

6. 宋之問과의 靈隱寺 故事

이 이야기는 五代 孟棨의 《本事詩》徵異篇에 처음 실린 후 광범위하게 퍼져 《太平廣記》·《郡齋讀書志》·《唐詩紀事》 등에 모두 실리게 되었다. 그러나 사실 여부는 알 수 없고 《四庫全書總目》駱丞集提要에 "孟棨《本事詩》則云賓王落髮. 遍游名山. 宋之問游

《初唐四傑集》(駱賓王)

靈隱寺作詩, 嘗爲續『樓觀滄海日, 門對浙江潮』之句. 今觀集中與宋之問蹤迹甚密, 在江南則有投贈之作, 在兗州則有錢別之章, 宜非不相識者, 何至覿面失之?"라 辨證하고 있다.

한편 《唐詩紀事》卷7의 故事는 다음과 같다.

「宋之問貶黜, 放還至江南, 遊靈隱寺. 夜月極明, 長廊行吟曰:『鷲嶺鬱岧嶢, 龍宮鎖寂寥.』句未屬. 有老僧點長明燈, 問曰:「少年夜久不寐, 何耶?」之問曰:

「適偶欲題此寺, 而興思不屬.」僧請吟上聯, 卽曰:「何不云『樓觀滄海日, 門對浙江潮』?」之問愕然, 訝其遒麗. 又續終篇曰:『桂子月中落, 天香雲外飄. 捫蘿登塔遠, 刳木取泉遙. 霜薄花更發, 冰輕葉未凋. 待入天台路, 看余渡石橋.』遲明更訪之, 則不復見矣. 寺僧有知者曰:「此賓王也.」

007(1-7)
두심언杜審言

두심언杜審言의 자는 필간必簡이며 경조京兆 사람으로 두예杜預의 먼 후예이다. 함형咸亨 원년 송수절宋守節과 동방同榜으로 진사에 급제하여 습성隰城의 위尉가 되었다. 그는 자신의 높은 재주를 믿고 세상에 오만을 부려 질시를 받았다. 당시 소미도蘇味道가 천관天官의 시랑侍郎이었다. 마침 문서 판결의 모임에 두심언이 참가하였다가 끝나고 나와서 다른 사람에게 이렇게 말하였다.

"소미도는 틀림없이 죽을 것이오."

듣던 사람들이 놀라 물었다.

"무슨 이유요?"

심언은 이렇게 설명하였다.

"저자가 나의 판判 문장을 보았으니 스스로 부끄러움을 이기지 못하여 죽어버릴 것이요!"

그러고는 또 이렇게 말하였다.

"나의 문장은 굴원屈原이나 송옥宋玉이라 해도 나의 부하가 될 수밖에 없고 나의 글씨는 왕희지王羲之조차 나를 향해 북면北面하고 말 것이오."

그의 자랑과 뽐냄이 이와 같았다. 그러나 결국 사건에 연루되어 길주吉州 사호司戶로 좌천되고 말았다. 뒤에 측천무후則天武后가 그를 다시 불러 장차 그를 등용하려 하면서 물었다.

"그대는 기쁘게 생각하십니까?"

이에 두심언은 즐겁다고 춤을 추면서 감사를 표하였다.

그러자 무후는 그에게 〈환희시歡喜詩〉를 짓도록 하여 훌륭하다 칭찬하면서 그에게 저작랑著作郎의 벼슬을 주어 수문관修文館의 직학사直學士로 삼았다. 그는 그 벼슬을 끝으로 졸하였다.

당초 두심언이 죽음에 이르자 송지문宋之問과 무평일武平一이 문병을 간 일이 있었다. 그 때 두심언은 이렇게 말하였다.

"조화造化란 녀석 때문에 이토록 심한 고통을 받고 있으니 내 오히려 무슨 말을 할 게 있겠소! 그러나 내 살아 있는 동안 너무 오랫동안 그대들을 핍박하였소. 지금 내 죽게 되었으나 다만 한스러운 것은 나를 대신해서 그대들을 억눌러 줄 만한 인물을 보지 못하는 것이라오."

젊은 시절 그는 이교李嶠·최융崔融·소미도蘇味道와 더불어 '문장사우文章四友'라 불렸다.

문집 10권이 있으나 지금은 전하지 않고 다만 시詩 40여 편이 전해오고 있을 뿐이다.

杜審言:

審言, 字必簡, 京兆人, 預之遠裔. 咸亨元年宋守節榜進士, 爲隰城尉. 恃高才傲世見疾.

蘇味道爲天官侍郎, 審言集判, 出謂人曰:「味道必死」

人驚問何故, 曰:「彼見吾判, 當羞死耳」

又曰:「吾文章當得屈·宋作衙官, 吾筆當得王羲之北面」

其矜誕類此. 坐事貶吉州司戶.

及武后召還, 將用之, 問曰:「卿喜否?」

審言舞蹈謝. 后令賦〈歡喜詩〉, 稱旨, 授著作郎, 爲修文館直學士. 卒.

初審言病, 宋之問·武平一往省候, 曰:「甚爲造化小兒相苦, 尚何言! 然吾在, 久壓公等. 今且死, 但恨不見替人也」

少與李嶠·崔融·蘇味道爲「文章四友」.

有集十卷, 今不存, 但傳詩四十餘篇而已.

【京兆】唐나라의 首都 長安을 가리킨다. 지금의 陝西省 西安市. 그러나 兩
《唐書》에는 '襄州 襄陽人'이라 하였다.

【杜預】西晉時代의 유명한 學者이며 정치가(222~284).《春秋左氏傳集解》를
남겼으며《三國志》(卷16)·《晉書》(卷34)에 傳이 실려 있다.

【宋守節】杜審言과 同榜으로 壯元及第한 人物. 본문에서 "……榜"은 그와 同榜
이며 거론된 이름은 壯元을 나타낸다.

【隰城】지금의 山西省 汾陽縣.

【蘇味道】唐 高宗 乾封 연간에 진사에 올라 宰相이 되었다.

【判】判詞, 公文의 일종.

【味道必死】이 이야기는 晚唐의 필기소설《譚賓錄》(《太平廣記》265에 인용
되어 있다)에서 시작되어《唐書》에 모두 채록되어 있다. 그러나 杜審言의
〈贈蘇味道〉詩에 의하면 그는 蘇味道를 매우 경모한 것으로 보아 사실이
아닌 것으로 여겨진다.

【屈原】戰國時代의 楚나라 大夫. 楚辭의 비조.〈離騷〉를 남겼다.

【宋玉】역시 戰國時代의 楚나라 詩人. 辭家.《文心雕龍》辨騷에 "屈宋逸步,
莫之能追"라 하였다.

【王羲之】晉나라 때의 서예가. 字는 逸少로 右軍將軍을 지냈으며 '書聖'이라
불렸다.(303~361).《晉書》(卷80)에 傳이 실려 있다.

【北面】臣下. 혹은 제왕. 아랫사람의 위치를 말한다.《漢書》于定國傳에 "定國
乃迎師學春秋, 身執經, 北面備弟子禮"라 하였다.

【吉州】지금의 江西省 吉安市.

【著作郎】秘書省의 장관. 碑誌·祝文·祭文 등을 지었다.

【修文館】일명 弘文館.

【武平一】武甄. 武后 때 嵩山에 隱居하며 佛學을 닦다가 후에 발탁되었다.
《新唐書》에 傳이 실려 있으며《全唐詩》에 詩 1卷이 실려 있다.

【李嶠】013참조. 644~712

【崔融】字는 安成. 武后 때에 鳳閣舍人을 지냈다. 兩《唐書》에 傳이 실려
있으며《全唐詩》에 詩 1卷이 실려 있다.

【文章四友】杜審言·李嶠·崔融·蘇味道를 말한다.

1. 두심언(杜審言: 648?~708?)

初唐 詩人. 그의 文集과 詩에 대해서는 《舊唐書》(經籍志), 《新唐書》(文藝志)
에 《杜審言集》이 著錄되어 있으며 南宋 晁公武의 《郡齋讀書志》에 1卷이 실려
있다고 하면서 "集有詩四十餘篇而已"라 하여 辛氏는 이를 근거로 한 것이다.
《全唐詩》에 그의 詩 1卷 43首가 실려 있다. 그리고 《唐詩紀事》卷7에 그에
관한 기록이 있다.

2. 《舊唐書》卷190(上) 文苑傳(上) 杜審言 참조.

3. 《新唐書》卷201 文藝傳(上) 杜審言 참조.

4. 《唐詩紀事》卷6 杜審言

審言, 字必簡, 襄州人. 初貶吉州司戶, 與同僚不叶, 司馬周季重·司戶郭若訥誣
以罪, 繫獄. 審言子幷, 年十三, 因季重酢讌, 懷刃刺之. 季重臨死曰:「吾不知
審言有孝子, 若訥誤我, 亦焉避害.」審言因此免官, 還東都. 則天召, 將用之,
問曰:「卿喜否?」審言舞蹈謝恩, 因作〈懽喜詩〉, 授著作郎. 神龍初, 坐交通張
易之, 流峯州. 入爲修文館學士卒. 將死, 謂宋之問·武平一曰:「吾在, 久壓公等;
今且死, 固大慰, 但恨不見替人」云. 與李嶠·崔融·蘇味道爲文章四友. 審言卒,
李嶠已下請加命, 時武平一爲表云:「審言譽鬱中朝, 文高前列, 是以升榮粉署,
擢秀蘭臺, 往以微瑕, 久從遠謫. 陛下膺圖玉宸, 下制金門, 收賈誼於長沙, 返蔡
邕於左校, 審言獲登文館, 預奉屬車, 未獻長卿之辭, 遽啓元瑜之悼. 臣等積薪
增愧, 焚芝盈感, 伏乞恩加朱紱, 寵及幽泉, 假飾終之儀, 舉哀榮之典, 庶弊帷
莫棄, 墜履無遺」乃贈著作郎. 制曰:「漢覃恩祐, 方慶於同時: 漳浦疣疴, 忽歸
於厚夜. 蒿里修文之地, 永閟音徽; 蓬山著作之曹, 宜加寵數.」

5. 《全唐詩》卷62 杜審言

杜審言, 字必簡, 襄陽人. 善五言詩, 工書翰. 少與李嶠·崔融·蘇味道爲文章四友.
擢進士第, 爲隰城尉, 性矜誕. 嘗語人曰:「吾文章合得屈宋作衙官, 吾之書跡
合得王羲之北面」累轉洛陽丞, 坐事貶吉州司戶參軍. 尋免歸, 武后召見, 令賦
〈歡喜詩〉, 甚見嘉賞, 授著作佐郎. 遷膳部員外郎. 神龍中, 坐交張易之兄弟,
流峯州. 尋入爲國子監主薄·修文館直學士卒. 有文集十卷, 今編詩一卷.

008(1-8)
심전기沈佺期

심전기沈佺期의 자는 운경雲卿이며 상주相州 사람이다. 상원上元 2년에 정익鄭益과 동방同榜으로 진사에 급제하였으며 오언시五言詩에 뛰어났다.

협율랑協律郎을 거쳐 고공원외랑考功員外郎을 하다가 뇌물을 받은 죄로 오랫동안 환주驩州에 유배되었다. 뒤에 다시 풀려나 기거랑起居郎과 수문관직학사修文館直學士를 겸하게 되었다. 그는 늘 궁중에서 임금의 잔치를 모셨으며 황제가 학사學士들을 불러 〈회파무回波舞〉를 부르게 하자 심전기가 그 가사를 지어 임금을 즐겁게 하였다. 이에 임금이 그에게 상아와 비단을 하사하기도 하였다. 중서사인中書舍人을 역임하였다.

전기는 자신의 시를 연공燕公 장설張說에게 주었다. 그러자 장설은 이렇게 칭찬하였다.

"심삼형沈三兄의 시는 청려淸麗하여 시에 있어서는 그를 제 1등 자리에 앉혀야 하리라."

그때부터 그의 시명詩名이 크게 떨치게 되었다.

◎ 위魏나라 건안建安 때부터 강좌江左에 이르기까지 시의 율격은 여러 차례 변하였다. 심약沈約·포조鮑照·유신庾信·서릉徐陵에 이르러 음운音韻이 서로 아름답게 부가되어 아주 정치精致하게 되었다. 그 뒤 심전기沈佺期·송지문宋之問에 이르러 미려靡麗함이 다시 가해져 성운의 불협不叶을 피하고 구절을 줄여 시편의 준칙準則을 삼았으며 격률을 제정, 드디어 근체近體를

완성시켰다. 이는 마치 비단으로 문장을 짠 것 같아 학자들이 모두 정종으로 삼아 숭상하고 있다. 속담에 이렇게 말하였다.

"소무蘇武와 이릉李陵은 앞서 있었지만 심전기·송지문이 이에 비견比肩할 만하다."

이 뜻은 당시唐詩의 체제 변화는 바로 이 두 사람에 의해 시작되었으니 이는 마치 한대漢代의 오언시五言詩가 소무와 이릉에서 비롯된 것과 같다는 것이다.

문집 10권이 있으며 지금 세상에 전하고 있다.

沈佺期:

佺期, 字雲卿, 相州人. 上元二年, 鄭益傍進士. 工五言. 由協律考功郎受賕, 長流驩州. 後召拜起居郎, 兼修文館直學士. 常侍宮中, 旣侍宴, 帝詔學士等爲《回波舞》, 佺期作弄辭悅帝, 詔賜牙緋. 歷中書舍人.

佺期嘗以詩贈張燕公, 公曰:「沈三兄詩清麗, 須讓居第一也.」

詩名大振.

◎ 自魏建安迄江左, 詩律屢變. 至沈約·鮑照·庾信·徐陵, 以音韻相婉附, 屬對精緻. 及佺期·之問, 又加靡麗. 迴忌聲病, 約句準篇, 著定格律, 遂成近體, 如錦繡爲文, 學者宗尙.

語曰:「蘇·李居前, 沈·宋比肩」

謂唐詩變體, 始自二公, 猶漢人五字詩始自蘇武·李陵也.

有集十卷, 今傳於世.

【相州】지금의 河南省 安陽市. 兩《唐書》에는 모두 '相州 內黃人'이라 하였다.

【上元】唐 肅宗(李亨)의 연호(760~762).

【鄭益】人名. 당시 壯元으로 급제한 人物.

【驩州】지금의 베트남 지역. 治所는 九德.

【回波舞】춤의 일종.《樂府詩集》(卷80)의〈回波舞〉에 "回波舞, 商調曲. 唐中宗時造, 蓋出於西水引流泛觴也"라 하였다.

【張燕公】張說을 가리킨다. 本冊 014 참조.

【建安】漢末 獻帝(劉協)의 年號(196~219)로 뒤에 曹丕에 의해 漢나라가 망하였다.(220) 따라서 "魏建安"은 잘못된 것이다.

【沈約】南朝 梁나라 때의 文章家로 字는 休文. 四聲八病說·聲律說을 주장하였으며《四聲譜》를 지었다.

【鮑照】南朝 宋나라 때의 文學家. 字는 明遠. 악부시에 뛰어났으며 參軍將을 역임하여 '鮑參軍'으로 불리었다.

【庾信】北周의 文學家. 字는 子山. 騈文에 뛰어났다. '庾開府'로도 불렸다.

【徐陵】南朝 陳나라 때의 문인.《玉臺新詠》을 남겼다.

【蘇武】漢나라 때 五言詩를 남긴 것으로 알려진 인물.

【李陵】역시 漢나라 때의 人物. 五言詩를 남긴 것으로 알려진 인물.

참고 및 관련 자료

1. 심전기(沈佺期: ?~713)

初唐詩人으로 宋之問과 함께 '沈宋'으로 불리며 唐詩의 기본 틀을 확립한 시인이다. 그의 文集과 詩는《新唐書》(藝文志, 4)와《郡齋讀書志》에는 5권으로 되어 있으며《全唐詩》에는 3卷(95. 96. 97),《全唐詩外編》및《全唐詩續拾》에는 2首와 斷句 4련이 補入되어 있다. 그 외에《唐詩紀事》(卷11)에 그에 관한 기록이 있다.

2.《舊唐書》卷190(中) 文苑傳(中) 참조.

3.《新唐書》卷202 文藝傳(中) 참조.

4.《唐詩紀事》卷11 沈佺期

佺期, 字雲卿, 相州人. 除給事中·考功郎, 受贓劾, 未究; 會張易之敗, 遂長流驩州. 稍遷台州錄事參軍, 入計召見, 拜起居郎, 兼修文直學士. 侍宴, 爲弄辭

悅帝, 賜牙緋. 尋爲太子詹事. 開元初卒. (佺期迴波樂詞云: 迴波爾時佺期, 流向
嶺外生歸. 身名已蒙齒錄, 鮑笏未復牙緋.)

5.《全唐詩》卷95 沈佺期

沈佺期, 字雲卿, 相州内黃人. 善屬文, 尤長七言之作, 擢進士第. 長安中, 累遷
通事舍人. 預修三教珠英, 轉考功郎給事中. 坐交張易之, 流驩州, 稍遷台州錄事
參軍. 神龍中, 召見, 拜起居郎, 修文館直學士. 歷中書舍人. 太子少詹事, 開元
初卒. 建安後, 訖江左, 詩律屢變. 至沈約·庾信, 以音韻相婉附, 屬對精密, 及佺
期與宋之問, 尤加靡麗, 回忌聲病. 約句準篇, 如錦繡成文. 學者宗之, 號爲沈宋.
語曰:「蘇李居前, 沈宋比肩」集十卷, 今編詩三卷.

009(1-9)
송지문宋之問

송지문宋之問은 자가 연청延淸이며 분주汾州 사람으로 상원上元 2년에 진사에 급제하였다. 위풍당당한 모습에 언변이 뛰어났고 겨우 약관의 나이에 측천무후則天武后에게 불려가 양형楊炯과 더불어 습예관習藝館에 분직分直하게 되었다. 그 뒤 계속 벼슬이 올라 상방감승尙方監丞까지 이르렀다.

뒤에 무후가 용문龍門에 유람갔을 때, 따라온 신하들에게 시를 짓게 한 적이 있었다. 좌사左史 동방규東方虯가 먼저 시를 이루자 무후는 그에게 금포錦袍를 하사하였다.

송지문이 뒤를 이어 즉시 시를 올리자 무후가 이를 보고 칭찬을 아끼지 않으며 동방규에게 주었던 금포를 빼앗아 송지문에게 줄 정도였다.

뒤에 송지문이 북문학사北門學士 자리로 옮겨가겠다고 하였으나 무후는 그에게 잇병이 있다는 핑계로 허락하지 않았다. 이에 송지문은 〈명하편明河篇〉이라는 글을 지어 이렇게 자신의 뜻을 밝혔다.

"밝은 은하수 바라볼 수는 있으나 가까이 친할 수는 없네." 明河可觀不可親

그는 뒤에 장역지張易之를 참훼한 사건에 연루되어 상주瀧州로 폄직되었으나 뒤에 도망하여 되돌아와서는 장중지張仲之의 집에 숨어살았다.

그때 그는 장중지가 무후의 조카인 무삼사武三思를 죽이려는 계획을 알고 이를 일러 바쳐 홍려부鴻臚簿로 발탁되었다가 다시 고공랑考功郎의 자리에까지 올랐다. 다시 그는 태평공주太平公主에게 사랑을 받았으나 과거 시험에 뇌물을 많이 받아, 결국 월주장사越州長史로 좌천되고 말았다. 그는 그곳에서 섬계剡溪의 산수를 두루 돌아다니며 술자리를 마련하여 시를 지으며 놀이와 잔치로 세월을 보냈으며 빈객이 잡답雜遝하게 모여들었다.

예종睿宗이 들어서자 그에게 뉘우치는 마음이 없다하여 다시 흠주欽州로 유배시켰고 어사御使가 탄핵하여 결국 사약을 내려 죽게 하였다.

이에 사람들은 그가 유희이劉希夷를 죽인 업보業報라 하였다. 서견徐堅이 일찍이 그의 글을 논하되 마치 '양금미옥良金美玉 같아 사랑하지 아니 할 수가 없다'라 하였다.

그의 문집이 세상에 전해지고 있다.

宋之問:

之問, 字延淸, 汾州人. 上元二年進士. 偉貌辯給. 甫冠, 武后召與楊烱分直習藝館, 累轉尚方監丞. 后遊龍門, 詔從臣賦詩, 左史東方虬詩先成, 后賜錦袍. 之問俄頃獻, 后覽之嗟賞, 更奪袍以賜.

後求北門學士, 以有齒疾不許, 遂作〈明河篇〉, 有『明河可望不可親』之句以見志, 諂事張易之, 坐貶瀧州. 後逃歸, 匿張仲之家. 聞仲之謀殺武三思, 乃告變, 擢鴻臚簿, 遷考功郎. 復媚太平公主. 以知擧賄賂狼藉, 下遷越州長史. 窮歷剡溪山水, 置酒賦詩, 日遊宴, 賓客雜遝.

睿宗立, 以無悛悟之心, 流欽州, 御史劾奏賜死, 人言劉希夷之報也. 徐堅嘗論其文, 如良金美玉, 無施不可. 有集行世.

【汾州】지금의 山西省 汾陽縣. 《舊唐書》에는 '虢州 弘農人'이라 하였다.

【龍門】伊闕, 洛陽 남쪽의 명승지. 武后의 龍門遊覽 고사는 참고란을 참조할 것.

【左史】史官. 임금의 말을 기록하는 임무를 맡은 사람.

【東方虯】人名. 당시의 左史. 虯는 虬의 이체자이다.

【明河篇】宋之問의 글. (참고)

【張易之】武則天이 총애하던 人物. 恒國公에 봉해졌고 兩《唐書》에 傳이 있다. 神龍 元年(705) 張柬之 등이 中宗을 복위시킬 때 피살되었다.

【瀧州】地名. 지금의 廣東省 羅定縣. 瀧은 '상'으로 읽는다.

【武三思】武則天의 조카로 정권을 壟斷하였다. 梁王에 봉해졌으며 神龍 3年(762), 太子에게 살해되었다. 兩《唐書》에 傳이 있으며 《全唐詩》에 그의 詩가 전해진다.

【張仲之】人名.

【鴻臚簿】鴻臚寺의 主簿. 鴻臚寺는 조정의 禮賓을 관장하는 기구.

【太平公主】高宗의 딸로 武則天의 소생. 李隆基(玄宗)의 궁정 政變에 참여하여 韋后와 安樂公主를 죽이고 睿宗을 옹립하였다. 그러나 玄宗이 즉위하자 그는 다시 정변을 음모하다가 玄宗에게 죽임을 당하였다. 兩《唐書》에 傳이 있다.

【越州】會稽. 지금의 浙江省 紹興市.

【剡溪】曹娥江의 상류. 지금의 浙江省 嵊縣으로 명승지이다.

【睿宗】唐나라의 제 5대 皇帝인 李旦. 684에 즉위하였으나 武則天에게 재위를 넘겨주었다. 다시 705에 中宗이 복위하고 710에 中宗의 뒤를 이어 재위에 올랐다.(684, 710~712)

【欽州】지금의 廣西自治區 欽州 지역.

【劉希夷】本冊 010[1-10]참조. 여기서는 宋之問이 劉希夷의 詩句를 빼앗기 위해 그를 죽인 업보라고 말한 것이다.

【徐堅】初唐의 人物. 여기에서는 張說의 말을 잘못 기록한 것이다. 《唐詩紀事》(卷11)에 그에 대한 기록이 실려 있다. (참고)

1. 송지문(宋之問: ?~712?)

初唐 詩人. 沈佺期와 함께 '沈宋'이라 불렸다. 그의 文集과 詩에 대해서는 宋代 각 기록에 모두 10권으로 실려 있어 武平一이 輯錄한 것이며 元代에도 行世하였다. 《全唐詩》에는 그의 詩 3권(51~53)이 수록되어 있으며 《全唐詩外編》·《全唐詩續拾》에 27首와 斷句 9句가 補入되어 있다. 그리고 《唐詩紀事》(卷11)에 그에 관한 기록이 실려 있다.

2. 《舊唐書》卷190(中) 文苑傳(中) 宋之問 참조.

3. 《新唐書》卷202 文藝傳(中) 宋之問 참조.

4. 《唐詩紀事》卷11 宋之問

之問, 字延淸, 汾州人. 與佺期·允濟媚附易之, 及敗, 貶瀧州參軍事. 逃歸, 復附三思. 景龍中, 諂事太平公主; 安樂公主權盛, 復往諧結, 太平深嫉之. 中宗將用爲中書舍人, 太平發其贓, 下遷越州長史, 賦詩流傳京師, 睿宗立, 以獪險盈惡, 詔流欽州, 賜死.

5. 《全唐詩》卷51 宋之問

宋之問, 一名少連, 字延淸, 虢州弘農人. 弱冠知名, 初徵, 令與楊炯分直內敎. 俄授雒州參軍. 累轉尙方監丞, 預修三敎珠英. 後坐附張易之, 左遷瀧州參軍. 武三思用事, 起爲鴻臚丞. 景龍中, 再轉考功員外郎. 時中宗增置修文館學士, 之問與薛稷·杜審言首膺其選. 轉越州長史, 睿宗卽位. 徙欽州, 尋賜死. 集十卷, 今編詩三卷.

6. 武后의 龍門 유람 고사 (《唐詩紀事》卷11)

武后遊龍門, 命羣官賦詩, 先成者賜以錦袍. 左史東方虯詩成, 拜賜. 坐未安, 之問詩後成, 文理兼美, 左右莫不稱善, 乃就奪錦袍衣之. 其詞曰:『宿雨霽氛埃, 流雲度成闕. 河堤柳新翠, 苑樹花初發. 洛陽花柳此時濃, 山水樓臺映幾重. 羣公拂霧朝翔鳳, 天子乘春幸鑿龍. 龍門近出王城外, 羽從淋漓擁軒蓋. 雲罕繚臨御水橋, 天衣已入香山會. 山壁嶄巖斷復連, 淸流澄澈俯伊川. 塔影遙遙綠波上, 星龕奕奕翠微邊. 層巒舊長千尋木, 遠壑初飛百丈泉. 綵仗蜿蜒遶香閣, 下輦登高望河洛. 東城宮闕擬昭回, 南陌溝塍殊綺錯. 林下天香七寶臺, 山中春酒萬年盃. 微風一起祥花落, 仙樂初鳴瑞鳥來. 鳥來花落紛無已, 稱觴獻壽煙霞裏. 歌舞淹留景欲斜, 石間猶駐五雲車. 鳥旗翼翼留芳草, 龍騎駸駸映晚花. 千乘萬騎鑾輿出, 水靜山空嚴警蹕. 郊外喧喧引看人, 傾城南望屬車塵. 嚣聲引颺聞黃道, 王氣周迴入紫宸. 先王定鼎三河固, 寶命乘周萬物新. 吾皇不事瑤池樂, 時雨來觀農扈春.』

7. 〈明河篇〉詩(《唐詩紀事》卷11,《全唐詩》卷51도 같다)

明河篇云:『八月涼風天氣晶, 萬里無雲河漢明. 昏見南樓淸且淺, 曉落西山縱復橫. 洛陽城闕天中起, 長河夜夜千門裏. 複道連甍共蔽虧, 書堂瓊戶特相宜. 雲母帳前初汎灩, 水精簾外轉逶迤. 倬彼昭回如練白, 複出東城接南陌, 南陌征人去不歸, 誰家今夜擣寒衣. 鴛鴦機上疎螢度, 烏鵲橋邊一鴈飛. 鴈飛螢度愁難歇, 坐見明河漸微沒. 已能舒卷任浮雲, 不惜光輝讓流月. 明河可望不可親, 願得乘槎一問津. 更將織女支機石, 還訪成都賣卜人.』 蓋之問求爲北門學士, 天后不許, 故此篇有乘槎訪卜之語. 后見其詩, 謂崔融曰:「吾非不知其才, 但以其有口過爾.」 之問終身恥之. (口過, 齒疾.)

8. 徐堅의 평에 대하여 唐 劉肅의 《大唐新語》 卷8 文章篇에 『張說·徐堅同爲集賢學士十餘年, 好尙頗同, 情契相得. 時諸學士凋落者衆, 唯說·堅二人存焉. 說手疏諸人名, 與堅同觀之. 堅謂說曰:「諸公昔年皆善一時之美, 敢問孰爲先后?」 說曰:「李嶠·崔融·薛稷·宋之問, 皆如良金美玉, 無施不可.」』라 하여 마땅히 張說의 말로 보아야 한다. 辛氏는 이 내용을 宋나라 晁公武의 《郡齋讀書志》에 따라 함께 오류를 범한 것으로 보인다.

010(1-10)
유희이劉希夷

유희이劉希夷는 자가 연지延芝, 廷芝이며 영천潁川 사람으로 상원上元 2년에 정익鄭益과 동방同榜으로 진사에 급제하였다. 그때 나이 스물다섯이었으며 사책射策으로 그 문장 세계에 이름이 날렸다. 그는 고심苦心하여 글을 지었으며 특히 규방의 일을 잘 썼고 그 글의 내용은 애원哀怨한 내용이 주를 이루었다. 고조古調에 의거한 것이 많아 문장의 체세體勢는 그 시대에 맞지 않았으므로 끝내 중시를 받지 못하였다.

유희이는 아름다운 미모에 담소談笑를 즐겨하였으며 비파 연주에도 뛰어났고, 술은 몇 말을 마셔도 취하지 않을 정도였다. 실망스러운 일이 있어도 결코 상검常檢에 얽매이지 않았다.

일찍이 〈백두음白頭吟〉을 지었다. 그 한 연에 이렇게 읊었다.

"올해도 꽃 떨어지니 이 얼굴 늙어가네   今年花落顏色改
내년에 꽃 다시 필 때 다시 누가 그 얼굴 그대로리오."   明年花開復誰在

그러고는 탄식하면서 이렇게 말하였다.

"이 구절은 내 죽을 참언讖言이로다. 옛날 석숭石崇이 '흰머리 함께 돌아가리로다(白首同所歸)'라 한 것과 무엇이 다르랴?"

그러고는 꺼림칙하여 그 구절을 제외해 버리고 다시 이렇게 읊었다.

"해마다 해마다 꽃은 같건만   年年歲歲花相似

 해마다 해마다 사람은 달라지네"   歲歲年年人不同

그리고 나서는 다시 이렇게 탄식하였다.

"죽고 사는 것이 명이 있을 뿐, 어찌 시구 때문에 죽는다는 헛된 말이 타당하리오?"

그리고는 버리려던 구절까지 모두 보류하여 거두었다.

그때 그의 외삼촌 뻘이 되는 송지문宋之問이 특히 뒤쪽의 구절을 아주 좋아하였다. 그런데 그 시가 아직 세상에 알려지지 않았음을 알고는 자신에게 달라고 간절히 요청하였다. 유희이는 주겠노라 허락은 해놓고 끝내 주지 않았다.

송지문은 그가 자신을 속였다고 노하여 자신의 노비를 시켜 흙주머니로 별사別舍에 불러 그를 압살해 버렸다. 그때 나이 서른이 미처 되지 아니하였을 때였다. 사람들은 모두가 그를 불쌍히 여겼다.

그의 문집 10권과 시집詩集 4권이 지금까지 전하고 있다.

◎ 유희이는 천부적으로 타고난 준상俊爽함과 재정才情이 이와 같았으니 그의 일생 사업과 공적이 어디까진들 이르지 못하리오? 그러나 누가 말하였던가? 기이한 재주를 가진 자의 운명의 막힘은 결국 악한 자를 만나 조그만 봉록조차 받아보지 못하고 뛰어난 재질은 꺾이고 말았으니 이런 인물이야말로 재주가 너무 높아 투기를 받는 자라고.

가의賈誼가 장사長沙에서 굴원屈原을 애도하고 예형禰衡이 강하江夏에 이르러 통한을 금치 못하여 끝내 그들은 한 순간에 목을 꺾고 어쩔 수 없이 삶을 마감하고 말았던 것이다. 수후지주隋侯之珠 같은 귀한 것을 천 길 하늘의 참새 잡겠다고 던진다면 이는 그 대상은 가볍고 잃는 것은 큰 것이로다. 하물며 서로 골육지간骨肉之間끼리 잔혹하게 굴었음에랴!

劉希夷:

希夷, 字延廷芝, 潁川人. 上元二年鄭益榜進士, 時年二十五, 射策有文名. 苦篇詠, 恃善閨帷之作, 詞情哀怨, 多依古調, 體勢與時不合, 遂不爲所重.

希夷美姿容, 好談笑, 善彈琵琶, 飮酒至數斗不醉, 落魄不拘常檢.

嘗作〈白頭吟〉, 一聯云:『今年花落顔色改, 明年花開復誰在?』

旣而歎曰:「此語讖也. 石崇謂『白首同所歸』, 復何以異?」

乃除之.

又吟曰:『年年歲歲花相似, 歲歲年年人不同.』

復歎曰:「死生有命, 豈由此虛言乎?」

遂倂存之.

舅宋之問苦愛後一聯, 知其未傳於人, 懇求之, 許而竟不與. 之問怒其誑己, 使奴以土囊壓殺於別舍, 時未及三十, 人悉憐之.

有集十卷及詩集四卷, 今傳.

◎ 希夷天賦俊爽, 才情如此, 想其事業勳名, 何所不至, 孰謂奇蹇之運, 遭逢惡人, 寸祿不霑, 長懷頓挫, 斯才高而見忌者也. 賈生悼長沙之屈, 禰衡痛江夏之來, 倏焉折首, 夫何殞命? 以隋侯之珠, 彈千仞之雀, 所較者輕, 所失者重, 玉迸松摧, 良可惜也. 況於骨肉相殘者乎!

【廷芝】《三間草堂本》에는 '延芝'로 잘못 실려 있으며 宋나라 計有功의 《唐詩紀事》(卷13)에는 唐 劉肅의 《大唐新語》를 인용하여 "一名庭芝"라 하였다.

《世說新語》(言語篇)의 "譬如芝蘭玉樹, 欲使其生於階庭耳"로 보아 庭芝가 맞을 듯하다. 한편 《全唐詩》에도 "一名作庭芝"라 하였으며 《唐詩選》에는 "廷芝, 注字希夷"라 하였다.

【潁川】지금의 河南省 許昌市.《舊唐書》(190, 中)에는 '汝州人'이라 하였다.

【白頭吟】원제목은 〈代悲白頭翁〉. (참고)

【語讖】사람의 좋지 않은 말이 應驗하다고 믿는 미신.

【石崇】字는 季倫(249~300). 西晉時代의 甲富이며 정치가. 〈金谷時序〉를 남겼다.《世說新語》참조.《晉書》(卷33)에 傳이 실려 있다.

【白首同所歸】이는 원래 潘安의 《金谷集》속의 구절이다. '늙어 함께 돌아 간다'는 말로 潘安이 石崇과 함께 피살되게 되자 潘安이 石崇에게 그 말 대로 되었다고 자조하였다.《世說新語》(仇隙篇)에 "後收石崇·歐陽堅石, 同日收岳. 石先送市, 亦不相知. 潘後至, 石謂潘曰: '安仁, 卿亦復爾邪?' 潘曰: '可謂白首同所歸.'潘金谷集詩云: '投分寄石友, 白首同所歸.' 乃成其讖"이라 하였다.

【賈誼】西漢 때의 政論家. 文帝 때 博士가 되었으나 뒤에 모함으로 長沙에 유배가게 되자 자신의 처지를 屈原에 비유하여 〈弔屈原賦〉를 지었다.《史記》(卷84) 屈原賈生列傳 참조.

【禰衡】漢末의 辭賦家. 성품이 강직하여 曹操에게 대항하였다. 후에 江夏太守 로 폄직되었고 26세에 黃祖에게 피살되었다.《後漢書》에 傳이 실려 있다.

【隋侯之珠】고대 隋侯(隨侯)가 상처 난 뱀을 치료해 주고 얻었다는 夜光珠. 《淮南子》(賢冥訓)의 高誘 注.《莊子》(應王篇) 등 참조. 干寶 《搜神記》(卷20) 에 다음과 같은 기록이 있다. "隋縣溠水側, 有斷蛇丘. 隋侯出行, 見大蛇, 被傷 中斷, 疑其靈異, 使人以藥封之, 蛇乃能走. 因號其處斷蛇丘. 歲餘, 蛇銜明珠 以報之. 珠盈徑寸, 純白, 而夜有光明, 如月之照, 可以燭室. 故謂之'隋侯珠', 亦曰'靈蛇珠', 又曰'明月珠.'丘南有隋季梁大夫池."

참고 및 관련 자료

1. 유희이(劉希夷)

初唐 詩人으로 〈代悲白頭翁〉 詩로 인하여 宋之問에게 살해되었다. 그의 文集과 詩에 대해서는 《新唐書》(藝文志, 4)에 文集, 詩集 4권이 기록되어

있으나 宋代의 여러 전적에는 著錄에 대한 기록이 없다.《全唐詩》(82)에 詩集이 전재되었으며《全唐詩外編》·《全唐詩續拾》에 7首가 補入되었다. 그 외에《唐詩紀事》(卷13)에 그에 관한 기록이 있다.

2.《舊唐書》卷190(中) 文苑傳(中) 劉希夷 참조.

3.《唐詩紀事》卷13 劉希夷(唐 劉肅의《大唐新語》를 引用한 것이다.)

《唐新語》云: 希夷一名庭芝, 汝州人. 少有文華, 好爲宮體詩, 詞旨悲苦, 不爲時人所重. 善彈琵琶, 嘗爲〈白頭翁詠〉云:『今年花落顔色改, 明年花開復誰在?』既而自悔曰:「我此詩似讖, 與石崇白首同所歸何異?」乃更作一聯云:『年年歲歲花相似, 歲歲年年人不同.』既而歎曰:「此句復似向讖矣. 然死生有命, 豈復由此!」乃兩存之. 詩成未周歲, 爲奸人所殺. 或云宋之問害之. 後孫翌撰《正聲集》, 以希夷詩爲集中之最, 由是大爲人所稱. (或云: 之問害希夷, 而以洛陽之篇爲己作, 至今載此篇在之問集中.)

4.《全唐詩》卷82 劉希夷

劉希夷, 一名庭芝, 汝州人. 少有文華, 落魄不拘常格. 後爲人所害, 希夷善爲從軍閨情詩. 詞旨悲苦, 未爲人重. 後孫昱撰《正聲集》, 以希夷詩爲集中之最. 由是大爲時所稱賞, 集十卷, 今編詩一卷.

5.〈白頭吟〉一作代悲白頭翁 (《全唐詩》卷82,《唐詩紀事》卷13도 같다.)

『洛陽城東桃李花, 飛來飛去落誰家. 洛陽女兒好顔色, 坐見落花長歎息. 今年花落顔色改, 明年花開復誰在. 已見松柏摧爲薪, 更聞桑田變成海. 古人無復洛城東, 今人還對落花風. 年年歲歲花相似, 歲歲年年人不同. 寄言全盛紅顔子, 應憐半死白頭翁. 此翁白頭眞可憐, 伊昔紅顔美少年. 公子王孫芳樹下, 清歌妙舞落花前. 光禄池臺開錦繡, 將軍樓閣畫神仙. 一朝臥病無相識, 三春行樂在誰邊. 宛轉蛾眉能幾時, 須臾鶴髮亂如絲. 但看古來歌舞地, 惟有黄昏鳥雀悲.』

(希夷善琵琶. 嘗爲白頭詠云:『今年花落顔色改, 明年花開復誰在.』既而悔曰:「我此詩似讖, 與石崇白首同所歸何異?」乃更作云:『年年歲歲花相似, 歲歲年年人不同.』既而歎曰:「復似向讖矣.」詩成未周歲. 爲姦人所殺. 或云: 宋之問害希夷. 而以白頭翁之篇爲己作. 至今有載此篇在之問集中者.)

이 詩는《古文眞寶》등에는 宋之問의 詩로 잘못 기재되어 있다. 앞의 3번《唐詩紀事》後尾 注를 참조할 것.

011(1-11)
진자앙陳子昂

진자앙陳子昂은 자가 백옥伯玉이며 자주梓州 사람으로 개요開耀 2년에 허단許旦과 동방同榜으로 진사에 급제하였다.

처음 그는 나이 열여덟이 되도록 글을 배우지 않고 부잣집 아들로서 임협任俠에 뜻을 두어 사냥과 도박에 빠졌으나 뒤에 향교鄕校에 입학하여 후회를 느껴 즉시 주州 동남 쪽의 금화산金華山으로 가서 공부하며 스스로 통탄하며 수학에 전념하였다. 그리하여 분전墳典을 깊이 연구하고 황제黃帝·노자老子·《주역周易》의 〈상전象傳〉에 탐닉하였다.

광택光宅 원년, 궁궐로 찾아가 상서上書하여 고종高宗의 영구靈柩가 서울로 들어오는 것을 간언하였다. 그 일로 그는 측천무후則天武后에게 불려가 뵙게 되었다. 그때 무후는 그의 재주를 기이하게 여겨 인대정자麟臺正字의 벼슬을 주면서 그 발령장에 이렇게 썼다.

"땅에서는 훌륭한 인재가 나도록 하고 문재文才는 사방에 퍼지도록 하라!"

그 후 그는 습유拾遺의 벼슬까지 올랐다. 성력聖歷 초에 관직을 그만두고 귀향하였다. 그 때 마침 부친의 상을 당하자 무덤가에 초막을 짓고 살았다.

당시 현령縣令인 단간段簡이 탐잔貪殘하여 진자앙의 집이 부자라는 소문을 듣고는 거짓으로 무고誣告하여 그를 협박, 20만 민緡을 갈취하고 그것도 모자라 그를 감옥에 가두어 버렸다. 자앙은 자신의 운명에 대해 점을 쳐보고는 깜짝 놀라 이렇게 탄식하였다.

"하늘이 나를 돕지 않는구나. 나의 운명은 거의 끝났나 보다!"

그는 과연 그 옥중에서 죽고 말았으며 그때 나이 마흔셋이었다.

진자앙은 모습이 유아柔雅하나 성품이 좁고 조급하여 마구 재물을 뿌리면서 친구간의 우정을 져 버리지 못하는 인물이었다. 그가 사귀었던 영재와 준사들은 거의가 다 권력을 잡았다. 당唐나라가 흥성하자 그 문장이 서릉徐陵과 유신庾信의 유풍을 이어받아 누구나 그러한 풍조를 숭상하였다. 그러나 진자앙이 나타나 비로소 전아하고 단정한 기풍으로 변화시키게 된 것이다. 처음 〈감우시感遇詩〉 30장을 지었을 때 왕적王適이 이를 보고 놀라 말하였다.

"이 사람은 틀림없이 해내의 문종文宗이 되리라!"

이로써 그의 이름이 알려지게 되었다. 무릇 그의 저론著論은 대대로 법이 되었으며 그는 특히 시에 더욱 뛰어났다. 일찍이 측천무후에게 명당明堂과 태학太學을 세워 국가의 원기元氣를 조양調養해야 한다고 권하기도 하였다. 그리고 그는 영준英俊들과 서로 고르게 사귀며 훌륭한 행동을 계속 지켜 나갔다.

유공권柳公權은 그를 두고 이렇게 평하였다.

"능히 저술의 극치를 이루고 비比·흥興의 작법까지 다 갖춘 자로서는 당나라 이래 진자앙 한 사람이 있을 따름이다."

문집 10권이 있어 지금까지 전한다.

◎ 아! "예로부터 재목이 너무 크면 간혹 쓰기가 어렵다(古來材大, 或難爲用)"라 하였고 "코끼리는 상아가 있으므로 해서 끝내 자기 몸을 태워 죽이고 만다(象以有齒, 卒焚其身)"라 하였으니 믿을 만한 말이로다. 진자앙을 두고 한 말이 아니겠는가?

陳子昂:

子昂, 字伯玉, 梓州人. 開耀二年許旦榜進士. 初, 年十八時, 未知書, 以富家子, 任俠尚氣, 弋博, 後入鄕校感悔, 卽於州東南金華山觀讀書, 痛自修飾, 精窮墳典, 耽愛黃·老·《易·象》.

光宅元年, 詣闕上書, 諫靈駕入京. 召見, 武后奇其才, 遂拜麟臺正字, 令云:「地藉籍英華, 文稱暐曄」

累遷拾遺. 聖歷初, 解官歸. 會父喪, 廬墓次. 縣令段簡貪殘, 聞其富, 造詐誣子昻, 脅取賂二十萬緡, 猶薄之, 遂送獄.

子昻自筮卦, 驚曰:「天命不祐, 吾殆窮乎!」

果死獄中, 年四十三.

子昻貌柔雅, 而性褊躁, 輕財好施, 篤朋友之義. 與游英俊, 多秉權衡. 唐興, 文章承徐·庾餘風, 天下祖尚, 子昻始變雅正. 初爲〈感遇詩〉三十章, 王適見而驚曰:「此子必爲海內文宗」由是知名.

凡所著論, 世以爲法. 詩調尤工. 嘗勸后興明堂太學, 以調元氣. 與遊英俊, 多秉鈞衡.

柳公權評曰:「能極著述, 克備比興, 唐興以來, 子昻而已」

有集十卷, 今傳.

◎ 嗚呼!「古來材大, 或難爲用」「象以有齒, 卒焚其身」信哉! 子昻之謂歟?

【梓州】 지금의 四川省 三台縣. 兩《唐書》에는 '梓州 射洪人'이라 하였다.
【開耀】 唐 高宗의 年號(681~682).
【墳典】 三墳五典. 三皇五帝의 글이라 하며 고대 서적을 통칭하는 말로도 쓰인다.
【象傳】 周易 十翼의 하나. 爻象을 해석한 글. 大象과 小象이 있다.
【麟臺】 武后의 垂拱 元年(685) 秘書省을 改稱한 것으로 그 뒤 中宗이 복위

하자 다시 秘書省으로 복원하였다.

【段簡】 人名. 당시 縣令.

【緡】 원래 동전을 꿰는 끈. 古代 1千文의 돈을 1緡이라 하였다.

【徐陵】 南朝 陳나라 때의 文學家.《玉臺新詠》을 남겼다.

【庾信】 庾開府. 北周의 文學家. 詩賦와 騈文에 능하였다.

【感遇詩】 원문의 30장은 38장의 잘못이다.《新唐書》에는 38장으로 실려 있다.

【王適】 武則天 때의 人物로 雍州參軍을 지냈다.《新唐書》 劉完傳 참조.

【柳公權】 唐나라 때의 詩人이며 서예가. 여기에서는 劉完之의 잘못으로 보았다. (참고)

【古來材大, 或難爲用】 杜甫의 〈古柏行〉에 "志士幽人莫怨嗟, 古來材大難爲用"이라 하였다.

【象以有齒, 卒焚其身】《左傳》襄公 24年에 "象有齒以焚其身"이라 하였다.

참고 및 관련 자료

1. 진자앙(陳子昻: 661~702)

初唐 詩人. 그의 文集과 詩에 대해서는《陳伯玉文集》으로《四部叢刊》의 明代 간행본에 실려 있으며 그의 詩는《全唐詩》(83·84)에 2권으로 실려 있고《全唐詩外編》에 補入된 1首가 있다. 그 외에《唐詩紀事》(卷8)에 그에 관한 기록이 실려 있다.

2.《舊唐書》卷190(中) 文苑傳(中) 참조.

3.《新唐書》卷107 陳子昻傳 참조.

4.《陳氏別傳》盧藏用 참조. (이는 陳子昻의 친구 盧藏用이 쓴 것으로 가장 자세하고 정확하다.)

5.《唐詩紀事》卷8

陳子昻, 字伯玉, 梓州人. 資褊躁, 然好施予, 篤朋友, 與陸餘慶·王無競·房融·崔泰之·盧藏用·趙元最厚. 唐興, 文章承徐·庾餘風, 子昻始變雅正, 爲〈感遇詩〉三十八篇. 王適曰:「是必爲海內文宗」子昻·趙貞固·盧藏用·杜審言·宋之問·畢隆澤·郭襲微·司馬承禎·釋懷一·陸餘慶, 號方外十友.

6.《全唐詩》卷83

陳子昻, 字伯玉, 梓州射洪人. 少以富家子, 尙氣決, 好弋博. 後遊鄉校, 乃感悔修飭. 初擧進士入京, 不爲人知. 有賣胡琴者, 價百萬, 子昂顧左右, 輦千緡市之, 衆驚問. 子昂曰:「余善此」曰:「可得聞乎?」曰:「明日可入宣陽里, 如期偕往, 則酒肴畢具」奉琴語曰:「蜀人陳子昂, 有文百軸, 不爲人知. 此賤工之伎, 豈宜留心?」擧而碎之, 以其文百軸徧贈會者, 一日之內, 名滿都下. 擢進士第. 武后朝, 爲靈臺正字, 數上書言事, 遷右拾遺. 武攸宜北討, 表爲管記. 軍中文翰, 皆委之子昂. 父爲縣令段簡所辱, 子昂聞之, 遑遑鄕里, 簡乃因事收繫獄中, 憂憤而卒. 唐興, 文章承徐·庾餘風, 騈麗穠縟, 子昂橫制頹波, 始歸雅正. 李·杜以下, 咸推宗之. 集十卷, 今編詩二卷.

7. 柳公權의 評

《郡齋讀書志》陳子昂集에『柳儀曹曰: 張說以著述之餘, 攻比興而莫能及; 張九齡以比興之暇, 窮著述而不克備. 唐興以來, 稱是選而不作者, 子昂而已』라 하였다. 柳宗元은 禮部員外郎을 지냈는데 禮部를 흔히 儀曹라 불렀다. 이 말은 원래 〈楊評事文集後序〉로서《柳宗元集》卷21에 실려 있다. 따라서 陳子昂에 대한 評은 柳公權이 아니라 柳宗元의 말을 인용한 것이다.

012(1-12)
이백약李百藥

이백약李百藥은 자가 중규重規이며 정주定州 사람이다. 어려서 병이 많아 조모가 이름을 백약百藥이라 지었다. 일곱 살 때 능히 글을 지었고 아버지 이덕림李德林의 작위를 세습하였다. 마침 고조高祖 이연李淵이 두복위杜伏威를 불러 항복시키려 하였을 때 이백약이 임무를 맡고 찾아가 그를 권해 조정으로 유인해오게 되었다. 중도에 이르러 두복위는 후회하고 노하여 술에다 석회石灰를 타서 이백약에게 먹였다. 그는 크게 설사를 하고 거의 죽음에 이르게 되었다. 얼마 지나 겨우 맺힌 병이 모두 낫게 되었다.

정관貞觀 연간에 그는 중서사인中書舍人이 되었다가 태자서자太子庶子에 올랐다. 일찍이 태종太宗황제를 모시고 있을 때 임금과 둘이서 〈제경편帝京篇〉을 지어 서로 화창和唱하며 칭찬하였다.

황제가 이렇게 말할 정도였다.

"경은 어찌 몸은 늙었으나 재주는 건장하며 나이는 오래되었는데 뜻은 새롭소?"

백약의 재주와 행동은 천하가 추앙하고 복종하였으며 그 자신도 후진을 추천하기를 좋아하였다. 그의 문장은 한조침울翰藻沈鬱하였으며 시詩에 특히 뛰어났다.

문집이 세상에 전한다.

李百藥:

百藥, 字重規, 定州人. 幼多病, 祖母以「百藥」名之. 七歲能文. 襲父德林爵. 會高祖招杜伏威, 百藥勸朝京師, 中道而悔, 怒, 飮以石灰酒, 因大利幾死, 旣而宿病皆愈. 貞觀中, 拜中書舍人, 遷太子庶子.

嘗侍帝, 同賦〈帝京篇〉, 手詔襃美, 曰:「卿何身老而才之壯, 齒宿而意之新乎!」

百藥才行, 天下推服. 好獎薦後進. 翰藻沈鬱, 詩尤所長. 有集傳世.

【定州】지금의 河北省 定安縣. 兩《唐書》에는 '定州 安平人'으로 실려 있다.
【李德林】隋나라 때 內史令을 지냈으며 安平公에 봉해졌다.
【杜伏威】隋나라 말기 農民軍의 수령. 大業 九年에 봉기하여 江淮 일대를 점령하였다가 唐 高祖 武德 2年(619)에 항복하여 淮南安撫大使를 거쳐 吳王에 봉해졌다. 뒤에 다시 唐나라에 반기를 들었다가 長安에서 독살당하였다.
【帝京篇】太宗의 作品은 전해지고 있으나 李百藥의 和答詩는 보이지 않는다. 《全唐詩》(卷1)에 〈帝京篇〉 10首, 幷序가 실려 있다.

참고 및 관련 자료

1. 이백양(李百藥)
初唐 詩人. 字는 重規. 그의 文集과 詩에 대해서는 《新唐書》(藝文志, 4)에 〈李百藥集〉 30권이 씌어 있으나 南宋 이후로 그의 著錄에 대한 기록이 없다. 《全唐詩》에 그의 詩(43)가 실려 있고 《全唐詩外編》 및 《全唐詩續拾》에 詩 3首가 補入되어 있다. 그 외에 《唐詩紀事》(卷4)에 그에 관한 기록이 실려 있다.

2. 《舊唐書》 卷72 李百藥傳 참조.

3.《新唐書》卷102 李百藥傳 참조.

4.《唐詩紀事》卷4

李百藥, 字重規, 定州人, 隋內史令德林子也. 翰藻沈鬱, 詩尤其所長, 樵廝皆能諷之.

5.《譚賓錄》(《唐詩紀事》卷4에 인용된 것)

百藥七歲能屬文, 齊中書舍人陸乂, 嘗過其父德林, 有說徐陵文者, 云刈瑯琊之稻, 坐客並不識其事. 百藥進曰:「傳稱鄅人藉稻. 注云: 鄅國在瑯琊開陽縣」人皆驚喜, 云:「此兒卽神童」百藥幼多疾, 父母以百藥爲名. 名臣之子, 才行相繼, 四海名流, 莫不宗仰. 藻思沉鬱, 尤長五言, 雖樵童牧子, 亦皆吟諷. 及懸車告老, 怡然自得, 穿池築山, 文酒譚咏, 以盡平生之志. 年八十五. 先是和太宗〈帝京篇〉, 手詔曰:「卿何身之老而才之壯, 齒之宿而意之新乎?」子安期, 永徽末遷中書舍人. 自德林至安期, 三代掌制誥. 安期孫羲仲, 又爲中書舍人.

6.《全唐詩》卷43

李百藥, 字重規, 定州安平人. 七歲能屬文. 隋時, 襲父德林爵, 爲太子通事舍人兼學士. 煬帝銜之, 奪爵還鄉里. 唐太宗重其名, 拜中書舍人, 授太子右庶子. 卒. 諡曰康. 百藥藻思沈鬱, 尤長五言, 雖樵童牧子, 亦皆吟諷. 及懸車告老, 穿池築山. 文酒譚詠, 以盡平生之志. 詩一卷.

013(1-13)
이교李嶠

이교李嶠는 자가 거산巨山이며 조주趙州 사람이다. 열다섯에 오경五經에 통달하였고 스무 살에 진사로 발탁되었다. 그 뒤 계속하여 감찰어사監察御使가 되었다. 측천무후則天武后 때에 동봉각난대평장사同鳳閣鸞臺平章事를 지냈다. 그 뒤 죄에 연루되어 여주별가廬州別駕로 좌천되었다가 죽었다.

이교는 재사才思가 풍부하여 그가 지은 바의 글은 발표만 되면 즉시 사람들이 전해가며 외울 정도였다. 당唐 명황明皇이 촉蜀으로 피난하여 화악루花蕚樓에 올랐을 때 왕이 〈수조水調〉를 잘 부르는 자에게 누대 앞에서 그 노래를 연주토록 하였다. 그 가사는 다음과 같았다.

"산천은 눈에 가득, 눈물은 옷에 가득　　　　山川滿目淚霑衣
부귀영화가 그 얼마나 길리오　　　　　　　富貴榮華能幾時
지금의 분수汾水가에 보이는 것은 없고　　　不見只今汾水上
다만 해마다 가을 기러기 날더라"　　　　　惟有年年秋鴈飛

임금이 세월의 무상함을 슬퍼하면서 시자侍者에게 물었다.
"누구의 글이냐?"
"지난 날 재상이었던 이교의 가사입니다."
임금은 이렇게 말하였다.
"정말 재자로다!"

그러고는 그 음악이 끝나기 전에 자리를 떠나버렸다. 이교는 그 앞서 왕발王勃·양형楊炯과 상접한 연배였고 그 중간에는 최융崔融과 소미도蘇味道가 비슷한 연배로 이름을 같이 날렸으나 이교가 그들 몇몇보다 늦게 죽음으로 해서 문장의 원로로 여겨 학자들이 그를 법으로 삼았다.

지금 문집 50권,《잡영시雜詠詩》12권,〈단제시單題詩〉120수가 있으며 장방張方이 주를 붙여 세상에 전하고 있다.

李嶠:

嶠, 字巨山, 趙州人. 十五通五經, 二十擢進士, 累遷爲監察御史. 武后時, 同鳳閣鸞臺平章事. 後因罪貶廬州別駕. 卒. 嶠富才思, 有所屬綴, 人輒傳諷.

明皇將幸蜀, 登花萼樓, 使樓前善〈水調〉者奏歌, 歌曰:『山川滿目淚霑衣, 富貴榮華能幾時? 不見只今汾水上, 惟有年年秋鴈飛.』

帝慘愴移時, 顧侍者曰:「誰爲此?」

對曰:「故宰相李嶠之詞也.」

帝曰:「眞才子!」

不待終曲而去.

嶠前與王勃·楊炯接, 中與崔融·蘇味道齊名, 晚諸人沒, 爲文章宿老, 學者取法焉.

今集五十卷,《雜詠詩》十二卷,〈單題詩〉一百二十首, 張方爲註, 傳於世.

【趙州】지금의 河北省 趙縣. 兩《唐書》에는 '趙州 贊皇人'이라 하였다.

【五經】《周易》·《毛詩》·《尙書》·《禮記》·《左傳》을 말한다.

【鳳閣】武則天이 中書省을 鳳閣으로 改稱하였다.

【鸞臺】역시 武則天이 門下省을 鸞臺로 改稱하였다.

【廬州】淮南道에 속하며 지금의 安徽省 合肥市.

【幸蜀】唐 玄宗 天寶 14年(755) 安祿山·史思明의 난을 피해 蜀(四川)으로 피난함을 이른다.

【化萼樓】樓臺 이름. 玄宗 開元 2年(714)에 건립하였다 한다.

【水調】商曲調. 隋煬帝가 江都를 순행할 때 지은 것이라 하며 聲調가 몹시 애절하다 한다. 明 胡震亨의《唐音癸籤》卷13에 인용된 〈胜說〉을 볼 것. 가사의 "山川滿目淚霑衣"는 〈汾陰行〉의 구절. (참고)

【不待終曲而去】이 이야기는 孟棨《本事詩》事感 第2에도 수록되어 있다.

【崔融】唐나라 때의 詩人이며《全唐詩》에 그의 詩가 수록되어 있다.

【蘇味道】역시 初唐 때의 유명한 詩人.《全唐詩》및《唐詩紀事》참조. 《舊唐書》(卷94)에 傳이 있다.

【張方】李嶠의 文集을 모아 주석을 쓴 人物.

참고 및 관련 자료

1. 이교(李嶠: 644~713)

初唐 詩人으로 字는 巨山이다. 그의 文集과 詩에 대해서는《新唐書》(藝文志)에《李嶠集》50권,《雜詠詩》12권이 著錄되어 있으나 南宋 이후 전해지지 않고 있다. 그 외에 王重民의《敦惶古籍敍錄》에《李嶠雜詠注》가 실려 있으며 撰者는 張庭芳으로 되어 있다.《全唐詩》에 李嶠의 詩 5권(57~61)이 있으며 《全唐詩續拾》에 補詩 3首 외 2句가 실려 있다. 그 외에《唐詩紀事》(卷10)에 그에 관한 기록이 실려 있다.

2.《舊唐書》卷94 李嶠傳 참조.

3.《新唐書》卷123 李嶠傳 참조.

4.《唐詩紀事》卷10

嶠, 字巨山, 爲兒時, 夢人遺雙筆, 自是有文詞. 十五通五經, 二十擢進士第, 與駱賓王·劉光業齊名, 相中宗. 其仕也, 初與王勃·楊盈川接踵, 中與崔融·蘇味道齊名, 晚諸人沒, 獨爲文章宿老, 一詩學者取法焉.

5.《全唐詩》卷57

李嶠, 字巨山, 趙州贊皇人. 兒時夢人遺雙筆, 由是有文辭, 弱冠擢進士第. 始調安定尉, 擧制策甲科. 武后時, 官鳳閣舍人, 每有大手筆, 皆特命嶠爲之. 累遷鸞臺侍郎, 知政事, 封趙國公. 景龍中, 以特進守兵部尙書同中書門下三品. 睿宗立, 出刺懷州, 明皇貶爲滁州別駕, 改廬州. 嶠富於才思, 初與王·楊接踵. 中與崔·蘇齊名. 晚諸人沒, 獨爲文章宿老, 一詩學者取法焉. 集五十卷, 今編詩五卷.

6.《汾陰行》(《全唐詩》·《唐詩紀事》모두 같다.)

『君不見昔日西京全盛時, 汾陰后土帝親祠, 齊宮宿寢設廚供, 撞鐘鳴鼓樹羽旗. 漢家四葉才且雄, 賓延萬靈朝九戎, 柏梁賦詩高宴罷, 詔書法駕幸河東. 河東太守親掃除, 奉迎至尊導鑾輿, 五營將校列容衛, 三河縱觀空里閭. 回旌駐蹕降靈場, 焚香奠醑百祥, 金鼎發食正焜煌, 靈祇煒燁攄景光. 埋玉陳牲禮神畢, 擧麾上馬乘輿出. 彼汾之曲嘉可遊, 木蘭爲楫桂爲舟, 櫂歌微吟綵鷁浮, 簫鼓哀鳴白雲秋, 歡娛宴洽賜羣后, 家家復除戶牛酒, 聲明動天樂無有, 千秋萬歲南山壽. 自從天子向秦關, 玉輦金車不復還, 珠簾羽蓋長寂寞, 鼎湖龍髯安可攀! 千齡人事一朝空, 四海爲家此路窮, 雄豪意氣今何在? 壇場宮館盡蒿蓬. 路逢故老長歎息, 世事回環不可測. 昔時靑樓對歌舞, 今日黃埃聚荊棘. 山川滿目淚沾衣, 富貴榮華能幾時? 不見只今汾水上, 惟有年年秋鴈飛.』

014(1-14)
장설張說

附: 장균張均

장설張說의 자는 도제道濟이며 낙양洛陽 사람이다. 수공垂拱 4년에 학종고금과學綜古今科에 천거되어 제 3등으로 합격하였으며 답안지 고책考策은 그날로 봉한 채 임금에게 바쳐져 태자교서太子校書를 제수받았다. 그 발령장에는 이렇게 쓰였다.

"장설은 문사文思가 청신하고 예능藝能이 우흡優洽하도다. 금문金門의 대책對策이 이미 최고의 위치에 올랐고 은대恩臺에 방을 붙여 일명지질一命之秩의 마땅한 관직을 내리노라!"

그 뒤 그는 여러 차례 승급되어 봉각사인鳳閣舍人에 올랐으며 예종睿宗 때에는 병부시랑兵部侍郎·동평장사同平章事가 되었고 개원開元 18년에 좌승상左丞相·연국공燕國公을 끝으로 죽었다.

그는 말에 기절氣節이 돈독하였고 허락한 일은 반드시 지켰다. 문장은 정장精壯하였으며 특히 비지碑志에 뛰어났다. 조정의 큰일 때의 글들은 그의 손에서 나온 것이 많다. 시법詩法은 특히 오묘하였으며 만년에 악양岳陽에 유배되었을 때는 시가 더욱 처량하고 완곡하여 사람들은 강산江山이 그의 시정을 도와주었다고 하였다.

지금 문집 30권이 세상에 전한다.

그의 아들 장균張均은 개원開元 4년에 진사에 봉해졌으며 역시 시로서 명성鳴聲을 날렸다.

張說: 附, 張均

說, 字道濟, 洛陽人. 垂拱四年, 舉學綜古今科, 中第三等, 考策日封進, 授太子校書.

令曰:「張說文思清新, 藝能優洽. 金門對策, 已居高科之首; 銀榜牓効官, 宜申一命之秩」

後累遷鳳閣舍人.

睿宗時, 兵部侍郎·同平章事.

開元十八年, 終左丞相·燕國公. 說敦氣節, 重然諾. 爲文精壯, 長於碑誌. 朝廷大述作, 多出其手. 詩法特妙, 晚謫岳陽, 詩益悽婉, 人謂得江山之助.

今有集三十卷, 行於世.

子均, 開元四年進士, 亦以詩鳴.

【道濟】《新唐書》에는 "子道濟, 或字說之"라 하였다.
【垂拱】武則天의 年號(685~688).
【學綜古今科】唐나라 科擧 중의 하나로 淸 徐松의 《登科記考》(卷3)에 "諸書所引, 或云賢良方正, 或曰詞標文苑, 或曰學綜古今, 實止一科也"라 하였다.
【金門】일명 金馬門. 官署의 총칭. 《史記》東方朔傳에 "金馬門者, 宦者署門也. 門旁有金馬, 故謂之金馬門"이라 하였다.
【一命】관직이 미천함을 말한다. 周代에는 一命부터 九命까지의 官職이 있었으며 그중 가장 낮은 官職이 一命이었다. 《周禮》地官 黨正을 볼 것.
【岳陽】지금의 湖南省 岳陽市.
【張均】張說의 아들로 역시 詩에 뛰어났다.

1. 장설(張說: 667~730)

初唐의 詩人이며 字는 道濟이다. 혹 그 이름을 '장열'로 읽기도 한다. 그의 文集과 詩에 대해서는《新唐書》(藝文志, 4)에 文集 30권이 著錄되어 있으며《全唐詩》에 詩 5권(85~89)이 있고,《全唐詩外編》및《唐詩續拾》에 詩 4首, 4句, 제목 하나가 補入되어 있다. 그 외에《唐詩紀事》(卷14)에 그에 관한 기록이 실려 있다. 張說은 '장열'로도 읽는다.

2.《舊唐書》卷97 張說傳 참조.

3.《新唐書》卷125 張說傳 참조.

4.《唐詩紀事》卷14

張說. 字道濟, 洛陽人. 相明皇. 爲文屬思精壯. 長於碑誌. 謫岳州後, 詩益悽婉, 人謂得江山助云.

5.《全唐詩》卷85

張說, 字道濟, 一字說之, 洛陽人. 武后策賢良方正, 說所對第一. 授左補闕, 擢鳳閣舍人. 忤旨, 配流欽州. 中宗召還, 累遷工部·兵部侍郎·修文館學士. 睿宗拜爲中書侍郎·知政事. 開元初, 進中書令, 封燕國公. 尋出刺相州, 左轉岳州. 召拜兵部尙書·知政事. 敕令巡邊, 後爲集賢院學士·尙書左丞相, 卒, 諡文貞. 說爲人敦氣義, 重然諾, 喜延納後進, 朝廷大述作, 多出其手. 與蘇頲號燕許大手筆, 謫岳州後. 詩益悽惋, 人謂得江山之助. 集三十卷, 內詩九卷, 今編詩五卷.

015(1-15)
왕한王翰

왕한王翰은 자가 자우子羽이며 병주幷州 사람이다. 경운景雲 원년에 노일盧逸 아래에서 진사에 급제하였으며 또한 직언극간과直言極諫科와 초발군류과超拔群類科에 천거되었다. 그는 어려서 호탕하였으며 자신의 재능을 믿고 얽매임이 없었다. 제멋대로 술 마시기를 좋아하였으며 마구간에는 명마名馬가 많았고 집안에 기녀와 악대樂隊를 두고 살기도 하였다.

왕한은 말을 내뱉어 뜻을 세우면 자신을 왕후王侯에 비유하였다. 날마다 영웅호걸을 모아들여 가금家禽을 풀어놓고 북을 치며 즐겼다. 또 장가정張嘉貞이 그 주州의 장사長史로 부임해 오자 왕한은 그를 후하게 대접해 주었다. 그는 술자리에서 자신은 노래를 부르고 장가정에게는 춤을 추도록 하였는데 신기神氣가 드날렸다.

특히 장설張說은 그에게 예의를 다해 예우하였고 자신이 재상이 되자 왕한을 불러 정자正字로 삼아 가부원외랑駕部員外郎으로 발탁하였다.

장설이 벼슬에서 파면되자 왕한도 역시 선주별가仙州別駕로 물러나서 사냥과 술을 실컷 즐기다가 다시 영표嶺表로 폄직되어 가는 길에 죽고 말았다.

왕한은 시에 뛰어났으며 장려壯麗한 구절이 많다. 그는 일찍이 조영祖咏·두화杜華 등의 문사들과 어울려 놀기도 하였다. 두화의 어머니 최씨崔氏는 이렇게 말하였다.

"내 맹모삼천孟母三遷의 이야기를 알고 있다. 내 지금 우리 살 곳을 정하고자 한다. 너로 하여금 왕한과 이웃하면 족하리라!"

그의 재명才名이 이와 같았다. 연국공燕國公 장설張說이 그의 문장을 두고 이렇게 논평하였다.

"마치 구슬 술잔, 옥 술그릇 같아 비록 찬연히 빛나 귀한 물건이기는 하나 흠과 결함도 많다."

그의 문집은 지금 전하고 있다.

◎ 태사공太史公 사마천司馬遷은 이렇게 상한傷恨한 적이 있다.

"고대 포의지협布衣之俠들은 그 이름이 묻혀 전해지지 않으나 그 의로움은 존망存亡·생사生死의 순간에 나타나 일을 해결해 놓고는, 그 덕을 자랑치 아니하고 천금사마千金駟馬도 초개草芥처럼 여겼다."

미덥도다! 명성이란 결코 헛되이 세워지는 것이 아니로다. 왕한의 기품을 보건대 바로 이 사람 같은 무리가 아니겠는가?

王翰:

翰, 字子羽, 幷州人. 景雲元年, 盧逸下進士及第. 又擧直言極諫, 又擧超拔羣類科. 少豪蕩, 恃才不羈, 喜縱酒, 櫪多名馬, 家蓄妓樂.

翰發言立意, 自比王侯. 日聚英傑, 縱禽擊鼓爲歡. 張嘉貞爲本州長史, 厚遇之. 翰酒間自歌, 舞屬嘉貞, 神氣軒擧. 張說尤加禮異, 及輔政, 召爲正字, 擢駕部員外郎. 說罷, 翰出爲仙州別駕. 以窮樂畋飮, 貶嶺表, 道卒.

翰工詩, 多壯麗之詞. 文士祖詠·杜華等, 嘗與遊從.

華母崔氏云:「吾聞孟母三遷, 吾今欲卜居, 使汝與王翰爲隣足矣.」

其才名如此. 燕公論其文,「如璃杯玉斝, 雖爛然可珍, 而多玷缺」云.

有集今傳.

◎ 太史公恨古希衣之俠, 湮沒無聞, 以其義出存亡生死之間, 而不伐其德, 千金駟馬, 纔啻草芥. 信哉! 名不虛立也. 觀王翰之氣, 其若人之儔乎!

【王翰】《新唐書》에는 '翰',《舊唐書》에는 '澣'으로 되어 있다.
【幷州】지금의 山西省 太原市이며 古代의 晉陽. 兩《唐書》에는 '幷州 晉陽人'으로 실려 있다.
【景雲】唐 睿宗(李旦)의 年號(710~711).
【盧逸】당시의 知貢擧. 知貢擧는 시험을 주관하는 관직으로 本書에서의 人名다음 '下'는 '그 사람의 시험 주관 아래에'라는 뜻이다.
【直言極諫科】唐나라의 과거제도 중의 하나. 唐나라 때는 科擧의 종류가무려 80여 종이었다고 한다.
【超拔羣類科】역시 과거의 한 종류.
【張嘉貞】秦州都督·幷州長史·中書令 등을 지냈다. 兩《唐書》에 傳이 실려있다.
【駕部】尙書省兵部의 직책으로 차량 필마 郵驛의 업무를 관장하였다. 員外郞은 그에 부속된 하급 관직.
【張說】前出.
【仙州】지금의 河南省 葉縣.
【組咏】唐나라 때의 詩人. 본권 025(1-25) 참조.
【杜華】唐나라 때의 詩人. 岑參과 친밀한 사이였다.
【孟母三遷】맹자의 어머니가 孟子의 교육 환경을 위해 세 번 이사를 하였다는《列女傳》(母儀篇) 참조.
【玉斝】옥으로 만든 酒器로 三足이 있는 형상이다.

【太史公恨古希衣之俠】《史記》遊俠列傳의 내용. "今遊俠, 其行雖不軌於正義, 然其言必信, 其行必果, 已諾必誠, 不愛其軀, 赴士之厄困, 旣已存亡死生矣. 而不矜其能, 羞伐其德, 蓋亦有足多者焉."

참고 및 관련 자료

1. 왕한(王翰)

《舊唐書》에 '王澣'으로 실려 있다. 그의 文集과 詩에 대해서는 《新唐書》(藝文志)에 《王翰集》 10권이 著錄되어 있으나 南宋 이후 보이지 않는다. 《全唐詩》에 詩集(156)과 《唐詩紀事》(卷21)에 그에 관한 기록이 있으며 《全唐詩續拾》에 詩 1首가 補入되었다.

2. 《舊唐書》 卷190(中) 文苑傳(中) 참조.

3. 《新唐書》 卷202 文藝傳(中) 참조.

4. 《唐詩紀事》 卷21

翰, 字子羽, 晉陽人. 少豪健恃才. 張嘉貞·張說爲幷州長史, 厚禮之. 爲駕部員外郎, 坐事貶道州司馬, 卒.

5. 《全唐詩》 卷156

王翰, 字子羽, 晉陽人. 登進士第, 擧直言極諫, 調昌樂尉. 復擧超拔羣類, 召爲祕書正字, 擢通事舍人. 駕部員外. 出爲汝州長史, 改仙州別駕. 日與才士豪俠飮樂遊畋, 坐貶道州司馬卒. 集十卷, 今存詩一卷.

016(1-16)
오균吳筠

오균吳筠은 자가 정절貞節이며 화음華陰 사람이다. 경의經義에 통달하였고 문사文辭가 아름다웠다. 진사 시험에 응시하였으나 낙방하고 남양南陽의 의제산倚帝山에 은거하며 도사道士가 되었다. 천보天寶 연간에 현종玄宗이 신하를 파견하여 그를 서울로 돌아오도록 불러 함께 말을 나누어 보고 아주 즐거워하고는 칙명으로 대조한림待詔翰林의 직위를 주었다. 오균이 황제에게 〈현강玄綱〉 3편을 바치자 황제가 도道에 대해 물었다.

"도에 대해 깊이 있게 쓴 글은 오직 《노자老子》 5천언뿐입니다. 그 나머지는 한갓 종이만 허비하였을 뿐입니다."

오균이 이렇게 대답하자 황제는 다시 신선神仙의 야련지술冶煉之術에 대하여 물었다. 이에 오균은 이렇게 설명하였다.

"이는 야인野人들이 하는 일로서 긴 세월을 두고 해야 하는 일입니다. 임금된 자가 뜻을 둘 일이 아닙니다."

이처럼 오균은 매번 명교세무名敎世務를 진설陳說하였고 황제도 그를 아주 중시하였다.

초에 오균은 회계會稽의 자연 경치를 좋아하여 천태산天台山 섬중剡中을 내왕하면서 이백李白·공소보孔巢父 등과 서로 만나 수창酬唱하였으며 이에 이백을 조정에 추천하였고 현종은 즉시 신하를 보내어 이백을 불러보게 되었다.

오균은 성격이 고오高傲하고 경직鯁直하여 그가 대조한림의 벼슬을 지낼 때 황제의 신임을 받고 자랑하였다. 마침 고력사高力士가 평소 불교를 믿고 있었다. 그런데 한번은 황제 앞에서 오균의 단점을 늘어놓았다. 오균은 이를 알고 많은 부문賦文을 지어 불교를 비방, 많은 사람의 조소嘲笑를 받게 하였다고 한다.

뒤에 그는 천하가 장차 어지러워질 것임을 예견하고 숭산嵩山으로 돌아가겠다고 고청固請하였다. 이에 황제는 그를 위해 도관道觀을 세워 주었다.

그는 대력大曆 연간에 죽었으며 그의 제자들이 그의 시호를 '종원선생宗元先生'이라 불렀다.

그는 시에 뛰어났으며 문집 10권은 권덕여權德輿가 편집하고 서문을 쓴 것이다.

吳筠:

筠, 字貞節, 華陰人. 通經義, 美文辭. 擧進士不中, 隱居南陽倚帝山爲道士.

天寶中, 玄宗遣使詔至京師, 與語甚悅, 勅待詔翰林. 獻《玄綱》三篇.

帝問道, 對曰:「深於道者, 惟《老子》五千言, 其餘徒費紙札耳」

復問神仙冶鍊之術, 曰:「此野人之事, 積歲月求之, 非人主所宜留意」

筠每陳說名敎世務, 帝重之.

初, 筠愛會稽山水, 往來天台·剡中, 與李白·孔巢父相遇酬唱, 至是因薦於朝, 帝卽遣使召之. 筠性高鯁, 其待詔翰林時, 恃承恩顧, 高力士素奉佛, 嘗短筠於上前, 筠故多著賦文,

深詆釋氏, 頗爲通人所譏云. 後知天下將亂, 苦求還嵩山, 詔爲
立道觀.

大曆間卒. 弟子諡爲「宗元先生」.

善爲詩, 有集十卷, 權德興序之.

【華陰】지금의 陝西省 華陰縣.

【南陽】지금의 河南省 南陽市.

【倚帝山】河南省 南陽에 있는 山 이름.

【玄綱】冊 이름. 후에 《道藏》 太玄部에 編入되었다.

【道】道教를 말한다. 元始天尊, 太上老君을 교조로 신봉하며 東漢 때 張道陵
　이 창시하였다. 晉나라 때는 天師道라 불리었다. 皇帝·老子·莊子 등을 숭배
　하였다.

【會稽】지금의 浙江省 紹興市.

【天台山】會稽에 있는 유명한 山. 佛教의 성지.

【剡中】剡 땅. 유명한 명승지. 浙江省 嵊縣에 있다.

【孔巢父】'竹溪六逸'의 하나로 일찍이 韓準·裴政·李白·張叔明·陶沔 등과
　함께 徂徠山에 隱居하였다. 兩《唐書》에 傳이 있다.

【高力士】원래는 馮氏. 少閹. 환관 高延福의 양자가 되어 高氏로 姓을 바꾸
　었다. 玄宗 때 蕭岑을 처단한 공로로 은총을 입었으며 숙종이 태자였을 때
　그를 형으로 삼을 만큼 사랑을 받았다. 兩《唐書》에 傳이 있다.

【嵩山】중국 五嶽 중의 中嶽. 지금의 河南省 登封縣 북쪽에 있으며 꼭대기
　세 봉우리는 동쪽의 太室山, 가운데의 峻極山, 서쪽의 少室山이다.

【道觀】道教의 절. 道教의 수양처이며 寺院을 말한다.

【權德興】본책 卷五(140)참조.

참고 및 관련 자료

1. 오균(吳筠: 469~519)

字는 貞節, 당나라 때의 도사이며 시인이다. 그의 文集과 詩에 대해서는

《新唐書》(藝文志)에 《道士吳筠集》 10권이 著錄되어 있고 南宋 陳振孫의 《直齋書錄解題》(卷19)에도 같다. 그러나 지금은 失傳되고 《全唐詩外編》 및 《全唐詩續拾》에 詩 4首 및 斷句 4句가 補入되어 있다. 그 외에 《唐詩紀事》 (卷23)에 그에 관한 기록이 있다.

2. 《舊唐書》 卷192 隱逸傳 吳筠 참조.

3. 《新唐書》 卷196 隱逸傳 吳筠 참조.

4. 《唐詩紀事》 卷23

筠, 字貞節, 華陰人. 擧進士不第. 天寶初, 請隸道士籍, 玄宗命待詔翰林. 高力士善浮屠, 乃短筠於帝, 筠懇還嵩山. 大曆中死會稽剡中, 弟子私諡宗玄先生. 筠見惡於力士而斥, 故文章深詆釋氏. 所善孔巢父·李白, 歌詩略相甲乙. 事潘師正學鍊養術. 天寶初, 遊會稽, 與李白隱剡中, 赴闕薦白, 俱待詔翰林.

017(1-17)

장자용張子容

장자용張子容은 양양襄陽 사람으로 개원開元 원년 상무명常無名과 동방同榜으로 진사에 급제하여 벼슬이 악성령樂城令에 올랐다.

처음에 그는 맹호연孟浩然과 함께 녹문산鹿門山에 은거하며 사생지교死生之交를 맺고 시로서 창답唱答한 것이 자못 많다. 뒤에 마침 난리를 만나 강남江南을 떠돌다가 일찍이 자신의 처형妻兄인 이록사李錄事에게 시를 보내어 고향으로 돌아가겠다는 심정을 밝히기도 하였다.

"십 년의 긴 환난, 그대와 함께 하였지   十年多難與君同
 그 얼마나 쑥대처럼 떠돌았던가   幾處移家逐轉蓬
 흰머리에 만나니 전쟁은 끝이 나고   白首相逢征戰後
 청춘은 난리 통에 다 사라졌구려   靑春已過亂離中
 행인들은 가물가물 지는 해를 바라보며   行人杳杳看西日
 고향가는 말은 소소히 북풍을 향하도다   歸馬蕭蕭向北風
 한수 초운은 천만리 먼길,   漢水楚雲千萬里
 하늘끝 이런 이별 한스러움 끝이 없소."   天涯此別恨無窮

뒤에 결국 그는 관직을 버리고 고향에 돌아와 구업舊業에 전념하였다. 시집이 남아 있다. 그의 시취詩趣는 대략 범속천근凡俗淺近함을 벗어나 당시 뛰어난 인물들도 모두가 그를 칭찬하였다.

張子容:

子容, 襄陽人. 開元元年, 常無名榜進士. 仕爲樂城令. 初與孟浩然同隱鹿門山, 爲死生交, 詩篇唱答頗多.

後値亂離, 流寓江表, 嘗送內兄李錄事歸故里云:『十年多難與君同, 幾處移家逐轉蓬. 白首相逢征戰後, 靑春已過亂離中. 行人杳杳看西日, 歸馬蕭蕭向北風. 漢水楚雲千萬里, 天涯此別恨無窮.』

後竟棄官歸舊業. 有詩集, 興趣高遠, 暑去凡近, 當時哲匠, 咸稱道焉.

【襄陽】 지금의 湖北省 襄樊市.
【常無名】 당시의 과거에 壯元及第한 人物.
【樂城】 지금의 절강성 樂淸縣, 張子容이 樂城令을 지낸 일에 대해서는《唐詩紀事》(권23)·《全唐詩》(권116)의 〈貶樂城尉日作〉을 볼 것.
【孟浩然】 本冊 卷2(043) 참조.
【鹿門山】 지금의 湖北省 襄樊市에 있는 유명한 산. 鹿門廟가 있어 鹿門山으로 불리었다.
【詩】 원시의 제목은 〈送李錄事兄歸襄鄧〉이다. (참고)

참고 및 관련 자료

1. 장자용(張子容)
唐代 詩人. 그의 文集은 唐 이래 著錄을 발견할 수 없으며《全唐詩》(권226)에 詩 1卷이 기록되어 있고《全唐詩續拾》에 詩 1首가 補入되어 있다. 그리고《唐詩紀事》(卷23)에 그에 관한 기록이 있다.

2.《唐詩紀事》卷23
子容乃先天二年進士, 曾爲樂城令, 與孟浩然友善.

3.《全唐詩》卷226

張子容, 先天二年擢進士. 爲樂城尉. 與孟浩然友善, 詩一卷.

4.〈送李錄事兄歸襄鄧〉

이는 詩의 全文으로《全唐詩》(卷151) 劉長卿의 詩에 실려 있으며 卷116 張子容의 詩에는 없다. 이는 劉長卿의 詩가 아닌가 추측된다.

018(1-18)
이앙李昂

이앙李昂은 개원開元 2년에 왕구王丘 아래에서 장원급제壯元及第한 인물이다.

천보天寶 연간에 벼슬이 예부시랑지공거禮部侍郎知貢擧에 올라 가난한 집안 출신의 선비를 많이 선발하였다. 시에 뛰어났으며〈척부인초무가戚夫人楚舞歌〉1편이 있어 널리 사람의 입에 전파되었으며 대단히 훌륭한 작품이다.

李昂:

昂, 開元二年王邱下狀元及第. 天寶間, 仕爲禮部侍郎知貢擧, 獎拔寒素甚多. 工詩, 有〈戚夫人楚舞歌〉一篇, 播傳人口, 眞佳作也.

【王邱】開元 初의 考功員外郎知貢擧. 예부상서를 지냈으며 兩《唐書》에 傳이 실려 있다.
【戚夫人楚舞歌】참고란을 볼 것.

참고 및 관련 자료

1. 이앙(李昂)

天寶 연간의 詩人. 그의 文集과 詩에 대해서는 《全唐詩》(卷120)에 〈戚夫人
楚舞歌〉와 〈從軍行〉 2首가 실려 있으며 《全唐詩外編》에 詩 3首가 補入되어
있다. 그리고 《唐詩紀事》(卷17)에 그에 관한 기록이 실려 있다.

2. 《唐詩紀事》卷17

李昂, 雋秀等科, 初皆考功主之. 開元二十四年, 李昂員外性剛急, 不容物, 以
舉人皆飾名求稱, 搖蕩主司, 談毁失實, 竊病之而將革焉. 集貢士與之約曰:
「文之美惡, 悉知之矣, 考校取捨, 存乎至公, 如有請託於時, 求聲於人者, 當首
落之.」 旣而昂外舅常與進士李權隣居相善, 乃擧權於昂. 昂怒, 集貢人召權, 庭
數之. 權謝曰:「人或相知, 竊聞於左右, 非敢求也.」 昂因曰:「觀衆君子之文,
信美矣. 然古人云:『瑜不掩瑕, 忠也.』其有詞或不典, 將與衆評之, 若何?」 皆
曰:「唯公之命.」 旣出, 權謂衆曰:「向之言, 其意屬吾也. 吾誠不第決矣, 又何
藉焉!」 乃陰求昂瑕以待之. 異日會論, 果斥權章句之疵以辱之. 權拱而前曰:
「夫禮尙往來, 來而不往, 非禮也. 鄙文不臧, 旣得而聞矣, 而執事昔有雅什, 嘗
聞於道路, 愚將切磋可乎?」 昂怒而嬉笑曰:「有何不可?」 權曰:「『耳臨淸渭
洗, 心向白雲閑』, 豈執事之詞乎?」 昂曰:「然.」 權曰:「昔唐堯衰耄, 厭倦天下,
將禪於許由, 由惡聞, 故洗耳. 今天子春秋鼎盛, 不揖讓於足下, 而洗耳, 何哉?
是時國家寧謐, 百寮畏法令, 競然莫敢蹉跌.」 昂聞, 惶駭蹶起, 不知所酬. 乃訴
於執政, 謂權風狂不遜, 遂下權吏. 初, 昂强復不受囑請, 及有吏議, 求者莫不
允從. 由是庭議以省郎位輕, 不足以臨多士, 乃以禮部侍郎專之.

3. 《全唐詩》卷120

李昂, 開元中考功員外郎. 詩二首.

4. 〈戚夫人楚舞歌〉(《唐詩紀事》卷17, 《全唐詩》卷120도 같다.)

『定陶城中是妾家, 妾年二八顔如花. 閨中歌舞未終曲, 天下死人如亂麻. 漢王
此地因征戰, 未出簾櫳人已薦. 風花菡萏落轅門, 雲雨徘徊入行殿. 日夕悠悠非
舊鄕, 飄颻處處逐君王. 閨門向裏通歸夢, 銀燭迎來在戰場. 相從顧恩不顧己,
何異浮萍寄深水. 逐戰曾迷隻輪下, 隨君幾陷重圍裏. 此時平楚復平齊, 咸陽宮
闕到關西. 珠簾夕殿聞鐘磬, 白日秋天憶鼓鼙. 君王縱恣翻成誤, 呂后由來有
深妒. 不奈君王容鬢衰, 相存相顧能幾時. 皇天白骨不可報, 雀釵翠羽從此辭.
君楚歌兮妾楚舞, 脉脉相看兩心苦. 曲未終兮袂更揚, 君流涕兮妾斷腸. 已見儲
君歸惠帝, 徒留愛子付周昌.』

019(1-19)

손적孫逖

손적孫逖은 박주博州 사람으로 어려서부터 문장을 잘 지었으며 생각이 정경精警하고 민첩하여 붓을 잡으면 그대로 문장을 이룰 정도였다. 개원開元 2년에 수필준발手筆俊拔·철인기사은륜도조哲人奇士隱淪屠釣·문조굉려文藻宏麗 등의 과거에 제 1등으로 급제하였다. 현종玄宗이 그를 만나보고 좌습유左拾遺·집현전수찬集賢殿修撰으로 발탁하였다가 다시 그를 고공원외랑考功員外郎으로 바꾸었으며 중서사인中書舍人으로 승진되었다.

그는 안진경顔眞卿·이화李華·소영사蕭穎士 등과 동시대 인물로 '해내명사海內名士'라 칭해졌다. 그는 형부시랑刑部侍郎을 끝으로 생을 마쳤다. 시에 뛰어났으며 특히 고조古調·금격今格에 있어 모두 훌륭하였다.

문집 20권이 지금 전하고 있다.

孫逖:

逖, 博州人. 幼而有文, 屬思警敏, 援筆成篇. 開元二年, 擧手筆俊拔·哲人奇士隱淪屠釣及文藻宏麗等科, 第一人及第. 玄宗引見, 擢左拾遺·集賢殿修撰, 改考功員外郎, 遷中書舍人.

與顏眞卿·李華·蕭穎士皆同時, 稱海內名士. 仕終刑部
侍郎.

善詩, 古調今格, 悉其所長. 集二十卷, 今傳.

【博州】지금의 山東省 聊城市가 州治였다. 《舊唐書》에는 '潞州 涉縣人'이라
하였고 《新唐書》에는 '博州 武水人'이라 하였으나 唐 顏眞卿의 〈尙書刑部
侍郎贈尙書右僕射孫逖文公集序〉에는 "河南鞏縣人, 其先自樂安武水寓於涉
而徙焉"이라 하였다.

【顏眞卿】唐나라 때의 文人이며 서예가. 兩《唐書》에 傳이 실려 있다.

【李華】開元 때의 진사. 문장에 뛰어났다. 兩《唐書》에 傳이 있다.

【蕭穎士】秘書正字·揚州功曹參軍 등을 지냈다. 兩《唐書》에 傳이 실려 있다.

【海內名士】《新唐書》 孫逖傳에 "改考功員外郎, 取顏眞卿·李華·蕭穎士·
趙驊等, 皆海內有名士"라 하여 손적이 해내명사가 아니라 그가 해내명사
들을 합격시켜 선발하였다는 뜻에 가깝다.

참고 및 관련 자료

1. 손적(孫逖)

開元 연간의 인물이다. 그의 文集과 詩에 대해서는 《新唐書》(藝文志, 4)에
《文集》 20卷이 著錄되어 있으나 南宋 이후에는 보이지 않는다. 《全唐詩》
(卷118)에 孫逖의 詩가 실려 있다. 그리고 《唐詩紀事》(卷26)에 그에 관한
기록이 실려 있다.

2. 《舊唐書》 卷190(中) 文苑傳(中) 孫逖傳 참조.

3. 《新唐書》 卷202 文藝傳(中) 孫逖傳 참조.

4. 《唐詩紀事》 卷26

逖, 河南人. 年十五, 崔齊公日用試〈土火爐賦〉, 援翰立成. 甫冠, 三擅甲科. 吏侍
王丘試〈竹簾賦〉, 降皆約拜, 待以殊禮. 其典誥也, 宰相張九齡掎摭疵瑕, 沉吟
久之, 不能易一字. 公除庶子, 苑咸草詔曰:「西掖掌綸, 朝推無對.」張說命二子

施伯仲之禮. 江夏李邕自陳州入計, 繕錄其集, 詣公託知己之分. 可謂人文之宗師, 國風之哲匠也. (已上顏眞卿序其文) 逖終刑部侍郎.

5.《全唐詩》卷118

孫逖, 河南人. 開元中, 三擅甲科. 擢左拾遺, 表擧幕職. 入爲集賢院修撰, 改考功員外郎, 遷中書舍人. 典詔誥, 判刑部侍郎. 終太子詹事, 諡曰文. 集二十卷, 今編詩一卷.

〈顏眞卿〉《三才圖會》

020(1-20)
노홍盧鴻

노홍盧鴻은 자가 호연浩然이며 숭산嵩山에 은거하였다. 학문에 박식하였고 팔분서八分書를 잘 썼으며 시에 뛰어났고 산수수석山水樹石의 그림에도 재질이 있었다.

개원開元 초에 현종玄宗이 예를 갖추어 두 번 세 번 불렀지만 오지 않자 임금은 이렇게 조서를 내렸다.

"노홍은 태일지도泰一之道와 중용지덕中庸之德을 갖추고 있어 생각이 깊고 뜻이 현미玄微하니 진실로 자고自高한 자이다. 여러 번 조서를 내려보냈지만 매번 사양하여 짐으로 하여금 더욱 마음을 비우고 만나보고 싶게 한 지가 지금 꽤 몇 년이 되었다. 비록 평소 유인지개幽人之介를 실천하고자 하나 이는 정고보正考父의 자공지의滋恭之誼를 저버리는 경우가 된다. 예는 대륜大倫에 있으니 군신지의君臣之義는 폐할 수 없다. 유사有司는 속백束帛의 선물을 갖추어 다시금 이 뜻을 펴 보여 그로 하여금 번연역절翻然易節토록 하여 짐의 뜻에 부응토록 하라."

이에 노홍은 드디어 동도東都 낙양洛陽에까지 오기는 하였으나 황제를 알현하면서 절은 하지 않는 것이었다. 재상이 그 이유를 묻자 이렇게 대답하였다.

"예라고 하는 것은 충성과 성실보다는 가벼운 것입니다. 저는 감히 충성과 성실로 황제를 만나고 있습니다."

황제는 그를 내전으로 오르게 하여 술을 마련하고 잔치를 벌이면서

간의대부諫議大夫를 배수拜授하였지만 그는 고사하였다. 할 수 없이 황제는 그를 산으로 돌려보냈다. 그리고 장차 떠날 때에 그에게 은거하면서 입을 옷을 하사하고 그의 초당을 관에서 지어 주도록 하였다. 노홍은 산중에 이른 다음, 그 정사精舍를 넓혔다. 그를 따라 배우는 자가 오백 명이나 되었으며 그가 졸하자 임금은 만전萬錢을 내려 장례를 치르도록 하였다. 뒤에 피일휴皮日休가 그를 위해 〈칠애시七哀詩〉를 짓고 이렇게 말하였다.

"대군에게 오만하게 대들 정도라면 틀림없는 진은眞隱의 뜻이 있어서일 게다. 노징군盧徵君이 바로 그런 사람이다."

그는 시에 뛰어났고 지금까지 전하는 것이 심히 많다.

盧鴻:

鴻, 字浩然, 隱居嵩山. 博學, 善八分書. 工詩, 兼畵山水樹石. 開元初, 玄宗備禮徵再三, 不至.

詔曰:「鴻有泰一之道, 中庸之德. 鉤深詣微, 確乎自高. 詔書屢下, 每輒辭託, 使朕虛心引領, 於今有年, 雖得素履幽人之介, 而失考父滋恭之誼. 禮有大倫, 君臣之義, 不可廢也. 有司其齎束帛之具, 重宣茲旨, 想其翻然易節, 副朕意焉」

鴻遂至東都, 謁見不拜, 宰相問狀, 答曰:「禮者, 忠信所薄. 臣敢以忠信見帝」

召升內殿, 置酒. 拜諫議大夫, 固辭, 復下詔許還山. 將行, 賜隱居服, 官營草堂. 鴻到山中, 廣精舍, 從學者五百人. 及卒, 詔賜萬錢營葬.

後皮日休爲〈七愛詩〉謂:「傲大君者, 必有眞隱, 盧徵君是也」

工詩, 今傳甚多.

【盧鴻】《新唐書》에는 '鴻', 《舊唐書》에는 '鴻一'로 되어 있다.

【浩然】《舊唐書》에는 '浩然'으로, 《新唐書》에는 '顥然'으로 되어 있다.

【嵩山】五嶽 가운데 中嶽으로 세 봉우리는 太室山·少室山·峻極山. (016 注 참조).

【八分書】字體의 일종으로 漢代 隷書體의 變形. 張懷瓘의 《書斷》참조.

【泰一】天地가 분화되기 전의 원기. 太一. 《莊子》(天下篇)에 "主之以太一"이라 하였고 疏에 "大道曠蕩, 無不制圍, 括囊萬有, 通而爲一, 故謂之太一"이라 하였다.

【中庸】不偏不變의 儒家思想. 《論語》雍也篇에 "中庸之爲德也, 其至矣乎!"라 하였다.

【鉤深】만물이 이치가 깊고 현묘하여 이를 취하여 학문에 적용함을 말한다. 《周易》繫辭(上)에 "探賾索隱, 鉤深致遠, 以定天下之吉凶, 成天下之亹亹者, 莫大乎蓍龜"라 하였다.

【引領】'목을 빼고 바라보다'·'기다리다'·'희망하다'의 뜻이다. 《左傳》成公 13年에 "我君景公引領西望曰: '庶撫我乎!'"라 하였다.

【誰得素履幽人之介, 而失考父滋恭之誼】이는 원래《三國志》管寧傳의 구절이다. 素履는《周易》履卦에 "初九, 素履往, 無咎"라 하여 素履는 布衣之士를 뜻한다. 또 幽人은 역시《周易》履卦에 "履道坦坦, 幽人貞吉"이라 하여 隱士를 뜻한다. 考父는 正考父. 孔子의 선조이며《左傳》昭公 7年에 "正考父佐戴·武·宣, 三命玆益共(恭)"이라 하였다.

【大倫】인륜관계의 가장 높은 준칙. 《論語》微子篇에 "欲潔其身, 而亂大倫"이라 하였고《孟子》公孫丑(下)에 "內則父子, 外則君臣, 人之大倫也"라 하였다.

【束帛】예물·선물·폐백.

【洛陽】당나라 때는 西都(首都)를 長安으로, 그리고 洛陽을 東都로 삼았다.

【禮者忠信所薄】《老子》(38章)에 "夫禮者, 忠信之薄, 而亂之首"라 하였다.

【精舍】學舍·道觀. 공부하는 곳. 종교적 학습처.《後漢書》黨錮傳에 "(劉)淑少學明五經, 遂隱居, 立精舍講授, 諸生常數百人"이라 하였다.

【皮日休】본책 卷8(215) 참조.

【七愛詩】참고란을 볼 것.

1. 노홍(盧鴻)

《後唐書》·《全唐詩》 등에 '盧鴻一'로 실려 있다. 그의 文集과 詩에 대해서는 宋元 이래 盧鴻文集에 대한 著錄은 없으며 《全唐詩》(卷123)에는 그의 詩로 모두 10首가 기록되어 있다.

2. 《舊唐書》 卷192 隱逸傳 盧鴻一 참조.

3. 《新唐書》 卷196 隱逸傳 盧鴻 참조.

4. 《全唐詩》 卷123

盧鴻一, 字浩然, 范陽人. 徙家洛陽, 少有學業, 頗善籀篆楷隷, 隱於嵩山. 開元中, 以諫議大夫召, 鴻一固辭, 乃聽還山. 詩十首, 編爲一卷.

021(1-21)
왕령연王泠然

왕령연王泠然은 산동山東 사람으로 개원開元 5년 배요경裴耀卿 아래에서 진사에 급제, 장사랑將士郎을 제수받았고 수태자교서랑守太子校書郎이 되었다. 문文·부賦·시詩에 모두 뛰어났으며 기질이 호상豪爽하고 무슨 말이든 꺼리는 바가 없는 탁월한 기재奇才로서 제세濟世의 기량器量을 가진 자였다. 그러나 아깝게도 크게 현달하지 못하고 생을 마쳤다.

문집이 지금 전하고 있다.

王泠然:

泠然, 山東人. 開元五年, 裴耀卿下進士, 授將仕郎, 守太子校書郎. 工文賦詩. 氣質豪爽, 當言無所回忌. 乃卓犖奇才, 濟世之器. 惜其不大顯而終. 有集今傳.

【山東】唐나라까지의 山東이란 崤山(지금의 河南省 澠池縣에 있다)의 동쪽이란 뜻이다. 《千唐志齋藏志》에는 "公諱泠然, 字仲淸, 太原人也"라 하였다.
【裴耀卿】開元 初에 長安令·京兆尹·黃門侍郎·侍中 등을 지냈던 人物. 兩《唐書》에 傳이 있다.

참고 및 관련 자료

1. 왕령연(王泠然)

혹 판본에 따라서는 그의 이름이 왕랭연(王冷然)으로 표기된 것도 있다. 開元 天寶 연간의 人物이다. 그의 文集과 詩에 대해서는 唐宋 이래 어떤 書目에도 그의 文集에 대한 著錄이 보이지 않는다. 다만 《全唐詩》(卷115)에 그의 詩 4首가 실려 있다. 그 외에 《唐詩紀事》(卷20)에 그에 관한 기록이 실려 있다.

2. 《唐詩紀事》卷20

王丘傳云:「開元初, 爲吏部典選, 將用孫逖·張鏡微·張晉明·進士王泠然, 皆一時茂秀.」

3. 《全唐詩》卷115

王泠然, 開元五年登第. 王丘典吏部選時, 嘗被獎拔. 官校書郎. 急於仕進, 有上張說書, 稱:「公之用人, 蓋已多矣. 僕之思用, 其來久矣. 僕雖不佞, 亦相公一株桃李也.」詩四首.

022(1-22)

유신허劉愼虛

유신허劉愼虛는 숭산嵩山 사람으로 자태와 용모가 출중하였다. 아홉 살에 글을 지어 임금에게 올려 임금이 이를 불러보고 동자랑童子郎에 배수하였다. 개원開元 21년 서징徐徵과 동방同榜으로 진사에 급제하여 낙양위洛陽尉로 조임調任되었다가 하현령夏縣令으로 승격하였다. 성품이 고고高古하여 권세나 이익에는 관심이 없었으며 풍진風塵 세상을 휘파람 불며 거오倨傲하게 보았다. 시에 있어서는 정유흥원情幽興遠하고 사아사기思雅詞奇하여 불현듯 글 한편 써 내고 나면 온 무리들이 놀랄 지경이었다.

당시 동남東南 일대에 뛰어난 문재를 가진 자 수십 인이었지만 성률의 아름다운 자태로는 누구도 그보다 앞서지 못하였으나 오직 기골氣骨만은 유신허가 도리어 그들에 미치지 못하였다. 영명체永明體 이래 진실로 가히 그를 강표江表의 걸출한 인물이라 할 수 있으며 그는 특히 세속 밖의 언어를 시로 구사하는 데에 뛰어났었다. 무릇 어찌 그를 요절하게 만들어 하늘이 나라의 보배를 깨뜨렸는가? 뜻이 있으되 이루지 못하였으니 애석하도다!

그의 문집이 지금도 세상에 전한다.

劉愼虛:

愼虛, 嵩山人. 姿容秀拔. 九歲屬文, 上書, 召見, 拜童子郎.

開元十一年, 徐徵榜進士, 調洛陽尉, 遷夏縣令. 性高古, 脫畧
歲利, 嘯傲風塵. 後欲卜隱廬阜, 不果, 交遊多山僧道侶. 爲詩
情幽興遠, 思雅詞奇, 忽有所得, 便驚衆聽. 當時東南高唱者
數十人, 聲律婉態, 無出其右, 惟氣骨不逮諸公. 永明已還,
端可傑立江表. 善爲方外之言. 夫何不永, 天碎國寶, 有志不就,
惜哉! 集今傳世.

【嵩山】 前出, 016 注 참조.
【開元十一年】 開元 21年의 誤記가 아닌가 한다. 卷2의 劉長卿傳 참조.
【夏縣】 지금의 山西省 夏縣.
【徐徵】 당시 과거에 장원한 人物.
【永明】 南朝 齊 武帝의 年號(483~493). 이때 新體詩가 성행하여 성률과
　　　격조를 숭상하였고 문학사에서 흔히 〈永明體〉라 하며 謝朓가 대표적 인물
　　　이었다.

　　참고 및 관련 자료

1. 유신허(劉愼虛)
다른 기록에는 愼이 昚(愼의 古字)으로 실려 있다. 南宋 孝宗(趙昚)을 피휘
한 것으로 보인다. 唐나라 盛唐 때의 詩人. 그의 文集에 대한 기록은 없고
《全唐詩》(256)에 그의 詩 1권을 수록한 것이다. 그 외에 《唐詩紀事》(卷25)에
그에 관한 기록이 있다.
2. 《唐詩紀事》 卷25
鄭處誨《明皇雜錄》云:「天寶末, 劉希夷·王泠然·王昌齡·祖詠·張若虛·張子容·
孟浩然·常建·李白·劉昚虛·崔曙·杜甫, 雖有文章盛名, 皆流落不偶.」
3. 《全唐詩》 卷256
劉昚虛, 江東人. 天寶時, 官夏縣令. 詩一卷.

023(1-23)
왕만王灣

　　왕만王灣은 개원開元 11년 상무명常無名과 동방同榜으로 진사에 급제하였으며 학사 기무잠綦母潛과 함께 성격이 맞아 절친하였다.

　　왕만의 문장은 일찍이 널리 알려져 천하의 칭송을 얻었다. 오吳·초楚 지역을 내왕하며 많은 저술을 남겼다. 이를테면 〈강남의江南意〉의 일련一聯은 다음과 같다.

　　"바다의 해는 남은 밤의 어두움을 뚫고 오르고　　海日生殘夜
　　강가의 봄 풍경은 예년처럼 찾아드네."　　　　　　江春入舊年

　　시인들이 많았지만 이런 작품을 남긴 자는 드물다.

　　연국공燕國公 장설張說이 직접 이를 써서 정사당政事堂에 걸어두고 누구에게나 보여주어 자랑하며 표준으로 삼도록 하였다. 일찍이 사신의 임무를 띠고 종남산終南山에 올라 〈봉사등종남산奉使登終南山〉을 지어 시편을 남겼다. 왕만의 지취志趣는 고원하여 아는 자도 누구나 그를 가볍게 여기지 못하였다.

王灣:

灣, 開元十一年, 常無名榜進士, 與學士綦母潛契切. 詞翰早著, 爲天下所稱. 往來吳·楚間, 多有著述.

　如〈江南意〉一聯云:『海日生殘夜, 江春入舊年』

　詩人以來, 罕有此作. 張燕公手題於政事堂, 每示能文, 令爲
楷式. 曾奉使登終南山, 有賦. 志趣高遠, 識者不能弃焉.

【常無名】開元 11年에 과거에 장원 급제한 사람.
【綦母潛】本冊 卷2, 030(2-4)참조. '綦母潛'으로 기록된 곳도 있다.
【吳楚】南方. 揚子江 하류 지역.
【江南意】《全唐詩》에는 〈次北固山下〉로 실려 있다. (참고)
【燕國公】張說. 014 참조.
【令爲楷式】이 故事는《河岳英靈集》(卷下)에서 採錄된 것이다.
【終南山】長安 남쪽에 뻗어 있는 산. 秦嶺山峰의 하나로 지금의 西安市 남쪽.
【奉使登終南山】참고란을 볼 것.

　　　참고 및 관련 자료

1. 왕만(王灣)
開元·天寶 연간의 詩人. 王灣의 文集은 역대 著錄에 보이지 않으며《全唐詩》
(卷115)에 詩 10首가 전할 뿐이다.《唐詩紀事》(卷15)에 그에 관한 기록이
있다.

2.《唐詩紀事》卷15
灣, 登先天進士第, 開元初, 爲榮陽主簿. 馬懷素欲校正羣籍, 灣在選中, 各部
撰次. 後爲洛陽尉.

3.《全唐詩》卷115
王灣, 洛陽人. 登先天進士第. 開元初, 爲榮陽主簿. 馬懷素請校正羣籍. 召學涉
之士, 分部撰次. 灣在選, 中祕書罷譔. 又與陸紹伯等同校麗正院書, 終洛陽尉.
灣詞翰早著, 其『海日生殘夜, 江春入舊年』之句. 當時稱最, 張說手題於政事堂,
每示能文. 令爲楷式, 詩十首.

4. 〈江南意〉: 원제목은 〈次北固山下〉(《全唐詩》卷115)

『客路青山外, 行舟綠水前. 潮平兩岸闊, 風正一帆懸. 亥日生殘夜, 江春入舊年. 鄕書何處達, 歸雁洛陽邊.』(河兵英靈集題作江南意. 詩云: 『南國多新意, 東行伺早天. 潮平兩岸失, 風正數帆懸. 海日生殘夜, 江春入舊年.』從來觀氣象, 惟此中偏.)

5. 〈奉使登終南山〉(《全唐詩》卷115, 《唐詩紀事》卷15도 같다)

『常愛南山遊, 因而盡原隰. 數朝至林嶺, 百仞登嵬岌. 石壯馬徑窮, 苔色步緣入. 物奇春狀改, 氣遠天香集. 虛洞策杖鳴, 低雲拂衣濕. 倚巖見廬舍, 入戶欣拜揖. 問性矜勤勞, 示心敎澄習. 玉英時共飮, 芝草爲余拾. 境絶人不行, 潭深鳥空立. 一乘從此受, 九轉兼是給. 辭處若輕飛, 憩來唯吐吸. 閑襟超已勝, 迴路倏而及. 煙色松上深, 水流山下急. 漸平逢車騎, 向晚睨城邑. 峯在野趣繁, 塵飄宦情緝. 辛苦久爲吏, 勞生何妄執. 日暮懷此山, 悠然賦斯什.』

024(1-24)
최호崔顥

　　최호崔顥는 변주汴州 사람으로 개원開元 11년에 원소량源少良 아래에서 진사에 급제하여 천보天寶 연간에 상서사훈원외랑尙書司勛員外郎을 역임하였다. 소년 시절에 시를 짓기 시작하였으며 그 뜻은 부렴浮艶하여 경박輕薄한 쪽으로 치우친 점이 있다. 그러나 만년에는 홀연히 상체常體의 품격을 갖추어 풍골이 늠연凜然하였다. 한번 변새邊塞의 담장을 보고는 극히 훌륭하게 융려戎旅의 모습을 그려내어 그 기이한 조화는 왕왕 강엄江淹·포조鮑照와 함께 달릴 정도였다.

　　뒤에 무창武昌을 유람하다가 황학루黃鶴樓에 올라 감개하여 시를 지었다. 그 뒤 이백李白이 이곳에 와서 보고는 이렇게 칭찬하였다.

　　"눈앞에 펼친 풍경 말로 표현할 길 없으나 최호가 지은 시가 머리끝에 있도다."

　　그러고는 시를 짓지 못하고 떠났으며 뛰어난 문장가도 손을 모으게 하였다 한다. 그러나 최호의 행동은 약간 졸렬하여 도박을 즐겨하고 술을 좋아하였으며, 취처娶妻도 예쁜 여자만 골라서 하되 마음에 들지 않으면 내쫓아 무릇 서너 번을 바꾸었다. 처음에 이옹李邕이 최호의 재명才名을 듣고 집안을 비우고 뛰쳐나와 최호를 맞이하였다. 최호는 그 집에 이르러 시를 바쳤다. 첫 구절은 이렇다.

　　"열다섯에 왕창에게 시집갔다오!"　　　　　　　　　　　十五嫁王昌

그러자 이옹은 이렇게 질책하였다.

"어린 녀석이 무례하도다!"

그리하여 최호를 접대하지도 않고 방으로 들어가 버렸다. 최호는 시 짓기에 괴로움을 다하였다. 최호가 병이 들어 겨우 마르고 쇠약해지자 친구가 이렇게 놀렸다.

"그대는 몸에 병이 나서 이와 같은 것이 아니라 시를 짓느라 수척해졌을 따름일세."

드디어 이 말은 사람의 입에 오르내리게 되었다.

천보天寶 13년에 죽었으며 시집 1권이 지금도 통행되고 있다.

崔顥:

顥, 汴州人. 開元十一年, 源少良下及進士第. 天寶中, 爲尚書司勳員外郎. 少年爲詩, 意浮豔, 多陷輕薄, 晚節忽變常體, 風骨凜然. 一窺塞垣, 狀極戎旅, 奇造往往並驅江·鮑. 後遊武昌, 登黃鶴樓, 感慨賦詩.

及李白來, 曰:「眼前有景道不得, 崔顥題詩在上頭」

無作而去. 爲哲匠斂手云. 然行履稍劣, 好蒱博, 嗜酒, 娶妻擇美者, 稍不愜, 卽棄之, 凡易三四.

初, 李邕聞其才名, 虛舍邀之, 顥至獻詩, 首章云:『十五嫁王昌.』

邕叱曰:「小兒無禮!」

不與接而入. 顥苦吟詠, 嘗病起清虛, 友人戲之曰:「非子病如此, 乃苦吟詩瘦耳」

遂爲口實, 天寶十三年卒. 有詩一卷, 今行.

【汴州】지금의 河南省 開封市.

【源少良】당시 知貢擧였던 人物로 司勳員外郎을 지냈다.《新唐書》宰相世系表(五上)참조.

【江淹】南朝 梁나라 때의 文學家. 字는 文通이며. 宋·齊·梁 三代에 걸쳐 활동하였다.《文選》에 그의 賦 작품이 실려 있다.

【鮑照】鮑參軍. 南朝 宋代의 文學家. 字는 明遠. 樂府와 7언 歌行에 뛰어났다.

【黃鶴樓】湖北省 武漢市에 있는 누대.《齊諧記》에 의하면 仙人 子安이 黃鶴을 타고 그곳을 지난 것에 유래하여 이 樓臺 이름이 지어졌다 한다.

【無作而去】이 고사는 널리 알려진 것으로 李白은 黃鶴樓에서 詩 짓기를 포기하고 대신 金陵의 鳳皇臺에 올라〈登金陵鳳皇臺〉라는 詩를 지었다고 한다. (참고)

【李邕】開元 初에 殿中侍御史를 지냈으며 뒤에 北海太守를 지낸 人物. 奸臣 李林甫에 의해 죽임을 당하였다. 그는 文章과 글씨에 뛰어났고 碑頌의 작품은 훌륭한 것들이 많다. 兩《唐書》에 傳이 있다.

【王昌】唐나라의 詩에 자주 등장하는 人物로 미남자의 별칭.

参고 및 관련 자료

1. 최호(崔顥: ?~754)
汴州 사람으로〈登黃鶴樓〉詩로 유명하다. 그의 文集과 詩에 대해서는《新唐書》崔顥傳에 詩 1卷이 著錄되어 있으며《全唐詩》에 詩(130)가 수록되어 있고《全唐詩續拾》에 詩 5首가 補入되어 있으며《唐詩紀事》에 관련 기록들이 실려 있다.

2.《舊唐書》卷190(下) 文苑傳 참조.

3.《新唐書》卷203 文藝傳(下) 참조.

4.《唐詩紀事》卷21
崔顥, 擢進士第, 有文無行, 終司勳員外郎. 初, 李邕聞其名, 虛舍待之. 顥至獻詩, 首章云:『十五嫁王昌.』邕叱曰:「小兒無禮」不與接而去.

5.《全唐詩》卷13
崔顥, 汴州人. 開元十一年, 登進士第, 有俊才, 累官司勳員外郎. 天寶十三年卒. 詩一卷.

6.《登黃鶴樓詩》

《唐詩紀事》卷21에 다음과 같은 기록이 있다. (原詩는《全唐詩》卷130과 같다.)

『昔人已乘白雲去, 此地空餘黃鶴樓. 黃鶴一去不復返, 白雲千載空悠悠. 晴川 歷歷漢陽樹, 春草凄凄鸚鵡洲. 日暮鄉關何處是, 煙波江上使人愁.』

(世傳太白云:『眼前有景道不得, 崔顥題詩在上頭.』遂作鳳凰臺詩以較勝負. 恐不然.)

7.〈王家少婦〉詩(《唐詩紀事》卷21)

『十五嫁王昌, 盈盈入畫堂. 自憐年最小, 復倚婿爲郎. 舞愛前溪綠, 歌憐子夜長. 閑來鬭百草, 度日不成粧.』

黃鶴樓

025(1-25)
조영祖詠

　　조영祖咏은 낙양洛陽 사람으로 개원開元 12년, 두관杜綰과 동방同榜으로 진사에 급제하였다.

　　글로 이름이 날려 은번殷璠은 조영의 시를 이렇게 평하였다.

　　"자르고 깎고 줄이고 고요히 하여 용사用思가 특히 노고롭다. 기품은 비록 높지 않으나 격조가 자못 속됨을 벗어나 족히 재자才子라 칭할 만하다."

　　젊어서 왕유王維와 시로써 친구가 되었으며, 특히 왕유가 제주濟州에 있을 때 그의 관사官舍에 살았고 왕유가 조영에게 이런 시를 주었다.

"결교한 지 30년	結交三十載
하루도 마음 편치 못하였네	不得一日展
가난과 병이 이미 깊은 그대여	貧病子旣深
그 고통 나 또한 무심할 수 없다네."	契闊余不淺

　　이는 아마 조영이 유락流落 속에 뜻을 얻지 못함에 대해 극히 상심하여 읊은 것이리라. 뒤에 조영은 다시 여수汝水가의 언덕에 별장을 짓고 고기 잡고 나무하면서 일생을 마쳤다.

　　시집 1권이 있어 세상에 전한다.

祖詠:

詠, 洛陽人. 開元十二年, 杜綰榜
進士.

有文名, 商殷璠評其詩:「剪刻省靜,
用思尤苦, 氣雖不高, 調頗凌俗, 足稱
爲才子也」

少與王維爲吟侶, 維在濟州, 寓官舍,
贈祖三詩, 有云:『結交三十載, 不得
一日展. 貧病子旣深, 契闊余不淺.』

蓋亦流落不偶, 極可傷也. 後移家歸
汝濆間別業, 以漁樵自終.

有詩一卷, 傳於世.

〈祖詠〉詩 青谷 金春子(현대)

【杜綰】 당시 과거에 장원한 人物.

【殷璠】 다른 기록에는 거의 '商璠'으로 실려 있다. 이는 宋 太祖의 아버지인
趙弘殷의 이름을 피휘한 것이다. 殷璠은 唐나라 때의 詩歌 評論家로서
《河岳英靈集》 3권을 지었다. 開元 2年부터 天寶 12年 사이의 詩人 常建·
李白·王維·高適·岑參·孟浩然·王昌齡 등 24명의 詩 200여 首를 評論하였
는데 견해가 탁월하였다. 이는 唐詩評論의 최초 저작이기도 하며 辛文房은
本《唐才子傳》의 著述에 그 冊을 이용하였다.

【王維】 盛唐 詩人. 本冊 036(2-10) 참조.

【濟州】 지금의 山東省 茌平縣 서남쪽.

【祖三】 祖詠의 行第(항제)가 三이어서 부른 말. 唐나라 때는 친구 사이에 行第
로 부른 경우가 많았다. 그 예로 李白은 李十二, 杜甫는 杜二 등. 岑仲勉의
《唐人行第錄》 참조.

【契闊】 '고생·고통'의 뜻.《後漢書》 傅毅傳에 "夙夜契闊,庶無差忒"이라 하였다.

【汝水】지금의 河南省 汝陽·臨汝 일대.
【別業】別莊·別墅·別館·隱遁處·落鄕處를 말한다.

참고 및 관련 자료

1. 조영(祖詠)

祖咏으로도 표기된다. 開元·天寶 연간의 詩人. 그의 文集과 詩에 대해서는
《新唐書》(藝文志, 4)에 詩 1卷이 著錄되어 있으며 그 외에《全唐詩》(卷131)에
그의 詩 1卷이 수록되어 있고《全唐詩外編》및《全唐詩續拾》에 詩 1首와
斷句 4句가 補入되어 있다. 그리고《唐詩紀事》(卷20)에 그에 관한 기록이
실려 있다.

2.《唐詩紀事》卷20: 殷璠의 評語

殷璠云: 詠詩剪刻省淨, 用思尤苦. 氣雖不高, 調頗凌俗. 至如『霽日園林好, 淸明
煙火新』. 亦可稱爲才子也.

3.《全唐詩》卷131

祖詠, 洛陽人. 開元十二年進士第, 與王維友善. 詩一卷

4.『結交三十載』

원제목은 〈贈祖三詠〉(濟州官舍作)으로《全唐詩》卷125 王維에는 '三十載'가
'二十載'로 되어 있다.

『蠨蛸挂虛牖, 蟋蟀鳴前除. 歲晏涼風至, 君子復何如. 高館閴無人, 離居不可道.
開門寂已閉, 落日照秋草. 雖有近音信, 千里阻河關. 中復客汝潁, 去年歸舊山.
結交二十載, 不得一日展. 貧病子旣深, 契濶余不淺. 仲秋雖未歸, 暮秋以爲期.
良會詎幾日, 終日長相思.』

026(1-26)
저광희儲光羲

저광희儲光羲는 연주兗州 사람으로 개원開元 14년, 엄적嚴迪과 동방同榜으로 진사에 급제하였다. 황제가 조서를 내려 저광희로 하여금 중서성中書省에 가서 시험을 보게 하였을 정도이며, 일찍이 감찰어사監察御使를 역임하였다. 마침 안록산安祿山이 장안長安을 함락하자 그들의 요구대로 관직을 수락, 가담하였으나 그 난이 평정된 후 스스로 조정에 나타나 죄를 빌고 영남嶺南으로 폄직되었다가 죽었다. 시에 뛰어나 격조格調가 고일高逸하고 취정趣情이 심원深遠하였다.

평상 쓰는 말은 모두 삭제하여 풍아지도風雅之道를 끼고 호연지기浩然之氣를 길러 그 글을 본 자는 마치 소韶·호濩의 음악을 듣는 것처럼 먼저 상복桑濮의 귀를 씻어야만 그 음을 감상할 수 있는 것과 같다.

문집 70권,《정론正論》15권,《구경분의소九經分義疏》20권이 있으며 모두 세상에 전하고 있다.

儲光羲:

光羲, 兗州人. 開元十四年, 嚴迪榜進士. 有詔中書試文章. 嘗爲監察御史. 值安祿山陷長安, 輒受僞署. 賊平後, 自歸, 貶死嶺南. 工詩, 格高調逸, 趣遠情深, 削盡常言, 挾風雅之道,

養浩然之氣, 覽者猶聽〈韶〉·〈濩〉音, 先洗桑濮耳, 庶幾乎賞
音也.

有集七十卷,《政論》十五卷,《九經分義疏》二十卷, 並傳.

【兗州】지금의 山東省 兗州市.

【安祿山】원래 奚族 출신. 본성은 康. 어릴 때 이름은 '軋犖山.'어머니가
突厥人 安延偃. 이에 성씨를 安으로 바꾸었다. 唐 玄宗 때 節度使가 되어
天寶 14年(755)에 范陽에서 기병하여 洛陽과 長安을 함락하였다. 그리고
스스로 雄武皇帝라 칭하고 국호를 燕帝라 하였다. 그 뒤 代宗 廣德 元年
(763)에 史思明의 아들 史朝義가 자살하여 반란은 끝났다. 역사적으로 이를
'安史之亂'이라 한다.

【嶺南】唐나라 開元 때 十五道의 하나로 治所는 지금의 廣州市.

【浩然之氣】정대하고 강직한 氣.《孟子》公孫丑(上)에 "我善養吾浩然之氣"라
하였다.

【韶濩】商湯의 음악으로 高雅한 音樂으로 알려져 있다.《左傳》襄公 29年
참조.

【桑濮】桑間濮上의 音樂. 남녀 간의 연정을 읊은 것으로 淫俗한 音樂으로
여겼다.《漢書》地理地(下)에 "衛地. ……有桑間濮上之阻, 男女亦亟聚會,
聲色生焉, 故俗謂鄭衛之音"이라 하였다.

참고 및 관련 자료

1. 저광희(儲光羲: 707~760)
盛唐 詩人으로 監察御史를 지냈다. 그의 文集과 詩에 대해서는《唐詩紀事》
(卷22)에《政論》15권,《九經分義疏》20권을 거론하였으나 그 두 冊은
보이지 않는다.《全唐詩》에 그의 詩 4권이 실려 있고《全唐詩續拾》에 詩
1首가 補入되어 있다. 그 외에《唐詩紀事》(卷22)에 그에 관한 기록이 있다.

2.《唐詩紀事》卷22
光羲, 兗州人. 登開元進士第, 又詔中書試文章, 歷監察御史. 祿山亂後, 坐陷焉.

賊平貶死.

3.《全唐詩》卷136

儲光羲, 兖州人. 登開元中進士第, 又詔中書試文章, 歷監察御史. 祿山亂後, 坐陷賊貶官. 集七十卷, 今編四卷.

4. 顧況〈監察御使儲公集〉序 참조.

당재자전 唐才子傳

卷二(027 - 050)

〈觀月圖〉

027(2-1)

포융包融

포융包融은 연릉延陵 사람으로 개원開元 연간에 대리사직大理司直을 역임하였다. 포융은 참군參軍인 은요殷遙, 그리고 맹호연孟浩然과 두터운 우정을 나누었으며 시에 뛰어났다. 포융의 아들 포하包何·포길包佶도 풍아지도風雅之道에 뛰어나 당시 나란히 이름을 날려 '삼포三包'라 불렸다.

시집 1권이 세상에 전한다.

◎ 무릇 사람이 학문을 함에 있어서는 온 마음을 다하기가 어렵다. 그 고통스런 마음이 실렸다 해도 성취를 이루기란 어렵다. 설령 성취를 이루어 불후의 이름을 얻었다 해도 부자형제가 모두 그렇게 성공하기란 더욱 어려운 일이다. 당나라 사람들을 보건대 부자가 모두 이름을 얻은 경우는 삼포三包·육두六竇·장벽張碧과 장영張瀛 부자, 고황顧況과 그 아들 고비웅顧非熊, 장효표章孝標와 그 아들 장갈章碣이 있으며, 할아버지와 손자 사이로 이름이 난 경우로는 두심언杜審言과 그 손자 두보杜甫, 전기錢起와 그 손자 전후錢珝, 온정균溫庭筠과 그 손자 온헌溫憲이 있다. 그리고 형제 사이로는 황보염皇甫冉과 황보증皇甫曾, 이선고李宣古와 이선원李宣元, 요계姚係와 요륜姚倫 등이 있다.

이들은 모두가 연옥무하聯玉無瑕하고 청진원파淸塵遠播하며 지란계방芝蘭繼芳하여, 아버지의 업을 고치지 않은 것을 귀히 여긴 자들이다.

소騷와 아雅가 이어져 그 소리를 내되 조상의 풍골에 위배됨이 없었다.

이상 네 가지 어려움은 휘주지간揮塵之間이라도 역시 가히 미담美談으로
여길 만한 일이다.

包融:

融, 延陵人. 開元間仕歷大理司直. 與參軍殷遙·孟浩然交厚,
工爲詩. 二子何·佶, 縱聲雅道, 齊名當時, 號「三包」.

有詩一卷, 行世.

◎ 夫人之於學, 苦心難; 旣苦心, 成業難; 成業者獲名不朽,
兼父子·兄弟間尤難. 歷觀唐人, 父子如三包, 六竇, 張碧·張瀛,
顧況·非熊, 章孝標·章碣; 公孫如杜審言·杜甫, 錢起·錢珝,
溫庭筠·溫憲; 兄弟如皇甫冉·皇甫曾, 李宣古·李宣遠, 姚係·
姚倫等, 皆聯玉無瑕, 淸塵遠播. 芝蘭繼芳, 重難改於父道;
騷雅接響, 庶不歉於祖風. 四難之間, 揮塵之際, 亦可以爲
美談矣.

【延陵】지금의 江蘇省 丹陽縣.
【殷遙】본책 卷3, 060 참조.
【孟浩然】본책 043참조.
【包何】054 참조.
【包佶】055 참조.
【六竇】竇叔向(092). 竇常(105). 竇牟(106). 竇群(107). 竇庠(108). 竇鞏(109).
【張碧】120 참조.
【張瀛】268 참조.
【顧況】075 참조.
【張碣】224 참조.

【杜審言】 007 참조.

【杜甫】 046 참조.

【錢起】 086 참조.

【錢珝】 230 참조. 《新唐書》 錢徽傳에 의하면 錢珝는 錢起의 曾孫이다.

【溫庭筠】 202 참조.

【溫憲】 242 참조. 溫憲은 溫庭筠의 아들이다. 《唐摭言》(卷100), 《唐詩紀事》 (卷70) 참조.

【皇甫冉】 065 참조.

【皇甫曾】 066 참조.

【李宣古】 182 참조.

【李宣遠】 182 부록 참조.

【姚係】 123 참조.

【姚倫】 123 참조.

【芝蘭繼芳】 '우수한 子弟들이 이어 태어나다'의 뜻. 《世說新語》 言語篇에 "謝太傅問諸子姪: '子弟亦何預人事, 而正欲使其佳?' 諸人莫有言者, 車騎答曰: '譬如芝蘭玉樹, 欲使其生於階庭耳.'"라 하였다.

【父道】 《論語》 學而篇에 "三年無改於父之道, 可謂孝矣"라 하였다.

【揮塵之間】 '塵尾를 휘두르는 순간.' 塵尾는 魏晉時代 청담 명사들의 지휘봉, 심심풀이용 막대를 뜻한다. 이는 사슴, 혹은 고라니의 꼬리털, 그리고 옥이나 대나무로 만들어 금은으로 장식하였다. 이는 淸談을 나누면서 휘젓거나 가리키는 데 사용하였다. 《世說新語》 참조.

> ## 참고 및 관련 자료

1. 포융(包融)
《新唐書》(藝文志, 4)에 그의 詩集 1卷이 著錄되어 있으며 《全唐詩》(卷114)에 그의 시 8首가 실려 있다. 그리고 《唐詩紀事》(卷24)에 그에 관한 기록이 실려 있다.

2. 《舊唐書》 190(中) 文苑傳(中) 참조.

3. 《唐詩紀事》 卷24
融, 潤州延陵人. 歷大理司直. 二子何·佶齊名. 世稱二包.

4.《全唐詩》卷114

包融, 潤州人(一云湖州人). 開元初, 與賀知章·張旭·張若虛皆有名, 號吳中四士.
張九齡引爲懷州司馬, 遷集賢直學士· 大理司直. 子何·佶, 世稱二包. 各有集,
融詩今存八首.

028(2-2)
최국보崔國輔

최국보崔國輔는 산음山陰 사람으로 개원開元 14년, 엄적嚴迪과 동방同榜으로 진사에 급제하였으며 저광희儲光羲·기무잠綦母潛도 함께 급제하였다. 현령으로 천거되어 여러 차례 집현전학사集賢殿學士·예부랑중禮部郎中 등을 역임하였다.

천보天寶 연간에는 왕홍王鉷의 가까운 친척이라는 이유로 연좌되어 경릉사마竟陵司馬로 폄직되었다. 문과 시에 있어서 곱고 청초하여 외우고 읊조리기에 아주 훌륭하였다. 그리고 악부樂府의 글들은 옛사람도 그를 뛰어넘지 못할 정도였다.

처음 최국보는 경릉竟陵에 이르러 처사處士인 육우陸羽, 鴻漸와 사귀어 3년 우정이 더욱 깊어져 종일 환담을 나누면서 즐길 정도였다. 게다가 서로가 차와 물의 품평을 비교해보기도 하였다. 서로 헤어지게 되었을 때 최국보는 육우에게 이렇게 말하였다.

"나에게는 양양태수襄陽太守 이등李燈으로부터 받은 흰 당나귀, 그리고 검은 소 한 마리와, 노황문盧黃門으로부터 받은 무늬 괴목의 서함書函이 하나 있소. 이 물건들은 모두가 내 자신이 아끼는 것이지만 벼슬 없는 사람이 타고 사용할 것들이지 내가 가질 게 못됩니다. 그래서 특별히 그대에게 드리겠습니다."

이렇게 아름다운 뜻과 높은 정이 일시에 숭상을 받았다.

둘 사이 수창酬唱한 시와 문집이 전하고 있다.

崔國輔:

國輔, 山陰人. 開元十四年嚴迪榜進士, 與儲光羲·綦母潛同時. 擧縣令, 累遷集賢直學士·禮部郎中. 天寶間, 坐是王鉷近親, 貶竟陵司馬. 有文及詩, 婉孌清楚, 深宜諷詠. 樂府短章, 古人有不能過也. 初至竟陵, 與處士陸鴻漸遊, 三歲, 交情至厚, 謔咲永日.

又相與較定茶水之品. 臨別謂羽曰:「予有襄陽太守李燈所遺白驢·烏犎牛各一頭, 及盧黃門所遺文槐書函一枚, 此物皆己之所惜者, 宜野人乘蓄, 故特以相贈.」

雅意高情, 一時所尚.

有酬酢之歌詩, 幷集傳焉.

【山陰】 지금의 浙江省 紹興縣. 다른 기록에는 '吳人'이라고도 실려 있다.
【嚴迪】 당시 壯元及第한 人物.
【儲光羲】 본책 026 참조.
【綦母潛】 030 참조. '綦毋潛'으로도 표기된다.
【王鉷】 당시의 權臣. 京兆尹을 지냈으며 天寶 11年(752)에 죄를 짓고 죽임을 당하였다.
【竟陵】 지금의 湖北省 天門縣.
【陸羽】 字는 鴻漸. 074 참조.
【李燈】 당시의 權臣. 京兆尹·東都留守를 지냈으며 安祿山의 亂 때 洛陽에서 죽임을 당하였다. 兩《唐書》에 傳이 실려 있으며 《全唐詩》(115)에 그의 詩가 전해온다.
【犎牛】 목이 융기된 검은 소를 말한다.
【盧黃門】 盧氏 姓을 가진 어떤 人物. 여기서 黃門은 門下省의 副長을 말한다.

1. 최국보(崔國輔)

開元·天寶 연간의 詩人. 본문 내용의 崔國輔와 陸羽와의 酬贈한 詩는 기록에 보이지 않는다.《全唐詩》(卷119)에 그의 詩 1卷이 수록되어 있으며《全唐詩 續拾》에 그의 詩題 3則이 補入되어 있다. 그리고《唐詩紀事》(卷15)에 그에 관한 기록이 실려 있다.

2.《唐詩紀事》卷15

國輔, 明皇時應縣令擧, 授許昌令, 集賢直學士, 禮部員外郎. 坐王鉷近親, 貶晉陵郡司馬.

3.《全唐詩》卷119

崔國輔, 吳郡人. 開元中, 應縣令擧, 授許昌令. 累遷集賢直學士, 禮部員外郎. 後坐事貶晉陵郡司馬, 詩一卷.

029(2-3)

노상盧象

附: 위술韋述

노상盧象의 자는 위경緯卿이며 문수汶水 사람으로 노홍盧鴻의 조카이다. 노상은 가속을 거느리고 강남江南에 살았던 기간이 가장 길다. 일찍이 교서랑校書郞·좌습유左拾遺·선부원외랑膳部員外郞 등을 역임하였으나 안록산 安祿山 정권이 주는 벼슬을 허락하였다 하여 영주사호참군永州司戶參軍으로 폄직되었으나 뒤에 주객원외랑主客員外郞을 지냈다. 노상의 시는 이름이 나서 비각秘閣에 자랑이 자자하였으며, 시풍은 단아하면서도 건조하지 않고 대체大體의 도를 가지고 있어 국사國士의 풍골을 얻었다 할 수 있다. 문집 20권이 있어 지금도 전하고 있다.

노상과 함께 벼슬을 한 위술韋述은 상천위鬵泉尉를 역임하였다. 당시 황제가 천하의 일서逸書를 수집하여, 위술 등에게 조원전朝元殿에서 이를 편교編校토록 하였다. 뒤에 위술은 한림학사翰林學士를 역임하였고 시로 이름이 났으며 지금도 역시 전하고 있다.

盧象: 附, 韋述

象, 字緯卿, 汶水人, 鴻之姪也. 攜家來居江東最久. 仕爲 校書郞·左拾遺·膳部員外郞. 受安祿山僞官, 貶永州司戶參軍. 後爲主客員外郞. 有詩名, 譽充秘閣, 雅而不素, 有大體, 得國士之風. 集二十卷, 今傳.

　同仕有韋述, 爲桑泉尉. 時詔求逸書, 命述等編校於朝元殿, 後爲翰林學士, 有詩名, 今亦傳焉.

【汶水】大文河. 山東省 萊蕪縣 北原山에서 발원하여 泰山市를 거쳐 濟水로 흘러든다.

【盧鴻】본책 卷1, 020(1~20) 참조.

【永州】지금의 湖南省 零陵縣.

【韋述】京兆 萬年(지금의 西安) 사람으로 圖書 수집가. 兩《唐書》에 傳이 있다.

【桑泉】지금의 山西城 臨猗縣.

【朝元殿】乾元殿의 잘못이다. 《舊唐書》卷43 職官志(2)에 "開元五年, 於乾元殿東廊下寫四部書, 以充內庫"라 하였다.

　참고 및 관련 자료

1. 노상(盧象)

盧鴻(盧鴻一)의 조카. 《新唐書》(藝文志, 4)에 그의 文集이 12卷으로 著錄되어 있으며 《全唐詩》(卷122)에 詩 1卷이 실려 있다. 그 외 《全唐詩外編》 및 《全唐詩續拾》에 詩 3首가 補入되어 있다. 그리고 《唐詩紀事》(卷26)에 그에 관한 기록이 실려 있다.

2. 위술(韋述)

《全唐詩》(卷108)에 그의 詩 4首가 전하며 《全唐詩續拾》에 詩 1首가 補入되어 있다. 《唐詩紀事》(卷22)에 그에 관한 기사가 실려 있다.

3. 《唐詩紀事》卷26

象, 字緯卿. 劉夢得紀其文云:「公始以章句振起於開元中. 與王維·崔顥比肩驤首, 鼓行於時. 妍詞一發, 樂府傳貴. 由前進士補祕書郎, 轉右衛倉曹掾. 丞相曲江公, 方執文衡, 揣摩後進, 得公深器之, 擢爲左補闕·河南府司錄司勳員外郎. 名盛氣高, 少所卑下, 爲飛語所中, 左遷齊·汾·鄭三郡司馬. 入爲膳部員外郎. 大盜起幽陵, 入洛師, 執公, 脅之從伍中. 初謫果州長史, 又貶永州司戶, 移吉州長史. 詔拜主客員外郎, 道病留武昌, 遂不起. 故相崔太傅時爲右史, 方在鄂, 以文誌其墓.」其詞曰:「噫! 公妙年有聲, 振耀當代. 翺翔雲路, 不虞矰繳, 盛名先物, 易生疵癘. 三至郎署. 坐成遺耋. 蹭蹬江臯, 栖栖沒齒. 見知者恨之.」

4.《全唐詩》卷122

盧象, 字緯卿, 汶水人. 開元中, 由前進士補祕書郎, 轉右衛倉曹掾. 丞相張九齡深器之. 擢左補闕·河南府司錄·司勳員外郎, 名盛氣高. 少所卑下, 爲飛語所中. 左遷齊邠鄭三郡司馬, 入爲膳部員外郎. 祿山之亂, 象受僞署. 貶永州司戶. 起爲主客員外郎, 道病卒. 集十二卷, 今編詩一卷.

030(2-4)
기무잠綦毋潛

　　기무잠綦毋潛은 자가 효통孝通이며 형남荊南 사람이다. 개원開元 14년 엄적
嚴迪과 동방同榜으로 진사에 급제하여 의수위宜壽尉를 제수받았다. 그 뒤
우습유右拾遺를 거쳐 집현원대제集賢院待制로 들어갔다가 다시 교서校書를
제수받았다. 저작랑著作郎으로 생을 마쳤으며 이단李端과 동시대 인물이다.
　　기무잠의 시풍은 높고 깨끗하여 가구佳句가 많고 세속 밖의 서정을
그리기를 잘하였으며, 역대 시인으로서 그만한 이가 없었다. 형남荊南
분야分野에 수백 년 이래 뛰어난 인물은 오직 이 한 사람밖에 없었다.
　　뒤에 병란을 만나 관직 생활이 날로 힘들어지자 기무잠은 사직하고
강동江東에 별장을 짓고 은거해 버렸다. 그러자 왕유王維가 그에게 이런
시로써 송별하였다.

　　"밝은 세상 오래도록 현달하지 못하여　　　明時久不達
　　　버림받기 그대와 역시 같도다　　　　　　葉置與君同
　　　천명에 원망하는 기색도 없이　　　　　　天命無怨色
　　　소박한 풍골로 인생을 사네."　　　　　　人生有素風.

　　그러자 일시에 문사들이 모두 부시賦詩를 지어 그를 받들어 전별해주어
심히 영화로웠다.
　　문집 1권이 있어 세상에 전한다.

綦毋潛:

潛, 字孝通, 荊南人. 開元十四年, 嚴迪榜進士及第, 授宜壽尉. 遷右拾遺, 入集賢院待制, 復授校書, 終著作郎. 與李端同時. 詩調屹崒峭蒨, 足佳句, 善寫方外之情, 歷代未有. 荊南分野, 數百年來, 獨秀斯人. 後見兵亂, 官況日惡, 挂冠歸隱江東別業, 王維有詩送之, 曰:『明時久不達, 弃置與君同. 天命無怨色, 人生有素風.』

一時文士咸賦詩祖餞, 甚榮.

有集一卷, 行世.

【荊南】 지금의 湖北省 江陵縣.
【嚴迪】 開元 14年 과거에 壯元及第한 사람.
【宜壽】 지금의 陝西省 周至縣.
【李端】 본책 卷四(091) 참조. 그러나 李端은 大曆 5年(770)에 進士에 올랐다. 이는 綦毋潛보다 45년이나 뒤의 일로써 신빙성이 적다.
【分野】 古代 占星의 한 개념으로 地上의 각 지역과 天上의 지역을 대비시켜 天上의 징조로 地上의 吉凶을 점치는 것을 말한다.
【王維】 盛唐의 詩人. 036 참조.
【明時久不達】《全唐詩》(卷125)에 실린 王維의 詩. 원제목은 〈送綦毋秘書棄官還江東〉이다.(참조)

　참고 및 관련 자료　

1. 기무잠(綦毋潛)
唐代의 詩人으로 '綦毋'는 複姓으로 '綦母'라고 판각된 곳도 있다. 한편 《漢語大辭典》에는 "綦毋亦作綦母, 複姓. 春秋晉有綦毋張, 唐有綦毋潛"이라 하였다.

2.《唐詩紀事》卷20

綦毋潛, 字孝通. 開元中, 由宜壽尉入集賢院待制, 遷右拾遺, 終著作郎.

3.《全唐詩》卷135

綦毋潛, 字季通, 荊南人. 開院十四年登進士第, 由宜壽尉入爲集賢待制, 遷右拾遺. 終著作郎, 詩一卷.

4.〈送綦毋祕書棄官還江東〉(王維《全唐詩》卷125)

『明時久不達, 棄置與君同. 天命無怨色, 人生有素風. 念君拂衣去, 四海將安窮. 秋天萬里淨, 日暮澄江空. 淸夜何悠悠, 扣舷明月中. 和光魚鳥際, 澹爾兼葭叢. 無庸客昭世, 衰鬢日如蓬. 頑疏暗人事, 僻陋遠天聰. 微物縱可采, 其誰爲至公. 余亦從此去, 歸耕爲老農.』

031(2-5)
왕창령 王昌齡

附: 신제辛霽

왕창령王昌齡은 자는 소백少伯이며 태원太原 사람이다. 개원開元 15년, 이억李嶷과 동방同榜으로 진사에 급제하여 사수위泗水尉를 제수받았고, 다시 굉사과宏辭科에 합격하여 교서랑校書郎으로 승급되었다. 그 뒤 세밀한 행정을 잘 살피지 않아 용표위龍標尉로 폄직되었다가 전란을 만나 고향으로 돌아갔다. 그리고 그곳의 자사刺史인 여구효閭丘曉의 미움을 받아 처형되고 말았다. 뒤에 장호張鎬가 군대를 이끌고 하남河南에 왔을 때 여구효가 고의로 시간을 지키지 않자 그를 죽여 없애려 하였다. 그런데 여구효가 자신의 늙은 부모를 모셔야 한다고 용서를 빌자 장호가 이렇게 물었다.

"그렇다면 네가 죽인 왕창령은 그 부모를 누가 모시라고 한 짓이냐?"

이에 여구효는 크게 부끄러워하였다.

왕창령은 시에 뛰어났으며 그 내용이 진밀縝密하고 생각이 맑아 당시 사람들이 이렇게 말하였다.

"시 쓰는 사람들은 왕창령을 선생으로 삼아야 한다詩家夫子王江寧."

여기에서 강녕江寧이란 왕창령이 일찍이 강녕령江寧令을 지냈기 때문에 그렇게 부른 것이다. 왕창령은 또 문사 왕지환王之渙·신점辛漸과 깊은 우정이 있었고 모두가 그를 표준으로 시를 배웠으니 그 이름이 이처럼 중시를 받았다.

시집 5권이 있고 또 작시作詩의 격률格律·경사境思·체례體例를 묶어 모두 14편으로 저술한 《시격詩格》이 있다.

그리고 《시중밀지詩中密旨》1권 및 《고악부해제古樂府解題》1권이 있어 지금 모두 전하고 있다.

◎ 원가元嘉 이래 4백 년 내에 조식曹植·유정劉楨·육기陸機·사령운謝靈運 등의 풍골은 사라졌다. 그 뒤 저광희儲光羲·왕창령王昌齡에 이르러 그들의 흔적이 자못 많이 발견된다. 두 사람은 기氣가 같으면서 체별이 다르다.

왕창령 시의 성조는 비교적 준엄하고 기이한 구절은 격조가 뛰어나, 사람들로 하여금 놀라움을 금치 못하게 한다. 어쩌다가 만년에 그는 소절小節에 신중하지 못하여 그를 비방하는 소리가 들끓게 되었고 두 번이나 먼 황지荒地로 귀양을 갈 수밖에 없었다. 이 또한 그의 재주를 아는 친구들로 하여금 탄식을 자아내게 하는 사건이다. 그러나 끝내 자신의 몸을 온전히 하여 효도를 다해야 하는 것이 사람의 도리이거늘 여구효에게 죽임을 당하고 말았으니 이 역시 통탄스러운 일이 아니겠는가!

王昌齡: 附, 辛霽

昌齡, 字少伯, 太原人. 開元十五年李嶷榜進士, 授汜水尉. 又中宏辭, 遷校書郎. 後以不護細行, 貶龍標尉. 以兵火之際, 歸鄕里, 爲刺史閭邱曉所忌而殺.

後張鎬按軍河南, 曉怨期, 將戮之, 辭以親老乞恕, 鎬曰:「王昌齡之親欲與誰養乎?」

曉大慚沮. 昌齡工詩, 縝密而思淸, 時稱「詩家夫子王江寧」, 蓋嘗爲江寧令. 與文士王之渙·辛漸交又至深, 皆出模範, 其名重如此.

有詩集五卷, 又述作詩格律·境思·體例, 共十四篇, 爲《詩格》一卷, 又《詩中密旨》一卷, 及《古樂府解題》一卷, 今並傳.

◎ 自元嘉以還, 四百年之內, 曹·劉·陸·謝. 風骨頓盡. 逮儲光羲·王昌齡, 頗從厥躅, 兩賢氣同而體別也. 王稍聲峻, 奇句俊格, 驚耳駭目. 奈何晚途不矜小節, 謗議騰沸, 兩竄遐荒, 使知音者喟然長歎. 失歸全之道, 不亦痛哉!

【李嶷】開元 15年의 과거에 壯元及第한 사람.

【氾水】지금의 河南省 滎陽縣 氾水鎭.

【龍標】지금의 湖南省 黔陽縣 근처.

【閭邱曉】濠州刺史 등을 지냈던 人物.

【張鎬】河南節度使·都統河南諸軍事 등을 지냈던 人物. 兩《唐書》에 傳이 있다.

【江寧】지금의 南京市. 王江寧은 王昌齡을 이르는 말.

【王之渙】본책 卷三(052) 참조.

【辛漸】王昌齡과 가까웠던 人物로 辛壽가 아닌가 한다. 王昌齡의 〈芙蓉樓送辛漸〉 등의 詩가 전하고 있다.

【曹植】三國 魏나라의 詩人 子建(192~232). 曹操의 아들.

【劉楨】漢末의 文學家로 字는 公幹(?~217).

【陸機】西晉의 文學家로 字는 士衡(261~303)이며 〈文賦〉로도 유명하다.

【謝靈運】南朝 宋나라의 文學家(385~433)로서 山水詩에 뛰어났다. 謝康樂이라고도 불리었다. 이상의 네 사람은 鍾嶸의 《詩品》에 모두 上品으로 올라 있다.

【歸全之道】《禮記》祭義에 "父母全而生之, 子全而歸之, 可謂孝矣. 不虧其體, 不辱其身, 可謂全矣"라 하였다.

〈王昌齡〉詩 河丁 全相摹(현대)

1. 왕창령(王昌齡: 698~757)

《全唐詩》(140~143)에 王昌齡의 詩 4卷이 편집, 수록되어 있다. 그리고
《全唐詩外編》및 《全唐詩續拾》에는 그의 詩 4首와 斷句 4句가 補入되어
있다. 또 《唐詩紀事》(卷24)에는 그에 관한 기사가 실려 있다.

2. 《舊唐書》卷190(下) 文苑傳(下) 참조.

3. 《新唐書》卷203 文藝傳(下) 참조.

4. 《唐詩紀事》卷24

昌齡, 字少伯, 江寧人. 中第, 補校書郎. 又中博學宏辭科, 遷汜水尉. 不護細行,
世亂還鄕里, 爲刺史閭丘曉所殺. 工詩, 緖密而思淸, 時謂王江寧.

5. 《全唐詩》卷140

王昌齡, 字少伯, 京兆人. 登開元十五年進士第, 補祕書郎. 二十二年, 中宏詞科.
調汜水尉, 遷江寧丞. 晚節不護細行, 貶龍標尉卒. 昌齡詩緖密而思淸, 與高適·
王之渙(渙之)齊名, 時謂王江寧. 集六卷, 今編詩四卷.

032(2-6)
상건常建

상건常建은 장안長安 사람으로 개원開元 15년, 왕창령王昌齡과 동방同榜으로 등과登科하여 대력大曆 연간에 우이위盱眙尉를 역임하였다. 상건은 벼슬길이 여의치 못하자 드디어 거문고와 술에 빠져 방랑하며 태백산太白山 자각봉紫閣峰 등을 내왕하며 비둔지지肥遯之志를 품게 되었다.

상건은 일찍이 산 속에 약을 캐러 갔다가 한 여자를 우연히 만났다. 그 여인은 온몸에 녹색 털이 나 있고 스스로 진秦나라 때의 궁녀宮女로서 산으로 도망하여 솔잎을 먹어 드디어 추위나 배고픔도 모른다고 하였다. 그 여인은 드디어 상건에게 그 미묘한 신선술의 비법을 전수해주었으며 그 양생법은 보통과 다른 것이었다.

뒤에 상건은 악주鄂州 물가에 우거寓居하면서 왕창령·장분張僨을 불러 함께 은거하여 당시의 대명大名을 얻게 되었다.

문집 1권이 있어 지금도 전한다.

◎ 예로부터 이러한 말이 있다.

"재주가 높으면 귀한 벼슬길을 얻지 못한다(高才而無貴仕)."

과연 그렇다. 이 말이여!

옛날 유정劉楨은 겨우 문학文學이라는 관직에 그쳤고 포조鮑照는 참군參軍 벼슬에 그쳤다. 지금 상건 역시 하나의 위尉밖에 오르지 못하였으니 안타깝도다. 상건은 그 생각이 정밀하였으며 문사文詞 역시 경절警絶하여,

마치 큰 길을 출발하여 들의 오솔길로 들어서서 백 리 밖까지 멀리 갔다가 다시 큰 길로 돌아오는 것 같다.

그 의지意旨는 유원幽遠하고 흥취는 깊고 멀어 능히 의표意表를 논급하고 있다. 가히 한 번 노래하여 세 번 경탄한다고 말할 수 있다.

常建:

建, 長安人. 開元十五年與王昌齡同榜登科. 大曆中, 授盱眙尉. 仕頗不如意, 遂放浪琴酒, 往來太白·紫閣諸峰, 有肥遯之志. 嘗採藥山谷中, 遇女子, 遍體毛綠, 自言是秦時宮人, 亡入山來食松葉, 遂不飢寒, 因授建微旨, 所養非常. 後寓鄂渚, 招王昌齡·張僨同隱, 獲大名當時.

集一卷, 今傳.

◎ 古稱「高才而無貴仕」, 誠哉! 是言. 曩劉楨死於文學, 鮑照卒於參軍. 今建亦淪於一尉, 悲夫! 建屬思旣精, 詞亦警絶, 似初發通莊, 卻尋野徑, 百里之外, 方歸大道. 旨遠興僻, 能論意表, 可謂一唱而三歎矣.

【長安】唐나라의 首都였으며 지금의 西安市를 말한다. 그러나 常建 자신은 〈落第長安〉(《全唐書》144)에서 "恐逢故里鶯花笑, 且向長安度一春"이라 하여 長安 사람이 아닌 것으로 보인다.
【王昌齡】 앞장(031) 참조.
【盱眙】 地名. 지금의 江蘇省 盱眙縣.
【太白山】 일명 '終南山'이라고도 하며 지금의 陝西省 鄠縣 남쪽에 있다. 그 산의 한 봉우리 이름이 紫閣峰이다.
【肥遯之志】 隱遁의 뜻.《周易》遯卦에 "上九, 肥遯, 无不利"라 하였다.

【養生法】이 이야기는 원래 常建의 游仙詩이다. 辛씨가 잘못하여 사실인 양 기록해 넣은 것이다. 원제목은 〈仙谷遇毛女意知是秦宮人〉이다. (참고)

【毛綠】古代의 仙女.《列仙傳》(下)에 "毛女, 字玉姜, 在華陰山中, 獵師世世見之, 形體生毛. 自言秦始皇宮人也. 秦壞, 流亡入山避亂, 遇道士谷春敎食松葉, 遂不飢寒"이라 하였다.

【鄂州】地名. 春秋時代에 지금의 湖北省 武昌縣 근처에 있던 楚나라의 邑으로 여겨진다.

【張墳】人名. 자세한 事跡은 알 수 없다.

【高才而無貴仕】원래 梁나라 劉峻의 〈辯命論〉의 구절.《文選》(卷54)을 참조할 것.

【劉楨】(?~217). 漢末의 文學家로 三國 魏나라에 들어서서야 겨우 五官中郎將文學의 벼슬에 지냈다.

【鮑照】南朝 宋代의 文學家로 겨우 參軍의 벼슬을 지냈다.

참고 및 관련 자료

1. 상건(常建: 708~765)
盛唐 詩人.《新唐書》(藝文志, 4)에 그의 文集 1卷이 著錄되어 있고《新唐書》(卷144)에 그의 詩 1卷이 실려 있으며 그 외에《唐詩紀事》(卷31)에 그에 관한 기사가 실려 있다.

2.《唐詩紀事》卷31
丹陽殷璠撰《河嶽英靈集》, 首列建詩, 愛其『山光悅鳥性, 潭影空人心』.
殷璠云:「高才而無貴位, 誠哉是言也. 曩劉楨死於文學, 左思終於記室, 鮑照卒於參軍, 今常建亦淪於一尉, 悲夫!」建詩似初發通莊, 却尋野逕, 百里之外, 方歸大道, 所以其旨遠, 其興僻, 佳句輒來, 惟論意表. 至如『松際露微月, 清光猶爲君』; 又『山光悅鳥性, 潭影空人心』. 此例數十句, 並可稱爲警策. 一篇盡善者, 『戰餘落日黃, 軍敗鼓聲死. 今與山鬼隣, 殘兵哭遼水』. 思既邀苦, 詞又警絕, 潘岳雖云能敍悲怨, 未見如此章句也.

3.《全唐詩》卷144
常建, 開元中進士第. 大曆中, 爲盱眙尉, 詩似初發通莊. 却尋野徑, 百里之外, 方歸大道. 其旨遠, 其興僻, 佳句輒來. 唯論意表, 淪於一尉, 士論悲之. 詩一卷.

4. 〈仙谷遇毛女意知是秦宮人〉(《**全唐詩**》卷144 常建)

『溪口水石淺, 泠泠明藥叢. 入溪雙峯峻, 松栝疏幽風. 垂嶺枝嫋嫋, 翳泉花濛濛.
黃緣霽人目, 路盡心彌通. 盤石橫陽崖, 前流殊未窮. 回潭淸雲影, 瀰漫長天空.
水邊一神女, 千歲爲玉童. 羽毛經漢代, 珠翠逃秦宮. 目覿神已寓, 鶴飛言未終.
祈君靑雲祕, 願謁黃仙翁. 嘗以耕玉田, 龍鳴西頂中. 金梯與天接, 幾日來相逢.』

033(2-7)
하란진명賀蘭進明

하란진명賀蘭進明은 개원開元 16년에 우함虞咸과 동방同榜으로 진사에 급제하여 어사대부御使大夫의 벼슬에 올랐다.

숙종肅宗 때에 하남절도사河南節度使가 되었으며 그 때는 안록산安祿山의 군당群黨들이 아직 평정되지 않았었다. 하란진명은 군대를 거느리고 임회臨淮에서 적을 대비하였으나 끝내 공을 세우지는 못하였다.

하란진명은 옛 것을 좋아하고 박아博雅하며 경적經籍을 뱃속에 가지고 있는 듯하였다. 그가 지은 저술 1백여 편은 자못 하늘과 사람의 관계를 궁구한 것이다.

또한 고악부古樂府 등 수십 편은 거의가 완적阮籍의 풍격과 같았으며 지금도 모두 전해오고 있다고 한다.

賀蘭進明:

進明, 開元十六年, 虞咸榜進士及第, 仕爲御史大夫. 肅宗時, 出爲河南節度使. 時祿山羣黨未平, 嘗帥師屯臨淮備賊, 竟亦無功. 進明好古博雅, 經籍滿腹, 其所著述一百餘篇, 頗窮天人之際.

又有古詩樂府等數十篇, 大體符於阮公, 皆今所傳者云.

【虞咸】開元 16年 과거에 장원한 人物.

【肅宗】唐나라의 7代 皇帝인 李亨. 재위 7년(756~762).

【臨淮】지금의 江蘇省 泗洪縣.

【阮籍】三國 魏나라 때의 人物(210~263). 竹林七賢 중의 한 사람이며 字는
嗣宗. 阮步兵으로도 불리었고 禮俗을 벗어버린 인물로 유명하다. 嵇康과
同時代의 人物로《世說新語》(任誕篇 등)에 그의 일화가 널리 실려 있다.
《晉書》에 傳이 있다.〈詠懷詩〉80餘 首를 남겼다.

참고 및 관련 자료

1. 하란진명(賀蘭進明)

그의 詩는《全唐詩》(卷158)에 詩 7首가 전할 뿐이며《唐詩紀事》(卷17)에
그에 관한 기록이 실려 있다.

2.《唐詩紀事》卷17

進明, 登開元十六年進士第. 肅宗時, 進明爲北海太守, 詣行在. 上命房琯以進
明爲南海太守兼御史大夫·嶺南節度使, 琯以爲攝御史大夫. 進明入謝, 遂譖之,
上由是疏琯.

3.《全唐詩》卷158

賀蘭進明, 開元十六年登進士第. 祿山亂, 以御史大夫爲節度使, 守臨淮. 張巡
被圍睢陽, 遣南霽雲乞師, 進明嫉巡聲威. 不應, 巡遂陷沒. 肅宗時, 爲北海太守,
詣行在, 上以爲南海太守·攝御史大夫·嶺南節度使. 後貶秦州司馬. 詩七首.

〈張巡〉《三才圖會》

034(2-8)
최서崔曙

최서崔曙는 송주宋州 사람이다. 어려서 부모를 잃고 가난하여 추천이나 왕의 부름을 받아보지 못하였다. 의지가 소탈하고 상쾌하여 세상 밖의 도사들을 택하여 사귀었다. 각고면려하여 고고하게 소실산少室山 산중에 은거하며 설거薛據와 깊은 우정을 나누었다.

시에 뛰어났으며 그 언어가 관요款要하고 정취가 비량悲凉하였다. 그 때문에 송별시送別詩나 등루시登樓詩는 모두 눈물을 자아내게 한다.

문집이 지금까지 전하고 있다.

崔曙:

曙, 宋州人. 少孤貧, 不應薦辟. 志況疎爽, 擇交於方外. 苦讀書, 高栖少室山中. 與薛據友善. 工詩, 言詞款要, 情興悲涼, 送別·登樓, 俱堪淚下. 集傳於今也.

【宋州】지금의 河南省 商丘市. 그러나 崔曙의 詩〈送薛據之宋州〉에 "我生早孤賤, 淪落居此州"라 한 것으로 보아 貫籍이 아닌 듯하다.

【少室山】嵩山의 봉우리 이름. 嵩山에는 少室山·太室山·峻極山의 세 봉우리가 있다. 嵩山은 中國 五嶽의 하나로써 河南省 登封縣에 있다.

【薛據】본책 037 참조.

1. 최서(崔曙)

《河岳英靈集》(卷下)에는 '曙'로, 그 외 《國秀集》(卷下), 《唐詩紀事》(卷20)·《直齋書錄解題》(卷19) 등에는 모두 '曙'로 되어 있다. 다만 《全唐詩》에는 '崔曙'로 되어 있다. 그의 詩는 《直齋書錄解題》에 1卷이 著錄되어 있고 《全唐詩》(卷155)에는 그의 詩 1卷, 《全唐詩逸》에 斷句 4句가 補入되었다. 한편 《唐詩紀事》(卷20)에 그에 관한 기사가 실려 있다.

2. 《唐詩紀事》卷20

曙, 開元二十六年登進士第. 殷璠云:「曙詩言辭款要, 情興悲涼, 送別登樓, 俱堪下淚.」

3. 《全唐詩》卷155

崔曙, 宋州人. 開元二十六年登進士第, 以試明堂火珠詩得名, 詩一卷.

035(2-9)

도한陶翰

도한陶翰은 윤주潤州 사람으로 개원開元 18년, 최명윤崔明允 아래에서 진사에 급제하였고 이듬해에 박학굉사과博學宏辭科에 급제하였으며 정방鄭昉과 동시대 인물이다. 도한은 관이 예부원외랑禮部員外郎에까지 올랐으며 시에 있어서는 사필詞筆이 모두 아름다워 흥취가 풍부할 뿐 아니라 풍골도 두루 갖추었다.

3백 년 이전에야 비로소 도한의 시문에 대한 평론이 시작되었다. 도한은 그 때 크게 사람들의 찬상贊賞을 받았다.

지금 그의 문집이 전해오고 있다.

陶翰:

翰, 潤州人. 開元十八年, 崔明允下進士及第, 次年中博學宏辭, 與鄭昉同時. 官至禮部員外郎. 爲詩, 詞筆雙美, 旣多興象, 復備風骨.

三百年以前, 方可論其裁製. 大爲當時所稱.

今有集相傳.

【潤州】州治는 丹徒이며, 지금의 江蘇省 鎭江市.

【崔明允】左拾遺·禮部員外郎 등을 지냈다.

【鄭昉】史部郎中·戶部郎中 등을 지낸 人物.

【詞筆雙美】《河岳英靈集》의 評語이며 원문은 "詩筆雙美"이다.

【三百年以前】魏晉時代를 가리키며 역시 殷璠의 評語이다.(《唐詩紀事》卷20
참고)

참고 및 관련 자료

1. 도한(陶翰)

盛唐 詩人.《直齋書錄解題》(卷19)에 그의 詩 1卷이 著錄되어 있으며《全唐詩》
(卷146)에 그의 詩 1卷이 실려 있다. 그 외에《全唐詩外編》및《全唐詩
續拾》에 詩 1首와 題 1則이 補入되어 있으며《唐詩紀事》(卷20)에 그에 관한
기록이 실려 있다.

2.《唐詩紀事》卷20

翰, 潤州人. 開元中, 爲禮部員外郎, 以〈冰壺賦〉得名. 殷璠云:「歷代詞人, 詩筆
雙美者鮮矣. 今陶生實謂兩全, 兼之旣多興義, 復備別有風骨, 三百年以前, 方可
論其體裁.」

3.《全唐詩》卷146

陶翰, 潤州人. 開元十八年擢進士第, 又擢宏詞科, 以〈冰壺賦〉得名. 官禮部員
外郎, 詩一卷.

036(2-10)
왕유王維

附: 배적裴迪·최흥종崔興宗

왕유王維의 자는 마힐摩詰이며 태원太原 사람이다. 아홉 살에 문장을 지을 줄 알았으며 초서·예서에 뛰어났고, 음악에도 조예가 깊어 기왕岐王으로부터 아낌을 받았다. 이에 왕유가 과거에 응시하려 하자 기왕은 그에게 이렇게 말하였다.

"그대의 시 가운데에서 청월淸越한 것을 몇 편 골라 지금 유행하는 비파 음악에 능히 올릴 만한 것을 가지고, 나와 함께 구공주九公主 집으로 갑시다!"

이에 왕유는 그의 지시대로 하였다. 그곳에서 여러 예인藝人들이 모두 왕유의 독주 모습을 둘러쌌다. 이를 본 공주가 그 곡의 이름을 묻자 왕유는 〈울륜포鬱輪袍〉라 답하고 이어 자신의 시권詩卷을 보여 주었다. 공주는 이를 보고 놀라서 물었다.

"이는 내가 평소 즐겨 읊던 노래로 옛사람의 글인 줄 여겼더니 바로 그대가 지은 것이란 말인가?"

그러고는 왕유를 상좌上座에 끌어 앉히며 이렇게 말하였다.

"경조부京兆府의 이번 향시鄕試에 이런 인물이 해두解頭가 된다면 얼마나 영광스러운 일일까?"

공주는 왕유를 적극 추천하였다.

〈王維〉

왕유는 개원開元 19년에 장원 급제하여 우습유右拾遺로 발탁되었으며 뒤에 급사중給事中에 올랐다. 그러나 안록산安祿山의 난으로 양경兩京이 모두 함락되어 왕이 피난을 나서자 왕유도 호종扈從하려 하였으나 때를 놓쳐 붙잡히고 말았다. 이때 왕유는 약을 먹으며 벙어리 병에 걸렸다고 거짓 평계를 댔지만 안록산은 왕유의 재주를 아껴 그를 낙양洛陽에서 핍박, 옛 관직을 그대로 지키도록 하면서 보시사普施寺에 가두어 버렸다. 그리고 안록산은 응벽지凝碧池에 잔치를 열고 이원梨園의 악곡을 모두 불러 모아 놓고 노래를 시켰다.

왕유는 이 소식을 듣고 애통히 여겨 이렇게 시를 읊었다.

"천하 만민은 온 들에 전쟁 연기 상심한 이때　　萬戶傷心生野烟
백관은 어느 날 다시 천자를 볼 수 있을까 기다리네　百官何日再朝天
가을 괴수나무 꽃은 빈 궁궐에 떨어졌는데　　秋槐花落空宮裡
응벽지 가에서는 음악소리 한창일세!"　　凝碧池頭奏管弦

이 소식은 현종이 있는 행재소行在所까지 들어갔다. 그리하여 난리가 평정된 후, 안록산 무리에게 협조하여 관직을 받았던 자들을 정죄定罪할 때 모두가 벌을 받았지만 왕유만은 면죄되어 끝내 상서우승尙書右丞에까지 올랐다.

왕유의 시는 묘품상상妙品上上에까지 들었고 그림 또한 마찬가지였다. 산수山水의 평원平遠함, 운세석색雲勢石色에 이르기까지 모두가 천기天機로써 될 일이지 배워서 할 수 있는 경지는 아니었다. 그는 스스로도 이렇게 말하였다.

"당대에 어쩌다 잘못 시인이 되었지만　　當代謬詞客
전생엔 틀림없이 그림쟁이였을 거요!"　　前身應畫師

또 뒷사람들은 왕유를 평하여 이렇게 말하였다.
"시 속에 그림이 있고, 그림 속에 시가 있다(詩中有畫, 畫中有詩)."

"이 그림은 〈예상우의곡霓裳羽衣曲〉 제 3첩疊 제 1박拍의 광경을 그린 것이로군!"

그 자가 그림을 가지고 그 연주 모습과 대조해 보았더니 과연 그대로였다.

왕유는 불교를 독실하게 믿어 식사는 소식素食에 옷은 물들이지 않은 옷감의 옷을 입었으며, 아내가 죽은 후 재취하지 않고 30년을 독신으로 살았다. 왕유의 별서別墅는 남전현藍田縣 남쪽의 망천輞川에 있었으며 정자를 서로 보이게 지어 놓고 살았다.

일찍이 스스로 그 경물과 기이한 경승을 글로 쓰면서 날마다 문사 구위丘爲·배적 裴迪·최흥종崔興宗과 그곳을 유람하며 시도 짓고 거문고와 술로 스스로의 즐거움으로 삼았다.

王維 〈過香積寺〉 如初 金膺顯(현대)

뒤에 왕유는 나라에 표表를 올려 허락을 받아 그곳을 절로 고쳐지었다. 그는 임종 때에 친구에게 이별의 편지를 쓰다가 그 붓을 멈춘 채 세상을 떠났다.

대종代宗은 왕유의 문장을 수집하였고 왕유의 아우 왕진王縉은 부시 賦詩를 모아 10권으로 편집하여 임금에게 올렸으며 지금도 세상에 전하고 있다.

王維: 附: 裴迪·崔興宗

維, 字摩詰, 太原人. 九歲知屬辭, 工草隸, 閑音律, 岐王 重之, 維將應擧, 岐王謂曰:「子詩清越者, 可錄數篇, 琵琶新聲, 能度一曲, 同詣九公主第.」

維如其言. 是日, 諸伶擁維獨奏, 主問何名, 曰:「〈鬱輪袍〉」, 因出詩卷.

主曰:「皆我習諷, 謂是古作, 乃子之佳製乎?」

延於上座曰:「京兆得此生爲解頭, 榮哉!」

力薦之. 開元十九年狀元及第, 擢左拾遺, 遷給事中. 賊陷兩京, 駕出幸, 維扈從不及, 爲賊所擒, 服藥稱瘖病. 祿山愛其才, 逼至洛陽供舊職, 拘於普施寺.

賊宴凝碧池, 悉召梨園諸工合樂, 維痛悼賦詩曰:『萬戶傷心生野烟, 百官何日再朝天? 秋槐花落空宮裏, 凝碧池頭奏管絃.』

王維〈漢江臨汎〉如初 金膺顯(현대)

詩聞行在所, 賊平後, 授僞官者皆定罪, 獨維得免. 仕至尚書右丞. 維詩入妙品上上, 畫思亦然.

至山水平遠, 雲勢石色, 皆天機所到, 非學而能.

自爲詩云:「當代謬詞客, 前身應畫師.」

後人評維:「詩中有畫, 畫中有詩」, 信哉! 客有以〈按樂圖〉示維者, 曰:「此〈霓裳〉第三疊最初拍也.」

對曲果然. 篤志奉佛, 蔬食素衣, 喪妻不再娶, 孤居三十年.

別墅在藍田縣南輞川, 亭館相望. 嘗自寫其景物奇勝, 日與文士邱爲·裴迪·崔興宗遊覽賦詩, 琴樽自樂. 後表宅請以爲寺.

臨終, 作書辭親友, 停筆而化. 代宗訪維文章, 弟縉集賦
詩等十卷上之, 今傳於世.

【岐王】李範. 唐 睿宗의 넷째아들로 岐王에 봉해졌다. 書藝를 좋아하였고
　文士들을 아꼈다. 兩《唐書》에 傳이 있다.
【九公主】睿宗의 아홉째 딸 玉眞公主를 말한다. 玄宗과 岐王의 여동생이며
　玄宗과 같은 어머니에게서 태어났다.
【鬱輪袍】音樂의 이름.《唐詩紀事》참고.
【解頭】科擧의 鄕試에서 第一等을 하는 것을 唐代에는 '解頭'라 하였으며
　宋代에는 '解元'이라 하였다.《唐詩紀事》참고.
【兩京】唐나라 때 본래의 首都는 西京(長安)이었으며 洛陽을 東都로 삼았다.
【扈從】王의 피난을 따라가는 것을 말한다.
【普施寺】菩提寺의 잘못. 洛陽에 있는 절 이름.
【凝碧池】洛陽에 있는 유원지. 못 이름.
【梨園】唐 玄宗이 樂工 3百人, 宮女 수백 인을 뽑아 音樂과 舞踊을 교습
　시키던 곳. 白居易 〈長恨歌〉에 "梨園弟子白髮新, 椒房阿監靑蛾老"라 하였다.
【萬戶傷心生野烟】이 詩는《全唐詩》(卷128)에 실려 있으며 제목은 〈菩提寺
　禁裴迪來相看說逆賊等凝碧池上作樂供奉人等擧聲便一時淚下私成口號誦示
　裴迪〉이다. (참고)
【當代謬詞客】이 시는《全唐詩》(125)에 실려 있으며 〈偶然作〉의 其六이다.
　(참고)
【詩中有畫, 畫中有詩】이는 宋代 蘇軾의 評이다. 〈書摩詰藍田煙雨〉에서 "味摩
　詰之詩, 詩中有畫; 觀摩詰之畫, 畫中有詩"라 하였다.
【霓裳羽衣曲】얇은 비단 치마와 깃털 상의를 입고 추는 音樂과 춤. 唐
　玄宗이 楊貴妃를 위해 즐겨 듣고 보던 기예. 白居易의 〈長恨歌〉에 "漁陽鼙
　鼓動地來, 驚罷霓裳羽衣曲"이라 하였다.
【藍田】지금의 陜西省 藍田縣. 이 때문에 王維를 '王藍田'이라고도 부른다.
【輞川】藍田縣에 흐르는 냇물 이름. 그래서 王維의 文集이《輞川集》이다.
【邱爲】다른 本에는 邱丹·丘丹·丘爲로 실려 있다. 邱爲는 044 참조.
【裴迪】일찍이 終南山에 隱居하였다가 肅宗 때에 蜀州刺史를 지냈다. 杜甫·
　王維 등과 친하였던 人物이었다.

【崔興宗】 王維의 內弟로서 역시 終南山에 隱居하였다가 뒤에 右補闕·饒州 刺史 등을 지냈다.

【後表宅請以爲寺】 王維의 〈請施莊爲寺表〉가 있다.

【王縉】 王維의 아우로 역시 文章에 뛰어났으며 黃門侍郎同平章事를 역임 하였다. 兩《唐書》에 傳이 있으며 《唐詩紀事》(16)에 그에 관한 기록이 있다.

참고 및 관련 자료

1. 왕유(王維: 699~761)

字는 摩詰. 詩·書·畫의 三絶로 이름난 盛唐 詩人. 그의 文集은 《新唐書》 (藝文志)에 〈王維集〉 10卷이 著錄되어 있으며 《全唐集》에 詩 4卷(125~128) 이 실려 있고 《全唐詩續拾》에 2句가 補入되어 있다. 그 외에 詩集 《輞川集》이 있으며 《唐詩紀事》(卷16)에 그에 관한 기사가 실려 있다.

2. 《舊唐書》 卷190(下) 文苑傳(下) 참조.

3. 《新唐書》 卷202 文藝傳(中) 참조.

4. 《唐詩紀事》 卷16

維, 字摩詰. 爲給事中, 遇祿山反, 賊平, 下遷太子中允, 三遷尙書右丞. 喪妻不娶, 孤居三十年. 母亡, 表輞川第爲寺. 終葬其西. 寶應中, 代宗語王縉曰:「朕嘗於 諸王座, 聞維樂章, 今傳幾何?」遣中人往取. 縉裒集數百篇上之, 表曰:「臣兄文 辭立身, 行之餘力, 當官堅正, 秉操孤直, 縱居要劇, 不忘淸淨, 實見時輩, 許以 高流. 至於晚年, 彌加進道, 端坐虛室, 念玆無生, 乘興爲文, 未嘗廢業」詔答 云:「卿之伯氏, 天下文宗, 位歷先朝, 名高希代. 抗行周雅, 長揖楚詞. 調六氣 於終篇, 正五音於逸韻. 泉飛藻思, 雲散襟情. 詩家者流, 時論歸美. 誦於人口, 久鬱文房; 謌以國風, 宜登樂府. 視朝之後, 乙夜將觀; 石室所藏, 歿而不朽. 柏梁之會, 今也則亡; 乃眷棣華, 克成編錄, 聲猷益茂, 歎息良深」

5. 《全唐詩》 卷125

王維, 字摩詰, 河東人. 工書畫, 與弟縉俱有俊才. 開元九年, 進士擢第. 調太樂丞, 坐累爲濟州司倉參軍. 歷右拾遺·監察御史·左補闕·庫部郎中. 拜吏部郎中. 天 寶末, 爲給事中. 安祿山陷兩都, 維爲賊所得. 服藥陽瘖, 拘于菩提寺. 祿山宴 凝碧池, 維潛賊詩悲悼. 聞于行在, 賊平. 陷賊官三等定罪, 特原之. 責授太子 中允, 遷中庶子·中書舍人. 復拜給事中. 轉尙書右丞. 維以詩名盛於開元·天寶間,寧薛諸王駙馬豪貴之門, 無不拂席迎之. 得宋之問輞川別墅, 山水絶勝. 與道友裴迪, 浮舟往來, 彈琴賦詩, 嘯詠終日. 篤於奉佛, 晩年長齋禪誦. 一日, 忽索筆作書數紙, 別弟縉及平生親故, 舍筆而卒. 贈祕書監. 寶應中, 代宗問縉: 「朕常於諸王坐問維樂章, 今存幾何?」縉集詩六卷, 文四卷. 表上之, 勅答云: 「卿伯氏位列先朝, 名高希代. 抗行周雅, 長揖楚辭. 詩家者流, 時論歸美. 克成編錄. 歎息良深.」殷璠謂維詩詞秀調雅, 意新理愜. 在泉成珠, 著壁成繪. 蘇軾亦云: 「維詩中有畫, 畫中有詩也」今編詩四卷.

6. 『九公主』(玉眞公主) 사건(《唐詩紀事》卷16)

《集異記》載: 維未冠, 文章得名, 妙能琵琶. 春之一日, 岐王引至公主第, 使爲伶人, 進主前一進新曲, 號〈鬱輪袍〉; 幷出所爲文. 主大奇之, 令宮婢傳教, 遂召試官至第, 諭之作解頭登第.

7. 『凝碧池』사건(《全唐詩》128의 王維 原詩 참조. 여기에서는 《唐詩紀事》卷16을 전재함)

祿山大會凝碧池, 梨園弟子欷歔泣下. 樂工雷海清擲樂器西向大慟, 賊支解於試馬殿. 維時拘於菩提寺, 有詩曰:『萬戶傷心生野煙, 百僚何日更朝天? 秋槐葉落深宮裏, 凝碧池頭奏管絃.』後有罪, 以此詩獲免.

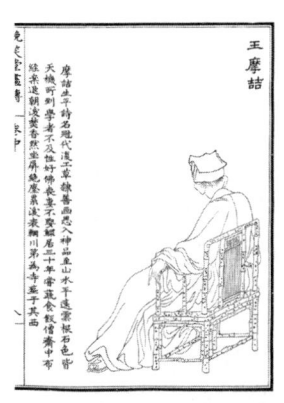

王摩詰(王維)《晚笑堂畫傳》

8. 〈偶然作〉

1)《全唐詩》卷125〈偶然作〉六首 중 第六首

『老來懶賦詩, 惟有老相隨. 宿世謬詞客, 前身應畫師. 不能拾餘習, 偶被世人知. 名字本皆是, 此心還不知.』

2)《唐詩紀事》卷16

維善畫破墨山水, 嘗自制曰:『當代謬詞客, 前身應畫師, 不能拾餘習, 偶被時人知.』

037(2-11)
설거薛據

　　설거薛據는 형남荊南 사람으로 개원開元 19년, 왕유王維와 동방同榜으로
진사에 급제하였으며 천보天寶 6년에는 다시 풍아고조과風雅古調科에 일등
으로 합격하였다.

　　설거는 이부참선吏部參選으로 있을 때 자신의 재명才名을 믿고 만년현
萬年縣의 녹사錄事자리를 원하였으나 당시 외관外官에 밀려나 있던 사람들이
재상에게 글을 올려 적현赤縣 등을 청요직淸要職이라고 압력을 가하였고,
설거는 추천을 소개해 주는 자도 없어 그만 섭현령涉縣令으로 옮겨가게
되었다. 뒤에 사의랑司議郎을 거쳐 수부랑중水部郎中으로 벼슬을 마쳤다.

　　설거는 사람됨이 경직하고 기백이 있었으며 문장 역시 그러하였다.
일찍이 스스로 일찍 현달하지 못한데 대해 안타까워하였으며, 그의 글은
왕왕 포조鮑照·사령운謝靈運을 뒤쫓을 정도였다. 그는 처음부터 은둔하여
높은 산에서 연약煉藥하며 살기를 좋아하였다. 만년에는 종남산終南山
아래에 별장을 짓고 그곳에서 노년을 마쳤다.

　　문집이 지금도 전하고 있다.

　薛據:
　據, 荊南人. 開元十九年王維榜進士. 天寶六年, 又中風雅古調科第一人. 於吏部參選, 據自恃才名, 請受萬年錄事. 流外官訴宰執, 以爲「赤縣是某等淸要」, 據無由得之, 改涉縣令. 後仕歷司議郞, 終水部郞中. 據爲人骨鯁, 有氣魄, 文章亦然. 嘗自傷不得早達, 造句往往追凌鮑·謝. 初, 好棲遁, 居高山鍊藥.

晚歲置別業終南山下, 老焉. 有集今傳.

【荊南】《舊唐書》薛播傳(薛播는 薛據의 아우)에 '河中寶鼎人'이라 하였다. 寶鼎은 지금의 山西省 永濟縣이다.
【萬年】京兆 안에 있는 縣 이름. 지금의 西安市.
【赤縣】京兆 안에 있던 縣 이름. 역시 西安市 경내.
【淸要】아주 중요한 곳의 職位. 귀한 신분이 임명받을 수 있는 직책을 말한다.
【無由得之】'無媒'로 되어 있는 판본도 있다.
【涉縣】지금의 河北省에 속한 어느 곳인 듯하다.
【水部】水運과 水利를 담당하던 부서.
【鮑照】鮑參軍. 南朝 宋나라 때의 文章家. 前出.
【謝靈運】謝康樂(385~433). 南朝 宋나라 때의 文人. 前出.
【煉藥】煉丹藥. 道家仙敎의 長生不老를 위해 만드는 藥.
【終南山】一名 太白山. 지금의 陝西省 鄠縣 남쪽에 있는 산.

참고 및 관련 자료

1. 설거(薛據)
盛唐 詩人으로서 唐宋 이래 그의 文集에 관한 著錄은 없고 《全唐詩》(卷253)에 12首와 斷句 2句, 《全唐詩外編》에 詩 1首가 補入되어 있다. 《唐詩紀事》(卷25)에 그에 관한 기록이 실려 있다.
2. 《唐詩紀事》卷25
○ 據, 河中寶鼎人, 中書舍人文思曾孫. 父元暉, 什邡令. 開元·天寶間, 據與弟播·摠相繼登科, 終禮部侍郎.

○ 據, 開元中自恃才名, 於吏部參選, 請授萬年錄事. 諸流外官共見宰執訴之
曰:「赤縣錄事是某等淸要官, 今被進士奪去, 某等色人無措手足矣.」遂罷.

○ 殷璠云: 據爲人骨鯁, 兼有氣魄, 其文亦爾. 自傷不早達, 故著〈古興〉詩云:
『投珠恐見疑, 抱玉但垂泣. 道在君不擧, 功成歎何及!』怨憤頗深. 至如『寒風吹
長林, 白日原上沒』; 又『窮冬時短晷, 日盡西南天』. 可謂曠代之佳句也.

3.《全唐詩》卷253

薛據, 河中寶鼎人. 開元十九年登第, 尙書水部郎中, 贈給事中. 據與王維·杜甫
最善, 子美贈詩云:『文章開突奧, 才力老益神.』高適贈詩云:『隱軫經濟具,
縱橫建安作.』劉長卿亦有贈詩, 皆推重之. 據爲人骨鯁, 有氣魄. 詩十二首.

038(2-12)
유장경劉長卿

附: 이목李穆

유장경劉長卿은 자가 문방文房이며 하간河間 사람이다. 어려서 숭산嵩山에서 공부하였으며, 뒤에 집안이 파양鄱陽으로 옮겨 그곳에서 가장 오래 살았다.

개원開元 21년 서징徐徵과 동방同榜으로 급제하였다. 지덕至德 연간에 감찰어사監察御史를 역임하였고 검교사부원외랑檢校祠部員外郞으로 전운사판관轉運使判官에 올랐다. 유장경은 지회서악악전운유후知淮西岳鄂轉運留后 때에 그곳 관찰사觀察使인 오중유吳仲孺의 무고를 입어 잘못된 죄명을 쓴 채 고소姑蘇 감옥에 갇히고 말았다.

그 뒤 오랜 시간이 지나고 반주潘州의 남파위南巴尉로 폄직되었을 때, 마침 유장경을 위해 변호해주는 자가 있어 다시 목주사마睦州司馬로 양이量移되었으며, 결국 수주자사隨州刺史로 생을 마쳤다.

유장경은 청재淸才함이 세상에 으뜸으로 자못 부속浮俗을 뛰어넘었다. 성격이 강직하여 자주 권문權門의 비위를 거슬려 그 까닭으로 두 번이나 천척遷斥을 당하였으니 누구나 그의 억울함을 알고 있다.

유장경의 기풍은 아창雅暢하여 연식煉飾에 뛰어났다. 그러나 그의 자작시는 애상하면서도 원망이 없어 족히 국풍國風과 소아小雅의 뜻을 발휘하고 있다고 볼 수 있다. 그래서 권덕여權德興는 그를 두고 '오언장성五言長城'이라 불렀다. 유장경은 스스로 이렇게 말하였다.

"지금 사람들은 앞에 심전기沈佺期·송지문宋之問·왕유王維·두보杜甫를

들고, 그 뒤로는 전기錢起·낭사원郎士元·유장경劉長卿·이가우李嘉祐를 들고
있다. 그러나 이가우·낭사원이 어찌 나와 병칭되어 함께 달리는 자이겠
는가?"

유장경은 매번 시를 지어 이름을 쓸 때면, 자신의 성姓은 쓰지 않고 그냥
장경長卿 두 글자만 썼다. 이유는 천하 사람 누구나 자신의 이름을
모르는 자가 없을 것이라 자신하였기 때문이다.

유장경은 파릉灞陵의 벽간碧澗에 별장을 짓고 살았으며, 지금 그의 시詩·
부賦·문文 등의 문집이 전하고 있다.

회남淮南 사람 이목李穆도 맑은 재주가 있었으며 그는 바로 유장경의
사위였다.

劉長卿: 附, 李穆

長卿, 字文房, 河間人. 少居嵩山讀書, 後移家來鄱陽最久.
開元二十一年, 徐徵榜及第. 至德中, 歷監察御史, 以撿校祠
部員外郎出爲轉運使判官, 知淮西岳鄂轉運留後, 觀察使吳
仲孺誣奏, 非罪繫姑蘇獄. 久之, 貶潘州南巴尉. 會有爲辯
之者, 量移睦州司馬. 終隨州刺史. 長卿清才冠世, 頗凌浮俗,
性剛, 多忤權門, 故兩逢遷斥, 人悉冤之. 時調雅暢, 甚能煉飾.
其自賦傷而不怨, 足以發揮風雅, 權德輿稱爲「五言長城」.

長卿嘗謂:「今人稱前有沈·宋·王·杜, 後有錢·郎·劉·李.
李嘉祐·郎士元何得與余並驅?」

每題詩不言姓, 但書『長卿』, 以天下無不知其名者云. 灞陵
碧澗有別業. 今詩集賦文等傳世.

淮南李穆, 有清才, 公之壻也.

【河間】지금의 河北省 河間縣. 그러나 《元和姓纂》(卷5)에 "考功郞中劉慶約, 宣州人. 孫長卿. 隨州刺史"라 하였고 唐 姚合의 《極玄集》에도 劉長卿을 '宣城人'이라 하였다.

【嵩山】中國 五嶽 중의 하나이며 中嶽. 지금의 河南省 登封縣에 있다.

【鄱陽】지금의 江西省 波陽縣.

【吳仲孺】《舊唐書》 代宗紀에 大曆 8年(722) 4월에 "以太僕卿吳仲孺爲鄂州 刺史"라 하였다.

【姑蘇】지금의 江蘇省 蘇州市.

【潘州】지금의 廣東省 高縣.

【南巴】지금의 廣東省 電白縣 동쪽.

【量移】멀리 유배된 자가 사면을 얻어 가까운 곳으로 안치되는 것을 말한다.

【睦州】州治는 建德에 있으며 지금의 浙江省 建德縣 일대.

【隨州】지금의 湖北省 隨州市.

【權德輿】本卷 5卷(140) 참조.

【五言長城】이는 權德輿가 한 말이 아니라 劉長卿 자신이 한 말이다. 權德 輿의 〈秦征君校書與劉隨州唱和〉詩의 序에 "彼漢東守, 嘗自以爲五言長城" 이라 하였다.

【沈佺期】008 참조.

【宋之問】009 참조.

【錢起】086 참조.

【郞士元】063 참조.

【李嘉祐】057 참조.

【但書長卿】이는 사실이 아니며 가식된 것으로서 唐 范攄의 《雲溪友議》(卷上) 에서 비롯되었다.

【灞陵】지금의 西安市 동쪽을 가리킨다.

【淮南】淮南道. 지금의 江蘇省 揚州市.

【李穆】劉長卿의 사위이며, 자세한 내용은 알 수 없다.

참고 및 관련 자료

1. 유장경(劉長卿: 710? ~ 785?)

字는 文房이며 中唐 詩人. 그의 文集은 《新唐書》(藝文志, 4)에 그의 文集

10卷이 著錄되어 있으며《全唐詩》에 詩 5卷(147~151)이 실려 있고《全唐詩外編》및《全唐詩續拾》에 詩 2首가 補入되어 있다. 그 외에《唐詩紀事》(卷26)에 그에 관한 기록이 실려 있다.

2.《唐詩紀事》卷26

劉長卿, 字文房. 至德監察御史, 以檢校祠部員外郎爲轉運使判官, 知淮南鄂岳轉運留後, 鄂岳觀察使吳仲孺誣奏, 貶潘州南邑尉, 會有爲之辯者, 除睦州司馬, 終隨州刺史. 以詩馳聲上元·寶應間. 皇甫湜云:「詩未有劉長卿一句, 已呼宋玉爲老兵矣; 語未有駱賓王一字, 已罵宋玉爲罪人矣.」其名重如此.

3.《全唐詩》卷147

劉長卿, 字文房, 河間人. 開元二十一年進士. 至德中, 爲監察御史, 以檢校祠部員外郎爲轉運使判官. 知淮南鄂岳轉運留後. 鄂岳觀察使吳仲孺誣奏, 貶潘州南邑尉. 會有爲之辯者, 除睦州司馬, 終隨州刺史, 以詩馳聲上元·寶應間. 權德輿[嘗](常)謂爲五言長城, 皇甫湜亦云:『詩未有劉長卿一句, 已呼宋玉爲老兵.』其見重如此. 集十卷, 內詩九卷, 今編詩五卷.

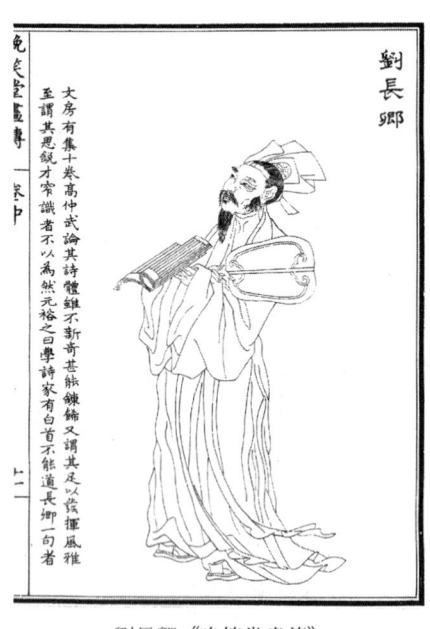

劉長卿《晚笑堂畫傳》

039(2-13)
이계란李季蘭

附: 유원劉媛·유운劉雲·포군휘鮑君徽·최중용崔仲容·원순元淳·설온薛縕·
최공달崔公達·장요조張窈窕·정장문程長文·양경梁瓊·염씨廉氏·요월화姚月華·
배우선裴羽仙·유요劉瑤·상호常浩·갈아아葛鴉兒·최앵앵崔鶯鶯·담의가譚意哥·
장부인張夫人·장문희張文姬·조씨趙氏·반반盼盼·설원薛媛

이계란李季蘭은 본 이름이 이야李冶지만 그 자字로 더 알려져 있다. 협중
峽中 사람으로 여도사女道士이다. 아름다운 자태의 용모에 신정神情이 소산
蕭散하고 한묵翰墨에 전심하였으며 거문고를 잘 타고 격률格律에 특히
뛰어났다.

당시 재자才子들은 자못 그의 섬세함과 아름다움을 입에 올렸으며,
어려서부터 자유분방한 황렴지태荒艷之態를 보였다. 그는 나이 겨우 여섯
살에 〈장미시薔薇詩〉를 지었다. 그 시에 이렇게 노래하였다.

"자랄 때 타고 오를 받침대 만들어 주지 않으면   長時不架郤
  그 꽃나무 심사가 종횡으로 뒤틀리지!"   心緒亂縱橫.

이를 본 그의 아버지는 이렇게 걱정하였다.
"이 애는 총명함과 힐책함이 비상하니 뒤에 부녀자로서의 정행貞行을
잃을까 두렵다."
뒤에 문사들과 교유하면서 자질구레한 소문이 흘러나왔으니 모두가
그의 경박한 입에서 나온 것이었다. 무릇 선비에게는 백 가지 지킬 행동이
있으나 여자에게는 오직 네 가지 덕밖에 없건만 이계란은 그렇지 못하였다.
그는 형기形氣가 이미 출중하고 시의詩意 역시 탕탕蕩蕩하여, 포소鮑昭
이래로 그와 짝을 이룰 자가 드문 그런 여자였다. 그는 때때로 섬중剡中을

왕래하며 그곳 산인山人 육우陸羽·상인上人 교연皎然 등과 사귀며 의기투합하였다. 교연이 일찍이 그에게 이러한 시를 주었다.

> "하늘에서 살 여자가 내려와 서로 시험하고 있으니　　天女來相試
> 장차 꽃을 꺾어 꽃물로 옷 물들일까 하노라　　將花欲染衣
> 선심禪心이 끝내 생겨나지 않으니　　禪心竟不起
> 돌아가 옛 꽃 품으로나 갈까보다!"　　還捧舊花歸

그 학랑謔浪함이 이와 같았다.

다시 여러 선비들이 오정烏程의 개원사開元寺에 모여 있을 때, 하간河間 유장경劉長卿이 음중지질陰重之疾이 있는 것을 알고 이를 빗대어 이렇게 구절을 읊었다.

> "산의 기운이 낮이나 저녁이나 좋습니다."　　山氣日夕佳

그러자 유장경이 즉시 이를 되받았다.

> "여러 새들이 의탁할 곳이 있다고 좋아하지요!"　　衆鳥欣有托

이리하여 앉았던 모든 사람이 크게 웃었고 논자들이 이 두 대화를 멋지다고 하였다.

천보天寶 연간에 현종玄宗이 그의 시재詩才를 듣고 그를 궁중으로 불러 한 달 넘게 머물게 시켰으며, 그를 우대하여 심히 후하게 하사한 후 고향으로 돌려보내 주었다.

그를 평하는 자들은 이렇게 말하였다.

"위로 반첩여班婕妤에 비교하기에는 부족하지만, 아래로 한영韓英에 비해 보면 남는다. 나이만 들지 않았다면 역시 하나의 준수한 여인일 텐데."

문집이 있어 지금까지 세상에 전하고 있다.

〈汎舟吹笛圖〉

◎ 논하건대 "〈관저關雎〉에는 숙녀가 군자의 짝이 되는 것을 즐겁게 여겼으며, 현능한 선비를 뽑았으나 여색에 빠지지나 않을까 하는 걱정이었다. 선량한 요조숙녀가 재덕才德을 겸비한 남자를 그리워하되, 그 착한 뜻이 손상됨이 없기를 안타까워한다"라 하였다.

그 때문에 고시지도古詩之道에는 각각 육의六義가 있지만 그 끝은 정正으로 돌아가 아雅를 벗어나지 않는 것이다.

이는 옛날 어진 부녀자들이 그 뜻을 풀되 문묵文墨에다 이를 쏟았고, 간독簡牘에 빛나게 기록한 내용들이다.

대강만 들어 논하건대 그 뒤 반희班姬는 가을 부채가 잠시 그 은혜가 끊어질까 상심하였고, 사아謝娥는 눈과 솜이 똑같이 흰색이라고 여겨짐을 영탄咏嘆하였으며 조대고曹大家는 〈여계女誡〉 7편을 지어 이로써 자신의 수양거리로 삼았다. 그리고 채염蔡琰은 〈호가십팔박胡笳十八拍〉을 지어 듣는 사람으로 하여금 그 마음이 절상折傷하도록 하였다.

이들은 모두 밝은 지조와 빛나고 아름다운 성의로 긴 세월 동안 자신의 뜻을 드러내려고 글에다 이를 써서 정을 펼치고 붓을 들어 뜻을 보인 것이니 어찌 정서를 범람汎濫하게 한 일이겠는가?

그 때문에 사람들로 하여금 끊임없이 눈물을 자아내게 하고, 시간이 짧음을 안타까이 여겨 그들을 추모하게 하는 것이니 진실로 일컬어 줄 만한 이유가 있는 것이다.

아! 필묵筆墨이라는 것이 여자의 일은 아니지만 역시 이를 어떻게 운용하는가에 따라 여자에게도 중요한 일이로다.

진실로 하늘의 일을 가히 도망쳐 피할 수 있고, 예법도 역시 반드시 지킬 필요는 없는 것이라면 사람들은 글도 오로지 자신만을 위한 도구로 여기게 될 것이며, 시도 질투하기 위해서 쓰일 것이며 의복과 음식도 한정閑淨한 모습이 없고 화장을 짙게 하여 기름을 발라 곱게 치장하려고만 할 것이니 이는 마땅한 일이 아니다.

그렇게 되면 무리에게 악을 전파하는 것이 되는 것이니, 어찌 관저關雎의 뜻이 있다 하리오! 역대로 당唐 이래 아도장사雅道獎士의 무리들을 보건대, 그 중에 규중閨中의 뛰어난 여인들도 역시 훈염熏染을 받을 만하고, 비단 같은 마음에 수를 놓은 것 같은 글재주, 난초처럼 향기로운 정성情性은 족히 높이 받들 만한 이들이 있다.

그 중에 이계란·어현기魚玄機는 모두 세상 밖을 뛰어넘어 청정지교淸淨之敎를 닦아 그 그윽한 회포를 풀어 보였으며, 그 멋진 광경으로 한가지공閑暇之功을 소요하며 운수지념雲水之念이 없는 곳이 없으니, 이름난 선비와 비교해보면 구슬 빛을 서로 주고받는 것 같다 할 수 있을 것이다. 그러나 부염浮艶한 위탁지심委託之心이 있어 끝내 그 진실을 다하지 못하였으니 이는 흰 구슬에 작은 흠이 있다면 바로 이런 경우라 할 수 있으리라.

그리고 설도薛濤는 가무歌舞에 유락流落하여 그 영혜靈慧스러움으로 당시 이름을 날렸으니 이 또한 쉬운 일이 아니다. 이상 세 사람은 이미 약전略傳을 쓰지 않을 수 없고, 그 외에 유원劉媛·유운劉雲·포군휘鮑君徽·최중용崔仲容·도사道士 원순元淳·설온薛縕·최공달崔公達·장요조張窈窕·정장문程長文·양경梁瓊·염씨廉氏·요월화姚月華·배우선裵羽仙·유요劉瑤·상호常浩·갈아아葛鴉兒·최앵앵崔鶯鶯·담의가譚意哥·호부시랑戶部侍郞 길중부吉中孚의 처 장부인張夫人·포참군鮑參軍의 처 문희文姬·두고杜羔의 처 조씨趙氏·장건봉張建封의 첩 반반盼盼·남초재南楚才의 처 설원薛媛 등은 모두가 문장이 뛰어나고 재색才色이 쌍미雙美한 자들이다.

　이들 중 더러는 이궁離宮에서 임금의 사랑을 기다리거나 후궁에서 총애를 잃고 상심한 이들도 있고, 또는 남편이 긴 세월, 외부에 노역으로 바람따라 물따라 떠도는 자의 아내, 또는 탕자의 아내로, 또는 떠돌이 장사꾼의 아내로서 꽃비 내리는 봄밤, 달 이슬 차가운 가을날에 제비는 남으로 가고 기러기 북으로 갈 때, 아름다운 다듬잇돌에 비단 옷을 두드리거나, 비단에 회문시回文詩를 수놓으며, 꿈속에서라도 멀리 날아 관산關山까지 이르고 싶어 하나 그 어려움을 읊은 자들이다.

　이런 때를 당하여 붓을 적셔 흰 비단에 자신의 원회怨懷를 적었으니, 일어일련一語一聯이 누구에게나 눈물을 적시게 한다. 그런 속에 가끔 풍려豊麗한 글이나 섬농纖穠한 것들이 섞여 음분지약淫奔之約을 끌고 가고, 구광지정久曠之情을 서술하기에 녹금綠琴의 아름다운 정취를 빌리지 못하고는 있지만, 그러나 홍지紅紙를 날리다 보면 가끔 없을 수 없는 일이로다. 아무리 같은 자尺라도 짧은 것이 있고 같은 촌寸도 긴 것이 있을 수 있게 마련이다. 그 까닭으로 이를 모두 그냥 묻어 버릴 수만은 없다고 말할 따름이다.

　李季蘭:

　附, 劉媛·劉雲·鮑君徽·崔仲容·元淳·薛縕·崔公達·張窈窕· 程長文·梁瓊·廉氏·姚月華·裴羽仙·劉瑤·常浩·葛鴉兒·崔鶯鶯·譚意哥·張夫人·張文姬·趙氏·盼盼·薛媛

　季蘭, 名冶, 以字行, 峽中人, 女道士也. 美姿容, 神情蕭散, 專心翰墨, 善彈琴, 尤工格律. 當時才子, 頗誇纖麗, 殊少荒豔之態.

　冶年六歲時, 作〈薔薇詩〉云:『經時不架卻, 心緒亂縱橫.』

其父見曰:「此女聰黠非常, 恐爲失行婦人」

後以交遊文士, 微泄風聲, 皆出乎輕薄之口. 夫士有百行, 女唯四德, 季蘭則不然. 形氣旣雄, 詩意亦蕩, 自鮑照以下, 罕有其倫. 時往來剡中, 與山人陸羽·上人皎然意甚相得.

皎然嘗有詩云:『天女來相試, 將花欲染衣. 禪心竟不起, 還捧舊花歸』

其謔浪至此. 又嘗會諸賢於烏程開元寺, 知河間劉長卿有陰重之疾, 誚曰:『山氣日夕佳』, 劉應聲曰:『衆鳥欣有託』擧坐大笑, 論者兩美之.

天寶間, 玄宗聞其詩才, 詔赴闕, 留宮中月餘. 優賜甚厚, 遣歸故山. 評者謂「上比班姬則不足, 下比韓英則有餘, 不以遲暮, 亦一俊媼」

有集, 今傳於世.

◎ 論曰:《詩》云:「〈關雎〉樂得淑女, 以配君子, 憂在進賢, 不淫其色. 哀窈窕, 思賢才, 而無傷善之心焉」故古詩之道, 各存六義, 然終歸於正, 不離乎雅. 是有昔賢婦人, 散情文墨, 斑斑簡牘. 繄而論之, 後來班姬傷秋扇以暫恩, 謝娥詠絮雪而同素; 大家〈七誡〉, 執者修省; 蔡女〈胡笳〉, 聞而心折. 率以明白之操, 徽美之誠, 欲見於悠遠, 寓文以宣情, 含毫而見志, 豈泛濫之? 故使人擊節霑灑, 彈指追念, 良有謂焉. 噫! 筆墨固非女子之事, 亦在用之如何耳. 苟天之可逃, 禮不必備, 則詞爲自獻之具, 詩有妬情之作, 衣服酒食, 無閒淨之容, 鉛華膏澤, 多鮮飾之態, 故不相宜矣. 是播惡於衆, 何〈關雎〉之義哉!

歷觀唐以雅道奬士類, 而閨閤英秀, 亦能熏染, 錦心繡口, 蕙情蘭性, 足可尙矣. 中間如李季蘭·魚玄機, 皆躍出方外, 修淸淨之敎, 陶寫幽懷, 留連光景, 逍遙閒暇之功, 無非雲水之念, 與名儒比隆, 珠往瓊復. 然浮豔委託之心, 終不能盡, 白璧微瑕, 惟在此耳. 薛濤流落歌舞, 以靈慧獲名當時, 此亦難矣.

三者旣不可曓, 他如劉媛·劉雲·鮑君徽·崔仲容·道士元淳·薛縕·崔公達·張窈窕·程長文·梁瓊·廉氏·姚月華·裴羽仙·劉瑤·常浩·葛鵶兒·崔鶯鶯·譚意哥·戶部侍郎吉中孚妻張夫人·鮑參軍妻文姬·杜羔妻趙氏·張建封妾盼盼·南楚材妻薛媛等, 皆能華藻, 才色雙美者也.

或望幸離宮, 傷寵後掖; 或以從軍萬里, 斷絶音耗; 或祗役連年, 迢遙風水; 或爲宦子妻, 或爲商人婦. 花雨春夜, 月露秋天, 玄鳥將謝, 賓鴻來居, 搗錦石之流黃, 織迴文於緗綺, 魂夢飛遠, 關山到難. 當此時也, 濡毫命素, 寫怨書懷, 一語一聯, 俱堪墮淚. 至若間以丰麗, 雜以纖穠, 導淫奔之約, 叙久曠之情, 不假綠琴, 但飛紅紙, 中間不能免焉. 尺有短而寸有長, 故未欲椎埋之云爾.

【峽中】長江 三峽 일대.《中興間氣集》(卷下 李季蘭)의〈賦得三峽流泉歌〉에 "妾家本住巫山雲, 巫山流泉常自聞"이라 하였다.

【薔薇詩】이 詩에 관련된 이야기는《唐詩紀事》(卷18)에도 실려 있다. (참고)

【士有百行】《詩經》衛風 氓의 鄭玄의 箋에 "士有百行, 可以功過相除"라 하였다.

【女有四德】《後漢書》曹世叔妻傳에 班昭의《女誡》를 引用하여 "女有四行. 一曰婦德, 二曰婦言, 三曰婦容, 四曰婦功"이라 하였다. (참고)

【鮑昭】鮑照의 여동생 令暉를 가리킨다. 傳璇琮은 "鮑照有妹曰令暉, 亦以詩名. 《中興間氣集》評中以季蘭所擬之古人, 如班姬·韓英, 皆女中之有文才者, 則不當獨擧鮑照, 疑應作鮑令暉"이라 하였다.

【剡中】지금의 江蘇省 嵊縣 일대의 景勝地를 말한다.

【陸羽】본책 卷三(074) 참조.

【皎然】당시의 道人·上人. 본책 卷四(103) 참조.

【天女來相試】皎然의 이 詩는 《全唐詩》(卷821)에 실려 있으며 제목은 〈答李季蘭〉이다. (참고)

【烏程】지금의 浙江省 吳興縣.

【開元寺】지금의 吳興縣에 있는 절.

【劉長卿】앞장(038) 참조.

【陰重之疾】한의학에서 말하는 疝氣. 고환이 비대해지는 병. 원문의 "山氣日夕佳"는 晉나라 陶淵明의 〈飮酒〉 詩의 其二. "山氣日夕佳, 飛鳥相與還"이라 하였다. 여기에서는 劉長卿의 '疝氣'의 音을 취하여 '山氣'라 한 것이다.

【衆鳥欣有託】陶淵明의 〈讀山海經〉의 其一. "孟夏草木長, 遶屋樹扶疏, 衆鳥欣有託, 吾亦愛吾廬"라 하였다. 이 이야기는 《中興間氣集》을 근거로 한 것이다.

【班倢伃】班姬. 漢나라 때 班況의 딸이며 班彪의 고모로 學問과 재주가 뛰어났고 賦詩에 능하였으며 成帝에게 불려가 宮中의 倢伃가 되었다. 그의 詩는 鍾嶸의 《詩品》에 上品으로 열입되었다.

【韓英】南朝 때 齊나라의 여류시인 韓蘭英을 말한다. 劉宋 孝武帝 때 賦를 헌납하여 入宮. 齊 武帝 때에는 博士가 되었다. 그의 작품은 鍾嶸의 《詩品》에 下品으로 열입되었다.

【關雎】《毛詩序》의 구절을 옮긴 것이다.

【六義】《詩經》에서는 風雅頌賦比興. 《毛詩序》에 "故詩有六義焉: 一曰風, 二曰賦, 三曰比, 四曰興, 五曰雅, 六曰頌"이라 하였고, 唐나라의 孔穎達은 "風雅頌者, 詩篇之異體, 賦比興者, 詩文之異詞耳, 大小不同而得并之義者, 賦比興, 是詩之所用, 風雅頌, 是詩之成形, 用彼三事, 成此三事, 是故同稱爲義"라 하였다.

【傷秋扇】班倢伃의 〈怨歌行〉을 말한다. "新裂齊紈素, 皎潔如霜雪. 裁爲合歡扇, 團團似明月. 出入君懷袖, 動搖微風發. 常恐秋節至, 凉飆奪炎熱. 棄捐篋笥中, 恩情中道絶"이라 하였다. 그러나 이 시는 無名氏의 古詩로 보고 있다.

【謝娥】東晉 때의 謝道韞. 그는 太傅 謝安의 질녀로 재주가 기발하였다. 《世說新語》(言語篇)에 "謝太傅寒雪日內集, 與兒女講論文義, 俄而雪驟, 公欣然曰: '白雪紛紛何所似?'兄者胡兒曰: '撒鹽空中差可擬.'兄女曰: '未若柳絮因風起.'公大笑樂"이라 하였다.

【曹大家】東漢 때 班昭는 班彪의 딸이며 班固의 여동생으로 曹世叔에게 시집갔으나 젊은 나이에 과부가 되었다. 그는 재주와 學問이 뛰어나 班固가 완성하지 못한 《漢書》를 완성시켰고, 皇后 皇妃를 가르치는 일을 맡아 유명한 《女誡》七篇을 지었다. 당시 사람들은 그녀를 '조대고(曹大家)'라 불렀다. '大家'는 '大姑'와 같다.

【蔡琰】蔡文姬. 이름은 琰. 蔡邕의 딸로 漢末大亂으로 南匈奴에게 붙들려가서 12年을 갇혀 지냈다. 그 뒤 曹操가 金玉을 주어 귀국시켰다. 유명한 〈胡笳十八拍〉은 그녀의 작품으로 알려져 있다.

【彈指】손가락을 한 번 튕기는 정도의 짧은 시간을 말한다. 王維의 〈能禪詩碑銘〉에 "彈指不留, 水流燈焰"이라 하였다.

【魚玄機】본책 卷8(203) 참조.

【薛濤】본책 卷6(156) 참조.

【劉媛】자세한 사적은 알 수 없으나, 《唐詩紀事》(卷79)에 〈長門怨〉 2首가 실려 있으며 其二에 "雨滴梧桐秋夜長, 愁心和雨到昭陽. 淚痕不斷君恩斷, 拭却千行便萬行"이라 하였다.

【劉雲】자세히는 알 수 없다. 《全唐詩》(卷801)에 그의 詩 3首가 실려 있다.

【鮑君徽】字는 文姬이며 詩에 능하였다. 德宗 14年(798)에 入宮하여 1백여 일 동안 詩를 지어 臣下들과 唱和한 후 老母를 모시겠다고 집으로 돌아갔다. 《全唐詩》에 그의 詩 4首가 전하며 《全唐詩續拾》에 斷句 6句가 補入되어 있다.

【崔仲容】《全唐詩》에 詩 3首, 斷句 8句가 실려 있다.

【元淳】唐 僖宗 때의 女道士. 《全唐詩》에 詩 4首, 斷句 4聯이 실려 있으며, 《全唐詩續拾》에 逸詩 2句가 수록되어 있다.

【薛縕】그의 詩 3首가 《全唐詩》에 실려 있다.

【崔公達】《全唐詩》에 그의 詩 〈獨夜詞〉 1首와 斷句 4句가 실려 있다.

【張窈窕】成都에 살았으며, 《全唐詩》에 詩 6首와 斷句 1聯이 실려 있다.

【程長文】억울하게 옥에 갇히자 詩를 지어 陳情하여 풀려났다 한다. 《全唐詩》에 詩 3首가 실려 있다.

【梁瓊】《全唐詩》에 詩 4首와 斷句 2句가 실려 있다.

【廉氏】《全唐詩》에 詩 3首가 실려 있다.

【姚月華】楊達과의 연애 사건으로도 유명하다.《全唐詩》에 詩 6首가 실려 있으나, 그 중 3首는 그녀의 作品이 아닌 것으로 보고 있다.

【裴羽仙】《全唐詩》에 〈哭夫二首〉가 전한다.

【劉瑤】《全唐詩》에 詩 3首가 전한다.

【常浩】妓女,《全唐詩》에 詩 2首가 전한다.

【葛鴉兒】《全唐詩》에 詩 3首가 전한다.

【崔鶯鶯】元稹의 傳奇小說인《鶯鶯傳》의 여주인공이며 실존 人物이다.《全唐詩》에 詩 3首가 전한다.

【譚意哥】원래 小說 속의 人物. 魯迅의《唐宋傳奇集》참조.

【張夫人】吉中孚의 아내(吉中孚는 本卷 卷4, 083 참조)로《全唐詩》의 詩 5首와 斷句 6句가 전한다.

【文姬】鮑參軍의 아내.《全唐詩》에 詩 4首가 전한다.

【杜羔妻趙氏】杜羔는 德宗 때 科擧에 급제하여 戶部郎中·振武節度使·工部尙書 등을 지낸 人物로《新唐書》에 傳이 있다.

【張建封妻盼盼】張愔의 아내 盼盼을 잘못 기록한 것이다. 白居易의 〈燕子樓三首序〉에 "徐州故尙書有愛妓曰盼盼, 善歌舞, 雅多風態"라 하였으며, 張尙書는 張愔을 말한다.《唐詩紀書》에서 이를 張書의 아버지 封建과 연관시키자《唐才子傳》역시 이어 같은 오류를 범한 것이다. 盼盼의 詩는 전하는 것이 없다.

【南楚才妻薛媛】《全唐詩》에 詩 1首가 전한다.

【回文詩】回旋循環하면서 읽을 수 있는 詩. 원래 前秦의 竇滔가 멀리 나가 돌아오지 않자, 그의 아내 蘇氏가 비단을 짜면서 回文詩를 넣어 보냈다고 한다.

【紅紙】紅箋. 예쁘게 꾸민 작은 폭의 붉은 종이 명함. 혹은 題詩用의 작은 쪽지로 쓰며 女性들이 많이 사용하였다.《開元天寶遺事》(上)에 "長安有平康坊, 妓女所居之地, 京都俠少, 萃集於此, 兼每年新進以紅箋名紙, 游謁其中, 時人謂此坊爲風流藪澤"이라 하였다.

1. 이계란(李季蘭)

본명은 李冶, 혹은 李裕이며 唐나라 때의 女道士이다. 그의 文集은《直齋書
錄解題》에 文集 1卷이 著錄되어 있고《全唐詩》卷805(李冶)에 詩 16首와
補遺 2首가 수록되어 있다. 그리고 本章에서 거론되는 여인들의 詩는《全唐詩》
에 대체로 卷700에서 805 사이에 수록되어 있다. 한편《唐詩紀事》卷78
(李季蘭)에 그에 관한 기록이 실려 있고 여인들의 詩는 대부분 卷78, 79에
실려 있다.

2.《唐詩紀事》卷78

○ 李蘭五六歲, 其父抱於庭, 作詩〈詠薔薇〉云:『經時未架却, 心緒亂縱橫.』
父悉曰:「此必爲失行婦也.」後竟如其言.

○〈三峽流泉歌〉云:『妾家本住巫山雲, 巫山流水常自聞. 玉琴奏出轉寥夐, 直似
當時夢中聽. 三峽迢迢幾千里, 一時流入幽閨裏. 巨石崩崖指下生, 飛浪遠波
絃中起. 初疑憤怒含雷風, 復似嗚咽流不通. 迴湍曲瀨意將盡, 時復滴瀝平沙中.
憶昔阮公爲此曲, 能使仲容聽不足. 一彈卽畢還一彈, 願比流泉鎭相續.』

○ 高仲武云:「士有百行, 女有四德. 季蘭則不然. 形器旣雄, 詩意亦蕩, 自鮑
昭己下, 罕有其倫. 如『遠水浮仙樓, 寒星伴使車』. 此五言之嘉境也. 上方班婕
好則不足, 下比韓英則有餘. 不以遲暮, 亦一俊嫗.」

○ 劉長卿謂:「季蘭爲女中詩豪.」

3.《全唐詩》卷805 (李冶). 이름은 李裕라고도 한다.

李冶, 字季蘭, 女冠士也. 吳興人, 存詩十六首.

4. 皎然의〈答李季蘭〉(《全唐詩》卷821).

『天女來相試, 將花欲染衣, 禪心竟不起, 還捧舊花歸.』

040(2-14)
염방閻防

    염방閻防은 하중河中 사람으로 개원開元 22년에 이거李琚와 동방同榜으로 급제하였다. 안진경顔眞卿은 그를 매우 경애하여 조정에 천거하려 하였지만 끝내 뜻을 이루지 못하였다. 염방은 사람됨이 호고박아好古博雅하였고 시어詩語는 진실하고 소박하였으며 혼백이 청상淸爽하여 산수를 즐겼고 그 정취를 홀로 고고하게 즐겼다.

    종남산終南山 풍덕사豐德寺에 모옥을 짓고 공부하였다. 백장계百丈溪는 바로 그가 은둔하던 곳이다. 이에 그는 이렇게 제시題詩하였다.

"방랑자의 발자취 세상사를 버리고	浪迹棄人世
산으로 돌아와 스스로 그윽한 정취에 빠졌네	還山自幽獨
비로소 소부巢父·허유許由의 곁으로 오니	始傍巢由踪
내 마음속 간직하였던 꿈 드디어 이루었네!"	吾其獲心曲

그리고 다시 이렇게 노래하였다.

"한가롭게 살면서 인사도 헤아리니	養閑度人事
운명에 통달함이란 지족함을 아는 것	達名知止足
노나라 출신 공자 같은 유가들처럼	不學魯國儒
때 기다리며 어디 쓰일 데 없을까 하는 탐욕 배우지 않겠네	俟時勞伐輻

염방은 뒤에 자신의 운명을 믿고, 벼슬길에 나가려고 힘쓰는 일 없이 이로써 스스로 삶을 마쳤다.

그의 시집이 세상에 통행되고 있다.

閻防:

防, 河中人. 開元二十二年, 李琚榜及第. 顔眞卿甚敬愛之, 欲薦於朝, 不屈. 爲人好古博雅, 詩語眞素, 魂淸魄爽, 放曠山水, 高情獨詣.

於終南山豊德寺結茆茨讀書, 百丈溪是其隱處, 題詩云: 『浪蹟弃人世, 還山自幽獨. 始傍巢由蹤, 吾其獲心曲.』

又云: 『養閒度人事, 達命知止足. 不學魯國儒, 俟時勞伐輻.』

後信命, 不務進取, 以此自終.

有詩集行世.

【河中】府 이름. 지금의 山西省 永濟縣의 서쪽에 있었다.

【李琚】당시에 壯元한 人物.

【顔眞卿】書藝에 뛰어났으며, 平原太守 등을 역임하였다. 兩《唐書》에 傳이 있다.

【終南山】일명 太白山이라고도 한다.

【豊德寺】終南山에 있던 절.

【百丈溪】시내. 계곡 이름.

【浪蹟弃人世】《全唐詩》(卷253)에 실려 있으며 원제목은 〈百丈溪新理茆茨讀書〉이다. 許由 巢父는 古代 堯임금 때의 隱士로 堯임금이 天下를 양보하려 하자 潁水로 숨어 귀를 씻었다 한다.

【養閒度人事】이는 위의 〈百丈溪新理茆茨讀書〉의 末聯이다. 伐輻은 '나무를 베어 수레 축을 만들다'라는 뜻으로 관리의 탐욕과 비루함을 말한다. 《詩經》 魏風 伐檀을 참조할 것.

1. 염방(閻防)

閻防의 文集은 역대 서목에 그 著錄이 보이지 않는다. 다만 그의 詩 5首가 《全唐詩》(卷253)에 실려 있으며 《唐詩紀事》(卷26)에 그에 관한 기록이 실려 있다.

2. 《唐詩紀事》卷26

○ 防, 在開元·天寶間有文稱, 岑參·孟浩然·韋蘇州有贈章, 然不知得罪謫長沙之故也.

○ 殷璠云:「防, 爲人好古博雅, 其詩警策, 語多眞素. 至如『荒庭何所有, 老樹半空腹』. 又『若熊桎庭中樹, 龍蒸棟裏雲』. 皎然可信也.」

3. 《全唐詩》卷253

閻防, 開元·天寶間有文名, 謫官長沙司戶, 孟浩然有浩中旅泊寄閻九司戶詩. 又嘗與薛據讀書終南豐德寺, 詩五首.

4. 〈百丈溪新理茅茨讀書〉(《全唐詩》卷253)

『浪迹棄人世, 還山自幽獨. 始傍巢由蹤, 吾其獲心曲. 荒庭何所有, 老樹半空腹. 秋蜩鳴北林, 暮鳥穿我屋. 棲遲樂遵渚, 恬曠寡所欲. 開卦推盈虛, 散帙攻節目. 養閒度人事, 達命知止足. 不學東周儒, 俟時勞伐輻.』

041(2-15)
이기李頎

이기李頎는 동천東川 사람으로 개원開元 23년, 가계린賈季隣과 동방同榜으로
진사에 급제하여 신향현위新鄉縣尉에 조임調任되었다. 그는 성품이 소간疏簡
하여 세무世務에는 염증을 느끼며 신선神仙을 사모하였다. 그리하여 그는
단사丹砂를 복용하면서 경거지도輕擧之道를 기대하여 진훤지외塵喧之外의
승려나 도사들과 사귀기를 좋아하였다. 그로 인해 그는 일시에 이름난
무리 속의 하나가 되어, 누구 하나 중시하지 아니하는 자가 없게 되었다.

그는 시에 뛰어나서 격조가 청신하고 문사文詞 역시 우수하였다. 잡가
雜歌조차 모두 훌륭하였으며 현리玄理가 아주 뛰어나 주로 자유분방한
방랑의 시어가 많았다. 그로 인해 심신을 진탕하게 한다고 볼 수 있다.
그러나 그처럼 위대한 재질에 겨우 황수黃綬의 벼슬에 그치고 만 것이
애석할 따름이다. 그 때문에 그를 평론하는 자들은 그의 작품을 보통
사람의 것보다 높이 여기는 것이기도 하다.

문집이 지금 전하고 있다.

李頎:

頎, 東川人. 開元二十三年, 賈季隣榜進士及第, 調新鄉縣尉.
性疏簡, 厭薄世務, 慕神仙, 服餌丹砂, 期輕擧之道, 結好塵喧之外. 一時名輩, 莫不重之. 工詩, 發調旣淸, 修辭亦秀, 雜歌咸善, 玄理最長, 多爲放浪之語, 足可震蕩心神. 惜其偉材, 只到黃綬. 故其論道家, 往往高於衆作. 有集今傳.

【東川】嵩山 부근의 左潁水. 지금의 河南省 登封縣의 서쪽을 흐른다.
【賈季鄰】당시의 과거에 壯元及第한 人物.
【新鄕】지금의 河南省 新鄕市.
【丹砂】朱砂. 道家에서 不老長生을 믿고 服食하던 광물질의 仙藥.
【輕擧之道】몸을 가볍게 하여 공중에 뜨기를 바라는 神仙術. 즉 神仙이 됨을 말한다.
【塵喧】티끌과 시끄러움 속의 혼탁한 人間世界를 말한다.
【玄理】魏晉時代부터 성행한 도가의 이치에 대한 현묘한 관념.
【黃綬】縣尉의 낮은 職責. 누런 끈에 職印을 찍고 다니는 것을 이르는 말이다. 그의 〈寄綦毋潛〉 詩에 "新加大邑綬仍黃"이라 하였다.

참고 및 관련 자료

1. 이기(李頎)
唐나라 開元·天寶 연간의 인물. 그의 文集은 《新唐書》(藝文志)에 文集 1卷이 著錄되어 있으며 《全唐詩》에 詩 3卷(132~134)이 실려 있고 《全唐詩續拾》에 詩 2首와 斷句 2句가 補入되어 있다. 《唐詩紀事》(20)에 그에 관한 기록이 실려 있다.

2. 《唐詩紀事》 卷20
○ 頎, 開元進士也.
○ 殷璠云: 「頎詩發調旣淸, 修詞亦麗. 〈漁父歌〉咸善, 玄理最長. 故其論道家, 往往高於衆作.」
○ 樂天〈放言詩序〉云: 「元九在江陵, 有放言長句詩五韻, 韻高而體律, 意古而詞新, 雖前輩深於詩者, 未有此作.」 唯李頎有云: 「濟水至淸河自濁, 周公大聖接輿狂.」斯句近之矣.

3.《全唐詩》卷132

李頎, 東川人, 家於潁陽. 擢開元十三年進士第, 官新鄉尉. 集一卷. 今編詩三卷.

042(2-16)
장인張諲

　장인張諲은 영가永嘉 사람으로, 처음에는 소실산少室山 아래에 은거하여 문을 걸어 잠그고 공부하였다. 의지가 근고勤苦하여 명성과 이익에는 눈을 돌리지 않았다. 뒤에 과거에 응시하여 관이 형부원외랑刑部員外郎에까지 이르렀다.

　《주역周易》의 〈상전象傳〉에 밝았고 초서와 예서를 잘 썼으며 산수화에도 뛰어났다. 한편 그의 시격詩格은 고고高古하였다.

　이기李頎와 우정이 깊었으며 왕유王維를 형으로 모셔 서로 모두 시와 술, 그리고 그림의 친구가 되었다. 왕유가 일찍이 그에게 이런 시를 주었다.

　"병풍그림은 점을 잘못 찍어 손권을 혹하게 하였고　　　屛風誤點惑孫郎
　둥근 부채의 초서는 내사 왕민을 놀라게 하였네!"　　團扇草書驚內史

　그러자 이기도 역시 이런 시를 주었다.

　"왕헌지의 파체는 복책을 한가롭게 하고　　　　　王破體閑支策
　낙원의 이화꽃은 빈 벽에 비쳐 있네　　　　　　落月梨花照空壁
　그 시는 종영조차 평가 못할 풍류를 질투하는 것이요　詩堪記室妬風流
　그림은 이사훈도 대단한 적수라 꼼짝 못할 수준일세!"　畫與將軍作勍敵

천보天寶 연간에 그는 관직을 사직하고 고향으로 돌아가 언앙偃仰하면서
다시는 인간세계로 나오지 않았다.

그의 시가 세상에 전하고 있다.

張諲:

諲, 永嘉人. 初隱少室山下, 閉門修肄, 志甚勤苦, 不及聲利.
後應擧, 官至刑部員外郎. 明《易·象》, 善草隷, 兼畫山水, 詩格
高古. 與李頎友善, 事王維爲兄, 皆爲詩酒丹靑之契.

維贈詩云:『屛風誤點惑孫郎, 團扇草書驚內史.』

李頎贈曰:『小王破體閑支策, 落月梨花空照壁. 詩堪記
室姮風流, 畫與將軍作勍敵.』

天寶中, 謝官歸故山偃仰, 不復來人間矣.

有詩傳世.

【永嘉】지금의 浙江省 溫州市.

【少室山】嵩山의 세 봉우리 중의 하나. 지금의 河南省 登封縣.

【王維】036 참조.

【屛風誤點惑孫郎】王維의 이 詩는 《全唐詩》(卷125)에 수록되어 있으며 原題는
〈故人張諲工詩善易卜兼能丹靑草隷頃以詩見贈聊獲酬之〉이다. (참고) 내용
중 孫郎은 孫權을 가리키며 《白孔六帖》(卷32) 圖書門에 "曹不興誤點屛風,
因就畫爲蠅. 孫權謂是眞, 以手彈之"라 하였다. 內史는 晉나라 때의 王珉이
行草에 뛰어났으며 〈團扇歌〉의 글씨로도 유명하다. 《宋書》樂志를 참조할 것.

【小王破體閑支策】李頎의 이 詩는 《全唐詩》(134)에 수록되어 있으며 원제목은
〈詠張諲山水〉이다. (참고) 내용 중 小王은 王獻之를 가리키며 그는 王羲之의
아들이다. 두 父子는 모두 글씨에 뛰어나 二王이라 불리었다. 破體는 王獻之
가 아버지 王羲之의 行草를 변형시킨 글씨체로 '破體書'라 부른다. '支策'은
《歷代名畫記》에는 '文策'으로 되어 있다. 그리고 記室은 梁나라의 詩評

論家인 鍾嶸으로 安王記室을 지냈으며 《詩品》을 썼다. 李思訓은 唐나라 玄宗때 武衛大將軍을 지낸 人物로 大同殿에 壁畫를 그렸으며 그 아들 李昭道 역시 山水畫에 뛰어나 大李將軍·小李將軍이라 불리었다.

【偃仰】雙聲連綿語로 평소의 탈 없는 한적한 생활을 말한다.《詩經》小雅 北山에 "或棲遲偃仰, 或王事鞅掌"이라 하였다.

1. 장인(張諲)

기록이 남아 있지 않아 자세한 事跡은 알 수 없다. 그의 文集에 대한 著錄도 보이지 않으며 남겨진 詩 또한 발견할 수 없다.《唐詩紀事》(卷20)에 그에 관한 기록이 실려 있다.

2.《唐詩紀事》卷20

諲, 官至刑部員外郎. 善草隸, 工丹靑, 與王維·李頎等爲詩酒丹靑之友, 尤善畫 山水. 王維答詩曰: 『屛風誤點惑孫郎, 團扇草書輕內史.』李頎詩曰: 『小山破 體閑支策, 落日梨花照空壁. 詩堪記室妬風流, 畫與將軍作勍敵.』

3.〈故人張諲工詩善易卜兼能丹靑草隸頃以詩見贈聊獲酬〉(《全唐詩》卷125 王維)

『不遂城東遊俠兒, 隱囊紗帽坐彈棋. 蜀中夫子時開卦, 洛下書生解詠詩. 藥闌 花逕衡門裏, 時復據梧聊隱几. 屛風誤點惑孫郎, 團扇草書輕內史. 故園高枕 度三春, 永日垂帷絶四隣. 自想蔡巢今已老, 更將書籍與何人.』

4.〈詠張諲山水〉(《全唐詩》卷134 李頎)

『小山破體閑支策, 落日梨花照空壁. 詩堪記室妬風流, 畫與將軍作勍敵.』

043(2-17)
맹호연孟浩然

　　맹호연孟浩然은 양양襄陽 사람으로 어려서 절의節義를 좋아하였고, 시에는 오언五言에 특히 능하였다. 녹문산鹿門山에 은거하였다. 그런데 그곳은 바로 한漢나라 때 방공龐公이 은거해 살았던 곳이다. 그는 마흔 살이 되어서야 겨우 서울로 와서 여러 명사들과 사귀어 이름이 나기 시작하였다. 일찍이 비서성秘書省의 연구聯句를 수집할 때 이러한 구절이 있었다.

> "희미한 구름 은하수 맑게 하고　　　　　　　微雲淡河漢
> 흩뿌리는 비 오동잎에 방울지네!"　　　　　　疏雨滴梧桐

　　이 구절은 많은 사람들을 탄복시켰다.
　　장구령張九齡과 왕유王維는 그를 극찬하였다. 왕유가 금란전金鑾殿의 대조待詔로 있을 때 사사로이 맹호연을 불러들여 함께 풍아風雅를 비교하며 토론하고 있었다.
　　그때 갑자기 현종玄宗이 임행臨幸한다는 전갈이 오자 맹호연은 그만 놀라 침상 아래로 엎드려 숨어 버렸다. 그러나 왕유는 이를 감히 속이지 못하고 임금에게 털어놓고 말았다. 그러자 임금은 기뻐하며 이렇게 말하였다.
　　"짐은 평소에 그 사람 이름을 들었으나 아직 만나보지 못하였다."
　　그리하여 나오도록 하였다. 맹호연이 나와 재배하자 임금이 물었다.
　　"그대는 시를 가지고 왔는가?"

"마침 가지고 오지 못하였습니다."

이렇게 대답하자 근작시를 하나 외어보도록 하였다. 이에 맹호연은 이렇게 읊었다.

"재주 없어 훌륭한 임금으로부터 버림받았고 　　　不才明主棄
　병이 많아 친구들도 소원해졌네!" 　　　　　　多病故人疏

여기까지 읊자 임금은 개연慨然히 이렇게 말하였다.

"그대는 벼슬자리 구해 본 적도 없고 나 또한 언제 그대를 버린 적이 있소? 어찌 나를 무고하는 거요?"

그리고는 명하여 그를 종남산終南山으로 되돌려 보내도록 하였다.

그 뒤 장구령이 맹호연이 종사從事벼슬에 오르도록 주선해 주었다.

개원開元 말년에 왕창령王昌齡이 양양襄陽에 갔을 때, 마침 맹호연은 병이 모두 나아 둘은 서로 보고 기뻐하며 술판을 벌여 실컷 즐겼다. 그러나 이때 맹호연은 익히지 않은 음식을 먹고 병이 발동, 결국 생을 마치고 말았다.

◎ 예로부터 예형禰衡은 불우하였고 조일趙壹은 연고 없이 녹을 받았다고 하였다. 맹호연을 보건대 경절겸퇴磬折謙退하여 재주와 명성이 날로 높아 갔지만 끝내 그 좋은 세상에 펴보지 못하고 종신토록 백의白衣로 살았으니 진실로 슬픈 일이로다! 그의 시는 문채가 풍부하고 경위가 면밀하여 반은 아조雅調를 준수하여 세속의 천근淺近함을 완전히 벗어난 것이다.

그의 저서 3권은 지금도 전하고 있다.

왕유王維가 그의 초상화를 그려 영주郢州에 걸고 '호연정浩然亭'이라 하였으나 함통咸通 연간에 정함鄭誠이 현인의 이름을 직접 부를 수 없다 하여 '맹정孟亭'이라 고쳐 지금까지 유존有存해 오고 있다.

孟浩然:

浩然, 襄陽人. 少好節義, 詩工五言. 隱鹿門山, 卽漢龐公棲隱處也. 四十遊京師諸名士間.

嘗集秘省聯句, 浩然曰:『微雲淡河漢, 疏雨滴梧桐.』

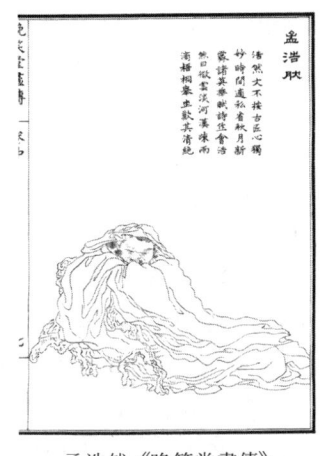

衆欽服. 張九齡·王維極稱道之. 維待詔金鑾, 一旦私邀入, 商較風雅, 俄報玄宗臨幸, 浩然錯愕, 伏匿牀下, 維不敢隱, 因奏聞.

帝喜曰:「朕素聞其人, 而未見也」

詔出, 再拜, 帝問曰:「卿將詩來耶?」

對曰:「偶不齎」

孟浩然《晚笑堂畫傳》

卽命吟近作, 誦至『不才明主弃, 多病故人疎』之句, 帝慨然曰: 「卿不求仕, 朕何嘗棄卿? 奈何誣我!」

因命放還南山. 後張九齡署爲從事.

開元末, 王昌齡遊襄陽, 時新病起, 相見甚歡, 浪情宴謔, 食鮮勤疾而終.

◎ 古稱禰衡不遇, 趙壹無祿. 觀浩然磬折謙退, 才名日高, 竟淪明代, 終身白衣, 良可悲夫! 其詩, 文采丰茸, 經緯綿密, 半遵雅調, 全削凡近. 所著三卷, 今傳. 王維畫浩然像於郢州, 爲『浩然亭』. 咸通中, 鄭諴謂賢者名不可斥, 更名曰『孟亭』, 今存焉.

【襄陽】 017 참조.

【鹿門山】 017 참조.

【龐公】 龐德公. 漢末의 隱士로 아내와 자식들을 데리고 鹿門山에서 약초를 캐면서 숨어살았다 한다. 《後漢書》에 傳이 있다.

【微雲淡河漢】 王士源의 〈孟浩然集序〉에 "間游秘省, 秋月新霽, 諸英華賦詩 作會, 浩然句曰: '微雲淡河漢, 疏雨滴梧桐.'擧座嗟其淸絶, 咸閣筆不服爲繼" 라 하였다. (참고)

【張九齡】 字는 子壽(673~740)이며 唐代의 유명한 詩人이다. 宰相에까지 올랐으며 《曲江集》20卷을 남겼다. 兩《唐詩》에 傳이 실려 있다.

【金鑾殿】 唐나라의 宮闕 이름. 翰林院과 가까워 皇帝가 이곳에서 學士들을 접견하였다 한다.

【命放還南山】 이 이야기는 원래 五代 王定保의 《唐摭言》(卷11) 〈無官受黜〉에 실려 있으며 《唐詩紀事》(卷23)의 기록과는 다르다. (참고) 다만, 《新唐書》의 孟浩然傳에 실려 있는 기록은 《唐摭言》과 같아 이미 널리 전파되었음을 알 수 있다. 그러나 이는 好事者의 委託으로 보고 있다.

【食解勤疾】 '食解疾勤'으로 되어 있는 곳도 있다.

【禰衡】 010 참조. (前出)

【趙壹】 字는 元叔으로 東漢의 文學家이다. 《後漢書》에 傳이 실려 있으며, 鍾嶸의 《詩品》(下) 趙壹에는 "元叔散憤蘭蕙, 指斥囊錢. 若言切句, 良亦勤矣. 斯人也, 而有斯困, 悲夫!"라 하였다.

【磬折謙退】 磬折은 '몸을 磬처럼 굽히다'의 뜻으로 공경하는 것을 말한다. 《禮記》 曲禮(下)에 "立則磬折垂佩"라 하였다.

【郢州】 지금의 湖北省 鍾祥縣.

【浩然亭】 참고란을 볼 것.

【鄭誠】 人名. 《新唐書》에는 '鄭緘'으로 되어 있으며 刺史라 하였다.

> 참고 및 관련 자료

1. 맹호연(孟浩然: 689~740)

盛唐 詩人으로 字는 浩然이며 《新唐書》(藝文志)에 《孟浩然詩集》3卷이 著錄되어 있고 지금 전하는 宋刻本도 역시 3卷이다. 그리고 宜城 王士源의

《孟浩然集》에 序가 전하며《全唐詩》(卷159·160)에 그의 詩 2卷이 실려 있다. 《全唐詩外編》및《全唐詩續拾》에 詩 2首와 斷句 6句가 補入되어 있다. 한편《唐詩紀事》(卷23)에 그에 관한 기사가 실려 있다.

2.《舊唐書》卷190(下) 文苑傳(下) 참조.

3.《新唐書》卷203 文藝傳(下) 참조.

4.《唐詩紀事》卷23 王士源의 序文을 근거로 한 것.

孟浩然, 襄陽人也. 骨貌淑淸, 風神散朗. 救患釋紛以立義, 灌園藝圃以全高. 交遊之中, 通脫傾蓋, 機警無匿. 學不攻儒, 務掇菁華; 文不按古, 匠心獨妙. 五言詩天下稱其盡善. 閑游秘省, 秋月新霽, 諸英聯詩, 次當浩然, 句曰: 『微雲淡河漢, 疎雨滴梧桐.』擧座嗟其淸絶, 咸以之閣筆, 不復爲繼. 丞相范陽張九齡·侍御史京兆王維·尙書侍郎河東裴朏·范陽盧僎·大理評事河東裴總·華陰太守滎陽鄭倩之·太守河東獨孤策, 率與浩然爲忘形交. 山南採訪使太守昌黎韓朝宗謂浩然閎深詩律, 實諸周行, 必詠穆如之頌. 因入奏與偕行, 先揚于朝, 約日引謁, 後期, 浩然叱曰:「業已飮矣, 身行樂耳, 遑恤其他!」遂畢飮不赴, 由是聞罷, 浩然不之悔也. 其好學忘名如此. 王士源他時嘗筆讚之曰:「導漾炳靈, 實生楚英. 浩然淸發, 亦自其名.」開元二十八年, 王昌齡遊襄陽, 時浩然疾發背且愈, 相得歡飮. 浩然宴謔, 食鮮疾動, 終於南園. 年五十有二. 子儀甫. 浩然每爲詩, 佇興而作, 故或遲. 行不爲飾, 動求眞適, 故似誕. 遊不爲利, 期以放情, 故常貧. 名不繫於選部, 聚不盈擔石, 雖屢空不給, 自若也.

孟浩然

○ 皮日休〈孟亭記〉云:「明皇世, 章句之風, 大得建安體, 論者推李翰林·杜工部爲尤. 介其間能不愧者, 惟吾鄕之孟先生也. 先生之作, 遇景入詠, 不鉤奇抉異, 令齷齪束人口者, 涵涵然有干霄之興, 若公輸氏當巧而不巧者也. 北齊美蕭慤『芙蓉露下落, 楊柳月中疎』, 先生則有『微雲澹河漢, 疎雨滴梧桐』. 樂府美王融『日霽沙嶼明, 風動甘泉濁』, 先生則有『氣蒸雲夢澤, 波動岳陽城』. 謝脁之詩句精者, 有『露濕寒塘草, 月映淸淮流』, 先生則有『荷風送香氣, 竹露滴淸聲』. 此與古人爭勝於毫釐也.」

○ 明皇以張說之薦召浩然, 令誦所作. 乃誦: 『北闕休上書. 南山歸弊廬. 不才

明主棄, 多病故人疏. 白髮催年老, 靑陽逼歲除. 永懷愁不寐, 松月夜窗虛.』帝曰:
「卿不求仕, 豈朕棄卿? 何不云:『氣蒸雲夢澤, 波撼岳陽城?』因是故棄.」

○ 傳曰: 張九齡爲荊州, 辟置于府, 罷. 開元末, 病疽背卒. 後樊澤爲節度使,
時浩然墓碑壞, 符載以牋叩澤曰:「故處士孟浩然, 文質傑美, 殞落歲久, 門裔
陵遲, 丘隴頹沒, 永懷若人, 行路慨然. 前公欲更築大墓, 闔州搢紳. 聞風竦動,
而今外迫軍旅, 內勞賓客, 牽耗歲時, 或有未遑, 誠令好事者乘而有之, 負公夙
志矣.」澤乃更爲刻碑鳳林山南, 封寵其墓. 初, 王維過郢州, 畫浩然像于刺史亭,
因曰浩然亭. 咸通中, 刺史鄭諴謂賢者不可斥其名, 更曰孟亭.

○ 殷璠云:「余嘗謂禰衡不遇, 趙壹無祿, 其過在人. 及觀襄陽孟浩然, 磬折
謙退, 才名日高, 天下籍甚. 竟淪落明代, 終於布衣, 悲夫! 予方知命矣! 且浩
然詩文, 華采�茸, 經緯綿密, 半遵雅調, 全削凡體. 至如『衆山遙對酒, 孤嶼共
題詩』, 無論興象, 復兼故實. 又『氣蒸雲夢澤, 波動岳陽城』, 亦爲高唱也.」

5.《全唐詩》卷159

孟浩然, 字浩然, 襄陽人. 少隱鹿門山, 年四十, 乃遊京師. 常於太學賦詩, 一坐
嗟伏, 與張九齡·王維爲忘形交. 維私邀入內署, 適明皇至, 浩然匿牀下. 維以實對,
帝喜曰:「朕聞其人而未見也.」詔浩然出, 誦所爲詩, 至『不才明主棄』. 帝曰:
「卿不求仕, 朕未嘗(常)棄卿, 柰何誣我?」因放還, 採訪使韓朝宗約浩然偕支京師,
欲薦諸朝, 會與故人劇飮懽甚·不赴. 朝宗怒, 辭行, 浩然亦不悔也. 張九齡鎭
荊州, 署爲從事. 開元末, 疽發背卒. 浩然爲詩, 佇興而作, 浩意極苦, 篇什旣成,
浩削凡近, 超然獨妙. 雖氣象淸遠, 而采秀內映, 藻思所不及, 當明皇時, 章句
之風大得建安體. 論者推而杜爲尤, 介其間能不愧者, 浩然也. 集三卷, 今編詩
二卷.

6.《唐摭言》卷11「無官受黜」(五代·王定保) 참조.(《新唐書》卷203, 孟浩然傳 의 기록과 대체로 같다.)

襄陽詩人孟浩然, 開元中, 頗爲王右丞所知. 句有『微雲淡河漢, 疎雨滴梧桐』者,
右丞吟咏之, 常擊節不已. 維待詔金鑾殿, 一旦召之, 商較風雅, 忽遇上幸. 維所
浩然錯愕伏床下, 維不敢隱, 因之奏聞, 上欣然曰:「朕素聞其人, 因得詔見.」
上曰:「卿將得詩來耶?」浩然奏曰:「臣偶不齎所業」上卽命吟. 浩然奉詔拜舞
念詩曰:『北闕休上書, 南山歸臥廬. 不才明主棄, 多病故人疏.』上聞之, 憮然
曰:「朕未曾棄人, 自是卿不求進, 奈何?」反有此作, 因命放歸南山, 終身不仕.

044(2-18)
구위邱爲

　　구위(邱爲, 丘爲)는 가흥嘉興 사람으로 처음에 여러 번 과거에 응시하였으나 급제하지 못하자, 산 속으로 들어가 다시 몇 년을 공부한 끝에 천보天寶 초에 유단劉單과 동방同榜으로 진사에 급제한 인물이다. 왕유王維는 그를 매우 사랑하여 그와 더불어 창화唱和한 적이 있다. 처음에 그는 계모에게 효도를 다해 영지靈芝가 그 뜰에 자라났다고 한다.

　　관직은 태자우서자太子右庶子까지 올랐으며 그때 나이가 이미 여든이 넘었고 계모 역시 아무 탈 없이 생존하자 나라에서는 그에게 봉록의 반을 계속 지급하였다.

　　관찰사觀察使 한황韓滉이 퇴직한 관리에게 봉록을 주었으며 이는 노신老臣을 봉양하기 위한 것으로 상중喪中이라도 다르지 않았지만, 오직 구위에게는 춘추 두 계절의 양주羊酒만은 지급되지 않았다.

　　처음에 그가 고향으로 돌아왔을 때 현령이 뵙고자 찾아오자 구위는 문 앞에서 그를 기다리며 허리를 굽혀 예를 행한 후 앉을 자리를 마련하였다. 이에 절을 하자 향리鄕吏들을 뜰 아래 세워 두었는데, 그들이 모두 나가자 그는 스스로 감히 앉는 것이었다. 또 그는 현의 관청을 지날 때면 말에서 내려 걸어지나갈 정도로 거동에 예절이 있었다. 아흔 여섯에 생을 마쳤다.

　　문집이 있어 세상에 전한다.

邱爲:

爲, 嘉興人. 初累擧不第, 歸山讀書數年. 天寶初, 劉單榜進士.
王維甚稱許之, 嘗與唱和. 初, 事繼母孝, 有靈芝生堂下. 累官
太子右庶子, 時年八十餘, 母猶無恙, 給俸祿之半. 觀察使韓滉
以爲致仕官給祿, 所以惠養老臣, 不可在喪爲異, 唯罷春秋
羊酒. 初還, 縣令謁之, 爲候門磬折, 令坐, 方拜, 里胥立庭下,
旣出, 乃敢坐. 經縣署, 降馬而過, 擧動有禮.

卒年九十六. 有集行世.

【嘉興】지금의 浙江省 嘉興縣.
【劉單】奉先縣尉·安西節度判官·禮部侍郎 등을 지냈다.
【靈芝】菌類 植物로 버섯의 일종. 상서로운 藥草로 여겼다.
【給俸祿之半】이 이야기는 《唐詩紀事》(卷17)에도 실려 있으며 그 외에 《唐
  會要》(卷67) 致仕官의 기록이 비교적 상세하다. (참고)
【韓滉】德宗 때 浙江東西觀察使 등을 지낸 人物. 兩《唐書》에 傳이 있다.
【羊酒】祭品. 祭需用品을 말한다.

⬭ 참고 및 관련 자료 ⬭

1. 구위(邱爲)
그 나이 96세까지 살았다고 한다. 〈三間本〉에는 '邱爲'로 되어 있으며 《新唐
書》(藝文志, 4)에 《丘爲集》이 著錄되어 있으나 '卷亡'이라 하였다. 《全唐詩》
(卷129)에 詩 13首가 편집되어 있고 《全唐詩外編》에 詩 5首가 補入되어 있다.
〈左掖梨花〉라는 詩로 널리 알려져 있다.

2. 《唐詩紀事》 卷17
爲, 蘇州嘉興人. 事繼母孝, 嘗有靈芝生堂下. 累官太子右庶子, 時年八十餘, 而母
無恙, 給俸祿之半. 及居憂, 觀察使韓滉以致仕官給祿, 所以惠養老臣, 不可在喪
而異, 唯罷春秋羊酒. 初還鄉, 縣令謁之, 爲候門磬折, 令坐, 乃拜里胥, 立庭下,

既出, 乃敢坐. 經縣宇, 降馬而趨. 卒年九十六. 與劉長卿善, 長卿〈送爲赴上都〉詩云: 『帝鄉何處是, 岐路空垂泣. 楚思愁暮多, 川程帶潮急. 潮歸人不歸, 獨向回塘立.』王摩詰〈送爲往唐州〉詩云: 『四愁連漢水, 百口寄隨人.』

3.《全唐詩》卷129

丘爲, 蘇州嘉興人. 事繼母孝, 常有靈芝生堂下, 累官太子右庶子, 致仕. 給俸祿之半以終身, 年八十餘. 母尚無恙, 及居憂. 觀察使韓滉以致仕官給祿, 所以惠養老臣. 不可在喪而異, 惟罷春秋羊酒, 卒年九十六. 與劉長卿善, 其赴上都也. 長卿有詩送之, 亦與王維爲友. 詩十三首.

4.《唐會要》卷67〈致仕官〉

貞元四年四月, 以前左散騎常侍致仕丘爲復舊官. 初, 爲致仕還鄉, 特給祿俸之半, 旣丁母喪, 蔿州疑所給, 請于觀察使韓滉, 以爲授官致仕, 令不理務, 特給祿俸, 惠養老臣也, 不可以在喪爲異, 命仍舊給之, 唯春秋二時羊酒之直則不給, 雖程式無文, 見稱折衷. 及是爲服除, 乃復之.

5.〈左掖梨花〉(《全唐詩》卷129)

『冷豔全欺雪, 餘香乍入衣. 春風且莫定, 吹向玉階飛.』

045(2-19)

이백李白

이백李白은 자가 태백太白이며 산동山東 사람이다. 어머니가 꿈에 장경성長庚星을 보고 그를 낳아 이름을 지었다. 열 살에 오경五經에 통달하였고 스스로 꿈에 붓끝에 꽃이 피는 것을 보았으며 그로 인해 뒤에 그의 천재성이 섬일贍逸하게 된 것이다.

그는 종횡술縱橫術을 좋아하였고 칼 쓰는 것을 배워 임협任俠이 되고자 하였다. 재물을 가벼이 여겨 베풀기를 좋아하였다. 그는 다시 임성任城에 나그네로 갔다가 그곳에서 공소부孔巢父·한준韓準·배정裴政·장숙명張叔明·도면陶沔을 만나 함께 조래산徂徠山 속에 살면서 날마다 술에 빠지기도 하여 이들을 '죽계육일竹溪六逸'이라 불렀다.

〈李白〉

천보天寶 초에 그는 촉蜀으로부터 장안長安으로 왔으나 자신의 능력을 제대로 떨칠 수 없게 되자 하지장賀知章에게 시를 올렸다. 하지장은 그의 〈촉도난蜀道難〉을 읽고는 이렇게 감탄하였다.

"그대는 인간 세상에 귀향 온 적선인謫仙人이로다!"

그러고는 이백을 위해 금구金龜를 풀어 술을 받아 종일 마시며 즐겼고 드디어 그를 현종玄宗에게 추천하였다. 임금은 그를 금란전金鑾殿으로 불러 시사時事를 논해보게 되었고 이백은 그 자리에서 송문頌文 일편을 바쳤다. 임금은 기뻐하며 그에게 음식을 대접하면서 친히 그를 위해 국의 간을 맞추어줄 정도였다. 그리고 그에게 공봉한림供奉翰林의 자리를 주었다.

한번은 임금 앞에서 크게 취한 채 조서詔書를 초안하면서 고력사高力士로 하여금 자신의 신을 벗기도록 하였다. 그러자 고력사는 이를 치욕으로 여기고, 이백의 〈청평조淸平調〉라는 글 속의 조비연趙飛燕 사건을 들어 양귀비楊貴妃의 노기怒氣를 격발시켰다. 이 일로부터 임금이 매번 이백에게 관직을 내릴 때마다 양귀비는 이를 저지하고 나서게 되었다. 이백은 갈수록 고오방일高傲放逸하여 하지장賀知章·이적지李適之·여양왕汝陽王 이진李璡·최종지崔宗之·소진蘇晉·장욱張旭·초수焦遂와 더불어 "음주팔선인飮酒八仙人"이라 불렸다. 그가 끝내 자연으로 돌아가기를 간구하자, 임금은 그에게 황금을 하사하고 이를 허락해주었다. 이백은 사방을 부유浮游하다가 화산華山에 오르고자 술에 취한 채로 나귀에 올라 현縣의 치소治所 관청 앞을 지나게 되었다. 그곳 현령은 이백을 알아보지 못하고 노하여 그를 관청 뜰로 끌고 가서 내리라고 요구하며 이렇게 소리쳤다.

李白〈淸平調詞〉
靑谷 金春子(현대)

"너는 어떤 인물이기에 감히 무례하게 구느냐?"

이백은 글을 써서 보여주면서 그 글에 자신의 이름을 쓰지 않았다.

"일찍이 내가 취하여 토하였을 때, 임금이 직접 수건으로 닦아주었고 임금이 손수 내 국에 간을 맞추어 줄 정도였으며, 양귀비가 나를 위해 벼루를 받쳐 들고 있었으며 고력사가 나를 위해 신을 벗겨 주었다. 천자의 문 앞에서도 오히려 말을 탄 채 다니는 것이 허용되는 인물인데 이 화음현華陰縣에서는 나귀조차 타지 못한단 말인가?"

현령은 깜짝 놀라 그 앞에서 허리를 굽히며 사과하였다.

"한림께서 이곳에 오신 것을 몰랐습니다."

이에 이백은 한참 웃고는 떠나버렸다. 그는 한 때 배를 타고 최종지와 함께 채석강彩石江으로부터 금릉金陵으로 올 때도 궁중에서나 입을 비단 도포를 입은 채 앉아 방약무인傍若無人의 독존적인 모습을 보였다. 안록산安祿山이 반란을 일으키고 명황明皇이 촉蜀으로 가고, 영왕永王 이린李璘이 동남절도東南節度가 되었을 때, 이백은 여산廬山에 편히 있다가 이린의 부름을 받고 그의 막료가 되어 보좌하였다. 그러나 이린이 군대를 일으켜 반란을 꾀하자 이백은 다시 팽택彭澤으로 도망해 버렸다.

그 뒤 이린이 패하자 이백은 그에 연루된 혐의로 심양潯陽의 감옥에 갇히게 되었다.

처음 지난 날, 이백이 병주幷州를 유람할 때, 곽자의郭子儀를 만났었다. 곽자의는 그를 기특하게 여겼었고 그 뒤 이백은 죽을죄를 지은 곽자의를 구해준 적이 있었다. 이에 이번에는 곽자의가 관청에 가서 자신이 돈을 내어 이백의 속죄금을 물겠다고 나서자, 임금은 이백을 야랑夜郎으로 장기 추방시켜 감형시켜 주었다.

이백은 만년에 황제黃帝·노자老子의 학술을 좋아하였고 우저기牛渚磯를 건널 때 술에 취한 채 달을 잡으려다가 물에 빠져죽고 말았다.

처음 그는 사조謝朓의 청산靑山을 좋아하여 지금 그의 묘는 그곳에 있다. 문집 20권이 세상에 전한다.

어떤 이는 이백을 서량西凉 무소왕武昭王 이고李暠의 구세손九世孫이라고도 하였다.

〈李白(李太白)〉《三才圖會》

李白:

白, 字太白, 山東人. 母夢長庚星而誕, 因以命之. 十歲通五經. 自夢筆頭生花, 後天才瞻逸. 喜縱橫, 擊劍爲任俠, 輕財好施. 更客任城, 與孔巢父·韓準·裴政·張叔明·陶沔居徂徠山中, 日沈飲, 號「竹溪六逸」.

天寶初, 自蜀至長安, 道未振, 以所業投賀知章, 讀至〈蜀道難〉, 歎曰:「子, 謫仙人也」

乃解金龜換酒, 終日相樂.

遂薦於玄宗, 召見金鑾殿, 論時事, 因奏頌一篇, 帝喜, 賜食, 親爲調羹, 詔供奉翰林. 嘗大醉上前, 草詔, 使高力士脫靴. 力士恥之, 摘其〈清平調〉中飛燕事, 以激怒貴妃, 帝每欲與官, 妃輒沮之. 白益傲放, 與賀知章·李適之·汝陽王璡·崔宗之·蘇晉·張旭·焦遂爲「飲酒八仙人」. 懇求還山, 賜黃金, 詔放歸.

白浮遊四方, 欲登華山, 乘醉跨驢經縣治, 宰不知, 怒, 引至庭下曰:「汝何人, 敢無禮!」

白供狀不書姓名, 曰:「曾令龍巾拭吐, 御手調羹, 貴妃捧硯, 力士脫靴. 天子門前, 尚容走馬; 華陰縣裏, 不得騎驢?」

宰驚愧, 拜謝曰:「不知翰林至此」

白長笑而去. 嘗乘舟, 與崔宗之自采石至金陵, 著宮錦袍坐, 傍若無人. 祿山反,

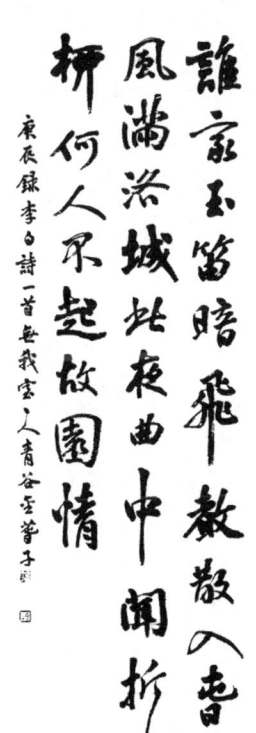

李白詩 青谷 金春子(현대)

明皇在蜀, 永王璘節度東南, 白時臥廬山, 辟爲僚佐. 璘起兵反, 白逃還彭澤. 璘敗, 累繫潯陽獄. 初, 白遊幷州, 見郭子儀, 奇之, 曾救其死罪. 至是, 郭子儀請官以贖, 詔長流夜郞. 白晚節好黃·老, 度牛渚磯, 乘酒捉月, 沈水中.

初, 悅謝家靑山, 今墓在焉.

有文集二十卷, 行世.

或云:「白, 涼武昭王暠九世孫也.」

【山東人】 山東은 唐나라 때까지도 函谷關, 혹은 '崤山의 동쪽'이라는 뜻이었다. 그러나 李白이 자신의 〈與韓荊州書〉에 '隴西布衣'라 하였고, 唐 李陽冰의 〈草堂集序〉에 李白을 '隴西成紀人'이라 하였다. 成紀는 甘肅省 秦安縣이다.

【長庚星】 金星. 一名 太白星. 啓明星.

【縱橫術】 戰國時代의 九流十家 중 縱橫家의 學說. 외교술. 蘇秦·張儀·鬼谷子 등이 대표적인 人物이며, 그 내용은 《戰國策》에 실려 있다.

【任城】 지금의 山東省 濟寧縣.

【孔巢父】 공소보. 冀州 사람으로 字는 弱翁. 일찍이 徂徠山에 隱居하였다. 016 참조.

【韓準】 洛陽縣令을 지냈던 人物.

【裴政】 行軍司馬를 지냈던 人物.

【張叔明】 자세히 알 수 없다.

【陶沔】 자세히 알 수 없다.

【徂徠山】 지금의 山東省 泰安市의 동남쪽에 있는 산.

【賀知章】 本冊 卷三(053) 참조.

【蜀道難】 李白의 초기 작품.

【高力士】 本姓은 馮氏로 武則天·睿宗·玄宗 때 宦官으로 玄宗의 총애를 받고 권력을 휘둘렀다. 安史의 亂 때 黔中으로 쫓겨갔다가 병으로 생을 마쳤다.

【靑平調】 李白의 작품으로 모두 3首이다. 其二에 "一枝紅艷露凝香, 雲雨巫山枉斷腸. 借問漢宮誰得似, 可憐飛燕依新妝"이라 하였다.

【趙飛燕】 漢 成帝 때의 宮女로 몸이 가벼워 飛燕이라 불리었다. 皇后가 되어

10여 년 간 총애를 받았으나 平帝 때 庶人으로 폐위되자 자살하였다.

【楊貴妃】 어렸을 때 이름은 玉環. 원래 玄宗의 아들 壽王의 王妃였으나 뒤에 玄宗의 눈에 띄어 女道士가 되었고, 號를 太眞이라 하였다. 入宮한 후 玄宗에 의해 貴妃에 봉해져 寵愛를 받았다. 安史의 亂 때 玄宗과 함께 蜀으로 피난하던 중 馬嵬坡에서 생을 마감하였다. 兩《唐書》에 傳이 있다.

【妃輒沮之】 이는 《新唐書》 李白傳에도 실려 있으며 唐 李濬이 편찬한 《松窗雜錄》의 기록이 비교적 상세하다. (참조)

【李適之】 河南尹. 御史大夫 등을 지냈으며, 賓客들을 모아 술 마시기를 좋아하였던 人物. 左丞相에까지 올랐으나 李林甫에게 핍박을 받아 宜春太守로 폄직되었다. 兩《唐書》에 傳이 있다.

【汝陽王璡】 李璡을 가리킨다. 睿宗(李旦)의 孫子이며 汝陽郡王에 봉해졌다.

【崔宗之】 開元初에 吏部尙書를 지낸 崔日用의 아들. 侍御史를 지냈다.

【蘇晉】 開元 연간에 戶部侍郎·吏部侍郎을 지낸 人物. 兩《唐書》에 傳이 있다.

【張旭】 字는 伯高. 술을 좋아하고 草書에 능하였으며 '草聖'이라 불리었다. 玄宗 때의 李白의 詩歌. 裴旻의 劍舞. 張旭의 草書를 두고 '三絶'이라 칭하였다.

【焦遂】 布衣의 人物.

【飮酒八仙人】 杜甫의 〈飮中八仙歌〉는 이 여덟 사람을 노래한 것이다.

【華陰縣】 中國 五嶽 중 西嶽인 華山의 북쪽 지역을 말하며 陝西省에 속한다.

【牛渚磯】 彩石江을 말한다. 原名은 牛渚磯. 지금의 安徽省 馬鞍山市 長江의 東岸.

【金陵】 지금의 南京市.

【永王璘】 李璘. 玄宗의 16번째 아들로 肅宗의 異母弟이다. 安史의 亂 때 山南東·嶺南·黔中·江南西의 四道節度使가 되었다.

【彭澤】 지금의 江西省 彭澤縣.

【潯陽】 지금의 江西省 九江市.

【幷州】 지금의 山西省 太原市.

【郭子儀】 唐나라 때의 將軍으로 安史의 亂 때 朔方節度使가 되어 史思明을 격패시켰으며 뒤에 河東副元帥를 거쳐 汾陽郡王에 봉해졌다. 兩《唐書》에 傳이 있다.

【夜郎】 地名. 지금의 貴州省 正安縣.

李白 〈襄陽歌〉如初 金膺顯(현대)

【度牛渚磯, 乘酒捉月, 沈水中】李白이 牛渚磯(彩石江)에서 달을 잡으려다 빠져 죽었다는 故事는 民間에 널리 전파되어 있으나 그 사실인지 여부는 알 수 없다. 宋 洪邁의 《容齋隨筆》(卷3) 참조.

【謝朓】南朝의 齊나라 詩人. 그가 遊覽하던 산을 '謝家靑山', 혹은 '謝公山'이라 하며 지금의 安徽省 當塗縣에 있다.

【李暠】字는 玄盛이며 隴西 成紀人으로 晉安帝 隆安 4年(400)에 敦煌·酒泉을 근거지로 스스로를 '涼公'이라 하였다. 이를 西涼이라 한다. 그 뒤 17년 만에 죽고 諡號를 武昭王이라 하였다. 본문에서 "或云~끝"부분은 뒷사람이 補注한 부분이 아닌가 여겨진다.

참고 및 관련 자료

1. 이백(李白: 701~762)

盛唐 최고의 詩人. 道敎的 性向이 강하였으며 '詩仙'이라 불리었다. 《新唐書》(藝文志, 4)에 李白의 《草堂集》20卷이 著錄되어 있으며 《全唐詩》에는 그의 詩 25卷(161~185)이 실려 있고, 《全唐詩外編》및 《全唐詩續拾》에 시 36首와 斷句 10句가 補入되어 있다. 한편, 《唐詩紀事》(卷18)에 그에 관한 기사가 실려 있다.

〈李白〉

2. 《舊唐書》卷190(下) 文苑傳(下) 참조.

3. 《新唐書》卷202 文藝傳(中) 참조.

4. 《唐詩紀事》卷18

○ 又《南部新書》云:「李白, 山東人, 父爲任城尉, 因家焉. 少與魯人隱徂徠山, 號竹溪六逸.」天寶初, 遊會稽, 與吳筠隱剡中. 俗稱蜀人, 非也. 今任城令廳有白之詞尙存. 唐范傳正誌其墓曰:「白, 涼武昭王九世孫. 昭王隴西人, 隋末, 子孫以罪徙碎葉. 神龍時, 白父客, 自西城逃居綿之巴西, 而白生焉.」唐魏顥·李陽冰序其文, 劉全白撰其墓碣, 皆曰廣漢人. 故論白者, 或曰隴西, 或曰山東, 或曰蜀. 陽冰云:「李翰林浪跡縱酒, 以自昏穢, 詠歌之際, 屢稱東山李白. 亦云以張垍讒逐, 遊海岱間, 子美所謂汝與山東李白好, 蓋白自號也.」〈蜀道難〉, 或曰作於天寶初, 或曰作於天寶末, 二說皆出於後世, 以意逆之, 曰此爲房·杜危之也.

陸暢去白未遠, 作〈蜀道易〉以美韋皋, 傳之當時. 而〈蜀道難〉之詞曰:『錦城雖云樂, 不如早還家』. 其意必有所屬, 房・杜之說, 蓋近之矣.

○ 白, 本末, 傳記所載不同. 唐史稱白興聖皇帝九世孫, 隋末以罪徙西域, 神龍初遁還, 客巴西. 旣長, 隱岷山, 蘇頲爲益州長史, 見白異之. 更客任城, 與孔巢父・韓準・裴政・張叔明・陶沔居徂徠山, 日沉飲, 號竹溪六逸. 天寶初, 南入會稽, 與吳筠善; 筠被召, 故白亦至長安. 往見賀知章, 賀知章見其文, 歎曰:「子謫仙人也!」

5.《全唐詩》卷161

李白, 字太白, 隴西成紀人. 涼武昭王暠九世孫, 或曰山東人. 白少有逸才, 志氣宏放, 飄然有超世之心. 初隱岷山, 益州長史蘇頲見而異之曰:「是子天才英特, 可比相如.」天寶初, 至長安, 往見賀知章. 知章見其文, 歎曰:「子謫仙人也.」言於明皇, 召見金鑾殿, 奏頌一篇. 帝賜食, 親爲調羹. 有詔供奉翰林, 白猶與酒徒飲於市, 帝坐沈香亭子. 意有所感, 欲得白爲樂章. 召入, 而白已醉. 左右以水頮面, 稍解, 援筆成文, 婉麗精切, 帝愛其才, 數宴見. 白常侍帝, 醉, 使高力士脫靴, 力士素貴, 恥之. 摘其詩以激楊貴妃, 帝欲官白, 妃輒沮止. 白自知不爲親近所容, 懇求還山. 帝賜金放還, 乃浪跡江湖, 終日沈飲. 永王璘都督江陵, 辟爲僚佐, 璘謀亂. 兵敗, 白坐長流夜郎, 會赦得還. 族人陽冰爲當塗令, 白往依之. 代宗立, 以左拾遺召, 而白已卒. 文宗時, 詔以白歌詩・裴旻劍舞・張旭草書爲三絕云, 集三十卷, 今編詩二十五卷.

6.〈清平調〉趙飛燕事件 (唐 李濬《松窗雜錄》)

異日太眞妃重吟前詞. 力士戲曰:「始謂妃子怨李白深入骨髓, 何拳拳如是?」太眞妃因驚曰:「何翰林學士能辱人如斯?」力士曰:「以飛燕指妃子, 是賊之甚矣」太眞頗深然之. 上嘗欲命李白官, 卒爲宮中所捍而止.

7.〈清平調〉(《唐詩紀事》卷18)

明帝坐沉香亭, 意有所感, 欲得白爲樂章. 召入. 而白已醉, 左右以水頮面, 稍解, 授筆成文, 婉麗精切無留思.〈清平調詞〉云:

『雲想衣裳花想容, 春風拂檻露華濃. 若非羣玉山頭見, 會向瑤臺月下逢.』

『一枝紅豔露凝香, 雲雨巫山枉斷腸. 借問漢宮誰得似, 可憐飛燕倚新粧.』

『名花傾國兩相歡, 長得君王帶笑看. 解釋春風武限恨, 沉香亭北倚欄干.』

禁中木芍藥開, 上賞之, 妃子從. 帝曰:「賞名花, 對妃子, 焉用舊樂詞爲!」命李龜年特金花牋賜白, 爲〈清平樂詞〉三章. 梨園弟子撫絲竹, 李龜年歌之. 上親調玉笛以倚曲, 每曲遍將換, 則遲其聲以媚之. 太眞以頗梨七寶盃, 酌西涼葡萄酒笑飲.

8. 〈蜀道難〉(《唐詩紀事》卷18)

蜀道難云: 『噫吁嚱, 危乎高哉! 蜀道之難難於上青天. 蠶叢及魚鳧, 開國何茫然! 爾來四萬八千歲, 乃與秦塞通人煙, 西當太白有鳥道, 可以橫絶峨嵋巔. 地崩山摧壯士死, 然後天梯石棧方鉤連. 上有六龍迴日之高標, 下有衝波逆折之回川. 黃鶴之飛尚不得過, 猿猱欲度愁攀緣. 青泥何盤盤, 百步九折縈巖巒. 捫參歷井仰脅息, 以手撫膺坐長嘆. 問君西遊何時還? 畏途巉巖不可攀, 但見悲鳥號古木, 雄飛雌從遶林間. 又聞子規啼夜月, 愁空山. 蜀道之難難於上青天. 使人聽此凋朱顏. 連峯去天不盈尺, 枯松倒挂倚絶壁. 飛湍瀑流爭喧豗, 砯崖轉石萬壑雷. 其險也若此, 嗟爾遠道之人胡爲乎來哉! 劍閣崢嶸而崔嵬, 一夫當關, 萬人莫開. 所守或匪親, 化爲狼與豺. 朝避猛虎, 夕避長蛇, 磨牙吮血, 殺人如麻. 錦城雖云樂, 不如早還家. 蜀道之難難於上青天, 側身西望長咨嗟!』〈蜀道難〉, 或曰譏章仇兼瓊; 或曰譏嚴武之暴, 爲房相·杜甫危之也.

9. 高力士脫靴 사건(《唐詩紀事》卷18)

高力士以脫靴之恥, 譖白於貴妃曰:「以飛燕指妃子, 是賤之甚也」不爲親近所容, 乃益放騖, 爲酒八仙人, 懇求還山.

李白〈靜夜思〉如初 金膺顯(현대)

046(2-20)
두보杜甫

두보杜甫의 자가 자미子美이며 경조京兆 사람이다. 두심언杜審言이 두한
杜閑을 낳고 두한이 두보를 낳았다. 어려서 집이 가난하여 스스로 떨치지
못하고 오吳·월越·제齊·조趙 지방을 떠돌았으며 이옹李邕이 자신의 재질을
기이하게 여긴다는 것을 알고 제일 먼저 그를 찾아갔다. 그리고 진사시험에
응하였으나 낙방하여 장안長安에 머물며 가난에 시달렸다.

천보天寶 3년, 현종玄宗이 태청궁太淸宮에 이르러 조헌朝獻하고 사당과
교외에서 제사를 지낼 때, 두보는 그 기회를 이용해 부賦 세 편을 지어
바쳤다. 현종이 이를 보고 훌륭히 여겨 그를 대조집현원待詔集賢院으로
보내어 재상으로 하여금 문장을 시험해보도록 하였다. 그리하여 그는
하서위河西尉로 발탁되었으나 미처 부임하기 전에 다시 우위솔부주조참군
右衛率府冑曹參軍으로 임명되었다. 그는 여러 차례 부송賦頌을 올려 스스로를
치켜세우며 도를 칭하였다. 또 그는 이렇게 말하였다.

"저의 조상이신 두서杜恕·두예杜預 이래 유가를 지키며 관직을 이어온 지
11세가 됩니다. 할아버지 두심언에 이르러서는 문장으로 이름을 날렸고,
저 역시 이러한 가풍에 힘입어 일곱 살부터 글을 짓기 시작하여 이제 40년이
됩니다. 그러나 옷은 몸을 다 덮지 못할 정도요, 항상 남에게 기식寄食하여
살고 있습니다. 생각건대 죽어 구학溝壑에 뒹굴면 그제야 천자께서 저를
불쌍히 여기실는지요. 만약 제 조상의 연고 된 일을 시켜주셔서 진흙길에
오래도록 곤욕을 치른 저를 뽑아 주신다면 저의 술작述作은 비록 육경

六經을 고쳐시키기에는 부족할지 모르나 먼저 몇몇 사람보다는 앞서 세상에 울음을 알릴 수 있을 것입니다. 또 침울돈좌沈鬱頓挫하고 수시로 민급敏給한 면에서는 양웅揚雄이나 매고梅皐 정도는 가히 미칠 수 있으리라 봅니다. 신은 이와 같은 자이온데 폐하께서는 차마 저를 버려두시겠습니까?"

그때 마침 안록산安祿山의 난을 만나 천자는 촉蜀 땅으로 갔고 두보도 삼천三川으로 도피해야 하였다.

숙종肅宗이 즉위하자 그는 부주鄜州로부터 다 낡은 옷을 입은 채, 임금의 행재소行在所로 가다가 반란군의 포로가 되고 말았다.

지덕至德 2년, 그는 다시 봉상鳳翔으로 도망하여 결국 임금을 뵙고 좌습유左拾遺를 배수받았다.

한편 그는 방관房琯과는 포의지교布衣之交였다. 그런데 방관은 마침 싸움에 패하였고 게다가 금객琴客 동정란董廷蘭의 일로 재상직까지 잃고 말았다. 이를 본 두보는 상소를 올렸다.

"하찮은 죄로 대신을 파면시키는 것은 옳은 일이 아닙니다."

이 일로 임금은 노하여 삼사三司로 하여금 두보를 문책하게 하였다. 그러자 재상 장호張鎬는 이렇게 변호해 주었다.

"만약 두보에게 죄를 준다면 언로가 막힐 것입니다."

그리하여 임금은 용서하고 더 이상 문책하지 않았다. 당시 반란군은 가는 곳마다 약탈이 심하였다. 두보의 가족은 부주鄜州에 살고 있었다. 그 때 나이 찬 아이들은 빈궁에 시달렸고 어린아이는 굶어죽기까지 하였다. 이에 두보는 허락을 얻어 고향을 찾으러 떠났다가 다시 서울로 돌아왔다. 그는 화주사공참군華州司功參軍으로 출임하였다.

관중關中과 장안 부근에 기근이 심하자 두보는 관직을 버리고 진주秦州를 떠돌며 나무하고 도토리를 주워 생명을 연명하였다.

다시 그는 검남劍南 지역을 유랑하여 성도成都의 서쪽 교외 완화계浣花溪에 초당을 짓고 살았다. 그는 경조공조참군京兆功曹參軍에 보임補任되었으나 가지 않았다. 마침 엄무嚴武가

〈杜甫(子美)〉《三才圖會》

검남서천절도사劍南西川節度使로 오자 그곳에 가서 의탁하였다. 엄무가
재차 검남절도사로 오자 그는 표를 올려 두보를 참모로 삼아 검교공부
원외랑檢校工部員外郞의 직함을 주었다. 엄무는 두보 집안과 세교世交 관계
였기 때문에 두보를 심히 우대해 주었다. 심지어 엄무가 그 스스로 직접
두보의 집에 가게 되었을 때에도 두보는 그를 만나면서 가끔 두건도
쓰지 않을 정도였다.

그러나 두보의 성품은 편조오탄編躁傲誕하여 늘 취한 채 엄무의 침상
까지 올라가 눈을 부라리며 이렇게 소리치곤 하였다.

"네 아비 엄정지嚴挺之에게 이런 아들놈이 있다니!"

엄무는 이를 괘씸히 여기고 있다가 어느 날 하루는 참지 못하고 두보를
죽이려고 관리를 그 문 앞에 모아 들였다. 그런데 엄무가 방에서 나서려
하자 갓끈 갈고리가 세 번씩이나 휘장에 걸리는 것이었다. 좌우 관리가
이 일을 엄무 어머니에게 알려주자 겨우 어머니의 설득으로 중지하게
되었다.

최간崔旰 등이 난을 일으키자 두보는 다시 자주梓州·기주夔州 지역을 떠
돌았다. 대력大曆 연간에는 다시 구당瞿塘으로부터 원강沅江·상강湘江을
거쳐 형산衡山에 올랐다. 그러나 뇌양耒陽을 거쳐 악사嶽祠를 유랑하다가
갑작스러운 홍수를 만나 열흘이나 먹지도 못하였다. 마침 현령이 배를
마련하여 그를 구해주어 그를 영접하였다. 그는 살아난 후 현령이 구운
쇠고기와 백주白酒를 갖추어 먹여주자 크게 취하여 그 날 저녁 죽고
말았다. 그때 나이 59세였다.

두보는 방광放曠하며 스스로 검약하지 못하였다. 천하 대사를 즐겨
논하며 스스로 고고하였으나, 현실에 절합切合하지도 못하였다. 그는 이백
李白과 이름을 나란히 하여 당시 '이두李杜'라 불렸다.

잦은 난리 속에서도 절조를 지켜 스스로를 더럽힘이 없었다. 그의
시가詩歌는 시절을 애상히 여겨 요약撓弱하였으며, 시정詩情 속에 임금을
잊지 않는 것들이어서 누구나 그를 불쌍히 여겼다.

무덤은 악양岳陽에 있으며 문집 60권과 윤주자사潤州刺史 번황樊晃이
찬집한 《소집小集》이 있어 지금도 전한다.

◎ 능히 말 잘하는 자가 곧 능히 일을 잘 처리하는 것은 아니며, 능력 있는 자가 곧 말을 잘하는 것은 아니다. 이백과 두보 두 사람은 보건대 기구하고 들끓는 험한 세상에 태어났으면서도, 말끝마다 왕업王業과 패업 霸業을 들어 정사의 득실을 찬양하거나 비평하였으니 그들의 충효 사상은 천고千古를 놀라게 하였으며, 그들의 소아騷雅의 절묘한 문장들은 당시에 특출한 두 인물로 이름을 떨쳤다.

아울러 여러 사람의 뛰어난 점은 물론이려니와 고금을 막론하고 옛 작품을 집대성集大成하였으니 역대 이래 그 당시의 풍진風塵을 상상해 보는 것 같다.

아깝도다. 훌륭한 고삐는 있으나 말에 올라보지도 못하고, 기이한 재주가 함께 꺾였으니 죽백竹帛에 색이 바래 한갓 빈 말이 되고 말았도다! 아슬프다. 옛날 사람들이 두보의 전중典重함과 이백의 표일飄逸함을 일컫고 있으니, 신성神聖의 경계가 두 선생만이 닿을 수 있는 것이로다.

"바닷물을 구경해본 사람은 어지간한 물에는 감동을 받지 않는 법이다. 이 두 사람의 문에 들어서 보면 어지간한 시에는 성이 차지 않을 것이로다."

이는 진실로 믿을 만한 말이로다.

杜甫:

甫, 字子美, 京兆人. 審言生閑, 閑生甫. 貧少不自振, 客吳·越·齊·趙間, 李邕奇其材, 先往見之. 擧進士不中第, 困長安.

天寶三載, 玄宗朝獻太淸宮·饗廟及郊, 甫奏賦三篇. 帝奇之, 使待詔集賢院, 命宰相試文章. 擢河西尉, 不拜, 改右衛率府冑曹參軍.

數上賦頌, 高自稱道, 且言:「先臣恕·預以來, 承儒守官十一世, 迨審言, 以文章顯. 臣賴緖業, 自七歲屬辭, 且四十年, 然衣不蓋體, 常寄食於人. 竊恐轉死溝壑, 伏惟天子哀憐之.

若令執先臣故事, 拔泥塗久辱, 則臣之
述作, 雖不足鼓吹六經, 先鳴數子, 至沈鬱
頓挫, 隨時敏給, 揚雄·枚皐, 可企及也.
有臣如此, 陛下其忽棄之!」

會祿山亂, 天子入蜀, 甫避走三川.

肅宗立, 自鄜州羸服欲奔行在, 爲賊
所得. 至德二年, 亡走鳳翔, 上謁, 拜左
拾遺. 與房琯爲布衣交, 琯時敗兵, 又以
琴客董廷蘭之故罷相, 甫上疏言:「罪細不宜免大臣」

帝怒, 詔三司雜問.

宰相張鎬曰:「甫若抵罪, 絕言者路」

帝解, 不復問. 時所在寇奪, 甫家寓鄜, 彌年艱窶, 孺弱至
餓死, 因許甫自往省視. 從還京師, 出爲華州司功參軍. 關輔饑,
輒弃官去. 客秦州, 負薪拾橡栗自給. 流落劍南, 營草堂成都
西郭浣花溪. 召補京兆功曹參軍, 不至. 會嚴武節度劍南西川,
往依焉. 武再帥劍南, 表爲參謀·撿校工部員外郎. 武以世舊,
待甫甚善, 親詣其家, 甫見之, 或時不巾. 而性褊躁傲誕, 常醉
登武牀, 瞪視曰:「嚴挺之乃有此兒!」

武中銜之. 一日, 欲殺甫, 集吏於門, 武將出, 冠鉤於簾者三,
左右走報其母, 力救得止. 崔旰等亂, 甫往來梓·夔間. 大曆中,
出瞿塘, 泝沅·湘以登衡山. 因客耒陽, 遊嶽祠, 大水暴至, 涉旬
不得食, 縣令具舟迎之, 乃得還, 爲設牛炙白酒, 大醉, 一昔卒,
年五十九.

甫放曠不自撿, 好論天下大事, 高而不切也. 與李白齊名,

時號「李杜」. 數嘗寇亂, 挺節無所汙. 爲歌詩, 傷時撓弱, 情不忘君, 人皆憐之.

墳在岳陽. 有集六十卷, 及潤州刺史樊晃纂《小集》, 今傳.

◎ 能言者未必能行, 能行者未必能言. 觀李·杜二公, 踦踽板蕩之際, 語語王霸, 褒貶得失, 忠孝之心, 驚動千古, 騷雅之妙, 雙振當時. 兼衆善於無今, 集大成於往作, 歷世之下, 想見風塵. 惜乎! 長轡未騁, 奇才並屈, 竹帛少色, 徒列空言, 嗚呼哀哉! 昔謂杜之典重, 李之飄逸, 神聖之際, 二公造焉.「觀於海者, 難爲水; 遊李·杜之門, 者難爲詩」斯言信哉!

【京兆】首都 長安을 말한다. 그러나 杜甫의 籍貫에 대해《舊唐書》에는 "本襄陽人, 後徙河南鞏縣"이라 하였다.

【杜審言】杜甫의 祖父. 권1(007) 참조.

【杜閑】武功縣尉·奉天縣令 등을 지냈다. 杜甫의 아버지.

【吳·越·齊·趙】모두 古地名으로 江蘇省(吳)·浙江省(越)·山東省(齊)·河北省(趙)을 가리킨다.

【李邕】北海太守를 역임하였다. 024 注 참조.

【朝獻】古代 祭祀의 일종.

【河西】지금의 陝西省 合陽縣.

【杜恕】三國時代 魏나라의 人物로 字는 務伯이며 幽州刺史 등을 지냈다. 杜甫의 先代.

【杜預】역시 杜甫의 先代. 007 注 참조. 이상의 글은 杜甫의〈進雕賦表〉의 일부이다.

【揚雄】字는 子雲으로 西漢 때의 賦家이며 學者.〈子虛賦〉·〈上林賦〉등이 있으며,《論語》를 모방한《法言》과《周易》을 모방한《太玄經》이 있다.《漢書》에 傳이 실려 있다.

【枚皋】西漢의 賦家이며,《漢書》에 傳이 실려 있다.

【三川】지금의 陝西省 富縣 남쪽 일대.

【肅宗】唐 玄宗의 아들인 李亨. 安史의 亂으로 長安이 함락되고 玄宗이 蜀으로 몽진하자, 李亨이 756년 靈武에서 皇帝에 올라 至德을 年號로 삼고 玄宗을 太上皇으로 하였다. 뒤에 玄宗이 이를 追認하였다.

【鄜州】지금의 陝西省 富縣.

【鳳翔】지금의 陝西省 鳳翔縣. 당시 肅宗이 머물던 곳.

【房琯】玄宗이 蜀으로 피난을 갔을 때 따라갔다가, 肅宗의 冊立을 맡아 심부름을 하였다. 뒤에 安祿山의 토벌을 자청하였으나 결국 패하고 邠州 刺史로 폄직되었다. 兩《唐書》에 傳이 실려 있다.

【董廷蘭】朝廷의 樂官. 房琯이 그를 숨겨 주었다가 발각되어 房琯은 宰上職에서 파직되었다.

【三司】唐나라 때에는 御史大夫·中書省·門下省을 三司라 하였다.

【張鎬】031.〈王昌齡傳〉注 참조.

【華州】지금의 陝西省 華縣.

【秦州】지금의 甘肅省 天水市.

【劍南】劍閣의 남쪽. 즉 지금의 四川省 및 그 아래 지역 일대. 003 참조.

【嚴武】成都尹. 劍南節度使 등을 역임하였으며, 土蕃을 깨뜨린 공로로 鄭國公에 봉해졌다. 杜甫를 도와주었다. 兩《唐書》에 傳이 있다.

【嚴挺之】嚴武의 부친이며 이름은 浚. 太府卿·尙書左丞 등을 역임하였으며. 李林甫에게 陷害를 입어 죽임을 당하였다.

【崔旴】漢州刺史를 지냈으며 兩《唐書》에 傳이 실려 있다. 일부 판본에 崔旴·崔肝 등으로 잘못 실린 곳도 있다.

【梓州】지금의 四川省 三台縣 근처.

【夔州】지금의 四川省 奉節縣.

【耒陽】지금의 湖南省 耒陽縣.

【年五十九】杜甫의 죽음은 원래 小說家들이 꾸며낸 이야기이다. 이는 唐 鄭處海의 《明皇雜錄》에서 비롯된 것이며, 이를 《新唐書》에 그대로 옮겨 실었고 辛文房도 그대로 引用한 것이다.

【岳陽】地名. 杜甫의〈登岳陽樓〉로 유명한 곳이다. 지금의 湖南省 岳陽市.

【樊晃】潤州刺史를 지냈으며 杜甫의 글을 모아 《小集》으로 편찬하였다.

【板蕩】사회가 동요되고 시끄러움 즉 안정을 얻지 못함을 말한다.《詩經》大雅의〈板〉·〈蕩〉二篇의 의미를 결합한 것이다.

【觀於海者, 難爲水】《孟子》盡心(上)에 실려 있다. "孟子曰: '孔子登東山而小魯,
登泰山而小天下. 故觀於海者, 難爲水, 遊於聖人之門者, 難爲言.'"이라 하였다.
원뜻은 '바다를 구경한 자는 물같이 넓고 평평하기가 얼마나 어려운 것인
가를 깨닫게 되고, 성인의 문에 드나들어 본 자는 옳은 말을 한다는 것이
얼마나 어려운 일인가를 알게 된다'는 내용이다.
【竹帛】옛날 종이가 발명되기 전에 대쪽이나 布帛에 글을 써서 역사를 기록
한 책이다.

참고 및 관련 자료

1. 두보(杜甫: 712~770)
唐代 최고의 詩人으로 '詩聖'이라 불리었으며 李白과 並稱되었다. 그의 文集은
《新唐書》杜甫傳에 文集 60卷이 전한다고 하였으나 元代에 이미 일부가 散逸
되었다. 《全唐詩》에는 그의 詩 19卷(216~234)이 편집되어 있고 《全唐詩外編》
및 《全唐詩續拾》에 2首와 斷句 4句가 補入되어 있다. 그 외에 《唐詩紀事》
(卷18)에 그에 관한 기사가 실려 있다.

2. 《舊唐書》卷190(下) 文苑傳(下) 참조.

3. 《新唐書》卷201 文藝傳(上) 참조.

4. 《唐詩紀事》卷18
睿宗先天元年癸丑, 是歲甫生. 明皇開元三年丙辰, 於郾城觀公孫大娘舞劍器.
(是年才四歲, 必有悟.) 天寶元年癸未, 有〈南曹小司寇爲山〉之作, 時年三十一,
天寶十一年癸巳, 上韋相詩, 有龍飛四十春, 帝卽位四十年. 時有〈兵車行〉·
〈麗人行〉. 十三年乙未, 上〈三大禮賦〉, 甫年四十三. (召試文章, 授河西尉, 不行,
改右衛率府胄曹.) 十四年丙申, 是年十一月, 初自京赴奉先, 有〈詠懷〉詩. 是月

백락천과 두보

祿山亂. (以家避亂鄜州, 獨陷賊中.) 天寶
十五載丁酉六月, 帝西狩, 有〈哀王孫〉詩.
七月, 肅宗卽位, 改元至德. 是年避寇馮翊,
有〈白水高齋三州觀漲〉詩. 至德二年, 自賊
中竄歸鳳翔, 拜左拾遺. 八月, 墨制放往鄜
州迎家, 有〈北征〉詩. 明年乾元元年, 收京,
扈從還長安. 上疏論救房琯, 帝怒, 黜甫華州

司功, 有〈新安吏〉·〈石壕吏〉·〈新婚別〉·〈垂老別〉·〈留花門〉·〈洗兵馬〉詩. 明年, 關輔飢亂, 棄官之秦州, 乃適同谷, 乃入蜀, 有〈遣興〉三首. 上元元年辛丑, 在蜀. 二年, 嚴武鎭蜀, 甫自閬往依焉. 明年寶應元年癸巳, 有元年建巳月詩. 代宗廣德元年甲辰, 有〈祭房相國文〉. 武再鎭蜀, 表甫參謀檢校工部員外, 作〈傷春〉五首. 永泰元年丙午, 武卒, 崔旰殺郭英乂, 楊子琳·柏正節舉兵攻旰, 蜀亂, 甫遊東川. 除京兆功曹, 不赴. 大曆元年丁未, 移居夔州. 三年, 出峽之荊渚, 至湘潭, 寓居耒陽. 五年辛亥, 有〈追高適人日作〉. 夏, 甫還襄漢. 卒於岳陽.

5.《全唐詩》卷216

杜甫, 字子美. 其先襄陽人, 曾祖依藝爲鞏令, 因居鞏. 前天寶初應進士, 不第, 後獻三大禮賦. 明皇奇之, 召試文章, 授京兆府兵曹參軍. 安祿山陷京師, 肅宗卽位靈武, 甫自賊中遯赴行在, 拜左拾遺, 以論救房琯. 出爲華州司功參軍, 關輔饑亂, 寓居同州同谷縣, 身自負薪采梠, 餔糒不給. 久之, 召補京兆府功曹, 道阻不赴, 嚴武鎭成都, 奏爲參謀·檢校工部員外郎. 賜緋, 武與甫世舊, 待遇甚厚. 乃於成都浣花里種竹植樹, 枕江結廬, 縱酒嘯歌其中. 武卒, 甫無所依, 乃之東蜀就高適, 旣至而適卒. 是歲, 蜀帥相功殺, 蜀大擾, 甫攜家避亂荊楚, 扁舟下峽. 未維舟而江陵亦亂,

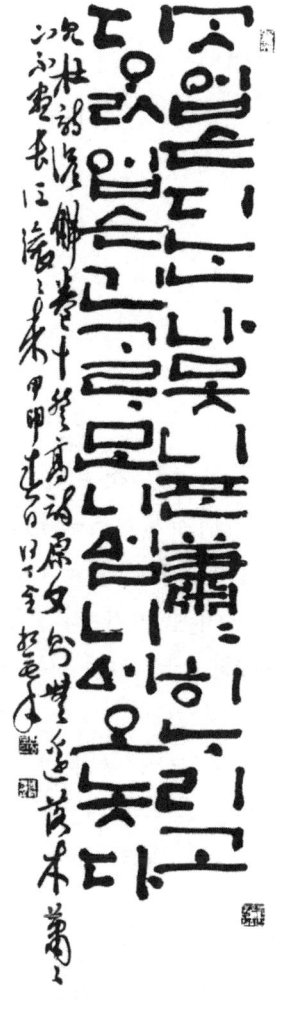

〈杜詩諺解〉河丁 全相摹(현대)

乃泝沿湘流, 遊衡山. 寓居耒陽, 卒年五十九. 元和中, 歸葬偃師首陽山, 元積志其墓, 天寶間, 甫與李白齊名, 時稱李杜. 然元積之言曰: 「李白壯浪縱恣, 擺去拘束, 誠亦差肩子美矣. 至若鋪陳終始, 排比聲韻. 大或千言, 次猶數百, 詞氣豪邁, 而風調淸深. 屬對律切, 而脫棄凡近, 則李尙不能歷其藩翰, 況堂奧乎!」白居易亦云: 「杜詩貫穿古今, 盡工盡善, 殆過於李」元·白之論如此, 蓋其出處勞佚, 喜樂悲憤, 好賢惡惡, 一見之於詩, 而又以忠君憂國. 傷時念亂爲本旨, 讀其詩, 可以知其世. 故當時謂之詩史, 舊集詩文共六十卷, 今編詩十九卷.

047(2-21)
정건鄭虔

    정건鄭虔은 정주鄭州 사람으로 고사高士이다. 소허공蘇許公이 재상이었을 때 망년지계忘年之契로써 소호공은 그를 저작랑著作郎으로 추천하였다. 정건은 일찍이 당세當世의 일을 기록하여 그 글이 모두 80여 편이 되었으나 어떤 이가 정건이 사사롭게 국사國史를 저술한다고 고하자 그만 창황히 놀라 이를 모두 태워버렸고 그 일에 연좌되어 10년의 유배 생활을 해야 하였다.

    현종玄宗이 그의 재주를 아껴 개원開元 25년, 다시 광문관廣文館을 설치하고 그를 초임의 박사博士로 삼았다. 이처럼 광문관 박사는 정건이 시초이다. 그는 두보杜甫와 사귀어 두보가 그에게 증정한 시가 있다.

"재주와 명성 40년이 되건만   才名四十年
  힘없는 이 나그네 담요 한 장 없소이다   坐客寒無氈
  오직 소사업 그분이 있으므로 해서   惟有蘇司業
  때때로 우리 술값을 전해주네."   時時與酒錢

    정건은 궁기窮饑하고 감가轗軻하였지만 마음만은 담담하였다. 그저 거문고, 술, 그리고 시 짓기를 좋아하였고 산수 그림에 뛰어났었다. 이에 자은사慈恩寺 감나무 잎을 몇 개의 방에 저장하고는 날마다 그곳에 가서 글씨를 써서 거의 다 사용하였다고 한다.

일찍이 정건은 스스로 글씨와 그림을 써서 임금에게 올린 적이 있었다. 현종은 그 그림 끝에 큰 글씨로 '정건삼절鄭虔三絶'이라 써주었다.

정건은 이백李白·두보杜甫와 가까운 사이로 두 사람은 그를 두고 '정광문鄭廣文'이라 불렀다. 안록산安祿山이 난을 일으켜 그에게 수부원외랑水部員外郎의 직위를 내리려 하자 그는 병을 핑계로 끝까지 사퇴하여 그 기절을 손상시키지 않았다.

그 난이 평정된 후, 정건도 장통張通·왕유王維와 함께 모두 옥중에 갇히는 몸이 되었다. 세 사람은 모두가 그림에 능한 인물들이었다. 이에 최원崔圓이 그들에게 자신의 재실齋室 벽화를 그려주면 그는 대신 그들의 억울함을 풀어주겠다고 하였다. 그리하여 그는 죽음을 면한 채 태주사호台州司戶로 폄직되었다.

죽은 후 그의 문집이 세상에 전해지고 있다.

鄭虔:

虔, 鄭州人, 高士也. 蘇許公爲宰相, 申以忘年之契, 薦爲著作郎. 嘗以當世事著書八十餘篇, 有告虔私撰國史者, 虔倉惶焚之, 坐謫十年. 玄宗愛其才, 開元二十五年, 爲更置廣文館, 虔爲博士. 廣文博士自虔始.

杜甫爲交, 有贈詩曰:『才名四十年, 坐客寒無氈. 惟有蘇司業, 時時與酒錢.』

其窮飢轗軻, 淡如也. 好琴酒篇詠, 善圖山水. 能書, 苦無紙, 於慈恩寺貯柿葉數屋, 逐日就書, 殆遍.

嘗自寫其詩幷畫, 表獻之, 玄宗大署其尾曰:「鄭虔三絶」. 與李·杜爲密友, 多稱「鄭廣文」.

祿山反, 僞授水部員外郎, 託以疾, 不奪. 賊平, 張通·王維並囚繫, 三人皆善畫, 崔圓使繪齋壁, 因爲析解, 得貶台州司戶.
卒. 有集行世.

【鄭州】지금의 河南省 鄭州市.

【蘇許公】蘇頲. 許國公에 襲封되었다. 兩《唐書》에 傳이 실려 있다.

【廣文館】《唐會要》(卷66)에 "天寶九載七月十三日置, 領國子監進士業者. 博士,
助敎各一人, 品秩同太學, 以鄭爲博士"라 하여 본문의 開元 25年은 天寶
9年의 잘못이다.

【才名四十年】杜甫의 이 詩는《全唐詩》(卷26)에 실려 있으며 原題는 〈戲簡
鄭廣文虔兼呈蘇司業源明〉이다. 본문 중 蘇司業은 蘇源明을 가리키며 天寶
중에 進士에 급제하여 東平太守·國子司業·秘書少監 등을 역임한 人物로
《新唐書》에 傳이 있다.

【轗軻】雙聲連綿語. '坎坷'로도 쓰며 고생스러움을 말한다. 〈古詩十九首〉
4에 "無爲守窮賤, 轗軻長苦辛"이라 하였다.

【慈恩寺】唐 高宗이 太子였을 때 지은 절로 長安城의 동남쪽에 있으며,
유명한 大雁塔이 그 경내에 있다.

【張通】山水畫에 뛰어났던 人物.《歷代名畫記》(卷10) 참조.

【崔圓】肅宗 때 中書令을 지냈던 人物. 兩《唐書》에 傳이 실려 있다.

【台州】지금의 浙江省 臨海縣.

참고 및 관련 자료

1. 정건(鄭虔)

唐나라 중기의 高士. 그의 傳記는《歷代名畫記》(卷9)에도 자세히 실려 있다.
그의 文集은 唐宋 이래 각종 書目에는 나타나 있지 않으며 다만《全唐詩》
(卷255)에 詩 1首가 실려 있고《全唐詩續拾》에 斷句 1句가 補入되어 있다.
《唐詩紀事》(卷20)에 그에 관한 기록이 실려 있다.

2.《新唐書》卷202 文藝傳(中) 참조.

3.《唐詩紀事》卷20

虔, 滎陽人. 天寶初爲協律郎. 或告其私選國史, 坐謫, 十年還京, 爲廣文博士. 自寫其詩畫以獻帝, 帝書曰『鄭虔三絕』. 禄山反, 劫爲水部郎中, 乃託風緩求攝市令, 而以密草達靈武. 賊平, 坐王維下遷, 而虔貶台州司戶參軍. 後數年卒.

4.《全唐詩》卷255

鄭虔, 滎陽人. 天寶初, 爲協律郎, 坐事謫官. 明皇愛其才, 特置廣文館. 授爲博士. 遷著作郎. 以陷安禄山, 貶台州司戶參軍. 最善杜甫, 又與祕書監鄭審篇翰齊價, 虔工畫山水, 好書. 常苦無紙, 乃於慈恩寺貯柿葉數屋, 日往取葉肄書. 歲久殆盡, 嘗自寫其詩幷畫以獻, 帝親署其尾曰『鄭虔三絕』, 今存詩一首.

5.杜甫〈戲簡鄭廣文虔兼呈蘇司業源明〉(《全唐詩》216)

『廣文到官舍, 繫馬堂階下. 醉則騎馬歸, 頗遭官長罵. 才名四十年, 坐客寒無氈. 賴有蘇司業, 時時與酒錢.』

048(2-22)
고적高適

　고적高適의 자는 달부達夫, 혹은 중무仲武라고도 하며 창주滄州 사람으로
젊어서 성격이 탁락拓落하여 소절小節에 얽매임이 없었다. 과거 고시에
참가하는 것을 부끄럽게 여기고 은둔하여 도박의 무리에 휩쓸렸지만
그래도 그의 재명才名은 널리 퍼져나갔다.

　그 뒤 고적은 유도과有道科에 급제하여 봉구위封丘尉를 제수받았다.
얼마 지나지 않아 가서한哥舒翰은 표를 올려 고적을 장서기掌書記의 직함
을 주도록 추천하였다. 뒤에 그는 간의대부諫議大夫로 발탁되자 자신의
의기를 믿고 감히 직언을 하자, 조정의 권신들이 그를 두려워하게 되었고,
특히 이보국李輔國은 그의 재간才幹을 질투하기도 하였다.

　촉蜀 땅에 난이 일어나자 그는 촉주蜀州와 팽주彭州 두 주의 자사刺史로
출임出任하였다가 다시 서천절도사西川節度使로 승진하였으며, 영태永泰
초에 죽었다.

　고적은 기절氣節을 숭상하였고 말끝마다 왕업王業과 패업霸業을 거론하며,
그런 위풍을 스스로 몸에 담고 살았다. 그는 국가의 많은 어려움을 만날
때마다 스스로 공을 세우는 것을 즐거워하였으며, 나이 50에 비로소
시를 배우기 시작, 끝내 공교함에 이르렀으며 기질氣質이 높아 가슴속의
시어를 많이 발표하였다.

　그가 매번 시 한 수 완성할 때마다 호사가好事家들은 그의 시를 널리
읽고 외워주기도 하였다. 일찍이 그는 변주汴州를 지나면서 이백李白·두보

杜甫와 만나 술기운이 오르자, 취대吹臺에 올라 강개비가慷慨悲歌하며 임풍
회고臨風懷古하여 남이 다다를 수 없는 경지를 펴 보였다. 그때 서로 창화
唱和한 것이 자못 많다.

지금 그의 시문詩文 등 20권이 있고 지덕至德부터 대력大曆 때까지 작자
26명의 시를 모아 쓴《중흥간기집中興間氣集》2권이 있어 함께 전하고 있다.

高適：

適, 字達夫, 一字仲武, 滄州人. 少性拓落, 不拘小節,
恥預常科, 隱蹟博徒, 才名更遠. 後擧有道, 授封邱尉. 未幾,
哥舒翰表掌書記. 後擢諫議大夫. 負氣敢言, 權近側目. 李輔
國忌其才. 蜀亂, 出爲蜀·彭二州刺史, 遷西川節度使. 還, 爲左
散騎常侍. 永泰初, 卒. 適尙氣節, 語王霸, 袞袞不厭. 遭時
多難, 以功名自許. 年五十始學爲詩, 卽工, 以氣質自高, 多胸
臆間語. 每一篇已, 好事者輒傳播吟玩. 嘗過汴州, 與李白·
杜甫會, 酒酣登吹臺, 慷慨悲歌, 臨風懷古, 人莫測也. 中間
唱和頗多.

今有詩文等二十卷, 及所選至德迄大曆述作者二十六人詩,
爲《中興間氣集》二卷, 幷傳.

【滄州】지금의 河北省 滄州市로 漢나라 때 渤海郡이었던 곳이다.
【拓落】疊韻連綿語로 곤궁과 실의에 빠짐을 말한다.
【封丘】지금의 河南省 封丘縣.
【哥舒翰】원래 突厥族의 後孫으로 安西에 살다가 唐나라에 공을 세워 龍右
　　節度使를 지냈다. 安史의 亂 때에 童關을 지키다 패하여 포로가 되었다가
　　피살되었다. 兩《唐書》에 傳이 있다.

【李輔國】 당시의 宦官. 安史의 난 때에 玄宗을 모시고 피난하였다가 太子 李亨(뒤에 肅宗이 됨)을 靈武에서 즉위시키고 兵部尙書가 되었다. 代宗 때에 결국 피살되었다. 兩《唐書》에 傳이 있다.

【蜀州】 지금의 四川省 大邑縣.

【彭州】 지금의 四川省 彭縣.

【汴州】 지금의 河南省 開封市.

【吹臺】 漢나라 梁孝王 劉武가 세운 樓臺로 開封 동남쪽에 있다.

【中興間氣集】 이는 高適의 纂輯이 아니라 唐나라 渤海의 高仲武가 편찬한 詩集이다. (참고)

참고 및 관련 자료

1. 고적(高適: 706?~765)

盛唐 邊塞詩派의 대표적 詩人.《新唐書》(藝文志)에《高適集》20卷이 著錄 되어 있으며《全唐詩》(卷211~214)에 그의 詩 4卷이 실려 있고《全唐詩 外編》및《全唐詩續篇》에 詩 12首, 斷句 4句가 補入되어 있다. 그 외에 《唐詩紀事》(卷23)에 그에 관한 기록이 실려 있다. 한편 본문 속의《中興間 氣集》은 唐나라 渤海 출신의 高仲武가 至德 元年(756)부터 大曆 末年(779) 까지 26명의 詩를 모아 선집한 것으로 高適과는 무관하다. 高適은 大曆 이전에 세상을 떠났다. 이에 대해 宋 陸游는《渭南集》(卷27)에서 이미 그 오류를 지적하였으나 辛文房은 이를 모른 채 本《唐才子傳》에 실은 것이다.

2.《舊唐書》卷111 列傳 高適 참조.

3.《新唐書》卷143 列傳 高適 참조.

4.《唐詩紀事》卷23

○ 適, 字達夫, 滄州人, 客梁宋間. 擧有道科, 哥舒翰表爲西河從事, 佐翰守潼關. 天子西幸, 適間道及帝河池, 遷侍御史. 後代崔光遠爲西川節度使. 廣德中召還, 爲右散騎常侍. 永泰初卒. 適以功名自許, 而言浮其術. 年五十, 始爲詩, 卽工, 以氣質自高, 每一篇出, 好事者輒傳布.

○ 殷璠云:「適性落拓不拘小節, 恥預常科, 隱跡博徒, 才名自遠. 然適詩多胸 臆語, 兼有氣骨, 故朝野通賞其文. 至如〈燕歌行〉等篇, 甚多佳句. 且余所愛者: 『未知肝膽向誰是, 令人却憶平原君』. 吟諷不厭矣.」

5. 《全唐詩》卷211

高適, 字達夫, 渤海蓚人. 舉有道科, 釋褐封丘尉, 不得志, 去游河右. 哥舒翰表爲左驍衛兵曹·掌書記. 進左拾遺, 轉監察御史, 潼關失守, 適奔赴行在, 擢諫議大夫, 節度淮南, 李輔國譖之, 左授太子少詹事, 出爲蜀·彭二州刺史. 進成都尹·劍南西川節度使, 召爲刑部侍郎, 轉散騎常侍, 封渤海縣侯. 永泰二年卒. 贈禮部尙書, 諡曰忠. 適喜功名, 尙節義, 年過五十, 始學爲詩, 以氣質自高. 每吟一篇, 已爲好事者傳誦, 開·寶以來, 詩人之達者, 惟適而已. 集二卷, 今編四卷.

고적 〈塞上聞吹笛〉青谷 金春子(현대)

049(2-23)
심천운沈千運

심천운沈千運은 오흥吳興 사람이다. 구체시舊體詩에 뛰어났으며 그 기격氣格이 고고高古하여 당시 사류士流들이 모두 그를 경모, '심사산인沈四山人'이라 불렀다.

천보天寶 연간에 여러 번 과거에 응시하였으나 낙방하였으며 그때 이미 나이도 많아 결국 양주襄州·등주鄧州 사이를 떠돌며 유명한 인물들을 찾아다녔다. 그는 다시 복수濮水 가에 이르러 감회를 느껴 이렇게 읊었다.

"훌륭한 시대는 현량을 우대하건만   聖朝優賢良
나에게는 어찌 격려함이 없는가   在余胡不淑
일생이 다만 힘들고 구차하여   一生但區區
오십이 되도록 한뼘 봉록도 없네   五十無寸祿
쇠락하면 마땅히 버림받는 법   衰落當捐棄
빈천은 비방과 원망을 부르네."   貧賤招謗讟

그 당시 세상이 힘들자 그는 스스로 둔건屯蹇함을 알고는 드디어 호연히 자연으로 돌아갈 결심을 하였다. 이에 이런 시를 지었다.

"은거 생활에 별다른 일 없어   棲隱無別事
바라건대 풍진세상 떠나 있기를   所願離風塵

도시로 나가 놀일 아닐세   不來城邑遊
예악이란 사람을 얽매는 것."   禮樂拘束人

그리고 또 이렇게 읊었다.

"어찌하여 소부巢父·허유許由는   如何巢與由
천자도 그를 신하로 삼지 못하였나?"   天子不得臣

이에 그는 벼슬에 대한 희망을 버리고 산 속으로 돌아가 별장을 짓고
살았다. 그는 이에 이렇게 말하였다.
"빗긴 대문 아래 가히 이렇게 살면 됐다. 또 거친 밭 두어 뙈기 있고
아들은 밭 갈고 딸은 길쌈하여, 고금을 우러러 살펴보니 일생이 이 정도면
족하도다. 누가 능히 조그만 관리하려고 풍진의 아래 세상을 달려간단
말이냐?"
또 고적高適은 〈환산음還山吟〉을 지어 심천운에게 주었다. 그 시는 이와
같다.

"산으로 돌아와 노래하도다   還山吟
하늘 높고 해 기우니 한산은 깊네   天高日暮寒山深
그대 산으로 송별하노니 그대마음 알겠네   送君還山識君心
사람이 늙으면 하고픈 대로 하는 거지   人生老大須恣意
보아하니 그대야말로 일생에 꿈꾸던 일을 해결하니 看君解作一生事
산 속에 산다 해도 없을 게 없도다   山間偃仰無不至
바위 틈 샘물 졸졸 바람소리 빗소리 같고   石泉淙淙若風雨
계수나무 꽃 솔방울은 언제나 널려 있지   桂花松子常滿地
약초 뜯어 팔고 나면 쌈짓돈 생길 테고   賣藥囊中應有錢
산으로 돌아가 그 약 먹으니 또한 장수까지 할 텐데 還山服藥又長年
흰 구름은 그대에게 술잔 다 비우라고 권하고   白雲勸盡杯中物
밝은 달이 따라오니 그 어디서 잠을 잘꼬   明月相隨何處眠

잠들면 서로 그리워하고 깨었을 때 생각하면　　眠時憶同醒時意
꿈속에선 가히 서로 만나 볼 수 있을 걸세."　　夢魂可以相周旋

숙종肅宗이 즉위하자 예물을 갖추어 그를 불러 보려 하였지만, 그는
그만 그때 죽고 말아 만남이 이루어지지 못하였다.
그의 문집이 지금도 전하고 있다.

沈千運:

千運, 吳興人. 工舊體詩, 氣格高古, 當時士流, 皆敬慕之,
號爲「沈四山人」. 天寶中, 數應擧不第, 時年齒已邁, 遨遊襄·
鄧間, 干謁名公.

來濮上, 感懷賦詩曰:『聖朝優賢良, 草澤無遺族. 人生各
有命, 在余胡不淑. 一生但區區, 五十無寸祿. 衰落當捐棄, 貧賤
招謗讟.』

其時多艱, 自知屯蹇, 遂浩然有歸歟之志, 賦詩曰:『棲隱
無別事, 所願離風塵. 不來城邑遊, 禮樂拘束人.』

又曰:『如何巢與由, 天子不得臣.』

遂釋志, 還山中別業.

嘗曰:「衡門之下, 可以棲遲. 有薄田園, 兒稼女織, 偃仰今古,
自足此生. 誰能作小吏, 走風塵下乎?」

高適賦〈還山吟〉贈行曰:『還山吟, 天高日暮寒山深. 送君
還山識君心, 人生老大須恣意. 看君解作一生事, 山間偃仰
無不至. 石泉淙淙若風雨, 桂花松子常滿地. 賣藥囊中應有錢,
還山服藥又長年. 白雲勸盡杯中物, 明月相隨何處眠. 眠時憶

問醒時意, 夢魂可以相周旋.』

　肅宗議備禮徵致, 會卒而罷. 有集傳世.

【吳興】唐나라 때 湖州를 吳興으로 고쳤다. 지금의 浙江省 吳興縣.

【襄州】襄陽. 지금의 湖北省 襄樊市.

【鄧州】지금의 河南省 鄧縣.

【濮水】지금의 山東省 濮陽縣.

【聖朝優賢良】이 詩는《全唐詩》(卷259)에 실려 있으며 제목은〈濮中言懷〉
　이다.

【屯蹇】원래는《周易》의 두 卦名이며 모두 억눌리고 곤란에 처함을 뜻한다.

【棲隱無別事】이 詩는《全唐詩》(卷259)에 실려 있으며 제목은〈山中作〉이다.
　그 아래의 詩 역시 위의 詩와 연결된 것이다.

【衡門】《詩經》陳風 衡門 참고. 朱熹는《詩集傳》에 "言衡門雖賤, 然亦可以
　游息"이라 하였다.

【寒山】江蘇省 銅山縣의 동남쪽에 있는 山 이름.

【還山吟】高適의 이 詩는《全唐詩》(卷213)에 실려 있으며 原題는〈賦得還山
　吟送沈四山人〉이다. 詩 全文 그대로이다.

　　┌─────────────┐
　　│ 참고 및 관련 자료 │
　　└─────────────┘

1. 심천운(沈千運)

당송 이래 沈千運의 文集에 대한 기록은 보이지 않으며 다만 詩 5首가《全
唐詩》(卷259)에 실려 있고《唐詩紀事》(卷22)에 그에 관한 기사가 실려 있다.

2.《唐詩紀事》卷22(元結의《篋中集序》)

元結《篋中集》序云:「風雅不作, 幾及千年, 近世作者, 更相沿襲, 拘限聲病, 喜尚
形似, 且以流易爲辭, 不知喪於雅正. 吳興沈千運, 獨挺於流俗之中, 强攘於已
溺之後, 窮老不惑, 五十餘年, 凡所爲文, 皆與時異. 故朋友後生, 稍見師效, 能似
類者有五六人. 於戲! 自沈公及二三子, 皆以正直而無祿位, 皆以忠信而久貧賤,
皆以仁讓而至喪亡. 兵興于今六歲, 已長逝者遺文散失, 方阻絶者不見近作,
故編於《篋中》者凡二十四首云.」

3.《全唐詩》卷259

沈千運, 吳興人. 家於汝北, 爲詩力矯時習, 一出雅正. 王季友·于逖·孟雲卿·
張彪·趙徵明·元季川, 皆其同調也. 乾元中, 季川兄結嘗編七人詩爲《篋中集》,
千運爲之冠, 詩五首

4.〈濮中言懷〉(《全唐詩》卷259)

『聖朝優賢良, 草澤無遺匿. 人生各有命, 在余胡不淑.(一作激) 一生但區區,
五十無寸祿. 衰退當棄捐, 貧賤招毁讟. 栖栖去人世, 屯躓日窮迫. 不如守田園,
歲晏望豐熟. 壯年失宜盡, 老大無筋力. 始覺前計非, 將貽後生福. 童兒新學稼,
少女未能織. 顧此煩知己, 終日求衣食.』

5.〈山中作〉(《唐詩紀事》卷22《全唐詩》卷259도 같다.)

『棲隱別無事, 所願早離塵. 不辭城邑遊, 禮樂拘束人. 邇來歸山林, 庶事皆吾身.
何者爲形骸, 誰是智與仁? 寂寞了閑事, 然後知天眞. 咳唾驚榮華, 迂俯相屈伸.
如何巢與由, 天子不得臣.』

6.高適〈賦得還山吟送沈四人〉(《全唐詩》卷213)

본문의 구절이 詩의 全文임.

050(2-24)
맹운경孟雲卿

맹운경孟雲卿은 관서關西 사람이다. 천보天寶 연간에 과거를 보았으나 낙방하여 심기가 대단히 난평難平하였다. 그러나 고상한 지절이 있어 가둔嘉遯의 뜻을 품고 있었다. 그는 설거薛據와 친한 사이였고, 한때 형주荊州로 유랑하며 살았다.

두공부杜工部는 그와 증답贈答한 시가 많았으며 맹운경을 매우 아껴 주었다. 그는 시에 뛰어났으며 그 시체詩體는 심천운沈千運을 법으로 삼고, 진습유陳拾遺를 섭렵하여 사기詞氣가 상원傷怨하였다. 이처럼 비록 모방을 통해 그 재주가 승당升堂은 하였으나 입실入室까지 하지는 못하였지만, 당시 고체시古體詩에 있어서는 그를 뛰어넘을 자가 없어 한때 이름을 드날렸다.

이를테면

"호랑이 표범일지라도 자기 족속을 잡아먹는 일이 없건만   虎豹不相食
슬프다, 사람은 사람을 잡아먹네!   哀哉人食人

라든지, 또한

"아침에도 언제나 배고픔에 괴롭고   朝亦常苦飢
저녁도 역시 배고픔에 괴롭네   暮亦常苦飢

만리 먼 세상 표표히 떠도니   飄飄萬里餘
빈천에 시비조차 많도다   貧賤多是非
소년은 멀리 가서 떠돌 일이 아닐세   少年莫遠遊
멀리 갈수록 되돌아오지 않는 자 그만큼 많네."   遠遊多不歸

등은 모두가 당시의 탄복을 자아낸 구절들이다.
위응물韋應物이 광릉廣陵을 지나다가 맹구孟九를 만나 준 시가 있다.

"높은 그 문장 퇴폐스런 풍조를 물리치니   高文激頹波
사해에 그 이름 전하지 않은 곳 없네   四海靡不傳
서시가 한 번 웃음 짓고 나면   西施且一笑
그 많은 여자 누가 예쁘게 보일 수 있겠나."   衆女安得妍

이로써 그 재명才名이 어떠하였는가를 가히 볼 수 있겠다.
그는 벼슬이 교서랑校書郞에 올라 생을 마쳤으며 문집이 지금까지 전한다.

◎ 맹운경은 그 품성이 통제지재通濟之才를 가지고 있었으나 탄서지속
吞噬之俗에 윤함淪陷하여 남북을 떠돌며 고통 속에 살았으니 그 생애가
어찌 그리도 불행한가?
몸은 강호江湖에 있으면서도 마음은 항상 위궐魏闕에 두었으니 마치
기杞나라 사람이 하늘 무너질까 두려워 서로 이끌고 도망 다닌 경우와
같도다.

孟雲卿:
雲卿, 關西人. 天寶間不第, 氣頗難平. 志亦高尚, 懷嘉遯
之節. 與薛據相友善. 嘗流寓荊州, 杜工部多有與雲卿贈答之作,
甚愛重之. 工詩, 其體祖述沈千運, 漁獵陳拾遺, 詞氣傷怨,

雖然模效, 纔得升堂, 猶未入室, 當時古調, 無出其右, 一時
之英也.

如『虎豹不相食, 哀哉人食人.』

又『朝亦常苦飢, 暮亦嘗苦飢. 飄飄萬里餘, 貧賤多是非.
少年莫遠遊, 遠遊多不歸.』

皆爲當代推服. 韋應物過廣陵, 遇孟九贈詩云:『高文激
頹波, 四海靡不傳. 西施且一笑, 衆女安得妍?』

其才名於此可見矣. 仕終校書郎. 集今傳.

◎ 雲卿稟通濟之才, 淪吞噬之俗, 栖栖南北, 苦無所遇,
何生之不辰也? 身處江湖, 心存魏闕, 猶杞國之人憂天墜,
相率而逃者. 匹夫之志, 亦可念矣.

【關西】함곡관 혹은 童關의 서쪽지역. 關內라고도 한다. 그러나 孟雲卿이
　關西人인지는 확실하지 않다. 元結의 〈送孟校書往南海〉詩의 序에 "平昌
　孟雲卿, 與元次山同州里"라 하였으며 元結(次山)은 어릴 때 河南 魯山에서
　자랐다.
【嘉遯】은퇴의 뜻.《周易》에 遯卦에 "嘉遯, 貞吉"이라 하였다.
【薛據】本卷 037 참조.
【荊州】지금의 湖北省 江陵縣.
【祖述】'앞사람을 法으로 삼았다'라는 뜻.《禮記》〈中庸〉에 "仲尼祖述堯舜, 憲章
　文武"라 하였다.
【陳拾遺】陳子昂. 011 참조.
【升堂未入室】《論語》先進篇에 "由也升堂矣, 未入於室也"라 하여 학문이 精深
　한 곳까지 이르지 못하였음을 말한다.
【虎豹不相食】이 詩는《全唐詩》(卷157)에 실려 있으며 〈傷時二首〉 중 첫 번째
　詩이다. (참고)

【朝亦常苦飢】이 詩도 역시《全唐詩》(卷157)에 실려 있으며 제목은〈悲哉行〉
이다. (참고)

【韋應物】본책 卷四(102) 참조.

【廣陵】唐나라 때 揚州를 廣陵으로 개칭하였으며 지금의 江蘇省 揚州市.

【孟九】孟雲卿의 排行이 아홉 번째여서 그렇게 칭한 것이다.

【高文激頹波】韋應物의 이 詩는《全唐詩》(卷190)에 실려 있으며 제목은〈廣陵
遇孟九雲卿〉이다. 西施는 春秋 말기의 美女이다.

【通濟之才】經世濟國할 만한 才能.

【呑噬之俗】'고통스럽고 천한 세속'을 뜻한다.

【魏闕】일반적으로 朝廷을 뜻한다.《莊子》讓王篇에 "身在江海之上, 心居乎
魏闕之下"라 하였다.

【杞憂】하늘이 무너질까 걱정하였다는 故事.《列子》天瑞篇을 참조할 것.

참고 및 관련 자료

1. 맹운경(孟雲卿)

孟雲卿의 文集에 대해서는 唐宋 이래 각종 書目에는 보이지 않으며《全唐詩》
(卷157)에 그의 詩 1卷이 실려 있다. 한편《唐詩紀事》(卷25)에 그에 관한
기록이 실려 있다.

2.《唐詩紀事》卷25

雲卿, 河南人. 元次山〈送孟校書往南海〉云:「雲卿與次山同州里, 以辭學相友,
少次山六七歲, 聲名滿天下, 知己在朝廷, 及次山之年, 何事不可? 勿愛羅浮,
往而不歸也.」

3.《全唐詩》卷157

孟雲卿, 河南人, 一曰武昌人. 第進士, 爲校書郎. 與杜甫·元結友善, 詩一卷.

4.〈傷時〉其一(《全唐詩》卷157)

『徘徊宋郊上, 不覩平生親. 獨立正傷心, 悲風來孟津. 大方載羣物, 生死有常倫.
虎豹不相食, 哀哉人食人. 豈伊逢世運, 天道亮云云.』

5.〈悲哉行〉(《全唐詩》卷157)

『孤兒去慈親, 遠客喪主人. 莫吟苦辛曲, 此曲誰忍聞. 可聞不可說, 去去無期別.

行人念前程, 不待參辰沒. 朝亦常苦饑, 暮亦常苦饑. 飄飄萬餘里, 貧賤多是非.
少年莫遠遊, 遠遊多不歸.』

6. 韋應物〈廣陵遇孟九雲卿〉(《**全唐詩**》卷190)

『雄藩本帝都, 遊士多俊賢. 夾河樹鬱鬱, 華館千里連. 新知雖滿堂, 中意頗未宣.
忽逢翰林友, 歡樂斗酒前. 高文激頹波, 四海靡不傳. 西施且一笑, 衆女安得妍.
明月滿淮海, 哀鴻逝長天. 所念京國遠, 我來君欲還.』

당재자전 唐才子傳

卷三(051 – 081)

〈黑鬚道人〉

051(3-1)
잠삼岑參

　　잠삼岑參은 남양南陽 사람으로 잠문본岑文本의 후손이다. 천보天寶 3년
조악趙岳과 동방同榜 2등으로 급제하였다. 그로 인해 그는 좌보궐左補闕·
기거랑起居郎 등을 거쳐 가주자사嘉州刺史로 출입하였다. 두홍점杜鴻漸이
표를 올려 안서막부安西幕府를 설치하면서 그는 직방랑중職方郎中을 배수
拜授받아 시어사侍御史를 겸하였다. 그는 사직한 후 두릉杜陵의 산 속에
은거하였다가 뒤에 촉蜀에서 생을 마쳤다.

　　잠삼은 여러 차례 군부軍府의 막료가 되어, 안마봉진鞍馬烽塵의 전쟁터를
오가기를 10여 년이 넘게 겪었기 때문에 정행이별征行離別의 시정에 극도의
훌륭한 표현이 있으며 성장새보城障塞堡를 가보지 않은 곳이 없었다. 그는
사적史籍을 박람하여 특히 문장에 뛰어났으며 문채가 청상淸尙하여 용심
량고用心良高하였다.

　　시의 정조情調는 더욱 높아 당唐나라가 흥한 이래 이와 같은 작품은 거의
드물다. 산수에 정을 두어 항상 서일棲逸할 뜻을 품고 유정幽情을 기이하게
만들어 내어 얻은 바가 왕왕 초발고수超拔孤秀하며, 그 풍도風度는 상정常情을
넘어서고 있다. 고적高適과는 그 풍골이 자못 같아 그들의 글을 읽어보면
사람으로 하여금 강개회감慷慨懷感함을 금치 못하게 한다. 글 한 편씩
완성할 때마다 사람들은 이를 전파하여 읊어 주었다. 지덕至德 연간에
배휴裴休·두보杜甫 등은 잠삼을 추천하면서 그를 식도識度가 청원淸遠하고
의론이 아정雅正하며 그 이름이 일찍 알려져 당시 무리들이 추앙하는

자로써 헌체지관獻替之官으로 삼을 만하다고 품평하였다. 그러나 그는 크게
쓰이기도 전에 세상을 사직하였으니 어찌 슬픈 일이 아니리오!

문집 10권이 세상에 전해지며 두확杜確이 그를 위해 서문을 썼다.

岑參:

參, 南陽人. 文本之後. 天寶三年, 趙岳榜第二人及第. 累官
左補闕, 起居郎, 出爲嘉州刺史. 杜鴻漸表置安西幕府, 拜職
方郎中, 兼侍御史, 辭罷. 別業在杜陵山中. 後終於蜀. 參累佐
戎幕, 往來鞍馬烽塵間十餘載, 極征行離別之情, 城障塞堡,
無不經行. 博覽史籍, 尤工綴文, 屬詞淸尙, 用心良苦. 詩調尤高,
唐興罕見此作. 放情山水, 故常懷逸念, 奇造幽致, 所得往往
超拔孤秀, 度越常情. 與高適風骨頗同, 讀之令人慷慨懷感.
每篇絶筆, 人輒傳咏.

至德中, 裴休·杜甫等常薦其識度淸遠, 議論雅正, 佳名早立,
時輩所仰, 可以備獻替之官. 未及大用而謝世, 豈不傷哉!

有集十卷, 行於世, 杜確爲之序云.

【岑文本】岑參의 증조부. 隋나라 때 中書侍郎을 지냈으며 唐나라 때에는
中書令을 지냈다. 그는 經史에 博通하여 令孤德棻과 함께《北周書》를 편찬
하였다. 兩《唐書》에 傳이 실려 있다.

【嘉州】지금의 四川省 樂山縣.

【杜鴻漸】朔方節度使·中書侍郎 등을 지낸 人物. 兩《唐書》에 傳이 있다.

【杜陵】원래 杜原. 漢 宣帝의 陵이 있게 되고부터 杜陵으로 고쳐졌다. 지금의
陝西省 西安市 동남쪽.

【裴休】唐 宣宗 때의 人物로 岑參과는 시대가 맞지 않는다.《君齋讀書志》
에는 '裴薦'으로 되어 있으며 이는 至德 연간에 左拾遺를 지냈던 인물이다.

【獻替】 '獻可替否'의 준말로 爭言進諫을 뜻한다. 《後漢書》 胡廣傳에 "臣以
獻可替否爲忠"이라 하였고 《三國名臣序贊》(袁宏)에 "出能勤功, 入能獻替"라
하였다.

참고 및 관련 자료

1. 잠삼(岑參: 715~770)

《新唐書》(藝文志)에 그의 文集 10卷이 기재되어 있으며 杜確이 쓴 《岑嘉州
詩集》 序文이 전한다. 그 외에 《全唐書》(198~201)에 詩 4卷이 실려 있으며
《全唐詩續拾》에 2首가 補入되어 있고 《唐詩紀事》(卷23)에 관련 기록이 실려
있다.

2. 《唐詩紀事》 卷23

○ 參, 南陽人, 文本之後. 登天寶進士第, 累爲安西·關西節度判官. 入爲祠功
二外郎, 虞庫二正郎. 出爲嘉州刺使, 副元帥杜鴻漸表公兼侍御史, 列於幕府.
使罷, 寓於蜀, 中原多故, 卒死於蜀.

○ 參, 至德中任宣議郎, 試大理評事, 攝監察御史, 左拾遺裴薦·杜甫等, 嘗薦
參識度淸遠, 議論雅正, 佳名早立, 時裝所仰, 可備獻替之官云.

○ 殷璠云:「參詩語奇替峻, 意亦新遠. 至如『長風吹自茅, 野火燒枯桑』, 可謂
逸矣. 又『山風吹空林, 颯颯如有人』, 頗稱幽致也.」

3. 《全唐詩》 卷198

岑參, 南陽人. 文本之後, 少孤貧, 篤學. 登天寶三載進士第, 由率府參軍累官右
補闕, 論斥權佞, 改起居郎. 尋出爲虢州長史, 復入爲太子中允. 代宗總戎陝腹,
委以書奏之任, 由庫部郎出刺嘉州, 杜鴻漸鎭西川. 表爲從事, 以職方郎兼侍
御史領幕職. 使罷, 流寓不還, 遂終於蜀. 參詩辭意淸切, 迴拔孤秀, 多出佳境.
每一篇出, 人競傳寫, 比之吳均·何遜焉. 集八卷, 今編四卷.

052(3-2)

왕지환王之渙

왕지환王之渙은 계문薊門 사람으로 어려서부터 협기俠氣가 있어, 그를 따르는 자들은 모두가 오릉五陵의 소년이었고 함께 검술을 익히면서 비가悲歌를 읊고 사냥과 술로 방종하게 놀았다. 그러다가 그는 중도에 뜻을 바꾸어 글쓰기를 공부하여 십 년 만에 그 이름을 날로 떨치게 되었다.

왕지환은 과거에 얽매이는 것을 치욕으로 여겨 드디어 이름난 공경 대부들을 찾아가 사귀었다. 그의 시는 정치情致가 아창雅暢하여 제齊·양梁 시대의 풍골을 띠고 있다. 매번 글을 지어내면 악공樂工이 즉시 이에 성률聲律을 붙일 정도였다. 그는 왕창령王昌齡·고적高適·창당暢當과는 나이를 잊고 너, 나하는 관계였다.

일찍이 그들이 함께 기정旗亭에 놀러 갔을 때 마침 이원梨園의 유명한 가녀歌女들이 몰려와 있었다. 이에 왕창령 등이 이렇게 제의하였다.

"우리 모두 시 잘 쓴다고 이름이 나 있지만 아직 갑을甲乙을 가리지 못하고 있다. 저 가녀들이 누구의 시를 노래하는가를 보고 가장 많이 불리는 자를 으뜸으로 삼자!"

한 가녀가 왕창령의 두 절구絶句를 불렀고 또 다른 여자가 고적의 한 절구를 불렀다. 이를 보고 참지 못한 왕지환은 이렇게 투덜댔다.

"저들이 부르는 노래는 모두가 하리지사下俚之詞로군!"

잠깐 후 한 멋진 가녀가 이런 노래를 불렀다.

王之渙〈登鸛雀樓〉河丁 全相摹(현대)

"황하 저 멀리 흰 구름 사이   黃沙遠上白雲間
 한 조각 외로운 섬 하나 만 길 높은 산   一片孤城萬仞山
 오랑캐 피리소리 어찌 '절양류'를 애절히도 부르나   羌笛何須怨楊柳
 봄바람은 아직 옥문관을 넘지도 못하였는데."   春風不度玉門關

그러고 나서 다시 두 절구를 불렀는데 모두가 왕지환의 시였다. 그러자 세 사람은 크게 웃으면서 이렇게 환호하였다.

"촌놈! 우리가 어찌 헛된 짓만 하였지?"

여러 가녀들이 그들이 그렇게 떠드는 이유를 모르다가 알고 나서 재배하면서 이렇게 말하였다.

"맨 눈으로는 신선을 알아볼 수 없는데요!"

세 사람은 이 일로 가녀들과 종일 취하게 마셨으니 그들의 광방狂放함이 이와 같았다고 하였다.

그의 시가 지금도 전하고 있다.

王之渙:

之渙, 薊門人. 少有俠氣, 所從游皆五陵少年, 擊劍悲歌, 從禽縱酒. 中折節工文, 十年, 名譽日振. 恥困場屋, 遂交謁名公. 爲詩情致雅暢, 得齊·梁之風. 每有作, 樂工輒取以被聲律.

與王昌齡·高適·暢當忘形爾汝, 嘗其詣旗亭, 有梨園名部繼至, 昌齡等曰:「我輩擅詩名, 未定甲乙. 可觀諸伶謳詩, 以多者爲優.」

一伶唱昌齡二絶句, 一唱適一絶句. 之奐曰:「樂人所唱皆下俚之詞.」

須臾, 一佳妓唱曰:『黃沙遠上白雲關, 一片孤城萬仞山. 羌笛何須怨楊柳, 春風不度玉門間.』

復唱二絶, 皆之奐詞.

三子大笑. 曰:「田舍奴. 吾豈妄哉!」

諸伶竟不諭其故, 拜曰:「肉眼不識神仙.」

三子從之酣醉終日. 其狂放如此云.

有詩, 傳於今.

【王之奐】 많은 기록에는 그의 이름이 '王之奐'으로 실려 있으나 〈四庫本〉·《全唐詩》·《唐詩紀事》에는 '王之渙'으로 되어 있다.

【薊門】 지금의 北京市. 春秋戰國時代 燕나라의 都邑이 薊였다.

【五陵】 서안의 漢나라 皇帝들 무덤이 가까운 곳으로, 豪族富家들이 모여 살았다. 五陵은 長陵·安陵·陽陵·茂陵·平陵을 가리킨다.

【齊梁之風】 南朝 齊·梁時代의 風骨, 聲律을 중시하고 詩歌의 형식을 완성하였던 시기를 말한다.

【暢當】 本冊 卷4(097) 참조. 그러나 王之渙과 暢當은 시기적으로 연결되지 않는다.

【旗亭】 술집을 말한다. 李賀의 〈開戀歌〉에 "旗亭下馬解秋衣, 請貰宜陽一壺酒" 라 하였다.

【梨園】 본책 卷2(036) 王維傳 注 참조.

【黃沙遠上白雲間】 이 詩는 《全唐詩》(卷253)에 실려 있다. 제목은 〈涼州詞〉이며 詩 全文이다. '黃沙'는 '黃河'로 된 판본이 많다.

【玉門關】 甘肅省 敦煌 부근에 있는 관문으로 西域과 통하는 곳이다.

1. 왕지환(王之渙: 688~742)

〈三間草堂本〉에는 '王之奐'으로 되어 있다. 그의 詩文集은 歷代 書目에는 보이지 않으며 《全唐詩》(卷253)에 詩 6首가 전하고, 《唐詩紀事》(卷26)에 그에 관한 기록이 실려 있다. 〈登鸛鵲樓〉로 널리 알려져 있다.

2. 《唐詩紀事》 卷26

○ 之渙, 幷州人, 與兄之咸·之賁皆有文名, 天寶間人. 樂天作〈滁州刺史鄭仿墓誌〉云:「與王昌齡·王之渙·崔國輔聯唱迭和, 名動一時.」

○ 〈出塞〉詩云:『黃沙直上白雲間. 一片孤城萬仞山. 羌笛何須怨楊柳, 春光不過玉門關.』

○ 〈登鸛鵲樓〉云:『白日依山盡, 黃河入海流. 欲窮千里目, 更上一重樓.』

3. 《全唐詩》 卷253

王之渙, 幷州人, 兄之咸·之賁皆有文名. 天寶間, 與王昌齡·崔國輔·鄭仿聯唱迭和, 名動一時. 詩六首.

4. 〈涼州詞〉(《全唐詩》 253의 註)

《集異記》云: 開元中, 之渙與王昌齡·高適齊名, 共詣旗亭, 貰酒小飲. 有梨園伶官十數人會讌, 三人因避席隈映, 擁爐以觀焉. 俄有妙妓四輩奏樂, 皆當時名部. 昌齡等私相約曰:「我輩各擅詩名, 每不自定甲乙. 今者可以密觀諸伶所謳, 若詩入歌詞之多者爲優」初謳昌齡詩, 次謳適詩. 又次復謳昌齡詩, 之渙自以得名已久, 因指諸妓中最佳者曰:「待此子所唱, 如非我詩」卽終身不敢與子爭衡, 次至雙鬟發聲, 果謳黃河云云, 因大諧笑. 諸伶詣問, 語其事. 乃競拜乞就筵席, 三人從之, 飲醉竟日.

053(3-3)
하지장賀知章

　　하지장賀知章은 자가 계진季眞이며 회계會稽 사람이다. 어려서 문사文詞로 이름이 알려졌으며 성품이 광이曠夷하고 우스개 소리를 잘하는 것으로 알려졌다. 증성證聖 초년 진사와 초발군류과超拔群類科에 발탁되었고 육상선陸象先이 중서시랑中書侍郎으로 있을 때 그는 하지장을 태상박사太常博士로 추천하였다. 이 육상선과 하지장은 가장 가까웠던 사이로 육상선은 항상 이렇게 말하였다.

　　"계진은 청담풍운淸淡風韻하여 내 하루라도 그를 보지 못하면 비루하고 인색한 마음이 생긴다."

　　이처럼 당시의 현달한 자들이 모두 그를 경모傾慕하였다.

　　그는 태자빈객太子賓客에 올랐으며, 개원開元 13년에는 예부시랑겸집현원학사禮部侍郎兼集賢院學士에 올랐다. 만년에 그는 더욱 종탄縱誕하여 더 이상 예도禮度도 차리지 않은 채 스스로를 '사명광객四明狂客'이라 하였으며 또 '비서외감秘書外監'이라 칭하면서 거리와 골목을 누비고 다녔다.

　　그는 또 초서와 예서에 뛰어났고, 매번 취할 때마다 문장을 짓되 그 붓이 끊이지 않고 이어 나갔으나 모두가 볼 만한 것들이었다. 그러나 그때마다 종이에 수십 자를 넘지 않아 호사가들은 이를 얻으면 보물로

〈賀知章(季眞)〉《三才圖會》

여겨 전람傳覽하였다. 천보天寶 3년, 그는 신선 세계의 궁궐을 떠도는 몽유병을 앓고 깨어나서는 임금에게 표를 올려 도사道士가 되어 고향으로 돌아가 자신의 집을 천추관千秋觀의 도교 사당으로 짓게 해 달라고 요청하였다. 임금이 이를 허락하여 그에게 경호鏡湖 섬계剡溪 일곡一曲을 하사, 고기잡고 나무하며 살 수 있도록 해주었다. 임금은 그에게 송별시까지 지어 주었고, 태자와 문무백관은 모두가 그에게 송별연을 열어 주었다.

그는 86세까지 살았으며 문집이 지금도 전하고 있다.

賀知章:

知章, 字季眞, 會稽人. 少以文詞知名, 性曠夷, 善談論笑謔. 證聖初, 擢進士·超拔羣類科. 陸象先在中書, 引爲太常博士.

象先與知章最親善, 常曰:「季眞淸談風韻, 吾一日不見, 則鄙吝生矣」

當時賢達, 皆傾慕之. 爲太子賓客.

開元十三年, 遷禮部侍郎兼集賢院學士. 晚年尤加縱誕, 無復禮度, 自號「四明狂客」, 又稱「秘書外監」. 遨遊里巷. 又善草隸, 每醉輒屬辭, 筆不停綴, 咸有可觀, 每紙不過數十字, 好事者其傳寶之.

天寶三年, 因病夢遊帝居, 及寤, 表請爲道士, 求還鄉里, 卽舍住宅爲千秋觀, 上許之, 詔賜鏡湖剡溪一曲, 以給漁樵. 帝賦詩及太子百官祖餞.

壽八十六. 集今傳.

賀知章〈回鄕偶書〉
靑谷 김춘자(현대)

【會稽】 지금의 浙江省 紹興.《舊唐書》에는 '會稽永興人'이라 하였다.

【曠夷】 平易豁達의 뜻. 夷曠과 같다.

【陸象先】 中書侍郎과 同中書門下平章事를 지냈다. 兩《唐書》에 傳이 있다.

【一日不見, 則鄙吝生矣】《後漢書》(黃憲傳)에 "同郡陳蕃周擧常相謂曰: '時月 之間不見黃生, 則鄙吝之萌復存乎心.'"이라 하였고《世說新語》(德行篇)에도 비슷한 표현이 있다.

【鏡湖】 東漢 때 會稽太守 馬臻이 만든 못.

【剡溪】 浙江省 嵊縣에 있는 경승지. 009 참조.

【帝賦詩】 唐 玄宗의 〈送賀知章歸四明〉 詩를 가리키며《全唐詩》(卷3)에 수록 되어 있다. (참고)

참고 및 관련 자료

1. 하지장(賀知章: 659?~744?)

字는 季眞. 號는 '四明狂客.'그의 文集은 歷代 書目에는 보이지 않고《全唐 詩》(卷112)에 詩 1卷과 869에 1詩가 실려 있다. 그 외에《全唐詩外篇》및 《全唐詩續拾》에 詩 2首와 短句 1句가 실려 있다.《唐詩紀事》(卷17)에 관련 기록이 실려 있으며 〈回鄕偶書〉로 유명하다.

2.《舊唐書》卷190(中) 文苑傳(中) 참조.

3.《新唐書》卷196 隱逸傳 참조.

4.《唐詩紀事》卷17

神龍中, 知章與越州賀朝·萬齊融, 楊州張若虛·邢巨, 湖州包融, 俱以吳越文詞 俊秀, 名聞上京. 朝止山陰尉, 齊融崑山令, 若虛兗州兵曹, 巨監察御史, 融遇張 九齡, 引爲懷州司戶·集賢直學士, 知章崔貴. 神龍中, 又有尉氏李澄之, 善五言詩, 終宋州參軍.

5.《全唐詩》卷112

賀知章, 字季眞, 會稽永興人. 少以文詞知名, 擢進士, 累遷太常博士. 開元中, 張說爲麗正殿修書使, 奏請知章入書院. 同撰六典及文纂, 後轉太常少卿. 遷禮 部侍郎, 加集賢院學士. 改授工部侍郎. 俄遷祕書監. 知章性放曠. 晚尤縱誕, 自號『四明狂客』. 卒後屬詞, 動成卷軸. 又善草隷, 人共傳寶. 天寶初, 請爲道士 還鄕里, 詔賜鏡湖剡川一曲. 御製詩以贈行, 皇太子已下咸就執別, 年八十六卒.

蕭宗贈禮部尙書, 詩一卷.

6. 玄宗 〈送賀知章歸四明〉幷書(《全唐詩》卷3)

「天寶三年, 太子賓客賀知章, 鑒止足之分. 抗歸老之疏, 解組辭榮, 志期入道.
朕以其年在遲暮, 用徇挂冠之事, 俾遂赤松之遊. 正月五日, 將歸會稽, 遂餞東路.
乃命六卿庶尹大夫, 供帳靑門, 寵行邁也. 豈惟崇德尙齒, 抑亦勵俗勸人. 無令
二疏, 獨光漢冊. 乃部詩贈行.」

『遺榮期入道, 辭老竟抽簪. 豈不惜賢達, 其如高尙心. 寰中得祕要, 方外散幽襟.
獨有靑門餞, 羣僚悵別深.』

〈賀知章〉

054(3-4)
포하包何

　포하包何의 자는 유사幼嗣이며 윤주潤州 연릉延陵 사람으로 포융包融의
아들이다. 그 동생 포길包佶과 더불어 모두 시로써 이름이 나서 당시에
'이포二包'라 불렸다. 천보天寶 7년, 양예楊譽와 동방同榜으로 급제하였으며
일찍이 맹호연孟浩然을 스승으로 섬겨 격법格法을 전수받았다.

　그는 이가우李嘉祐와 친한 사이였다. 대력大曆 연간에 벼슬이 기거사인
起居舍人으로 생을 마쳤다. 그의 시는 전하는 것이 몇 수밖에 되지 않으며
대개 세상에 유리流離하였던 때문에 거의가 소사素辭가 많다. 그의 이름이
크게 전파된 것은 역시 그 집안이 당시 망족望族이었기 때문이었다.

　包何:

　何, 字幼嗣, 潤州, 延陵人, 包融之子也. 與弟佶, 俱以詩鳴,
時稱「二包」. 天寶七年, 楊譽榜及第. 曾師事孟浩然, 授格法.
與李嘉祐相友善.

　大曆中, 仕終起居舍人. 詩傳者可數, 蓋流離世故, 卒多素辭,
大播芳名, 亦當時望族也.

【潤州 延陵】027 包融傳 참조.

【包佶】包何의 아우로 당시 詩로써 이름을 날렸다.(다음 장 참조)

【楊譽】당시 包何의 科擧 때 장원한 人物.

【李嘉祐】本卷 057 참조.

【素辭】平實한 표현을 뜻한다.

【望族】名望이 있는 집안. 名門巨族을 말한다.

┌─────────────────┐
│ 참고 및 관련 자료 │
└─────────────────┘

1. 포하(包何)

包融의 아들이며 包佶의 兄이다.《直齋書錄解題》(卷1)에 그의 詩 1卷이
著錄되어 있으며《全唐詩》(卷208)에 그의 詩 1卷이 실려 있다.《唐詩紀事》
(卷32)에 관련 기록이 실려 있다.

2.《唐詩紀事》卷32

何, 字幼嗣, 融之子也. 大曆中爲起居舍人.

3.《全唐詩》卷208

包何, 字幼嗣, 潤州延陵人. 融之子, 與弟佶齊名, 世稱『二包』. 登天寶進士第,
大曆中, 爲起居舍人. 詩一卷.

 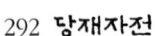

055(3-5)

포길包佶

　　포길包佶의 자는 유정幼正이며 천보天寶 6년에 양호楊護와 동방同榜으로
진사에 급제하여 비서감秘書監까지 올랐다. 유안劉晏이 국가 재정을 관장
하고 있을 때, 그는 포길을 추천하여 변동양세사汴東兩稅使를 삼아주도록
상주上奏하였다. 그리고 유안은 물러나면서 다시 포길을 제도염철사諸道鹽
鐵使 등의 직위를 잇도록 하였다. 얼마 후 그는 다시 형부시랑刑部侍郎 태상
소경太常少卿을 거쳐 간의대부諫議大夫 · 어사중승御史中丞 등의 직함을 배수
받았다. 그는 관직에 있으면서 근엄하고 정확하여 가는 곳마다 명성을
얻었다.

　　포길은 하늘로부터 타고난 재질이 섬일贍逸하고 기우氣宇가 청심淸深하며,
마음은 고경古經에 취하고 정신은 대아大雅와 조화되어 시인으로써 완숙한
자였다. 그는 유장경劉長卿 · 두숙향竇叔向 등과는 막역지교莫逆之交로 사귀었
으며, 만년에는 풍비風痺의 병을 얻어 더 이상 세상의 사람을 생각지 아니
하고 고와高臥의 한일閑逸을 즐기며 영리榮利를 멀리하게 되었다.

　　죽고 나서 단양군공丹陽郡公에 봉해졌으며 시집이 세상에 전하고 있다.

　　包佶:

　　佶, 字幼正. 天寶六年, 楊護榜進士. 累遷秘書監. 劉晏治財,

奏爲汴東兩稅使. 及晏罷, 以佶爲諸道鹽鐵等使. 未幾, 遷刑部
侍郎·太常少卿, 拜諫議大夫·御史中丞. 居官謹確, 所在有聲.
佶天才贍逸, 氣宇淸深, 心醉古經, 神和〈大雅〉, 詩家老斲輪也.
　　與劉長卿·竇叔向諸公皆莫逆之愛, 晚歲沾風痺之疾, 辭寵
樂高, 不及榮利. 卒. 封丹陽郡公.

　　有詩集, 行於世.

【楊護】 당시 壯元한 人物.
【劉晏】 理財에 밝았던 인물. 賈誼·桑弘羊에 비견된다. 兩《唐書》에 傳이 있다.
【劉長卿】 038 참조.
【竇叔向】 본책 卷4(092) 참조.

┌─ 참고 및 관련 자료 ─┐

1. 포길(包佶)
그의 文集은 歷代 書目에 보이지 않으며 《全唐詩》(卷205)에 詩 1卷이 실려
있고 《全唐詩外篇》에 詩 1首가 補入되어 있다. 《唐詩紀事》(卷40)에 관련
기록이 실려 있다.

2. 《新唐書》 卷149 包吉傳 참조.

3. 《唐詩紀事》 卷40.
包佶, 字幼正, 潤州人. 登進士第, 爲諫議大夫. 坐善元載, 貶嶺南. 劉晏奏起爲
汴東兩稅使. 父融, 與賀知章·張若虛·張旭, 號『吳中四士』.

4. 《全唐詩》 卷205
包佶, 字幼正. 天寶六年及進士第, 累官諫議大夫. 坐善元載, 貶嶺南, 劉晏奏
起爲汴東兩稅使, 晏罷, 以佶充諸道鹽鐵輕貨錢物使, 遷刑部侍郎, 改祕書監,
封丹陽郡公. 詩一卷.

056(3-6)
장표張彪

　　장표張彪는 영상潁上 사람으로 일찍이 서울로 가서 과거에 응시하였으나 실패하고 말았다. 마침 난리를 만나 늙은 어머니를 모시고 그 곳을 떠나 숭산嵩山에 은거하며 모친 봉양에 지극히 근실謹實하였다. 맹운경孟雲卿과는 외종 사이로 둘 모두 고체시古體詩에 뛰어난 재질을 보였다. 맹운경이 일찍이 그에게 준 시에 이렇게 읊고 있다.

> "훌륭한 도를 찾느라고 빈천 속에 살면서　　　善道居貧賤
> 깨끗한 옷 먼지를 뒤집어썼네　　　　　　　　潔服蒙塵埃
> 한없이 떠돌며 마음 정하지 못하니　　　　　　行行無定心
> 실의한 그 모습 돌아오기 어렵네."　　　　　　坎壈難歸來

　　그는 성품이 고간高簡하였으며 초서草書를 잘 썼다. 그러나 뜻은 구애됨이 없이 경거輕擧하여, 그의 〈영신선詠神仙〉시에서 이렇게 노래하고 있다.

> "오곡이 결코 사람 장수하게 하는 것이 아니로다　　五穀非長年
> 사기가 바로 영약이로다　　　　　　　　　　　　四氣乃靈藥
> 열자를 꼭 기다릴 필요가 있으랴　　　　　　　　列子何必待
> 내 마음에 하늘의 기가 가득하면 됐지."　　　　　吾心滿寥廓

그는 자주 두보杜甫와 내왕하였다. 이에 두보는 그에게 〈기장십이산인
寄張十二山人〉이라는 시를 증정하였다.

"고요한 수양에 마음이 더욱 오묘해지니   靜者心多妙
선생의 예술은 절륜하도다   先生藝絶倫
초서는 어찌 그리 너무나 고박古樸하며   草書何太古
시흥은 신묘하지 아니한 게 없도다   詩興不無神
조식도 자신이 선배라고 말을 못할 지경이며   曹植休前輩
초성 장지라도 도리어 그대 뒷줄에 서야하니   張芝更後身
몇 편을 읽어보니 가히 늙어도 되리라 안심되고   數篇吟可老
한 자를 새겨봐도 가난 참는 법 사서라도 하고 싶네." 一字買堪貧

두공부杜工部의 이 시를 읽어보면 장표가 어떤 인물인가를 금방 알 수
있다.

張彪:

彪, 潁上人. 初赴擧, 無所遇. 適遭喪亂, 奉老母避地, 隱居
嵩山, 供養至謹. 與孟雲卿爲中表, 俱工古調詩.

雲卿有贈云: 『善道居貧賤, 潔服蒙塵埃. 行行無定心, 坎壈
難歸來.』

性高簡, 善草書. 志在輕擧, 〈詠神仙〉云: 『五穀非長年, 四氣
乃靈藥. 列子何必待, 吾心滿寥廓.』

時與杜甫往還, 嘗〈寄張十二山人〉詩, 云: 『靜者心多妙, 先生
藝絶倫. 草書何太古, 詩興不無神. 曹植休前輩, 張芝更後身.
數篇吟可老, 一字買堪貧.』

觀工部之作, 可知其人矣.

【崇山】中國 五嶽 가운데 하나. 中嶽. 지금의 河南省 登封縣에 있다.

【孟雲卿】本冊 050 참조.

【中表】고모의 자녀를 外表, 외삼촌 및 이모의 자녀를 內表라 하며 이들은 서로 中表라 불렀다.

【善道居貧賤】이 詩는《全唐詩》(卷259)에 실려 있다. 元結의《篋中集》에는 〈北游還酬孟雲卿〉이라 실려 있다. (참고)

【坎壈】疊韻連綿語로 失意한 모습을 뜻한다.

【詠神仙】이 詩는《全唐詩》(卷259)에 실려 있으며 제목은 〈神仙〉. (참고)

【寄張十二山人】杜甫의 이 詩는《全唐詩》(卷225)에 실려 있으며 원제목은 〈寄張十二山人彪三十韻〉이다. (참고)

【張芝】東漢 때의 書藝家로 草書에 능하였던 人物. '草聖'이라 불렸다.《後漢書》에 傳이 있다.

참고 및 관련 자료

1. 장표(張彪)
《全唐詩》(卷259·882)에 그의 詩 5首가 전할 뿐이며《唐詩紀事》(卷23)에 관련 기록이 실려 있다.

2.《唐詩紀事》卷23
杜子美〈寄張十二山人彪詩〉云:『獨臥嵩陽客, 三違潁水春. 艱難隨老母, 慘淡向時人. 謝氏登山屐, 陶公漉酒巾. 羣兇彌宇宙, 此物在風塵. 歷下辭姜被, 關西得孟鄰. 旦通交契密, 晚接道流新. 靜者心多妙, 先生藝絶倫. 草書何太古, 詩興不無神. 曹植休前輩, 張芝更後身. 數篇吟可老, 一字買堪貧.』讀子美詩, 則彪蓋潁洛間靜者, 天寶末, 將母避亂, 故子美以詩寄云.

3.《全唐詩》卷259
張彪, 潁·洛間人. 天寶末, 將母避亂, 杜甫詩所稱『張山人』者是也. 詩四首.

4.〈北遊還酬孟雲卿〉(《全唐詩》卷259)
『忽忽忘前事, 志願能相乖. 衣馬久羸弊, 誰信文與才. 善道居貧賤, 潔服蒙塵埃. 行行無定心, 壈坎難歸來. 慈母憂疾疹, 至家念栖哀. 與君宿姻親, 深見中外懷. 俟余惜時節, 悵望臨高臺.』

5. 〈神仙〉(《全唐詩》卷259)

『神仙可學無, 百歲名大約. 天地何蒼茫, 人間半哀樂. 浮生亮多惑, 善事翻爲惡.
爭先等馳驅, 中路苦瘦弱. 長老思養壽, 後生笑寂寞. 五穀非長年, 四氣乃靈藥.
列子何必待, 吾心滿寥廓.』

6. 杜甫〈寄張十二山人彪三十韻〉(《全唐詩》卷225)

原詩는 앞부분이 참고 2와 같으나 '一字買坎貧'이후의 구절은 아래와 같다.

『將恐曾防寇, 深潛託所親. 寧聞倚門夕, 盡力潔殮晨. 疏懶爲名誤, 驅馳喪我眞.
索居猶寂寞, 相遇益悲辛. 流轉依邊徼, 逢迎念席珍. 時來故舊少, 亂後別離頻.
世祖修高廟, 文公賞從臣. 商山猶入楚, 源水不離秦. 存想靑龍祕, 騎行白鹿馴.
耕巖非谷口, 結草卽河濱. 肘後符應驗, 囊中藥未陳. 旅懷殊不愜, 良覿渺無因.
自古皆悲恨, 浮生有屈伸. 此邦今尙武, 何處且依仁. 鼓角凌天籟, 關山信月輪.
官場羅鎭磧, 賊火近洮岷. 蕭索論兵地, 蒼茫鬪將辰. 大軍多處所, 餘孼尙紛綸.
高興知籠鳥, 斯文起獲麟. 窮秋正搖落, 回首望松筠.』

057(3-7)
이가우李嘉祐

이가우李嘉祐는 자가 종일從─이며 조주趙州 사람이다. 천보天寶 7년에 양예楊譽와 동방同榜으로 진사에 급제하여 비서정자秘書正字에 올랐다. 그러나 죄를 입고 남황南荒으로 유배되었으나 얼마 지나지 않아 조서詔書가 내려, 파양재鄱陽宰로 양이量移되었다가 다시 강음령江陰令을 거쳐, 뒤에 태주台州·원주袁州 이주자사二州刺史로 승진되었다. 그는 시에 뛰어나 그 시가 기려완미綺麗婉靡하였으며 전기錢起·낭사원郎士元과 비교해 또 다른 한 체體를 이루었다. 게다가 왕왕 제齊·양梁 시대의 시풍을 섭렵하여 당시 사람들이 오균吳均·하손何遜과 필적할 만하다고 여겼다. 그는 당나라 시대의 아름다운 시풍이 떨친 이래 크게 명예를 얻어 중흥中興 시기의 풍류 인물로 알려지게 되었다.

문집이 있어 지금도 전하고 있다.

李嘉祐:

嘉祐, 字從一, 趙州人. 天寶七年, 楊譽榜進士, 爲秘書正字. 以罪謫南荒, 未幾何, 有詔量移爲鄱陽宰, 又爲江陰令, 後遷台·袁二州刺史.

善爲詩, 綺麗婉靡, 與錢·郎別爲一體, 往往涉於齊·梁時風,人擬爲吳均·何遜之敵. 自振藻天朝, 大收芳譽, 中興風流也. 有集, 今傳.

【南荒】中國 남쪽의 邊方. 李嘉祐의 유배지는 구체적으로 알 수 없다.

【量移】유배 중 故鄕이나 연고지, 혹은 좀 더 나은 곳으로 옮김을 말한다.

【江陰】지금의 江蘇省 江陰縣.

【台州】지금의 浙江省 臨海縣.

【袁州】지금의 江西省 宜春縣.

【錢起】086 참조.

【郎士元】063 참조.

【吳均】南朝 梁나라 때의 文學家로 字는 叔庠이다. 그의 文章을 '吳均體'라 불렀다.

【何遜】역시 南朝 梁나라 때의 文章家로 字는 仲言이다. 杜甫가 추앙하였던 人物이다.

【中興】安史之亂 이후를 '中興時期'로 불렀다.

참고 및 관련 자료

1. 이가우(李嘉祐)

《新唐書》(藝文志, 4)에 《李嘉祐詩》 1卷이 著錄되어 있으며 《全唐詩》에는 2卷 (206·207)으로 실려 있다. 《全唐詩續拾》에 詩 3首가 補入되어 있으며 그 외에 《唐詩紀事》(卷21)에 관련 기록이 실려 있다.

2. 《唐詩紀事》 卷21

李嘉祐, 字從一, 上元中嘗爲台州刺史, 大曆間刺袁州. 李肇記『漠漠水田飛白鷺, 陰陰夏木囀黃鸝』之句, 本嘉祐詩, 而集中不見. 與嚴維·劉長卿·冷朝陽友善. 嘗有詩: 『四年謫宦滯江城, 未厭門前鄱水清. 誰言宰邑化黎庶, 欲別雲山如弟兄. 雙鷗爲底無心狎, 白髮從他繞鬢生. 惆悵閑眠臨極浦, 夕陽秋草不勝情.』 嘉祐蓋嘗謫宦, 但不知其故. 然有〈元日無衣冠入朝〉云: 『白髭空換歲, 丹陛不朝天.』 其坎坷之狀, 可少見矣. 嘉祐有〈送從叔陽冰寄從弟紓及姪端〉詩, 蓋三子之族也.

○ 高仲武云: 嘉祐, 袁州人. 振藻天朝, 大收芳譽, 中興高流也. 與〈錢郎〉別爲一體, 往往涉於齊梁, 綺靡婉麗, 蓋吳均·何遜之敵也. 至於『野渡花爭發, 春塘水亂流』. 又『朝霞晴作雨, 濕氣晚生寒』. 文華之冠冕也. 又『禪心超忍辱, 梵語問多羅』. 設使許珣更生, 孫綽復在, 窮思極筆, 未到此境.

3. 《全唐詩》卷206

李嘉祐, 字從一, 趙州人. 天寶七年擢第, 授祕書正字, 坐事謫鄱江令. 調江陰, 入爲中臺郎. 上元中, 出爲台州刺史. 大曆中, 復爲袁州刺史. 與嚴維·劉長卿·冷朝陽諸人友善, 爲詩麗婉. 有齊梁風, 集一卷, 今編詩二卷.

058(3-8)
가지賈至

가지賈至는 자는 유기幼幾이며 낙양洛陽 사람으로 가증賈曾의 아들이다. 가증은 개원開元 연간에 소진蘇晉과 함께 제고制誥를 관장하였던 인물이다. 가지는 천보天寶 10년에 명경과明經科에 급제하여 계속해서 기거사인起居舍人·지제고知制誥 등을 역임하였다. 그는 안록산安祿山의 난 때에 현종玄宗을 따라 서천西川으로 가서, 숙종肅宗에게 전위傳位하는 일의 책문을 짓는 일을 담당하게 되었다. 그 원고를 만들어 바치자 현종은 이를 보고 이렇게 칭찬하였다.

"선천先天 연간의 고명誥命은 그대의 부친이 짓더니 지금 이 대책大冊은 바로 그대가 짓는구려. 양조兩朝의 성전盛典이 모두 그대 집안의 부자 손에서 나오니, 가히 그 훌륭함을 계승하였다 이를 만하오!"

대력大曆 초에 그는 경조윤京兆尹으로 승진되었다가 산기상시散騎常侍로 생을 마쳤다. 처음에 그는 한때 사건에 연루되어 파릉巴陵에 유배되었을 때, 이백李白을 만난 적이 있다. 두 사람은 매일 술을 마시며 지난 날 장안長安에서의 우정을 떠올렸다. 그 때 서로 주고받은 시를 많이 볼 수 있다. 이백이 그에게 준 시는 다음과 같다.

"임금의 은혜가 한나라 문제만큼만 깊어도   聖主恩深漢文帝
불쌍한 그대를 장안으로 보내지는 않았을 텐데."   憐君不遣到長沙

그의 시는 특히 뛰어나서 준일지기俊逸之氣는 포소鮑照나 유신庾信에 뒤지지 않았으며, 격조 역시 청창淸暢하고 또한 소사素辭가 많았으니, 이는 대개 표류윤락漂流淪落에 싫도록 빠졌었기 때문일 것이다.

문집이 30여 권이 있어 지금도 전하고 있다.

賈至:

至, 字幼幾, 洛陽人, 曾之子也. 曾, 開元間與蘇晉同掌制誥. 至, 天寶十年, 明經擢第, 累官起居舍人, 知制誥.

從幸西川, 當撰傳位肅宗冊文, 旣進藁, 玄宗曰:「先天誥命, 乃父所爲; 今茲大冊, 爾又爲之. 兩朝盛典出卿家父子, 可謂繼美矣」

大曆初, 遷京兆尹, 以散騎常侍卒. 初, 嘗以事謫守巴陵, 與李白相遇, 日酣盃酒, 追憶京華舊遊, 多見酬唱.

白贈詩, 有云:『聖主恩深漢文帝, 憐君不遣到長沙.』

至特工詩, 俊逸之氣, 不減鮑照·庾信, 調亦淸暢, 且多素辭, 蓋厭於漂流淪落者也.

有集三十餘卷, 今傳.

【幼幾】《新唐書》에는 '幼鄰'으로 되어 있다.
【賈曾】中書舍人·知制誥 등을 역임하였으며 文辭에도 이름을 날렸다. 당시 사람들이 蘇晉과 더불어 '蘇賈'라고 칭하였다. 兩《唐書》에 傳이 있다.
【蘇晉】玄宗 때 制命을 모두 담당하였던 人物로 兩《唐書》에 傳이 있다.
【明經】科擧의 명목으로 經義로 人材를 뽑았다. 唐代에는 明經科·進士科· 秀才科·明法科·明字科·明算科 등이 있었다.
【巴陵】지금의 湖南省 岳陽市.

【聖主恩深漢文帝】李白의 시는 《全唐詩》(170)에 실려 있으며 제목은 〈巴陵
  贈賈舍人〉이다. 이 詩는 李白이 賈至를 賈誼에 비유해서 쓴 것이다. (참고)
【鮑照】鮑照를 가리킨다. 008 注 참조.
【庾信】008 注 참조.

┌─────────────────────┐
│ 참고 및 관련 자료 │
└─────────────────────┘

1. 가지(賈至: 718~772)

《新唐書》(藝文志, 4)에 그의 文集 20卷과 別集 15卷이 著錄되어 있으나
《全唐詩》에는 詩 1卷(235)으로 되어 있다. 《唐詩紀事》(卷22)에 관련 기록이
실려 있다.

2. 《舊唐書》卷190(中) 文苑傳(中) 참조.

3. 《新唐書》卷119 참조.

4. 《唐詩紀事》卷22

至, 字幼鄰, 曾之子也. 肅宗時爲中書舍人, 坐小法貶岳州司馬. 在巴陵有詩寄
朝中友人云:『江南春草初冪冪, 愁殺江南獨愁客. 秦中楊柳也應新, 轉憶秦中
相憶人. 萬里鶯花不相見, 登高一望淚沾巾.』寶應初, 召復故官. 大曆中, 位右
散騎常侍, 卒.

5. 《全唐詩》卷235

賈至, 字幼鄰, 洛陽人, 父曾. 開元初掌制誥, 至擢明經第, 爲單父尉. 拜起居舍人‧
知制誥. 父子繼美, 帝常稱之. 肅宗擢爲中書舍人, 坐小法貶岳州司馬. 寶應初,
召復故官. 除尚書左丞. 大曆初, 封信都縣伯. 遷京兆尹‧右散騎常侍, 卒. 諡曰文.
集十卷, 今編詩一卷.

6. 李白이 賈至에게 준 詩 〈巴陵贈賈舍人〉(《全唐詩》卷170, 《唐詩紀事》卷
22도 같다.)

『賈生西望憶京華, 湘浦南遷莫怨嗟. 聖主恩深漢文帝, 憐君不遣到長沙.』

.

059(3-9)
포방鮑防

附: 목질穆質·유공작柳公綽·사량필謝良弼

포방鮑防은 자는 자신子愼이며 천보天寶 12년, 양현楊儇과 동방同榜으로 진사에 급제한 양양襄陽 사람이다. 그는 사장辭章에 뛰어났고 학문에 독실한 뜻을 가지고 있었다. 관직은 태원윤太原尹·하동절도사河東節度使까지 올랐으며, 사람들은 그의 치적을 좋아하여 한대漢代의 양리良吏인 공수龔遂·황패黃霸에 뒤지지 않는다고 여겼다. 그래서 황제는 조서를 내려 별전別殿에 그의 화상畫像을 그려 넣게까지 하였다. 그는 그 뒤 다시 복건福建·강서江西의 관찰사觀察使를 역임하였다. 그는 난을 만나 임금을 모시고 봉천奉天으로 피난하였다가 예부시랑禮部侍郎을 제수받고, 동해공東海公에 봉해졌다. 다시 뒤이어 어사대부御史大夫로 승진되었다. 정원貞元 원년, 그는 현량방정과賢良方正科를 실시하면서 목질穆質·유공작柳公綽을 뽑았다. 이들 모두 나라의 태정台鼎에 올라 세상 사람들은 그가 사람을 볼 줄 안다고 찬미하였다. 당시 해마다 가뭄이 계속되자 목질은 시험 답안에 이렇게 썼다.

"한漢나라 때의 일을 보건대 삼공三公을 면직시키고 홍양弘羊에게 팽형烹刑을 내리듯이 해야 합니다."

그러자 권신인 독고면獨孤愐이 이를 보고 그런 자를 낙방시켜야 한다고 하였다. 그러나 포방은 이렇게 변호하였다.

"황제로 하여금 듣기 어려운 말을 듣게 하는 것도 또한 훌륭한 일이 아니겠소?"

그러고는 최고 성적으로 목질을 뽑았다. 황제가 이를 보고 가상하다고 여겼다. 포방은 다시 공부상서工部尙書에 올랐고 그 뒤 죽었다.

포방은 시에 뛰어났으며 흥사興思가 우족優足하고 풍조風調가 엄정嚴整
하였다. 무릇 마음에 느낀 것이 있으면 세상의 폐혜를 절박하게 꾸짖어
나라의 언론을 바르게 하는 종파宗派 노릇을 하였다. 포방은 사량필謝良弼
과는 시우詩友로 사귀어 당시 '포사鮑謝'라 칭하기도 하였다.

문집이 지금도 전한다.

鮑防: 附, 穆質·柳公綽·謝良弼

防, 字子愼, 天寶十二年, 楊憼榜進士, 襄陽人也. 善辭章,
篤志於學. 累官至太原尹·河東節度使. 人樂其治, 不減龔·黃,
詔圖形別殿. 又歷福建·江西觀察使. 丁亂, 從幸奉天, 除禮部
侍郞, 封東海公. 又遷御史大夫.

貞元元年, 策賢良方正, 得穆質·柳公綽等, 皆位至台鼎, 世美
其知人. 時比歲旱, 質對:「漢故事, 免三公, 烹弘羊」

權近獨孤愐欲下按治, 防曰:「使上聞所未聞, 不亦善乎?」

置質高第, 帝見策嘉之. 授工部尙書, 卒.

防工於詩, 興思優足, 風調嚴整, 凡有感發, 以譏切世弊,
正國音之宗派也. 與謝良爲詩友, 時亦稱「鮑·謝」云.

有集今傳.

【楊憼】당시 科擧에 壯元하였던 人物.
【龔遂】漢나라 때 良吏로 알려진 人物. 《漢書》에 傳이 있다.
【黃霸】역시 漢나라 때의 良吏. 《漢書》에 傳이 있다.
【福建】관찰사가 있었던 方鎭. 지금의 福建省 福州市.
【江西】역시 方鎭으로 治所는 洪州(지금의 江西省 南昌市).

【丁亂】丁은 遭逢의 뜻. 여기에서는 구체적으로 '朱泚之亂'을 가리킨다. 782년 동생 朱滔와 亂을 일으켜 大秦(年號는 應天)이라 하였다가 다시 漢(天皇)으로 하였다. 그 뒤 784년에 李晟에게 패하여 도망하여 부하에게 피살되었다.

【奉天】지금의 陝西省 乾縣.

【穆質】人名. 관찰사 등을 지냈다. 兩《唐書》에 傳이 있다.

【柳公綽】人名. 京兆尹·兵部尚書 등을 지냈다.《唐詩紀事》(卷45),《全唐詩》(卷318·789) 등 참조. 兩《唐書》에 傳이 있다.

【台鼎】古代 三公을 '台鼎'이라 불렀다. 鼎의 三足을 비유한 것이다.

【弘羊】桑弘羊. 漢武帝 때 大司農을 지냈으며, 重農政策으로 國家를 부흥케 하였으나, 뒤에 昭帝를 폐위시킬 음모를 꾸민다는 죄목으로 피살되었다.《漢書》食貨志에 "是歲小旱, 上令百官求雨, 卜式言曰: '縣官當食租衣稅而已, 今弘羊令吏坐市列販物求利, 烹弘羊, 天乃雨.'"라 하였다.

【獨孤峘】《新唐書》鮑防傳에 의하면 당시 右司郎中을 지냈던 人物로 獨孤及의 堂弟라 하였다.

【謝良弼】人名. 鮑防의 詩友로 알려져 있다.

───

참고 및 관련 자료

1. 포방(鮑防)
《宋史》(藝文志, 7)에《鮑防集》5卷 및《雜感詩》1卷이 著錄되어 있으며 《全唐詩》(卷307)에 詩 7首가 실려 있다.《全唐詩續拾》에 聯句 3首가 실려 있다. 또《唐詩紀事》(卷47)에 관련 기록이 실려 있다.

2.《舊唐書》卷146 참조.

3.《新唐書》卷159 참조.

4.《唐詩紀事》卷47
防, 字子愼, 襄陽人. 貞元初, 爲禮侍, 策賢良方正, 得穆質·裴復·柳公綽·歸登·崔郃·韋純·魏弘簡·熊執易, 世美防知人. 防於詩尤所感發, 以譏切當世, 與中書舍人謝良弼友善, 號鮑·謝.

5.《全唐詩》卷307
鮑防, 字子愼, 襄陽人. 天寶末進士第, 歷福建江西觀察使. 貞元中, 累禮部侍郎. 遷工部尚書致仕. 防善屬文, 尤工詩, 與中書舍人謝良弼友善, 時號鮑謝. 詩八首.

6. 國音之宗派.

唐 穆員의 〈工部尙書鮑防碑〉에 "公賦〈感遇〉十七章, 以古之政法, 刺譏時病,
麗而有則, 屬詩者, 宗而誦之"라 하였고 역시 唐 崔子向의 〈上鮑大夫防〉詩에
"行盡江南塞北時, 無人不誦鮑家詩"라 하였다.

060(3-10)

은요殷遙

은요殷遙는 단양丹陽 사람으로 천보天寶 연간에 일찍이 충왕부창조참군 忠王府倉曹參軍을 지냈다. 왕유王維와 친구 사이였으며 둘 모두 선적禪寂을 사모하여, 지취志趣가 고소高疏하고 운수지상雲岫之想을 꿈꾸었다. 그러나 집이 가난하여 그가 죽은 다음 장례도 치르지 못하였으며, 그의 딸 하나도 겨우 열 살로 날마다 부친의 주검을 두고 통곡하자 이를 불쌍히 여긴 사람 들이 돈을 모아 그 뼈를 석루산石樓山에 묻어 주었다.

시에 뛰어났으며 사채詞彩가 보통 무리와 달라 경구警句가 많았다. 두보 杜甫는 일찍이 그를 칭찬하여 사귐을 허락할 정도였다.

그의 시가 지금도 전하고 있다.

殷遙:

遙, 丹陽人. 天寶間, 常仕爲忠王府倉曹參軍. 與王維結交, 同慕禪寂, 志趣高疏, 多雲岫之想. 而苦家貧, 死不能葬, 一女 纔十歲, 日哀號於親愛, 憐之者贈贈, 埋骨石樓山中.

工詩, 詞彩不羣, 而多警句, 杜甫嘗稱許之.

有詩. 傳於今.

【丹陽】 지금의 江蘇省 丹陽縣.

【忠王】 玄宗의 아들인 李亨. 뒤에 帝位에 올라 肅宗이 되었다.

【王維】 036 참조.

【禪寂】 坐禪寂定. 여기에서는 佛門을 지칭한다.

【雲岫】 ‘자연·전원’을 뜻한다. 陶淵明의 〈歸去來辭〉의 “雲無心以出岫”에서
나온 말이다.

【石樓山】 지금의 陝西省 周至縣으로 추정된다. (참고)

참고 및 관련 자료

1. 은요(殷遙)

《全唐詩》(卷114)에 詩 5首가 실려 있으며 《全唐詩逸》에 斷句 2句가 실려
있다. 《唐詩紀事》(卷17)에 관련 기록이 실려 있다.

2.《唐詩紀事》卷17

○ 遙, 丹陽人. 天寶間終於忠王府曹參軍.

○ 王維哭遙云: 『人生能幾何, 畢竟歸無形. 念君等爲死, 萬事傷人情. 慈母未
及葬, 一女纔十齡. 泱漭寒郊外, 蕭條聞哭聲. 浮雲爲蒼茫, 飛鳥不能鳴. 行人
同寂寞, 白日自悽淸. 憶昔君在時, 問我學無生. 勸君苦不早, 令君無所成. 故人各
有贈, 又不及平生. 負爾非一途, 慟哭返柴荊.』 又曰: 『送君返葬石樓山, 松柏
蒼蒼賓馭還. 埋骨白雲長已矣, 空餘流水向人間!』

3.《全唐詩》卷114

殷遙, 句容人. 天寶間, 忠王府曹參軍. 詩五首.

061(3-11)
장계張繼

장계張繼는 자는 의손懿孫이며 양주襄州 사람이다. 천보天寶 12년, 예부시랑 禮部侍郎 양준楊浚 아래에서 급제하였다.

황보염皇甫冉과는 초년지고髫年之故로서 둘 사이의 의기투합은 곤옥崑玉 보다 더하였다. 일찍이 사명詞名을 떨쳤으며 처음 장안長安에 와서는 자못 기절氣節의 긍지가 있었다. 그는 〈감회感懷〉 시에서 이렇게 읊었다.

"내 성격 이 시대 사람과는 맞지 않아 　　　　　調與時人背
　마음속에 장차 도가의 수양론이나 알아보리 　　心將靜者論
　평생 상제上帝의 성궐에 살면서 　　　　　　　終年帝城裏
　오후五侯의 문벌을 알고 싶지도 않네." 　　　　不識五侯門

그는 한 때 전쟁터 군대의 막부幕府를 도와 일하였었고 또한 염철판관 鹽鐵判官을 지내기도 하였다. 대력大曆 연간에는 내시內侍로 들어가기도 하였으며 벼슬은 검교사부랑중撿校祠部郎中으로 마쳤다. 장계는 박람유식博覽有識 하여 담론을 좋아하고 치체治體를 알아 역시 한때 어느 군郡을 다스린 적이 있었으며 그 때 정치적 명성을 얻기도 하였다.

그의 시는 정조가 상격爽激하여 금옥金玉과 같은 소리가 많다. 이는 아마 집안이 누대累代로 사백詞伯이어서 궁구弓裘를 적습積襲한 때문이리라. 그는 문장에 있어서도 조탁彫琢하지 아니하고도 스스로 꾸밈이 있었다.

그는 모습도 풍성하고 청형淸逈하여 도자道者의 풍류를 가지고 있었다.

문집 1권이 지금 전하고 있다.

　張繼:

　繼, 字懿孫, 襄州人. 天寶十二年, 禮部侍郎楊浚下及第. 與皇甫冉有髫年之故, 契逾崑玉. 早振詞名.

　初來長安, 頗矜氣節, 有〈感懷〉詩云:『調與時人背, 心將靜者論. 終年帝城裏, 不識五侯門.』

　嘗佐鎭戎軍幕府, 又爲鹽鐵判官.

　大曆間, 入內侍. 仕終檢校祠部郎中. 繼博覽有識, 好談論, 知治體, 亦嘗領郡, 輒有政聲. 詩情爽激, 多金玉音, 蓋其累代詞伯, 積襲弓裘. 其於爲文, 不雕不飾. 丰姿淸逈, 有道者風.

　集一卷, 今傳.

【楊浚】《唐摭言》(卷14),《唐詩紀事》(卷27),《新唐書》(元結傳) 등에는 모두 '陽浚'으로 되어 있다.

【皇甫冉】본책 065 참조.

【髫年】童年 시절을 뜻한다.

【崑玉】兄弟. '서로 귀하기가 崑山의 玉보다 더하다'는 뜻.

【感懷詩】이 詩는 《全唐詩》(卷242)에 실려 있으며, 제목도 같다. 《唐詩紀事》(卷25)에도 실려 있으며 詩의 全文이다.

【五侯】漢나라 때 이름났던 人物로, 귀족과 권세를 뜻한다. 五侯는 漢나라 平帝 때 平阿侯(王覃)·成都侯(王商)·曲陽侯(王根)·高平侯(王逢時)·紅陽侯(王立)를 가리킨다.

【弓裘】부자 世傳의 事業. '箕裘之業'과 같다.《禮記》學記에 "良冶之子必學爲裘, 良弓之子必學爲箕"라 하였다.

1. 장계(張繼)

《新唐書》(藝文志, 4)에 그의 文集 1卷이 著錄되어 있으며 《全唐詩》(卷242)에 그의 詩 1卷이 실려 있고 《全唐詩續拾》에 詩 3首, 斷句 2句가 補入되어 있으며 《唐詩紀事》(卷25)에 관련 기록이 실려 있다. 〈楓橋夜泊〉 詩로 널리 알려져 있다.

2. 《唐詩紀事》 卷25

○ 繼, 字懿孫, 襄州人. 登天寶進士第. 大曆末, 檢校祠部員外郞, 分掌財賦於 洪州. 〈送鄒紹充河南租庸判官〉云: 『齊魯傷心地, 頻年此用兵. 女停襄邑杼, 農廢汶陽耕. 使者乘軺去, 諸侯擁節迎. 深仁佐君子, 薄賦卹黎甿. 火燎原猶熱, 波搖海未平. 應將否泰理, 一問魯諸生.』

○ 〈感懷〉云: 『調與時人背, 心將靜者論. 經年帝城裏, 不識五侯門.』

3. 《全唐詩》 卷242

張繼, 字懿孫, 襄州人. 登天寶進士第. 大曆末, 檢校祠部員外郞. 分掌財賦於 洪州, 高仲武謂其累代詞伯. 秀發當時, 詩體清迥, 有道者風. 今編詩一卷.

4. 〈楓橋夜泊〉(《唐詩紀事》卷25)

〈楓橋夜泊〉云: 『月落烏啼霜滿天, 江楓漁火對愁眠. 姑蘇城外寒山寺, 夜半鐘 聲到客船.』(此地有夜半鐘, 謂之無常鐘, 繼志其異耳. 歐陽以爲語病, 非也.)

寒山寺

張繼의 〈楓橋夜泊〉

062(3-12)
원결元結

원결元結의 자는 차산次山이며 무창武昌 사람으로 노산령魯山令 원자지
元紫芝의 족제族弟이다. 어려서부터 얽매임이 없었으나 약관弱冠에 비로소
뜻을 바꾸어 공부의 길로 들어서, 천보天寶 13년에 진사가 되었다. 예부
시랑禮部侍郎 양준楊浚은 그의 시험 답안지를 보고 이렇게 감탄하였다.

"하나의 진사과 시험이 오히려 이 원 선생을 더럽혔군!"

그러고는 그를 고품高品으로 발탁하였다. 그는 뒤에 다시 과거에 본격
참가하여 합격하였다. 그는 결국 천하 대란을 만나 사람들 속에 이름 없이
부침하다가 소원명蘇源明이 그를 숙종肅宗에게 추천하여, 우금오병조右金吾
兵曹를 제수받았다. 그리고 어사御史를 거쳐 산남절도사山南節度使·내전來瑱의
막부에 참가하였다가 용관경략사容管經略使를 제수받았다. 그는 처음에
상오산商於山에 은거하여 '원자元子'라 불리면서 난을 피해 의우동猗玗洞
으로 들어가 '의우자猗玗子', 또는 '양사良士'라고도 불렸다. 그런가 하면
어부들은 그를 '오수聱叟'라고 하였고 술꾼들은 다시 '만수漫叟'라 부르
기도 하였다. 그밖에 그가 관직에 나가자 이번에는 '만랑漫郎'이라 하여
그의 작품에는 곳곳마다 이러한 별호를 적었다. 그의 성품은 경벽硬僻하여
박속薄俗을 아주 미워하였으며, 우도민세憂道閔世의 사상을 가지고 있었다.

〈대당중흥송大唐中興頌〉이라는 글은 돌에다 새겨 찬란한 빛을 발하여
상강湘江 보다 청랑淸朗하다. 그의 시와 문장 작품은 오아聱牙한 풍격을
숭상하여 천하가 모두 경앙하며 알아주고 있다. 그는 다시 술을 좋아하여

이렇게 읊었다.

"때때로 악객惡客도 만나네."   有時逢惡客

그리고 이 구절에 스스로 이렇게 주석하였다.
"술꾼이 아닌 자가 곧 악객이다."
《문편文編》 10권 및 당시 시인의 시를 모아 편집한 《협중집篋中集》 1권이
있으며 모두 전해오고 있다.

元結:

結, 字次山, 武昌人. 魯山令元紫芝族弟也. 少不羈, 弱冠始
折節讀書. 天寶十三年進士. 禮部侍郎楊浚見其文曰: 『一第
恩子耳.』

遂擢高品. 後擧制科. 會天下亂, 沈浮人間, 蘇源明薦於肅宗,
授右金吾兵曹. 累遷御史, 參山南來瑱府, 除容管經畧使.

始隱於商山中, 稱「元子」. 逃難入琦玕洞, 稱「琦玕子」. 或稱
「浪士」; 漁者或稱「聱叟」, 酒徒「漫叟」. 及爲官, 呼「漫郞」. 皆以
命所著.

性梗僻, 深憎薄俗, 有憂道閔世之心. 〈中興頌〉一文, 燦爛
金石, 淸奪湘流. 作詩著辭, 尙聱牙, 天下皆知敬仰.

復嗜酒, 有句云: 『有時逢惡客.』 自註: 『非酒徒卽惡客也.』

有《文編》十卷, 及所集當時人詩爲《篋中集》一卷, 並傳.

【武昌】 지금의 湖北省 鄂城縣.
【元紫芝】 元德秀. 字는 紫芝이며 元結의 族兄으로 兩《唐書》에 傳이 실려 있다.

【蘇源明】본책 卷2(047)의 注 참조.

【右金吾】唐나라 때의 十六衛 가운데 하나.

【來瑱】安史之亂 때 潁川太守로서 城을 굳게 지킨 人物. 뒤에 공을 인정받아 山南節度使가 되었다. 兩《唐書》에 傳이 있다.

【商於山】顔眞卿의〈元君表墓碑銘〉·李肇의《國史補》(上)·《新唐書》元結傳·《郡齋讀書志》(卷4) 등에는 모두 '商余山'으로 실려 있으며 商余山은 지금의 河南省 魯山縣에 있다.

【猗玗洞】猗玗는 원문에 '琦玗', 또는 '琦玕'으로 되어 있는 곳이 많다. 顔眞卿의〈碑銘〉의 표기를 따랐다.

【大唐中興頌】元結의 작품으로 大歷 6年(771) 顔眞卿의 글씨로 永州의 磨崖石에 새겨져 있다. (참고)

참고 및 관련 자료

1. 원결(元結: 719~772)

字는 次山이며〈大唐中興頌〉으로 널리 알려진 人物.《新唐書》(藝文志, 4)에 《文編》10卷이 著錄되어 있으며 지금도 전해오고 있다. (《元次山集》). 또한 그의《篋中集》1卷은 沈千運·王季友·于逖·孟雲卿·張彪·趙微明·原季川 등 7명의 詩 24首를 모은 것으로, 乾元 3年(760)에 자신이 序文을 썼으며 지금도 전해진다. 元結의 詩는《全唐詩》에 2卷(240~241)으로 실려 있고《全唐詩續拾》에 詩 3首와 斷句 2句가 補入되어 있다.《唐詩紀事》(卷22)에 그 관련 기록이 실려 있다.

2.《新唐書》卷143 元結傳 참조.

3.《唐詩紀事》卷22

蘇源明薦結於肅宗, 時思明攻河陽, 帝將幸河東, 召結詣京師. 結上〈時議〉三篇, 乃攝監察御史. 發宛葉軍屯泌陽, 全十五城. 帝善之. 代宗時, 侍親歸樊上. 後拜道州刺史, 民樂其教. 還京師卒. 始號猗玗子, 後稱浪士, 又曰漫郎, 更曰聱叟.

4.《全唐詩》卷240

元結, 子次山, 河南人. 少不羈, 十七乃折節向學, 擢上第. 復擧制科, 國子司業蘇源明薦之, 結上〈時議〉三篇, 擢右金吾兵曹參軍. 攝監察羽御史, 爲山南西道節度參謀. 以討賊功. 遷監察女史裏行. 代宗立, 授著作郎, 久之, 拜道州刺史,爲民營舍給田, 免徭役. 流亡歸者萬餘, 進容管經略使, 罷還京師. 卒年五十.
贈禮部侍郎, 集十卷, 今編詩二卷.

5.〈大唐中興頌〉

「天寶十四年, 安祿山陷洛陽, 明年陷長安, 天子幸蜀, 太子卽位於靈武. 明年皇帝
移軍鳳翔, 其年復兩京. 上皇還京師, 於戲前代帝王, 有盛德大業者. 必見於歌頌,
若今歌頌大業, 刻之金石. 非老於文學, 其誰宜爲」

頌曰:『噫嘻前朝! 孼臣姦驕, 爲昏爲妖, 邊將騁兵, 毒亂國經, 羣生失寧, 大駕
南巡, 百僚竄身. 奉賊稱臣, 天將昌唐, 繄睨我皇, 匹馬北方, 獨立一呼. 千摩萬旟,
戎卒前驅, 我師其東. 儲皇撫戎, 蕩攘群兇, 復復指期. 曾不踰時, 有國無之, 事有
至難. 宗廟再安. 二聖重歡, 地闢天開, 蠲除妖災, 瑞慶大來, 兇徒逆儔, 涵濡天休,
死生堪羞, 功勞位尊, 忠烈名存, 澤流子孫, 盛德之興, 山高日昇, 萬福是膺. 能令
大君, 聲容沄沄, 不斯在文, 湘江東西, 中直浯溪, 石崖天齊, 可磨可鐫, 刊此頌焉,
何千萬年!』

063(3-13)
낭사원郎士元

　　낭사원郎士元은 자가 군주君冑이며 중산中山 사람이다. 천보天寶 15년에 노경盧庚과 동방同榜으로 진사에 급제하였다. 보응寶應 초에 경기현관京畿縣官을 선발할 때 조서를 내려 대상관원을 중서성中書省에서 시험을 보게 하였는데 이에 낭사원은 위남위渭南尉에 보임되었다. 이어서 그는 좌습유左拾遺를 거쳐 영주자사郢州刺史로 나가게 되었다. 그는 원외랑員外郎 전기錢起와 이름을 같이하여 당시 조정의 승상丞相 이하 각급 관원이 목牧이나 봉사奉使로 나갈 때면 두 사람의 전별餞別 시문詩文이 없으면 부끄럽게 여길 정도였으니 그들의 진가眞價가 이와 같았다. 두 사람의 시풍은 대체로 비슷하였으나 그 중 낭사원의 글이 약간 한아閑雅하여 사강락謝康樂에 가까웠다. 그의 글은 주련옥영珠聯玉映하여 성편成編을 느끼지 못할 정도의 경지로 당시 시류時流를 그 빛으로 덮었으니, 그 이름이 허전虛傳은 아니었다. 그는 반일오촌半日吳村에 은거지를 삼고, 왕계우王季友·전기 등과 서로 만나면 시를 읊으며 그 절승絕勝을 자랑하였다.

　　시집이 지금까지 세상에 전하고 있다.

郎士元:

士元, 字君冑, 中山人也. 天寶十五載, 盧庚榜進士. 寶應初,選京畿縣官. 詔試政事中書, 補渭南尉, 歷左拾遺, 出爲郢州刺史. 與員外郎錢起齊名, 時朝廷自丞相以下, 出牧奉使, 無兩君詩文祖餞, 人以爲愧, 其珍重如此. 二公體調, 大抵欲同, 就中, 郎君稍更閒雅, 逼近康樂, 珠聯玉映, 不覺成編, 掩映時流, 名不虛矣.

有別業在半日吳邨, 王季友·錢起等, 皆見題詠, 每誇勝絶.

詩集今傳於世.

【中山】 지금의 河北省 定縣. 古代 中山國이 있었다.

【京畿】 唐나라 때 京兆·河南·太原의 三府가 관할하던 縣을 畿縣이라 하였다. 三府省 내의 縣을 京縣 또는 赤縣이라고도 하였다.

【渭南】 지금의 陝西省 渭南縣.

【郢州】 州治는 長壽에 있었으며, 지금의 湖北省 鍾祥縣.

【錢起】 본책 卷4(086) 참조. 그 아래의 문장은 모두 《中興間氣集》(卷下)의 기록과 같다.

【半日吳村】 《太平寰宇記》(卷29)에 華州의 渭南縣에 半日村이 있다 하였으며 "此村山高雲蔽, 陽影常照其半"이라 하였다.

【王季友】 본책 卷4(098) 참조.

참고 및 관련 자료

1. 낭사원(郎士元)
《新唐書》(藝文志, 4)에 그의 詩 1卷이 著錄되어 있으며 《全唐詩》(248)에 그의 詩 1卷이 수록되어 있고 《全唐詩外編》 및 《全唐詩續拾》에 詩 5首가 補入되었다. 《唐詩紀事》(43)에 관련 기록이 실려 있다.

2. 《唐詩紀事》 卷43
○ 士元, 字君冑, 中山人. 寶應中, 選畿縣官, 詔試中書, 補渭南尉, 歷拾遺·郢州刺史.

○ 高仲武云: 士元員外, 河岳英寄, 人倫秀異. 自家邢國, 遂擁大名. 右丞巳後, 與錢郎更長. 自丞相已下, 出使作牧, 二公無詩祖錢, 時論鄙之. 兩公詞體, 大約欲同. 就中郎公稍更閑雅, 近於康樂. 如『荒城背流水, 遠鴈入寒雲』; 又『去鳥不知倦, 遠帆生暮愁』; 又『蕭條夜靜邊風吹, 獨倚營門望秋月』. 『可齊衡古人, 掩映時輩』. 又『暮蟬不可聽, 落葉豈堪聞』. 古人謂謝朓工於發端, 比之於今, 有慙沮矣!

3.《全唐詩》卷248

郎士元, 字君冑, 中山人. 天寶十五載, 擢進士第. 寶應初, 選畿縣官. 詔試中書, 補渭南尉. 歷右拾遺, 出爲郢州刺史. 與錢起齊名, 自丞相以下, 出使作牧, 二君無詩祖餞, 故語曰:「前有沈·宋; 後有錢·郎.」集二卷, 今編詩一卷.

064(3-14)
도인영일道人靈一

附; 유심惟審·호국護國·문익文益·가지可止·청강淸江·법조法照·광선廣宣·
무본無本·수목修睦·무민無悶·태역太易·경운景雲·법진法振·서백栖白·은만隱巒·
처묵處黙·경운卿雲·서일棲一·담교淡交·양예良乂·약허若虛·운표雲表·담역曇域·
자란子蘭·승란僧鸞·회소懷素·혜표惠標·가붕可朋·회포懷浦·모유慕幽·선생善生·
아제亞齊·상안尙顔·서섬栖蟾·이영理瑩·귀인歸仁·현보玄寶·혜간惠侃·법선法宣·
문수文秀·승자僧泚·청상淸尙·지섬智暹·창호滄浩·불특不特

영일靈一 공公은 섬중剡中 사람으로 동자童子로서 출가出家하였으며 병발
瓶鉢 외에는 아무 것도 가진 것이 없었다. 그는 천성天性이 초영超穎하여
사령운謝靈運의 족적을 추종追踪, 마원麻源의 제삼곡第三谷에 은거하여
그 곳에 모옥을 짓고 독서하였다. 뒤에 그는 백업정진白業精進하여 약야계
若耶溪의 운문사雲門寺에 거하게 되었다. 그는 기질이 순화淳和하고 격률이
청창淸暢하였다. 절동浙東·절서浙西의 명산 및 형산衡山·여산廬山과 각 사찰을
그는 모두 다녀 보았다. 그는 황보곤계皇甫昆季·엄소부嚴少府·주산인朱山人·
철상인徹上人 등과 시로써 친구를 삼아 서로 주고받은 작품이 심히 많다.
그는 성조聲調에 깊은 뜻을 두고 끝없이 고심하여 총림叢林에 그 명성을
날렸다. 뒤에 잠산岑山에서 입적하였으며, 그의 문집이 지금도 전하고 있다.

◎ 논하건대 제齊·양梁 이래로 세상 밖에 살면서 문장에 뛰어났던
인물로는 지둔支遁·도주道遒·혜휴惠休·보월寶月의 무리가 있다. 그들은
문원文苑에 이름을 날리며 조사藻思에 침음沈淫하고, 기이한 문장을 읽어
내어 비단이 펼쳐져 있고, 하늘에 별이 빛나는 것처럼 실로 적은 수가
아니다. 그 뒤 난세를 만나 전쟁이 끊이지 않자 치소緇素가 모두 낭자狼藉
하여 다시 그런 풍류로 들어가겠다는 자가 보기 드물었다.

당唐에 이르러 대대로 아도雅道가 크게 떨치고 고풍古風이 다시 일어나자 사람들은 다투어 상교像敎를 숭상하고 진량津梁을 생각하게 되었다. 이에 용상龍象이 상망相望하고, 금벽金碧이 교영交映하게 되었다. 불가佛家라는 것이 비록 정적의 세계이지만 이는 오히려 위의威儀의 연수淵藪가 될 것이다. 불문佛門의 은총과 영예가 풍족하고 넉넉함이 이때보다 더하였던 시기는 없었다. 그러므로 과거시험에 전돈顚頓한 쓰라림을 맛본 문사나, 강초에 초췌하게 떠돌던 나그네들이 왕왕 유가의 복장을 찢어 세속의 화살과 실에 묶였던 자신을 과감히 뽑아 묘연고매杳然高邁하게 소재蕭齋로 운집해 모여들었다. 그들은 하루 한 끼도 달게 여기며 조각난 옷일지라도 풍족히 여기며 마음을 청정하게 하여 그 어떤 일에도 간섭을 받지 않고 삼여三餘를 얻으며, 사이사이 글을 읽고 육시六時를 나누어 시를 읊는 틈으로 삼았다.

청산이 산사의 문을 내려다보고 녹수는 그 산사 주위를 돌아 흐르고, 그 긴 낭하를 산보하면서 또는 그윽한 오솔길을 소요하여 진리를 찾기도 하였다. 경물의 변화와 사시의 교체는 모두가 그들 가슴을 격탕시켰던 것이다. 이러한 몇 가지는 모두가 달인아사達人雅士라면 일찍부터 흠모하던 모습으로 그들의 심정은 같아도 가는 길이 다를 뿐 추구하는 바는 차이가 없다.

이에 회계會稽의 손작孫綽·허순許詢의 현담玄談은 지금도 전해오고, 여산廬山 언덕에는 사령운謝靈運·도연명陶淵明의 백련시사白蓮詩社가 계승되어 날로 달로 단련하기에 좋아 뜻은 갈수록 매진되고 도는 갈수록 정밀해짐을 볼 수 있다. 그리하여 가구佳句가 종횡으로 쏟아져 나오면서도 선정禪定을 어그러뜨리지 아니하고 산중의 은사隱士들과 가까운 거리에 있으면서 끊임없이 글로 증수창화贈酬唱和한다. 그리하여 그들의 시문은 삼협三峽의 원숭이 울음보다 애절하고 구고九皐의 학 울음소리보다 청아하니 그 어찌 훌륭하다 아니할 수 있겠는가!

그러니 일부는 스스로 나루터도 찾지 못해 헤매면서 세상 험도를 걷느라 천부의 재질이 세속의 우려 속에 묻혀 마음속에는 원분怨憤을 머금은 채, 시속에 이를 쏟아내는 사람과 비교한다 해도 이런 도인들과는 함께 논할 수가 없는 것이다. 그러나 불가佛家의 인물들도 그 도행道行에는 심천의 구분이 있고, 그 성가聲價도 경중의 차별이 있어 모든 사람을 다 채록할 수는 없다. 그들 중에는 마치 교송喬松과 관목, 풀이나 야학野鶴, 군계群鷄의 차이처럼 뚜렷한 이들이 있으니 바로 영일靈一·영철靈徹· 교연皎然·청색淸塞·무가無可·허중虛中·제기齊己·관휴貫休 여덟 사람이다.

〈繁塔塼〉 조각 북송시대

이들은 모두 동남東南의 인물로 한결같이 한 시대에 빛을 발하였다. 그래서 이 책에 따로 하나씩 기록하였다. 그 외에 불가 인물 중엔 시문이 많으나 이름이 드러나지 아니한 자도 있고 문장은 적으나 명성은 대단한 자들이 있다.

이를테면 유심惟審·호국護國·문익文益·가지可止·청강淸江·법조法照·광선廣宣· 무본無本·수목修睦·무민無悶·태역太易·경운景雲·법진法振·서백栖白·은만隱巒· 처묵處黙·경운卿雲·서일棲一·담교淡交·양예良乂·약허若虛·운표雲表·담역曇域· 자란子蘭·승란僧鸞·회소懷素·혜표惠標·가붕可朋·회포懷浦·모유慕幽·선생善生· 아제亞齊·상안尙顔·서섬栖蟾·이영理瑩·귀인歸仁·현보玄寶·혜간惠侃·법선法宣· 문수文秀·승자僧泚·청상淸尙·지섬智暹·창호滄浩·불특不特 등 45명은 그 이름이 이미 은벽隱僻해지고 사적 또한 미명微冥하여 지금 다시 무어라고 설명할 수가 없을 따름이다.

道人靈一:

附, 惟審·護國·文益·可止·淸江·法照·廣宣·無本·修睦·無悶· 太易·景雲·法振·栖白·隱巒·處黙·卿雲·棲一·淡交·良乂·若虛· 雲表·曇域·子蘭·僧鸞·懷素·惠標·可朋·懷浦·慕幽·善生· 亞齊·尙顔·栖蟾·理瑩·歸仁·玄寶·惠侃·法宣·文秀·僧泚·淸尙· 智暹·滄浩·不特一公, 剡中人. 童子出家, 缾鉢之外, 餘無有. 天性超穎, 追蹤謝客, 隱麻源第三谷中, 結茆讀書. 後白業精進, 居若耶溪雲門寺, 從學者四方而至矣. 尤工詩, 氣質淳和, 格律清暢. 兩浙名山, 曁衡·廬諸甲刹, 悉所經行. 與皇甫昆季·嚴少府·朱山人·徹上人等爲詩友, 酬贈甚多. 刻意聲調, 苦心不倦, 騁譽叢林. 後順寂於岑山. 集今傳世.

◎ 論曰: 自齊·梁以來, 方外工文者, 如支遁·道遒·惠休·寶月之儔, 馳驟文苑, 沈淫藻思, 奇章偉什, 綺錯星陳, 不爲寡矣. 厥後喪亂, 兵革相尋, 緇素亦已狼藉, 罕有復入其流者. 至唐, 累朝雅道大振, 古風再作, 率皆崇衷像教, 駐念津梁, 龍象相望, 金碧交映. 雖寂寥之山河, 實威儀之淵藪. 寵光優渥, 無逾此時. 故有顚頓文場之人, 憔悴江海之客, 往往裂冠裳, 撥簪繳, 杳然高邁, 雲集蕭齋. 一食自甘, 方袍便足, 靈臺澄皎, 無事相干, 三餘有簡牘之期, 六時分吟諷之隙. 青峰瞰門, 綠水周舍; 長廊步屧, 幽徑尋眞; 景變序遷, 蕩入冥思.

凡此數者, 皆達人雅士, 夙所欽懷, 雖則心侔蹟殊, 所趣無間. 會稽傳孫·許之玄談, 廬阜接謝·陶於白社, 宜其日鍛月煉, 志彌厲而道彌精. 佳句縱橫, 不廢禪定, 巖穴相遍, 更唱迭酬. 苦於三峽猿, 清同九皐鶴, 不其偉歟? 與夫迷津畏途, 埋玉世慮, 蓄憤於心, 發在篇詠者, 未可同年而論矣. 然道或淺深, 價有輕重, 未能悉採.

其喬松於灌莽, 野鶴於雞羣者, 有靈一·靈徹·皎然·淸塞·無可·盧中·齊己·貫休八人, 皆東南産秀, 共出一時, 已爲錄實.

其或雖以多而寡稱, 或著少而增價者, 如: 惟審·護國·文益·
可止·清江·法照·廣宣·無本·修睦·無悶·太易·景雲·法振·栖白·
隱巒·處黙·卿雲·棲一·淡交·良乂·若虛·雲表·曇域·子蘭·僧鸞·
懷素·惠標·可朋·懷浦·慕幽·善生·亞齊·尚顏·栖蟾·理瑩·
歸仁·玄寶·惠侃·法宣·文秀·僧沚·清尚·智暹·滄浩·不特等
四十五人, 名旣隱僻, 事且微冥, 今不復喋喋云爾.

【剡中】浙江省의 嵊縣. 그러나 靈一의 출신지는 다른 기록에는 모두 '廣陵人'
  으로 되어 있다.
【瓶鉢】물병과 바루.
【謝客】謝靈運을 가리킨다. 謝靈運이 어렸을 때 남의 손에서 자랐다. 그 때문에
  그를 客兒라 불러 칭해진 이름이다.
【麻源】謝靈運의 詩에 〈入華子崗是麻源第三谷〉이 있으며 靈一의 〈送陳允初
  卜居麻園(源)〉시에 "欲向麻源隱, 能尋謝客踪"이라 하였다.
【白業】佛敎의 술어. 善業을 뜻한다. 《大乘義章》(卷7)에 "黑白四業義"가 있다.
【若耶溪】지금의 浙江省 紹興縣 남쪽의 냇물. 浣紗溪라고도 부른다.
【雲門寺】浙江省 紹興縣 남쪽 雲門山에 있는 절.
【皇甫昆季】皇甫氏 兄弟. 즉 皇甫冉(065)·皇甫曾(066) 兄弟를 말한다.
【嚴少府】嚴維를 가리킨다(071).
【朱山人】朱放(121).
【徹上人】靈徹上人(073). 靈徹과 靈一은 시대로 보아 맞지 않다.
【叢林】寺院. 佛敎界. 원래 스님들이 많이 모인 사원이라는 뜻. 《大智度論》
  (卷3) 참조.
【岑山】山 이름. 구체적인 위치는 알 수 없다.
【支遁】東晉 때의 高僧으로 字는 道林이며, 支公·林公·支道林 등으로도 불리
  었다. 梁 慧皎의 《高僧傳》(卷6)에 傳이 있다. 《世說新語》 참조.
【道遒】帛道遒. 南朝 齊나라 때의 僧. 鍾嶸의 《詩品》(下) 참조.
【惠休】南朝 齊나라 때의 僧으로 本姓은 湯이며 字는 茂遠. 《詩品》(下) 참조.
【寶月】역시 南朝 齊나라의 僧. 《詩品》(下) 참조.

【津梁】 '佛法으로 중생을 제도하다'의 뜻. '나루와 다리가 되어 주다'의 뜻이다. 《世說新語》 言語篇에 "庾公嘗入佛圖見臥佛, 曰: '此子疲於津梁.'"이라 하였다.

【龍象】 여러 阿羅漢 가운데 수행에 가장 용맹한 자. 《大智度論》(卷3) 참조. 그 뒤에는 高僧을 뜻하는 말로써 쓰였다.

【威儀】 佛敎 經律 중에 行·住·坐·臥를 四威儀라 한다. 《法華經》 序品에 "又見具戒, 威儀無缺"이라 하였다.

【淵藪】 淵은 물고기가 모이는 곳. 藪는 짐승이 모이는 곳. 事物이 모여듦을 말한다.

【靈臺】 마음. 《莊子》 庚桑楚 참조.

【六時】 佛敎에서는 一晝夜를 6시로 나눈다. 즉 晨朝·日中·日沒·初夜·中夜· 後夜. 《阿彌陀經》 참조.

【孫綽】 東晉 때의 유명한 玄言詩人. 《世說新語》 참조.

【許詢】 역시 東晉 때의 文章家. 玄言詩에 뛰어났다. 《世說新語》 참조.

【白蓮詩社】 東晉때 高僧 慧遠과 慧永 등 18명이 廬山 東林寺에서 詩 모임을 결성하고, 이를 〈白蓮社〉(〈白蓮詩社〉)라 하였으며, 陶淵明·謝靈運 등은 慧遠과 교류가 있었다.

【禪定】 坐禪하여 마음을 하나의 경지로 모으는 것을 말한다.

【巖穴】 산속에 사는 隱子들을 흔히 巖穴之士라 하였다. 隱遁을 뜻한다.

【三峽猿】 長江 三峽의 원숭이의 울음이 애절하다는 뜻. 北魏 酈道元의 《水 經注》 江水에 "自三峽七百里中, ……每至晴初霜旦, 林寒澗肅, 常有高猿長嘯, 屬引凄異, 空谷傳響, 哀轉久絶. 故漁歌曰: '巴東三峽巫峽長, 猿鳴三聲淚霑裳.'" 이라 하였다.

【九皐鶴】 《詩經》 小雅 鶴鳴에 "鶴鳴于九皐, 聲聞于野"라 하였다.

【埋玉】 少年으로서 재질을 가졌으면서도 매몰된 것을 안타깝게 여기는 말로서 《世說新語》 傷逝篇에 "庾文康亡, 何揚州臨葬, 云: '埋玉樹箸土中, 使人情何能 已已!'"라 하였다.

【惟審】 詩僧. 《全唐詩》에 詩 3首가 전한다.

【護國】 詩僧. 江南人. 大曆 연간에 張謂와 교왕한 기록이 있다. 《全唐詩》에 詩 12首가 전한다.

【文益】 五代의 僧. 法眼宗을 창시한 人物로서 속성은 魯이며 杭州人이다. 《全唐詩》에 詩 1首가 전하며 《全唐詩外編》 등에 補詩 13首가 실려 있다.

【可止】 속성은 馬氏. 文智大師로 알려져 있으며 《宋高僧傳》에 傳이 실려 있다.

律詩에 뛰어났으며 《全唐詩》에 詩 9首가 전해온다.

【淸江】皎然과 이름을 같이 하였던 詩僧. 《宋高僧傳》에 傳이 실려 있으며 《全唐詩》에 詩 1卷이 전한다.

【法照】南梁 출신으로 浮土宗을 신봉하였다. 《宋高僧傳》에 傳이 실려 있으며 《全唐詩》에 詩 3首가 실려 있다. 《全唐詩續拾》에 補詩 2首가 전한다.

【廣宣】詩僧으로 白居易·韓愈·元稹·劉禹錫·張籍·薛濤 등과 교유하였으며 《全唐詩》에 詩 1卷이 전한다.

【無本】'无本'으로도 쓰며, 賈島(賈島)를 가리킨다. 卷5(118) 참조. 혹은 동일한 法名을 가진 다른 이가 있었는지는 자세히 알 수 없다.

【修睦】속성은 趙氏이며 詩僧. 《全唐詩》에 詩 27首, 《全唐詩外編》 및 《全唐詩 續拾》에 補詩 4首와 斷句 1句가 전한다.

【無悶】'无悶'으로도 쓰며 詩僧으로 《全唐詩》에 詩 2首가 전한다.

【太易】'大易'으로도 쓰며 杜甫·司空曙 등과 사귀었던 詩僧. 《全唐詩》에 詩 2首가 전한다.

【景雲】詩僧이며 張旭에게 草書를 익혀 이름이 났었다. 《全唐詩》에 詩 3首가 전한다.

【法振】王昌齡·皇甫冉·李益 등과 詩友로 사귀었으며 《全唐詩》에 詩 16首, 그리고 斷句 2句가 있다. 李益과의 聯句詩 1首가 전한다.

【栖白】'棲白'으로도 쓰며 詩僧. 《全唐詩》에 詩 16首, 《全唐詩外編》에 詩 1首와 斷句 1聯, 《全唐詩續拾》에 補詩 2首가 전한다.

【隱巒】唐나라 말기의 詩僧으로 《全唐詩》에 詩 5首가 전한다.

【處黙】羅隱·鄭谷 등과 詩友로 사귀었으며 《全唐詩》에 詩 8首가 전한다.

【卿雲】唐나라 말기와 五代 전기의 詩僧. 《全唐詩》에 詩 4首가 전한다.

【栖一】'棲一'로도 쓰며 唐末五代의 詩僧. 貫休와 친구였다. 《全唐詩》에 詩 2首가 전한다.

【澹交】'淡交'로도 쓰며 晩唐의 詩僧으로 《宋高僧傳》(卷12)에 전이 실려 있다. 《全唐詩》에 詩 3首가 전한다.

【良乂】唐나라 宣宗·懿宗 때의 詩僧으로 《全唐詩》에 詩 1首가 전한다.

【若虛】五代 때의 詩僧으로 《宋高僧傳》에 傳이 실려 있으며 《全唐詩》에 詩 3首가 전한다.

【雲表】唐나라 말기의 詩僧. 《全唐詩》에 詩 1首가 전한다.

【曇域】唐末五代의 詩僧으로 貫休를 스승으로 모셨으며 篆書에 뛰어났다.

《全唐詩》에 詩 3首가 전한다.

【子蘭】 唐나라 말기의 詩僧으로 《全唐詩》에 詩 1卷이 전한다.

【僧鸞】 속명은 '鮮于鳳'으로 唐 昭宗 때 뛰어난 재주를 보였다. 《全唐詩》에 詩 2首가 전하며 이를 '爾鳥'로 잘못 기록하였는데 이는 '鸞'자의 판각을 잘못 알고 적은 것이다.

【懷楚】 〈三間本〉 등 다른 기록에는 모두 '懷素'로 실려 있다. 唐나라 말기의 禪僧으로 《景德傳燈錄》(卷23)에 傳이 실려 있으며 《全唐詩》에 詩 2首가 전한다.

【惠標】 南朝 陳나라 때의 詩僧으로 《南史》 虞寄傳에 보이며 唐代에는 이런 법명을 가진 이가 없었다. 辛文房이 잘못 알고 넣은 것이 아닌가 한다.

【可朋】 五代 때의 詩僧으로 스스로를 '醉髡'이라 하였다. 술을 좋아하였으며 《玉壘集》 10卷이 있었으나 지금은 失傳되었다. 《全唐詩》에 詩 5首, 斷句 6聯이 있으나 그 중 2聯은 宋나라 때 有朋의 詩를 잘못 넣은 것이다. 《全唐詩外編》 및 《全唐詩續拾》에 詩 1首, 斷句 2聯, 제목 1개가 실려 있다.

【慕幽】 五代 吳나라 때부터 南唐 때의 詩僧으로 《全唐詩》에 詩 6首가 전한다.

【懷浦】 詩僧. 생애는 자세하지 않으며 《宋史》 藝文志에 그의 詩集 1卷이 著錄 되어 있으나 失傳되었다. 《全唐詩》에 詩 2首가 실려 있다.

【善生】 唐 德宗 때의 詩僧으로 《全唐詩》에 詩 4首가 전한다.

【亞齊】 唐나라 말기의 詩僧으로 권10(258) 참조.

【尙顔】 唐나라 말기의 詩僧으로 속성은 薛이며 字는 茂聖이다. 方干·鄭谷·吳融·李洞·司空圖 등과 사귀었다. 90여 세에 죽었으며 《全唐詩》에 詩 34首와 斷句 2句가 전한다.

【栖蟾】 唐末 五代의 詩僧으로 속성은 胡氏로서 '棲蟾'으로도 쓰며 《全唐詩》에 詩 12首가 실려 있으나 그 중 2首를 尙顔의 詩라고도 한다.

【理瑩】 唐 玄宗 때의 詩僧으로 李白·李頎 등과 교왕이 있었으며 《全唐詩》에 詩 1首가 전한다.

【歸仁】 唐 五代의 洛陽 靈泉寺의 詩僧. 《景德傳燈錄》에 傳이 있으며 《全唐詩》에 詩 6首가 전한다.

【玄寶】 생애는 자세하지 않으며 《全唐詩》에 詩 1首가 전해온다.

【惠侃】 '慧侃'으로도 쓰며 梁나라의 詩僧이다. 속성은 湯. 隋나라 大業 때 죽었으며 《續高僧傳》에 傳이 실려 있다. 《全唐詩》에 唐나라 사람으로 잘못 알고 詩 2首를 수록하였다.

【法宣】慧宣, 혹은 '僧宣'으로 쓰며 唐나라 초기의 詩僧.《全唐詩》에 詩 5首, 斷句 2句가 전한다.

【文秀】唐나라 때의 詩僧.《全唐詩》에 詩 1首와《全唐詩續拾》에 斷句 2句가 전한다.

【僧泚】'釋泚'라고도 쓰며《全唐詩》에 詩 2首가 전한다.

【清尙】唐末 때의 詩僧. 齊己·李洞과 사귀었다.《全唐詩》에 詩 1首가 실려 있다.

【智暹】자세히 알 수 없다.《宋史》(藝文志)에《智暹詩》1卷이 著錄되어 있으나 失傳되었다.

【滄浩】廬山 西林寺에 있었다 하며《全唐詩》에 詩 1首가 전한다.

【不特】자세한 기록은 찾을 수 없다.

참고 및 관련 자료

1. 영일(靈一)

道人. 詩僧.《宋高僧傳》(卷15)에 傳이 실려 있으며 唐 獨孤及의〈揚州慶雲寺一公塔碑〉에 "公諱靈一, 俗姓吳, 廣陵人也"라 하였다. 한편 그의 文集은《直齋書錄解題》(卷19)에《靈一集》1卷이 著錄되어 있고《全唐詩》(卷809)에 詩 1卷이 실려 있다.《唐詩紀事》(卷72)에 관련 기록이 실려 있다.

2.《唐詩紀事》卷72

○ 靈一, 大曆, 貞元間僧也.

○ 高仲武云: 自齊梁以來, 道人工文者多矣, 少有入其流者. 一公乃能刻意精妙, 與士大夫更唱迭和, 不其偉歟! 如『泉湧堦前地, 雲生戶外峯』. 則道猷·寶月, 曾何及此!

3.《全唐詩》卷809

靈一, 姓吳氏, 廣陵人. 居餘杭宜豐寺, 禪誦之暇, 輒賦詩歌. 與朱放·張繼·皇甫曾諸人爲塵外友, 詩一卷.

065(3-15)
황보염皇甫冉

황보염皇甫冉은 자가 무정茂政이며 안정安定 사람으로 전란을 피해 단양 丹陽으로 옮겨 살았다. 그는 농사짓고 낚시질하며 방적한담放適閑淡하게 살았다. 어떤 이는 그를 비서소감秘書少監 황보빈皇甫彬의 조카라고도 한다.

황보염은 열 살 때부터 능히 문장을 지어 장구령張九齡이 그의 문장을 한 번 보고는 그의 우수한 재능에 탄복하였다. 천보天寶 15년, 그는 노경 盧庚과 동방同榜으로 진사에 급제하여 무석위無錫尉에 임명되었다. 그는 양선산陽羨山에 별서別墅를 짓고 살다가 대력大曆 초 왕진王縉이 하남절도 사河南節度使가 되자 장서기掌書記로 발탁되었고 뒤에 좌금오위병조참군 左金吾衛兵曹參軍이 되어 조정으로 들어와 습유拾遺와 좌보궐左補闕로 벼슬을 마쳤다.

그는 계례위桂禮闈에 발탁되고부터 높은 풍격이 알려지기 시작하였으며, 그 전 지난 날 세상이 힘들 때 강남江南을 떠돈 체험이 있으므로 해서 시 속에 표박지탄飄薄之嘆의 내용이 많다. 매번 그의 시문이 조정으로 알려질 때마다 시인들은 놀란 기색을 감추지 못하였고, 당시 재자들은 모두 그와 한번 사귀어 보기를 원하면서 그를 시단의 종백宗伯으로 추앙하 였다. 그는 현묘玄妙한 시어를 잘 지어 심약 沈約·사령운謝靈運과 나란히 마주서서 읍揖할 정도이며, 반악潘岳·장협張協 정도는 마음 놓고

〈張九齡(子壽)〉《三才圖會》

내려다볼 정도였다. 그러나 안타깝게도 좋은 고삐를 가졌으나 말은 타보지도 못한 상태로 꽃다운 난초가 일찍 시들어 버린 격이니 진실로 가히 애통할 일이로다!

시집 3권은 독고급獨孤及이 서문을 썼으며 지금도 전하고 있다.

皇甫冉:

冉, 字茂政, 安定人, 避地來寓丹陽. 耕山釣湖, 放適閒淡. 或云秘書少監彬之姪也. 十歲能屬文, 張九齡一見, 歎以清才. 天寶十五年, 盧庚榜進士, 調無錫尉. 營別墅陽羨山中.

大曆初, 王縉爲河南節度, 辟掌書記, 後入爲左金吾衛兵曹參軍, 仕終拾遺·左補闕. 公自擢桂禮闈, 便稱高格. 往以世道艱虞, 遂心江外, 故多飄薄之歎. 每文章一到朝廷, 而作者變色, 當年才子, 悉願締交, 推爲宗伯. 至其造語玄微, 端可平揖沈·謝, 雄視潘·張. 惜乎長轡未騁, 芳蘭早凋, 良可痛哉!

有詩集三卷, 獨孤及爲序, 今傳.

【安定】地名. 지금의 甘肅省 涇川縣.

【皇甫彬】당시 祕書少監을 지냈던 人物.

【張九齡】字는 子壽. 曲江人으로 玄宗 때 宰相을 지냈으며 詩로도 이름을 떨쳤다. 《唐詩紀事》(卷15) 등 참조.

【陽羨山】지금의 江蘇省 宜興縣에 있는 산.

【王縉】本冊 卷2(032) 注 참조.

【每文章一到朝廷, 而作者變色】이는 《唐詩紀事》(卷27)의 高仲武 말을 인용한 것이다. (참고)

【沈約】南朝 梁나라 때의 문장가. 자는 休文.

【謝靈運】謝康樂. 山水詩로 유명한 人物. 卷2(031) 注 참조.

【潘岳】 字는 安仁. 晉나라 때의 詩人.

【張協】 자는 景陽. 역시 晉나라 때의 詩人.

【獨孤及】 067 참조.

---

1. 황보염(皇甫冉)

字는 茂政.《皇甫冉詩集》3卷은 그의 아우 皇甫曾이 編定하고 獨孤及이 서문을 썼으며 총 350篇이라 하였다. 그러나《郡齋讀書志》卷4(上)에는 2卷이라 하였고《直齋書錄解題》(19)에는 1卷이라 하였다. 한편《全唐詩》에 詩 2卷(249·250)이 실려 있고《全唐詩外編》및《全唐詩續拾》에 6首가 補入되어 있다.《唐詩紀事》(27)에 관련 기록이 실려 있다.

2.《新唐書》卷202 文藝傳(中) 참조.

3.《唐詩紀事》卷27

○ 皇甫冉, 字茂政, 玄晏先生之後, 張曲江深愛之, 謂淸穎秀拔, 有江·徐之風. 大曆二年, 遷右補闕.

○ 高仲武云: 皇甫冉補闕, 自擢桂禮闈, 遂爲高格. 往以世道艱虞, 避地江外, 每文章一到, 朝廷作者變色. 於詞場爲先輩, 推錢郎爲伯仲, 誰家勝負, 或逐鹿中原. 如『菓熟任霜封, 籬疏從水度』. 又『裛露收新稼, 迎寒葺舊廬』. 又『燕知社日辭巢去, 菊爲重陽冒雨開』. 可以雄視潘·張, 平揖沈·謝, 又巫山詩終篇皆麗, 自晉·宋·齊·梁·陳·周·隨已來, 採擷者無數, 而補闕獨獲驪珠, 使前賢失步, 後輩却立, 自非天假, 何以追斯? 恨長轡未騁, 而芳蘭早凋, 悲夫!

4.《全唐詩》卷249

皇甫冉, 字茂政, 潤州丹陽人. 晉高士謐之後, 十歲能屬文, 張九齡深器之. 天寶十五載, 擧進士第一, 授無錫尉. 歷左金吾兵曹. 王縉爲河南帥, 表掌書記. 大曆初, 累遷右補闕, 奉使江表, 卒於家. 冉詩天機獨得, 遠出情外. 集三卷, 今編詩二卷.

066(3-16)
황보증皇甫曾

황보증皇甫曾은 자가 효상孝常이며 황보염皇甫冉의 아우이다. 천보天寶 12년에 양현楊儇과 동방同榜으로 진사에 급제하였다. 시에 뛰어났으며 왕유王維 문하 출신으로 그 형과 명망이 우열을 다툴 정도였다. 당시 사람들은 그 두 형제를 장경양張景陽·장맹양張孟陽과 비교하였다. 장협(張協, 景陽)은 시가 상품上品이고, 그 형 장재(張載, 孟陽)는 그만 못하였으며 시어侍御 황보증과 보궐(補闕, 皇甫冉)의 문장 역시 그러하였다.

황보증 시의 체제는 청긴淸緊하여 그 화미華美함이 문사文辭를 이기지는 못하였지만 사림士林의 숭상을 받았다. 그는 시어사侍御史를 역임하다가 뒤에 사건에 연루되어 서주사마舒州司馬로 폄직되었다가, 양적령陽翟令으로 양이量移되었다.

시집 1권이 있어 세상에 전한다.

皇甫曾:

曾, 字孝常, 冉之弟 也. 天寶十二年, 楊儇榜進士. 善詩, 出王維之門. 與兄名望相亞, 當時以比張氏景陽·孟陽, 協居上品, 載處下流, 侍御·補闕文詞亦然.

體製淸潔, 華不勝文, 爲士林所尙. 仕歷侍御史, 後坐事貶舒州司馬, 量移陽翟令.

有詩一卷, 傳於世.

【皇甫冉】 앞장 참조.

【天寶十二年】 〈三間草堂本〉에는 '十七年'으로 되어 있다.

【張景陽】 張協. 太康時代의 유명한 詩人.

【張孟陽】 張載. 張協의 형. 역시 詩로써 유명하다.

【舒州】 지금의 安徽省 潛山縣.

【陽翟】 지금의 河南省 禹縣.

【量移】 유배 중에 사면령이 내려 더 나은 곳, 혹은 원하는 지역으로 옮겨 주는 것을 말한다.

참고 및 관련 자료

1. 황보증(皇甫曾)

字는 孝常. 皇甫冉의 아우. 《直齋書錄解題》(卷19)에 《皇甫曾集》 1卷이 著錄되어 있으며 《全唐詩》(卷20)에 그의 詩 1卷이 실려 있다. 《全唐詩外編》에 2首가 補入되어 있으며 《唐詩紀事》(27)에 관련기록이 실려 있다.

2. 《唐詩紀事》 卷27

○ 曾, 字孝常. 爲殿中侍御史. 天補中, 兄弟踵登進士第, 名相上下, 時比張氏景陽·孟陽云.

○ 高仲武云: 昔孟陽之與景陽. 詩德遠慙厥弟, 協居上品, 載處下流. 今侍御之與補闕, 文辭亦爾. 體制淸潔, 華不勝文. 然『寒生五湖道, 春及萬年枝』, 五言之選也. 其爲士林所尙, 宜哉!

3. 《全唐詩》 卷210

皇補曾, 字孝常, 冉母弟也. 天寶十二載登進士第, 歷侍御史, 坐事徙舒州司馬·陽擢令. 詩名與兄相上下, 當時比張氏景陽·孟陽云. 集一卷, 今編詩一卷.

067(3-17)

독고급獨孤及

독고급獨孤及은 자가 지지至之이며 하남河南 사람이다. 관각丱角 때에 《효경
孝經》을 외우고 있었다. 그의 아버지가 시험 삼아 물었다.

"너는 어디에 뜻을 두고 있느냐?"

이에 그는 이렇게 대답하였다.

"입신행도立身行道하여 후세에 그 이름을 떨치고 싶습니다."

천보天寶 말년에 도거道擧로써 높은 점수를 받자 대종代宗이 불러 좌습유
左拾遺를 주었고, 뒤에 예부원외랑禮部員外郎을 거쳐 호주濠州·서주舒州·상주
常州의 삼주자사三州刺史를 역임하였다. 그는 효성과 우애가 지극하였고
훌륭한 이를 감발鑒拔하기를 좋아하였으며, 문장은 반드시 창명선악彰明
善惡에 기준을 두어 의론문議論文에 장점을 보였다. 시에도 뛰어나 격조가
고고高古하였으며 풍진 세계와는 아주 멀어 당시에 대명大名을 날렸다.

문집이 세상에 전하고 있다.

◎ 내 일찍이 《문선文選》 속의 심약沈約·사령운謝靈運·사조謝眺 등의 시를
읽어보았다. 그런데 대개 이러한 제목들이 있었다. 즉 〈신안강수지청新安江
水至淸, 천심견저淺深見底, 이경읍유호貽京邑游好〉, 〈석문신영石門新營, 소주사면
고산所住四面高山, 회계석뢰回溪石瀨, 무림수죽茂林修竹〉, 〈전남수원田南樹園, 격류
식원激流植援〉, 〈재중독서齋中讀書〉, 〈남루중망소지객南樓中望所遲客〉, 〈만등
삼산환망경읍晚登三山還望京邑〉 등이다.

이러한 제목들은 모두 기이하고 정확하여 고금이나 온 세상을 들어 그 제목 속에 숨어진 깊은 뜻을 밝혀 본 자가 없었다. 그러다가 성당盛唐 때에 이르러 심전기沈佺期·송지문宋之問·독고급·이가우李嘉祐·위응물韋應物 등 많은 재자들의 문집 속에 가끔 각각 몇 개의 제목 중에 몇 마디 구차 스럽지 않은 것이 있다. 이들은 모두가 그 풍도를 감손減損시키지 않는 것들로 스승으로부터 전수받지 않은 무전지묘無傳之妙의 제목들이다.

그러나 원화元和 이래로는 훌륭한 제목이 오히려 눈에 띄지 않으니, 하물며 그런 제목으로 쓴 시에 있어서랴? 제목에 대한 것은 시인에게 있어서 절요切要한 문제로써 탁절청신卓絶淸新하면서 말은 간단하나 뜻은 정확하고 시구詩句가 가리키는 바를 제목이 반드시 그 의도를 포괄해야 하며 그 중간에 실절失節함이 없고, 밖으로는 여어餘語가 없어야 하는 것이 가장 훌륭하다. 이는 식견 있는 자와 상량商量하고 따져보아야 할 문제이므로 그 까닭으로 여기에 특별히 거론하여 논급論及한다.

獨孤及:

及, 字至之, 河南人. 丱角時誦《孝經》, 父試之曰: 「爾志何語?」
曰: 「立身行道, 揚名於後世」

天寶末, 以道擧高第, 代宗召爲左拾遺, 遷禮部員外郎, 歷濠·
舒·常三州刺史. 及性孝友, 喜鑑拔, 爲文必彰明善惡, 長於
議論. 工詩, 格調高古, 風塵逈絶, 得大名當時. 有集傳世.

◎ 嘗讀《選》中沈 · 謝諸公詩, 有題〈新安江水至淸, 淺深
見底, 貽京邑游好〉及〈石門新營, 所住四面高山, 回溪石瀨,
茂林修竹〉及〈田南樹園, 激流植援〉·〈齋中讀書〉·〈南樓中望所
遲客〉·〈晚登三山還望京邑〉等數端, 皆奇崛精當, 冠絶古今,
無曾發其韞奧者. 逮盛唐, 沈·宋·獨孤及·李嘉祐·韋應物等

諸才子集中, 往往各有數題, 片言不苟, 皆不減其風度, 此則
無傳之妙. 逮元和以下, 佳題尚罕, 況於詩乎? 立題乃詩家
切要, 貴在卓絶淸新, 言簡而意足, 句之所到, 題必盡之, 中無
失節, 外無餘語. 此可與智者商榷云. 因擧而論之.

【河南人】《新唐書》本傳 등에는 '河南洛陽人'이라 하였다.
【丱角】머리를 묶어 양쪽으로 뿔처럼 올린 모습을 말하며 童年 시절을 뜻
　한다. 《詩經》甫田에 "總角丱兮"라 하였다.
【道擧】〈獨孤公神道碑銘〉에 "天寶末, 以洞曉玄經對策上第, 詔拜華陰縣尉"라
　하였다.
【濠州】州治는 鍾離에 있으며 지금의 安徽省 鳳陽縣.
【舒州】006의 注 참조.
【常州】州治는 晉陵이며 지금의 江蘇省 常州市.
【文選】《昭明文選》. 南朝 梁나라 때 昭明太子(蕭統)가 찬집하였다. 先秦부터
　梁나라에 이르기까지 詩·文·賦·辭 등 7백여 편을 모았다. 본문 중 第一首의
　제목은 沈約, 第2~5首는 謝靈運, 第六首의 제목은 謝朓의 詩이다.

┌─────────────────────┐
│ 참고 및 관련 자료 │
└─────────────────────┘

1. 독고급(獨孤及)
字는 至之이다. 獨孤及이 죽은 뒤, 弟子 梁肅이 詩文 3백여 편을 모아 20권
으로 편집하였다. 《新唐書》(藝文志)·《郡齋讀書志》(卷4, 上)·《直齋書錄解題》
(卷16) 등에 모두 著錄 되어 있다. 지금 전하는 것은 明나라 때 吳寬이 内閣本
에서 뽑아 《毗陵集》20권으로 만든 것이다. 《全唐詩》에 詩 2권(246·247)이
있으며 《全唐詩外編》 및 《全唐詩續拾》에 4首가 補入되어 있다. 《唐詩紀事》
(卷27)에 관련 기록이 실려 있다.
2. 《新唐書》卷162 참조.
3. 《唐詩紀事》卷217
獨孤及, 字至之, 洛陽人, 時號獨孤常州.

4.《全唐詩》卷246

獨孤及, 字至之, 洛陽人. 天寶末, 以道舉高第, 補華陰尉. 代宗召爲左拾遺,
俄改太常博士, 遷禮部員外郎. 歷濠·舒二州刺史, 以治課加檢校司封郎中.
賜金紫, 徙常州, 卒. 謚曰憲. 集三十卷, 内詩三卷, 今編詩二卷.

068(3-18)
유방평劉方平

유방평劉方平은 하남河南 사람으로 얼굴이 희고 깨끗하며 아름다운 용모와 의표儀表를 지니고 있었다. 스무 살에 사부詞賦에 뛰어나기 시작하여 원로산元魯山과 우정을 나누었으며 영양穎陽의 대곡大谷에 은거하면서 고고한 뜻을 품은 채, 벼슬은 거들떠보지도 않았다. 황보염皇甫冉·이기李頎 등과 서로 증답贈答한 시가 있다. 황보염이 그에게 준 시에 이러한 구절이 있다.

"울타리 가가 영양가는 길이요   籬邊穎陽路
대나무 밖이 소이봉일세."   竹外少姨峰

그의 신의담박神意淡泊한 모습을 보여주고 있다. 그는 산수화에 아주 능하였고 붓글씨는 묘함이 그 전대前代에는 없던 것이었다.

견국공汧國公 이면李勉이 그를 자신의 집으로 초청하여 심히 아껴주면서 그를 조정에 초청하려 하자 차마 자신의 뜻을 꺾을 수 없다며 사직하고 다시 옛 은거지로 돌아와 버렸다. 그는 시에 뛰어났으며 유원悠遠한 사상이 많고 성령性靈을 아름답게 쓴 것으로 풍아風雅와 가깝다. 그래서 세상의 연고를 벗어나 초연물외超然物外한 내용들이다. 그러니 두소斗筲에 구구한 자들이야 어찌 족히 유선생의 계열에 들 수 있겠는가!

문집이 지금도 전하고 있다.

劉方平:

方平, 河南人, 白晳美容儀. 二十工詞賦, 與元魯山交善.
隱居潁陽大谷, 尚高不仕.

皇甫冉·李頎等相與贈答, 有云:『籬邊潁陽道, 竹外少
姨峰.』

神意淡泊. 善畫山水, 墨妙無前. 汧國公李勉延致齋中,
甚敬愛之. 欲薦於朝, 不忍屈, 辭還舊隱. 工詩, 多悠遠之思.
陶寫性靈, 黙會風雅, 故能脫略世故, 超然物外. 區區斗筲,
何足以繫劉先生哉!

有集今傳.

【河南人】《唐詩紀事》(卷28)에 자신의 〈泛州思鄕〉에 "西北浮雲外, 伊川何
　　處流?"라는 구절로 보아 洛中(伊川) 사람이 아닌가 여기기도 한다.
【元魯山】元德秀. 062 참조.
【潁陽】지금 河南省 登封縣의 서남쪽.
【皇甫冉】065 참조.
【李頎】041 참조.
【籬邊潁陽道】皇甫冉의 이 詩는 《全唐詩》(卷250)에 실려 있으며 제목은 〈寄劉
　　方平大谷田家〉이다. (참고)
【汧國公】李勉. 唐의 종실로 鄭惠王 李元懿의 曾孫이다. 代宗 때 京兆尹·工
　　部尙書 등을 거쳐 汧國公에 봉해졌으며 德宗 때 재상을 지냈다. 兩《唐書》
　　에 傳이 실려 있다.
【斗筲】斗는 한 말(十升), 筲는 2되. 官職이 비천함을 말한다. 《後漢書》郭太傳
　　에 "大丈夫焉能處斗筲之役乎!"라는 말이 있다.

1. 유방평(劉方平)

《新唐書》(藝文志)에《劉方平詩》1권이 著錄되어 있으며《全唐詩》(卷251)에
詩 206首가 실려 있고《全唐詩續拾》에 詩 1首가 補入되어 있다.《唐詩紀事》
(卷28)에 관련 기록이 실려 있다.

2.《唐詩紀事》卷28

○ 方平與元魯山善, 不仕, 蓋邢襄公政會之後也. 蕭穎士云:「山東茂異, 有河
南劉方平.」

○ 方平〈泛舟思鄕〉云:『西北浮雲外, 伊川何處流?』蓋洛中人也. 皇甫冉〈之京
留別方平詩〉云:『遲遲越二陵, 迴首旦蒼茫. 喬木清宿雨, 故關愁夕陽.』冉嘗
爲河南從事, 自是遷左拾遺, 留別於何南也.

3.《全唐詩》卷251

劉方平, 河南人, 邪襄公政會之後. 與元德秀善, 不仕. 詩一卷.

4.〈寄劉方平大谷田家〉(《全唐詩》卷250)

『故山聞獨往, 樵路憶相從. 氷結泉聲絶, 霜清也翠濃. 籬邊穎陽道, 竹外少姨峯.
日夕田家務, 寒煙隔幾重.』

〈元德秀(紫芝)〉《三才圖會》

069(3-19)
진계秦系

　　진계秦系는 자가 공서公緒이며 회계會稽 사람이다. 천보天寶 말에 난을 피해 섭계剡溪로 옮겨가서는 스스로 '동해조객東海釣客'이라 불렀다. 북도류수北都留守 설겸훈薛兼訓이 상서를 올려 그를 창조참군倉曹參軍으로 추천하였지만, 그는 벼슬길에 나가지 않았다. 그는 천주泉州를 유랑하다가 남안南安의 구일산九日山에 큰 소나무 백여 그루가 있어 전설로 동진東晉때 심은 것이란 말을 듣고 그 소나무 숲에 초막을 짓고 돌을 파서 벼루를 만든 다음《노자老子》를 주석하며 끝내 나오지 않았다. 그 때 마침 강공보姜公輔가 덕종德宗에게 직언을 하다가 재상직을 파직당하고 천주별가泉州別駕로 강등되어 오게 되었다. 그는 진계를 만나보고 문득 날이 다하도록 그곳을 떠나지 못하고 결국 그 곁에 집을 짓고는 드디어 유락流落의 고통을 잊게 되었다. 강공보가 죽자 그의 처자들이 멀리 살고 있었기 때문에 진계는 그를 위해 장례를 치러 산 아래에 무덤을 마련해 주었다. 그의 논의는 이와 같았던 것이다. 한편 장건봉張建封이 진계는 어떤 자리를 주어도 벼슬길로 나서려 않는다는 것을 듣고 다시 청하여 교서랑校書郎으로 추천해 주었다. 진계는 유장경劉長卿·위응물韋應物과 친교를 맺어 수시로 증답한 시들이 있다. 그런가 하면 권덕여權德輿는 이렇게 말하였다.

　　"유장경이 스스로를 '오언장성五言長城'이라 하자 진계가 시를 지어 이를 공격하였지만 정말 전력을 들여 그런 것은 아니다. 이렇게 그는 노익장을 과시하였던 것이다."

그는 팔십여 세를 살고 죽었다. 남안南安 사람들은 그를 사모하여 그가 살던 산을 '고사봉高士峰'이라 하였으며 지금도 그곳에 '여구정麗句亭'이라는 정자가 남아 있다.

시집 1권이 있어 지금도 전하고 있다.

秦系:

系, 字公緖, 會稽人. 天寶末, 避亂剡溪, 自稱「東海釣客」. 北都留守薛兼訓奏爲倉曹參軍, 不就. 客泉州, 南安九日山中有大松百餘章, 俗傳東晉時所植, 系結廬其上, 穴石爲研, 註《老子》, 彌年不出.

時姜公輔以直言, 罷爲泉州別駕, 見系輒窮日不能去, 築室與相近, 遂忘流落之苦. 公輔卒, 妻子在遠, 系爲營葬山下, 其好義如此. 張建封聞系不可致, 請就加校書郎. 與劉長卿·韋應物善, 多以詩相贈答.

權德輿曰:「長卿自以爲五言長城, 系用偏師攻之, 雖老益壯」

年八十餘, 卒. 南安人思之, 號其山爲「高士峰」. 今有「麗句亭」在焉.

集一卷, 今傳.

【會稽】지금의 浙江省 紹興市.
【剡溪】曹娥江의 상류이며 승경지이다. 지금의 浙江省 嵊縣 남쪽이다.
【北都】武則天이 幷州를 개칭하여 北都라 하였다. 지금의 山西城 太原市.
【薛兼訓】薛嵩. 僕射 벼슬을 지냈으며 《舊唐書》에 傳이 있다.
【泉州】지금의 福建省 泉州市.
【南安】지금의 福建省 南安縣.

【姜公輔】德宗 때의 人物로 諫議大夫 등을 지냈다. 兩《唐書》에 傳이 있다.

【張建封】德宗 때 岳州·壽州 등의 刺史와 節度使 등을 지낸 人物. 兩《唐書》에 傳이 있다.

【權德輿】本冊 卷5(140) 참조. 여기에서는 權德輿의 〈秦征君校書與劉隨州唱和詩序〉를 引用한 것이다.

【高士峰】지금의 福建省 南安縣에 있는 九日山 서쪽.

【麗句亭】이는 秦系의 고향 會稽山에 있는 것으로 여겨진다. 皎然의 〈酬秦山人贈別〉 詩에 "姓被名公題舊里, 詩將麗句號新亭"이라 하였다.

참고 및 관련 자료

1. 진계(秦系)

《新唐書》(藝文志, 4)에 《秦系詩》 1卷이 저록되어 있고 《直齋書錄解題》(卷19)에 《秦隱君集》 1卷이 기록되어 있다. 《全唐詩》에 詩 1卷(260)이 실려 있고 《全唐詩續拾》에 1首가 補入되어 있다. 《唐詩紀事》(卷28)에 관련 기록이 실려 있다.

2. 《新唐書》 卷196 참조.

3. 《唐詩紀事》 卷28

○ 系家剡山, 向隱一紀. 大曆五年, 人或以其文聞於留守薛公, 無何, 秦系右衛率府倉曹參軍. 意所不欲, 以疾辭免, 因將命者獻詩云: 『由來那敢議輕肥, 散髮行歌自採薇. 逋客未能忘野興, 辟書令遣脫荷衣. 家中匹婦空相笑, 池上羣鷗盡欲飛. 更乞大賢容小隱, 益看愚谷有光輝.』

○ 系曾與鮑員外同舉場, 因其見尋, 呈情云: 『少小爲儒不自強, 如今復嬾見侯王. 覽鏡自知身漸老, 買山將作計偏長. 荒涼鳥獸同三遶, 撩亂琴書共一床. 猶有郎官來問病, 時人莫道我佯狂.』

4. 《全唐詩》 卷260

秦系, 字公緒, 會稽人. 天寶末, 避亂剡溪, 北都留守薛兼訓奏爲右衛率府倉曹參軍. 不就. 建中初, 客泉州. 南安有九日山. 大松百餘章, 俗傳東晉時所植. 系結廬其上, 穴石爲研, 注《老子》. 彌年不出, 張建封聞系不可致. 請就加校書郎, 自號東海釣客. 與劉長卿善, 以詩相贈答. 權德輿曰: 「長卿自以爲五言長城, 系用偏師攻之, 雖老益壯. 其後東渡秣陵, 年八十餘卒. 南安人思之, 號其山爲高士峯」 詩一卷.

070(3-20)
장중보張眾甫

附: 조미명趙微明·우적于逖·장환蔣渙·원계천元季川

장중보張眾甫는 경구京口 사람이다. 그는 은거하면서 벼슬길로 나가는 일에는 힘쓰지 않았다. 황보증皇甫曾과는 친한 친구 사이였으며 뒤에 두 사람은 각각 사방을 유랑하였다. 그 때 황보증이 장처사張處士에게 이런 시를 보내주었다.

"여름이나 한겨울이나 닭고기 찰밥으로 함께 즐겼지   伏臘同雞黍
지금은 그 사립문 눈 내린 날씨 속에 닫혀 있네.   柴門閉雪天

때때로 벼슬한 자들이 역시 그를 찾아 추천해 주었지만 그는 죽어도 도를 지키겠다고 죽을 때까지 응하지 않았다.

장중보의 시는 완미기착婉媚綺錯하고 문자가 교묘하며 흥유興喩에 뛰어나 문단의 가사佳士로 알려져 있다.

◎ 장중보와 동시대 인물로 조미명趙微明·우적于逖·장환蔣渙·원계천元季川 등이 있다. 이들은 모두 산 속, 물가에 은거하면서 학문에 힘쓴 정사貞士 들로 이름이 난초 향기와 같고 뜻은 은황지술銀黃之術과는 거리가 멀었다. 이들은 성령性靈을 읊으며 충소衷素를 도야하고 진설陳設하니, 모두가 훌륭한 작품으로 인멸시킬 수가 없는 것들이다.

그러나 애석하게도 그들 행장行藏의 대략이 기록에도 보이지 않아
그 때문에 자세한 연구가 결缺하게 된 것이다.

　張衆甫: 附, 趙微明·于逖·蔣渙·元季川
　衆甫, 京口人. 隱居不務進取, 與皇甫御史友善, 精廬接近.
後各遊四方, 曾寄處士詩云:『伏臘同雞黍, 柴門閉雪天.』
　時官亦有徵辟者, 守死善道, 卒不就. 衆甫詩, 婉媚綺錯,
巧用文字, 工於興喩, 文流中佳士也.

　◎ 同在一時者, 有趙微明·于逖·蔣渙·元季川, 俱山顚水涯,
苦學貞士, 名同蘭茞之芳, 志非銀黃之慕. 吟咏性靈, 陶鍊衷素,
皆有佳篇, 不能湮落. 惜其行藏之大槪, 不見於記錄, 故缺其
考詳焉.

【京口】지금의 江蘇省 鎭江市.
【皇甫曾】066 참조.
【伏臘同雞黍】皇甫曾의 이 詩는《全唐詩》(卷210)에 실려 있으며 제목은〈寄張
　衆甫〉이다. (참고)
【伏臘】伏은 伏日, 즉 여름 三伏을 뜻하고 臘은 臘日로 12월 그믐을 뜻한다.
【守死善道】《論語》泰伯篇에 "篤信好學, 守死善道"라 하였다.
【文流中佳士】이 評語는《中興間氣集》(上卷)의 말을 옮긴 것이다.
【趙微明】趙徵明이라고도 보이며 元結이 그의 詩 3首를《篋中集》에 채록
　하였고《全唐詩》(卷259)에 詩 3首가 전한다.《唐詩紀事》(卷27) 참조.
【于逖】開封 사람으로 평생 隱居한 人物.《篋中集》에 詩 2首, 그리고《全唐
　詩》(卷259)에 詩 2首가 전한다.《唐詩紀事》(卷27) 참조.

【蔣渙】玄宗 때 진사에 급제하여 禮部尙書에까지 올랐다. 《全唐詩》(卷258)에 詩 5首가 전한다. 《唐詩紀事》(卷32) 참조.

【元季川】元結의 從弟. 隱逸詩가 많고 元結의 《篋中集》에 詩 4首가 채록되어 있으며 《全唐詩》(卷259)에도 4首가 전한다. 《唐詩紀事》(卷32) 참조.

【行藏】出處와 行止·생애·남긴 행적을 뜻한다. 《論語》述而篇에 "用之則行, 舍之則藏"이라 하였다.

참고 및 관련 자료

1. 장중보(張衆甫)
權德輿의 〈監察御史淸河張府君墓誌銘〉에 '君諱衆甫, 字子初, 淸河人'이라 하였다. 그에 관한 기록은 그 외에 《中興間氣集》(上卷)에 일부가 보이며 《全唐詩》(卷275)에 詩 3首, 그리고 《唐詩紀事》(卷29)에 관련 기록이 있다.

2. 《唐詩紀事》卷29
○ 衆甫, 字子初, 淸河人. 年過耳順, 方脫章甫, 冠惠文. 爲太常寺太祝, 尉河南壽安縣. 罷秩僑居雲陽, 時以緣情比興, 疏導心術, 志之所之, 輒詣絶境. 後拜監察御史, 爲淮寧軍從事. 建中三年卒. (權載之誌其墓)
○ 高仲武云: 衆甫詩婉媚綺錯, 巧用文字, 工於興喩. 如『不隨淮海變, 空媿稻粱恩』, 盡陳·謝之源. 又『自當舟檝路, 應濟往來人』, 得諷興之要. 形容體裁, 率皆如此, 文流之佳士也.

3. 《全唐詩》卷275
張衆甫, 字子初, 淸河人. 河南壽安縣尉, 罷秩, 橋居雲陽. 後拜監察御史, 爲淮寧軍從事, 詩三首.

4. 皇甫曾 〈寄張衆甫〉(《全唐詩》卷210)
『悲風生舊浦, 雲嶺隔東田. 伏臘同鷄黍, 紫門閉雪天. 孤村明夜火, 稚子候歸船. 靜者心相憶, 離居畏度年.』

071(3-21)
엄유嚴維

　　엄유嚴維의 자는 정문正文이며 월주越州 사람이다. 초에 그는 동려桐廬에 은거하며 한漢나라 때 자릉子陵의 고고한 풍모를 사모하였다. 지덕至德 2년, 강회선보사江淮選補使이며 황문시랑黃門侍郎인 최환崔渙의 문하에서 사조 굉려과詞藻宏麗科에 진사로 급제하였다. 그는 집은 가난하고 어버이가 늙어 멀리 갈 수 없었기 때문에 제기위諸暨尉를 제수받았는데 그 때가 이미 나이 40세가 넘어서였다. 엄중승嚴中丞 영郢이 하남河南의 절도사節度使로 가자 엄유는 그를 도와 막부幕府가 되었으며 그 뒤 여요령餘姚令을 거쳐 우보궐右補闕로 벼슬을 마쳤다.

　　엄유는 어려서 벼슬에 뜻이 없이 고향으로 돌아가 사는 것을 꿈꾸었으나 결국 유가儒家를 익혀 승두지록升斗之祿의 작은 관직을 하기는 하였지만, 이는 애오라기 농사짓는 일을 대신한다는 뜻이었을 뿐이다. 그의 시정은 아중雅重하여 위魏·진晉의 풍모를 띠고 있었으며 그 단련이 쟁쟁하여 거의 유한遺恨이 없을 정도였다. 그 때문에 당시의 이름난 무리들은 누구하나 그와 금란지계金蘭之契를 맺고 싶어 하지 않는 자가 없었다.

　　시집 1권이 있어 지금 전한다.

嚴維:

維, 字正文, 越州人. 初, 隱居桐廬, 慕子陵之高風. 至德二年, 江淮選補使侍郎崔渙下, 以詞藻宏麗, 進士及第. 以家貧親老, 不能遠離, 授諸暨尉, 時已四十餘. 後歷秘書郎. 嚴中丞節度河南, 辟佐幕府, 遷餘姚令. 仕終右補闕.

維少無宦情, 懷家山之樂. 以業素從升斗之祿. 聊代耕耳. 詩情雅重, 挹魏·晉之風, 鍛煉鏗鏘, 庶少遺恨. 一時名輩, 孰匪金蘭.

詩集一卷, 今傳.

【桐廬】지금의 浙江省 桐廬縣.
【子陵】東漢 때의 嚴光을 말하며 字가 子陵이었다. 소년시절 光武帝(劉秀)와 함께 공부하였으나 光武帝가 帝位에 오르다 隱居하였다. 光武帝가 그를 불러 諫議大夫에 제수하였으나 사양하고 富春山에 숨어버렸다. 《後漢書》에 傳이 실려 있으며 지금의 浙江省 桐廬縣 富春渚에 "嚴子陵釣臺"가 있다.
【崔渙】肅宗 때 宰相을 역임하였으며 道州刺史로 생을 마쳤다. 兩《唐書》에 傳이 있다.
【諸暨】지금의 浙江省 諸暨縣.
【嚴中丞】嚴郢. 御史中丞·河南尹 등을 역임하였다. 《新唐書》에 傳이 있다.
【餘姚】지금의 浙江省 餘姚縣을 말한다.
【金蘭】'志同道合의 친구'를 말한다. 《周易》繫辭(上)에 "二人同心, 其利斷金; 同心之言, 其臭如蘭"이라 하였다.

참고 및 관련 자료

1. 엄유(嚴維)
字는 正文. 그의 文集은 《新唐書》(藝文志)·《直齋書錄解題》 등에 1卷이 著錄되어 있으며 《全唐詩》(卷263)에도 1卷이 실려 있다. 그 외에 《全唐詩外編》 및 《全唐詩續拾》에 詩 2首, 斷句 6句가 補入되어 있으며 《唐詩紀事》(卷47)에 관련 기록이 실려 있다.

2.《唐詩紀事》卷47

○ 維, 字正文, 越州人, 與劉長卿善, 長卿〈對酒寄維〉云:『陋巷喜陽和, 衰顔對酒歌. 懶從華髮亂, 閑住白雲多. 郡簡容垂釣, 家貧學弄梭. 門前七里瀨, 早晚子陵過.』維答云:『蘇耽佐郡時, 近出白雲司. 藥補清羸疾, 窗吟絶妙詞. 柳塘春水慢, 花塢夕陽遲. 欲識懷君意, 朝朝訪機師.』(詩劉爲睦州司馬)

○ 維終校書郎.

3.《全唐詩》卷263

嚴維, 字正文, 越州山陰人. 至德二載進士, 擢辭藻宏麗科. 調諸暨尉, 辟河南幕府. 終秘西省校書郎, 與劉長卿善. 詩一卷.

072(3-22)
우량사于良史

우량사于良史는 지덕至德 연간에 벼슬이 시어사侍御史에 올랐던 인물이다. 그의 시체詩體는 청아清雅하며 형상을 근사近似하게 표현하는 데에 뛰어났고 또한 경구警句가 많다. 대개 그는 규장珪璋이 특달特達하여 일찍이 이미 조정에 현달한 것으로 보이며 흥치가 보통과 달라 사원詞苑에서도 그 가치를 더하였다.

비록 그의 생애가 제대로 알려지지는 않았지만 글은 매우 많이 전하고 있다.

于良史:

良史, 至德中仕爲侍御史. 詩體清雅, 工於形似, 又多警句. 蓋其珪璋特達, 早步清朝, 興致不羣, 詞苑增價. 雖平生似昧, 而篇什多傳.

【侍御史】高仲武의《中興間氣集》(卷上)에 于良史는 '侍御'를 지냈다고 하였다.
【珪璋特達】'훌륭함이 출중한 것'이라는 뜻.《世說新語》(言語篇)에 "丞相因覺, 謂顧曰: '此子珪璋特達, 機警有鋒.'"이라 하였다.

1. 우량사(于良史)

그의 文集은 宋元 이래 書目에는 보이지 않으며 다만 《全唐詩》(卷275)에 詩 7首가 전한다. 그 외에 《唐詩紀事》(卷47)에 관련이 실려 있다.

2. 《全唐紀事》卷43

○ 良史爲張徐州建封從事, 每自吟曰: 『出身三十年, 髮白衣猶碧. 日暮倚朱門, 從朱汚袍赤.』公因爲奏章服焉.

○ 高仲武云: 良史詩淸雅, 工於形似. 如『風兼殘雲起, 河帶斷冰流』, 吟之未終, 皎然在目.

3. 《全唐詩》卷275

于良史, 徐州張建封從事. 詩七首.

073(3-23)
영철상인靈徹上人

　영철靈徹은 성은 탕湯씨요, 자는 징원澄源이며 회계會稽 사람이다. 어려서 가족을 떠나 정토세계淨土世界에 귀의하여 계행戒行이 과연 정결하였다. 그는 힘써 공부하고 근고勤苦히 하였으며 엄유嚴維에게 시를 배워 드디어 그 명성을 떨치게 되었다. 그러나 스승 엄유가 죽자 그는 오흥吳興으로 가서 교연皎然과 함께 하산何山에 살면서 강론을 하며 다녔다. 이에 교연이 시랑侍郎 포길包佶에게 편지를 써서 추천해 주었고 포길은 이를 보고 크게 기뻐하며 다시 시랑 이서李紓에게 편지로 추천하였다. 이 두 사람은 문장과 풍운風韻으로 세상의 종사宗師로 추앙을 받는 자들이었다.

　정원貞元 연간에 그는 다시 서쪽으로 경사京師에 가서 조정에 그 이름을 떨치게 되었다. 그러자 승려들이 이를 질투하여 드디어 유언비어를 만들어 권신들의 격노를 사게 하였다. 그리하여 무고를 상주上奏, 죄를 뒤집어쓰고 정주汀州로 옮겨가야 하였다. 그러나 마침 사면령을 만나 동월東越로 돌아왔다. 그러자 당시 오吳·초楚 지역의 제후들이 각각 그를 손님으로 맞아 초청해 주는 것이었다.

　원화元和 11년, 그는 선주宣州의 개원사開元寺에서 입적하니 그 때 나이 일흔하나였다. 그의 문인들은 그의 유골을 고향으로 옮겨 산음山陰의 천주봉天柱峰 아래에 탑을 세워 주었다.

　영철상인의 시는 경구警句가 많아 여러 가지 격체格體를 두루 갖추고 있었다. 이를테면 그의 〈부용사芙蓉寺〉라는 시에서는 이렇게 읊었다.

"불경은 백마사로 실어왔고　　　　　　　　經來白馬寺
스님은 적오년에 다다랐네."　　　　　　　僧到赤烏年

다시 〈적정주謫汀州〉 시에는 이러한 구절이 있다.

"푸른 파리가 애도해주는 손님이요　　　　　青蠅爲吊客
황이가 집으로 편지를 전해주네."　　　　　黃耳寄家書

　그는 성품이 교일巧逸하여 옥주사沃洲寺에 거할 때에 그는 오동잎을 잘라 기구를 만들어 '연화루蓮花漏'라는 물시계로 삼았다. 이를 분수盆水에 놓고 위의 기구에 구멍을 뚫어 그 가는 구멍으로 물이 흘러내려, 반쯤 차면 그 잎이 가라앉도록 한 것으로 하루 밤낮 열두 번 씩 가라앉았다. 이로써 그는 기도하는 시간을 재었던 것이다.
　처음 그는 숭양난야嵩陽蘭若에 거하였으나 뒤에 광려匡廬의 동림사東林寺로 옮겨 살았다. 그리고 천목산天目山·사명산四明山·서하산棲霞山 및 형산衡山, 상湘 지역의 유명한 명산들을 석장錫杖을 짚고 두루 돌아다녔다. 그는 또 일찍이 영일상인靈一上人과 천태산天台山에서 노년을 보내고자 약속하였지만 끝내 그 뜻을 이루지는 못하였다. 그는 비록 언제나 운학雲壑에 살고자 하였지만 자신의 재명才名에 구속되어 목탁을 치고 염불을 외는 일에는 전념하지 못하고, 끝없이 시를 읊어냈을 뿐이다. 소위 말하는 발호기췌拔乎其萃라는 것이니 그는 세상 밖을 부유하였던 인물이었다.
　문집 10권 및 대력大曆 연간부터 원화元和 사이의 명인의 글을 취록한 《수창집酬唱集》 10권이 있어 지금까지 전하고 있다.

　靈徹上人:
　靈徹, 姓湯氏, 字澄源, 會稽人. 自童子, 辭父兄, 入淨, 戒行果潔. 方便讀書, 便覺勤苦. 受詩法於嚴維, 遂籍籍有聲.

及維卒, 乃抵吳興, 與皎然居何山遊講. 因以書薦於包侍郎佶,
佶得之大喜, 又以書致於李侍郎紓, 時二公以文章風韻爲世宗.
貞元中, 西遊京師, 名振輦下. 緇流疾之, 遂造飛語, 激動中貴,
因誣奏, 得罪, 徙汀州. 會赦, 歸東越. 時吳·楚間諸侯, 各賓
禮招延之.

元和十一年, 終於宣州開元寺, 年七十有一. 門人遷歸, 建塔
於山陰天柱峰下. 上人詩多警句, 能備衆體.

如〈芙蓉寺〉云:『經來白馬寺, 僧到赤烏年.』

〈謫汀州〉云:『靑蠅爲弔客, 黃耳寄家書.』

性巧逸, 居沃洲寺, 嘗取桐葉剪刻製器, 爲蓮花漏, 置盆水
之上, 穿細孔漏水, 半之則沈, 每晝夜十二沈, 爲行道之節. 初,
居嵩陽蘭若, 後來住匡廬東林寺. 如天目·四明·棲霞及衡·
湘諸名山, 行錫幾遍. 嘗與靈一上人約老天台, 未得遂志. 雖結
念雲壑, 而才名拘牽, 罄息經微, 吟諷無已. 所謂拔乎其萃,
遊方之外者也.

有集十卷, 及錄大曆至元和中名人《酬唱集》十卷, 今傳.

【受詩法於嚴維】 원문의 '受'는 '授'로 되어 있다. 엄유는 017참조.

【吳興】 지금의 浙江省 湖州市.

【皎然】 本冊 卷4(103) 참조.

【何山】 金蓋山이라고도 하며 晉나라 何楷가 공부하여 吳興太守가 되자 何山
으로 이름이 바뀌었다고 한다.

【包佶】 本冊 卷3(055) 참조.

【李紓】 德宗 때 兵部侍郎 등을 지냈던 人物. 兩《唐書》에 傳이 있다.

【汀洲】 지금의 福建省 長汀縣.

【宣州】지금의 安徽省 宣城縣.

【山陰】지금의 浙江省 紹興縣.

【白馬寺】東漢 明帝 때 天竺의 스님이 불경을 백마에 싣고 洛陽에 이르러 최초의 절을 세웠다. 《洛陽伽藍記》(卷4) 참조.

【赤烏年】赤烏는 三國時代 吳나라 孫權의 年號. 月支國의 승이 吳나라에 오자 孫權이 그를 博士로 삼았다.

【芙蓉寺】《文集記》·《唐詩紀事》에는 劉夢得의 말로 실려 있으며 제목은 〈芙蓉園新寺詩〉·《全唐詩外編》에 그 殘句가 수록되어 있다.

【靑蠅】三國時代 吳나라 虞翻이 交州로 추방당하여 "當長沒海隅, 生無可語, 死以靑蠅爲弔客"이라 하였다. 《三國志》 虞翻傳 참조.

【黃耳】晉나라 陸機가 아꼈던 개의 이름이 黃耳였다. 陸機가 洛陽에서 벼슬할 때 고향에서 편지가 오지 않자 대나무 통에 글을 써넣고 이를 黃耳의 목에 걸어 고향으로 보냈다. 뒤에 黃耳는 집안의 답장을 목에 걸고 다시 돌아왔다 한다. 《晉書》 陸機傳 참조.

【謫汀州】이 詩는 《全唐詩續拾》(卷22)에 殘句로 수록되어 있다. 《唐詩紀事》 참조.

【沃洲寺】지금의 浙江省 新昌縣 동쪽 沃洲山이 있던 절. 晉나라 때 고승 支遁이 이 절에 있었다. 白居易의 〈沃洲寺禪院記〉라는 글이 남아 있다.

【蓮花漏】《國史補》 卷中에 의하면 '蓮花漏'라는 물시계는 東晉 때 盧山의 스님 惠遠이 처음 만든 것이라고 실려 있다. 靈徹은 이에 盧山에서 그 시계를 얻어온 것에 불과하여 辛氏의 오류로 靈徹이 처음 얻은 것처럼 여기에 기재된 것이다.

【嵩陽蘭若】嵩陽寺. 지금의 河南省 登封縣 太室山에 그 터가 남아 있다. 蘭若는 범어 '阿蘭若'의 준말로 '寂淨·苦惱와 번민이 없다'라는 뜻이었으나 뒤에는 '절·사원'의 뜻으로 쓰게 되었다.

【東林寺】東晉 때 세운 절로 江西省 盧山에 있다.

【天目山】지금의 浙江省 臨安縣에 있는 산. 두 봉우리 정상에 못이 있어 마치 하늘의 눈동자 같다고 하여 붙여진 이름이다.

【四明山】지금의 浙江省 寧波市 서남쪽에 있는 산. 산꼭대기에 큰 바위의 사방에 창이 있어 빛이 든다 한다.

【栖霞山】栖霞嶺. 지금의 浙江省 杭州市 葛嶺의 서쪽. 그 위에 栖霞(棲霞) 동굴이 있다.

【靈一】《靈一集》의 〈贈靈澈禪師〉 詩에 "何時共到天台裡, 身與浮雲處處閑"
이라 하였다.
【拔萃】 '여러 사람 속에서 가장 뛰어난 것을 뽑아내다'의 뜻.

참고 및 관련 자료

1. 영철상인(靈徹上人)

靈徹은 法名이며 자는 澄源(源澄으로도 된 것이 있음)이다. 上人은 道士·
高僧의 뜻이다. 劉禹錫의 《徹上人文集記》에 "上人生於會稽, 本湯氏子, 聰察
嗜學, 不肯爲凡夫. 因辭父兄出家, 號靈徹, 字源澄"이라 하였으며 唐나라
각 詩人들의 詩文 속에 靈徹·靈澈 등으로 표기가 다르다. 그의 文集에 대해
서는 《新唐書》 藝文志(4)의 《文集記》와 《唱和酬別集》 10권 외의 다른
기록에는 보이지 않는다. 《全唐詩》 卷810에 詩 1卷(16首와 斷句 10句) 외에
《全唐詩續拾》에 詩 1句, 斷句 2句가 補入되어 있다. 《唐詩紀事》(卷72)에
관련 기록이 있다.

2. 《唐詩紀事》卷72 僧靈澈

僧靈澈, 生於會稽, 本湯氏, 字澄源. 與吳興詩僧皎然遊. 皎然薦之包佶·李紓,
以是上人之名, 由二公而颺. 貞元中, 遊京師, 緇流嫉之, 造飛語, 激動中貴人,
浸誣得罪, 徙汀州, 後歸會稽. 元和十一年, 終于宣州. 劉夢得曰:「詩僧多出
江右, 靈一導其源, 護國襲之, 清江揚其波, 法振沿之, 如么絃孤韻, 瞥入人耳,
非大音之樂. 獨吳興晝公, 能備眾體, 澈公承之. 至如〈芙蓉園新寺〉詩曰:『經來
白馬寺, 僧到赤烏年.』〈謫汀州〉云:『青蠅爲弔客, 黃犬寄家書.』可謂入作者
閫城, 豈獨雄於詩僧間耶!」

3. 《全唐詩》卷8

靈澈, 字源澄, 姓湯氏, 會稽人. 雲門寺律僧也. 少從嚴維學爲詩, 後至吳興,
與僧皎然遊. 貞元中, 皎然薦之包佶, 又薦之李紓, 名振輦下. 緇流嫉之, 造飛語,
激中貴人, 貶徙汀州, 會赦歸鄉. 詩一卷. 今存十二首.

074(3-24)
육우陸羽

육우陸羽는 자가 홍점鴻漸으로 어떻게 태어난 인물인지 알 수 없다.

처음 경릉竟陵의 선사禪師인 지적智積이 물가에 버려진 어린아이를 거두어 자신의 제자로 길렀다. 그러나 그는 자라면서 삭발하여 승려가 되는 것을 부끄럽게 여기고 《주역周易》으로 미래 운명에 대한 점을 쳤다가 건괘蹇卦와 점괘漸卦를 얻었다. 그런데 거기의 "큰 물새가 뭍으로 나가는 것으로 그 깃을 의식에 쓸 수 있다(鴻漸于陸, 其羽可用爲儀)"라는 뜻을 가지고 성과 이름, 자를 삼았다. 그는 공부함에도 한 가지 일이라도 그 묘한 것을 다 궁구하지 못하는 것을 괴롭게 여겼다. 성품이 회해詼諧하여 젊은 시절 광대들 속에 자신을 숨기고 그를 경험으로 〈담소談笑〉라는 일만一萬 글자나 되는 글을 지었다.

천보天寶 연간에 우령사羽伶師가 되었으나 다시 도망쳐 나와 버렸다. 옛 사람들이 말한 바의 "그 행동은 깨끗하나 그 행적은 때가 묻은(潔其行而穢其迹)"자라 할 수 있다.

상원上元 초에 그는 초계苕溪 가에 오두막을 지어놓고 문을 닫아 건 채 독서에 몰두하면서 명승名僧, 고사高士들과 종일 술 먹고 담소하며 살았다. 그의 모습은 부스스하고 말소리는 시원찮으나 논리는 정확하였다. 남의 훌륭한 일을 들으면 자신의 일처럼 좋아하였고 다른 사람과 약속한 일이 있으면 호랑이가 길을 막고 있다 해도 포기하지 아니하는 성미였다.

그는 자칭 '상저옹桑苧翁', 또는 '동강자東崗子'라 하였으며 고조시가古調

詩歌에 뛰어나 그 정취가 지극히 한아하였으며 저서가 아주 많았다. 그는 조각배 하나로 산사山寺를 오가며 오직 사건紗巾과 등혜藤鞋, 그리고 단갈短褐과 독비곤犢鼻褌밖에 없었으며 숲 속을 휘젓고 유수流水를 즐기며 살았다. 가끔 넓은 황야를 돌아다니면서 고시古詩를 읊조리며 달이 다 질 때까지 배회하다가 흥이 다하면 통곡하면서 돌아오기도 하였다. 그래서 당시 사람들은 그를 초광접여楚狂接輿에 비유하기도 하였다.

그는 교연상인皎然上人과 망언지교忘言之交를 맺고 지냈으며, 임금으로부터 태자문학太子文學을 맡으라는 조서를 받은 적도 있다.

육우는 차 마시기를 좋아하여 그 묘리妙理를 지어 《다경茶經》 3권을 저술하였다. 그 내용은 차의 원류는 물론 그 법도 및 다구茶具를 설명한 것으로 당시에 그는 이미 '다선茶仙'으로 불렸으며 천하가 그로 인해 차에 대한 지식을 더욱 넓히게 되었다.

그리하여 차를 파는 가게에서는 도자기에 육우의 형상을 그려 넣고 그를 신神으로 제사지냈으며, 사람들은 다기茶器 열 개를 사면 그 도자기 하나를 선물로 받을 수 있었다. 처음, 어사대부御史大夫 이계경李季卿이 강남江南을 선위宣慰할 때 그는 차를 좋아하여, 육우를 알고 나서 그를 불렀다. 육우가 거친 옷 그대로 다구를 가지고 그의 처소를 찾아가자 이계경은 이렇게 말하였다.

"그대 육군陸君은 차에 대해서 잘 안다는 것을 천하가 다 알고 있소. 또 양자강揚子江의 중령수中泠水는 절세의 훌륭한 물이요. 지금 그대와 이 물 두 가지 묘한 것이 천재일우千載一遇로 만났소. 그대 산에 사는 사람이라고 마구하지 말고 정성껏 끓여 보시오!"

육우가 차를 끓여 주자 이계경은 자신의 노비를 차 값으로 주었다. 그러나 육우는 이를 불쾌히 여겨 다시 〈훼다론毁茶論〉이라는 글을 지었다.

육우는 보궐補闕 황보염皇甫冉과 친하였으나, 당시 상서尙書 포방鮑防이 월越 땅으로 내려오자 그에게 의탁하려 하였다. 황보염은 육우를 보내면서 서문을 써 주었다. 그 글에 이렇게 말하였다.

"그대는 공자孔子와 석가釋迦의 명리名理를 궁구하고 가시歌詩의 여칙麗則을 모두 연구하였소이다. 먼 별서別墅나 고도孤島까지도 배를 타고 다 다녀 보았고, 고기 잡는 곳, 낚시하는 곳도 생각나면 찾아다녔소. 무릇 그 월지越地는 산수지향山水之鄕으로 이름난 곳이며, 그 원문轅門은 절월지중節鉞之重에 해당하는 곳, 포방鮑防이 그대를 알고 그대를 사랑하여 해의추식解衣推食해 줄 것이니 그대가 그곳으로 떠남이 어찌 한갓 경수지어鏡水之魚를 맛보고 야계지월耶溪之月 아래 잠드는 것 뿐이리오?"

그의 문집과 《다경茶經》이 지금도 전하고 있다.

陸羽:

羽, 字鴻漸, 不知所生. 初, 竟陵禪師智積得嬰兒於水濱, 育爲弟子. 及長, 恥從削髮, 以《易》自筮, 得〈蹇〉之〈漸〉曰:「鴻漸於陸, 其羽可用爲儀」始爲姓名.

有學, 愧一事不盡其妙. 性詼諧, 少年匿優人中, 撰《笑談》萬言. 天寶間, 署羽伶師, 後遁去. 古人謂「潔其行而穢其迹」者也. 上元初, 結廬苕溪上, 閉門讀書. 名僧高士, 談讌終日. 貌寢, 口吃而辯. 聞人善, 若在已, 與人期, 雖阻虎狼不避也. 自稱「桑苧翁」. 又號「東崗子」. 工古調歌詩. 興極閒雅, 著書甚多. 扁舟往來山寺, 唯紗巾藤鞋, 短褐犢鼻, 擊林木, 弄流水. 或行曠野中, 誦古詩, 裴回至月黑, 興盡慟哭而返. 當時以比接輿也. 與皎然上人爲忘言之交. 有詔拜太子文學.

羽嗜茶, 造妙理, 著《茶經》三卷, 言茶之原·之法·之具, 時號「茶仙」, 天下益知飮茶矣. 鬻茶家以瓷陶羽形, 祀爲神, 買十茶器, 得一鴻漸. 初, 御史大夫李季卿宣慰江南, 喜茶, 知羽, 召之, 羽野服挈具而入.

李曰:「陸君善茶, 天下所知; 揚子中泠水又殊絶. 今二妙千載一遇, 山人不可輕失也.」

茶畢, 命奴子與錢. 羽愧之, 更著《毁茶論》. 與皇甫補闕善, 時鮑尚書防在越, 羽往依焉, 冉送以序曰:「君子究孔·釋之名理, 窮歌詩之麗則. 遠嶼孤嶋, 通舟必行; 魚梁釣磯, 隨意而往. 夫越地稱山水之鄕, 轅門當節鉞之重. 鮑侯, 知子愛子者, 將解衣推食, 豈徒嘗鏡水之魚, 宿耶溪之月而已?」

集併《茶經》今傳.

【蹇卦】《周易》의 제 39卦.

【漸卦】《周易》의 제 53卦.

【鴻漸于陸】漸卦 上九의 爻辭이다.

【談笑】〈三間本〉에는 '笑談', 《自傳》에는 '譴談'으로, 《新唐書》에는 '詼諧'로 되어 있다.

【羽伶師】광대. 희극의 演員을 관리하고 교육시키는 임무를 맡은 관리.

【潔其行而 穢其迹】이는 원래 《文選》(卷47) 夏侯孝若의 〈東方朔畫贊〉의 구절이다.

【苕溪】浙江省 天目山에서 발원하여 吳興을 거쳐 太湖에 드는 물. '霅溪'라고도 한다.

【犢鼻褌】아랫도리를 둘러치는 치마의 일종. 송아지 가죽으로 만든 것이다.

【接輿】春秋時代의 楚나라 隱士. 거짓으로 미친 체하며 세상을 피하였다. 《論語》微子篇에 "楚狂接輿, 歌而過孔子曰: '鳳兮, 鳳兮, 何德之衰? 往者, 不可諫; 來者, 猶可追.'"라 하였으며 《莊子》 등에도 보인다. 《高士博》에는 이름이 陸通, 字는 接輿라 하였다.

【皎然上人】본책 卷4(103) 참조.

【李季卿】李適之의 아들. 京兆小尹·吏部侍郎 등을 지냈으며 《舊唐書》에 傳이 있다.

【中泠水】江蘇省 鎭江市 서북쪽의 유명한 샘물. '天下第一泉'이라 불리었으나 뒤에 모래가 쌓여 없어졌다.

【麗則】 문장이 화려하면서도 정도를 잃지 않음을 말한다. 揚雄의 《法言》
　吾子篇에 "詩人之賦麗以則, 辭人之賦麗以淫"이라 하였다.
【轅門】 軍營·軍門.
【節鉞】 符節과 斧鉞. 將軍의 소지품.
【解衣推食】 '의식을 제공해 주다'라는 뜻이다. 즉, 남의 생활에 관심을 가지고
　보살펴 주는 것을 말한다. 《史記》 淮陰侯傳에 "漢王授我上將軍印, 予我數
　萬衆, 解衣衣我, 推食食我, 言聽計用, 故吾得以至於此"라 하였다.
【鏡水】 鏡湖.
【耶溪】 若耶溪.

　　　참고 및 관련 자료

1. 육우(陸羽)
詩人·승려. '茶聖'이라 불리었다. 《新唐書》에는 "陸羽字鴻漸, 一名疾, 字季
疵, 復州竟陵人. 不知所生"이라 하였으며 《全唐書》(卷433)에 실려 있는 〈陸
文學自傳〉에 "陸子名羽, 字鴻漸, 不知何許人也. 或云字羽, 名鴻漸. 未知孰是"
라 하였다. 또 唐 趙璘의 《因話錄》卷3에는 "竟陵龍蓋寺僧, 姓陸, 于堤上得
一初生兒, 收育之, 遂以陸爲氏"라 하였다. 그의 《茶經》은 《新唐書》(藝文志)·
《郡齋讀書志》(卷3, 上)·《宋史》(藝文志) 등에 모두 著錄되어 있으며 지금도
전하고 있다. 그러나 그의 詩文集에 대한 기록은 없고 다만 《全唐詩》(308)
에 그의 詩 2首와 斷句 6句 및 聯句詩(788~794)가 실려 있으며 《全唐詩
續拾》에 2句가 補入되어 있다. 그 외에 《唐詩紀事》(卷40)에 관련 기록이
실려 있다.

2. 《新唐書》卷196 陸羽傳 참조.

3. 《唐詩紀事》卷40 (陸漸鴻)
○ 陸鴻漸, 太子文學陸鴻漸, 名羽, 其先不知何許人. 竟陵陸龍蓋寺僧姓陸, 於堤
上得一初生兒, 收育之, 遂以陸爲氏. 及長, 聰俊多聞, 學贍辭逸, 恢諧辨輒. 性
嗜茶, 初創煎茶法, 至今鬻茶之家, 陶爲其像, 置於煬器之間, 云宜茶足利. 至大
和中, 復州有一老僧, 云是陸僧弟子, 常諷其歌云:『不羨黃金罍, 不羨白玉杯.
不羨朝入省, 不羨暮入臺. 唯羨西江水, 長向竟陵城下來.』鴻漸又撰《茶經》三卷,
行於代. 今爲鴻漸形, 因目爲茶神, 有售則祭之, 無則以釜湯沃之.

○ 皇甫曾〈送鴻漸採茶相過〉詩云；『千峯待逋客, 香茗復叢生. 採摘知深處, 煙霞羨獨行. 幽期山寺遠, 野飯石泉清. 寂寂然燈夜, 相思一磬聲.』

4.《全唐詩》卷308

陸羽, 字鴻漸. 撰《茶經》三卷. 或云自太子文學徙太常寺太祝, 不就. 詩二首.

〈茶神陸羽〉瓷像(五代) 河北 唐縣 出土

075(3-25)

고황顧況

고황顧況은 자가 포옹逋翁이며 소주蘇州 사람이다. 지덕至德 2년, 천자가 촉蜀에 행차하였을 때 그는 강동시랑江東侍郎 이희언李希言 아래에서 진사에 급제하였다.

그는 시가에 뛰어났고 성품도 회해詼諧하였으나 조심성은 없었다. 그는 산수화山水畫에도 뛰어났으며 처음에 한진공韓晉公 황혼渒의 강남막부江南幕府에서 판관判官을 하다가 덕종德宗 때에 유혼柳渾이 보정輔政할 때 추천되어 비서랑秘書郎이 되었다. 원래 고황은 이필李泌과 아는 사이였으며 드디어 그를 스승으로 모셔 그로부터 복기지법服氣之法을 전수 받아 종일 밥을 먹지 않고 견디는 수양을 하였다. 그 뒤 이필이 재상이 되자 스스로 자신도 그의 힘으로 큰 관직을 얻게 된다고 떠들고 다녔으나 한참 후에야 저작랑著作郎이 되었다. 그러다가 이필이 죽자 〈해구영海鷗詠〉이라는 글을 지어 권귀權貴의 대신들을 조소한 나머지, 크게 질시를 받아 결국 탄핵을 거쳐 요주사호饒州司戶로 쫓겨나고 말았다. 그는 그 때의 심정을 이렇게 노래하였다.

"만리를 날아와 떠도는 새　　　　　　　萬里飛來爲客鳥
　일찍이 단봉이 앉은 가지 빌려주었네　　曾蒙丹鳳借枝柯
　하루아침 봉새 떠나고 오동나무도 죽고　一朝鳳去梧桐死
　보이나니 모두 매나 솔개니 그때 어찌할꼬!"　滿目鴟鳶奈爾何

드디어 그는 가족을 이끌고 모산茅山에 은거하여 단약丹藥을 먹고 북두성을 모셔 몸이 마치 깃털처럼 가벼워지게 되었다. 고황은 만년에 아들 하나를 얻었으나 요절해 버렸다. 그는 그 애절한 추모의 정을 이렇게 노래하였다.

"늘그막에 사랑하는 아들 잃으니	老人喪愛子
저문 날에 눈물이 피가 되도다	日暮泣成血
노인 일흔 살이면	老人年七十
더 이상 많은 이별 없으련마는."	不作多時別

그러나 그는 일 년 만에 다시 아들 하나를 얻어 이름을 '비웅非熊'이라 하였다. 그 아이는 세 살이 되어 비로소 말을 할 줄 알게 되자, 자신을 이렇게 소개하는 것이었다.

"저는 저 세상 명계冥界에서 아버님의 슬픈 괴로움을 듣고, 더 이상 참지 못하여 다시 태어난, 지난번의 아들입니다."

비웅은 뒤에 급제하여 장안長安으로부터 집으로 돌아와 아버지에게 경축을 드리려 하였지만, 아버지는 어디로 갔는지 알 수 없었다. 어떤 이는 장생비결長生秘訣을 얻어 신선이 되어 사라졌다고 하였다.

그의 문집 20권이 세상에 전하며 황보식皇甫湜이 그 문집에 서문을 썼다.

顧況:

況, 字逋翁, 蘇州人. 至德二年, 天子幸蜀, 江東侍郞李希言下進士. 善爲歌詩, 性詼諧, 不修撿操. 工畫山水. 初爲韓晉江南判官. 德宗時, 柳渾輔政, 薦爲秘書郞. 況素善於李泌, 遂師事之, 得其服氣之法, 能終日不食. 及泌相, 自謂當得達官, 久之, 遷著作郞. 及泌卒, 作〈海鷗詠〉嘲誚權貴, 大爲所嫉, 被憲劾貶饒州司戶.

作詩曰:『萬里飛來爲客鳥, 曾蒙丹鳳借枝柯. 一朝鳳去梧桐死, 滿目鴟鳶奈爾何!』

遂全家去, 隱茅山, 鍊金拜斗, 身輕如羽.

況暮年一子卽亡, 追悼哀切, 吟曰:「老人喪愛子, 日暮泣成血. 老人年七十, 不作多時別」

其年又生一子, 名非熊, 三歲始言:「在冥漠中, 聞父吟苦, 不忍, 乃來復生」

非熊後及第, 自長安歸慶, 已不知況所在. 或云, 得長生訣仙去矣.

今有集二十卷傳世, 皇甫湜爲之序.

【李希言】至德 연간에 禮部侍郎을 지냈으며 乾元 연간에는 浙江東道節度使를 지냈던 人物.

【韓晉公】韓滉. 觀察使・刺使 등을 지냈으며 晉國公에 봉해졌다. 兩《唐書》에 傳이 있다. 顧況이 그를 위해 쓴 〈韓滉行狀〉이 있다.

【李泌】玄宗・肅宗・代宗・德宗을 거쳐 재상을 지냈으며 신선도술을 좋아하였다. 兩《唐書》에 傳이 실려 있다.

【服氣】道家의 修養法.《晉書》張忠傳에 "恬靜寡欲, 淸虛服氣, 餐芝餌石, 修導養之法"이라 하였다.

【饒州】州治는 鄱陽이며 지금의 江西省 波陽縣.

【萬里飛來爲客鳥】이 詩는《全唐詩》(卷267)에 실려 있으며 제목은 〈海鷗詠〉이며 시의 全文 그대로이다.

【茅山】句曲山. 茅氏 형제가 이곳에서 得道하여 茅山이라 칭하였으며 晉代부터 五代까지 道敎의 성지로 널리 알려져 있다.《世說新語》任誕篇 참조.《道藏》에《茅山志》가 있다.

【丹藥】丹砂를 製煉하여 먹는 道家의 不老長生藥.《抱朴子》및《世說新語》등 참조.

【老人喪愛子】이 詩는《全唐詩》(卷264)에 실려 있으며 제목은 〈傷子〉, 부분적

으로 글자는 다르다. (참고)

【復生】이 이야기는 唐 段成式의 《酉陽雜俎》(卷13)에 실려 있으며 꾸며낸 이야기이다.

【得長生訣仙去】이 이야기 역시 허탄한 것으로 五代 때 王定保의 《唐摭言》(卷8)에 실려 있다. 그러나 顧非熊은 會昌 5年(845)에 진사에 급제하였고 顧況은 開元 15年(727)에 태어나 이때 120세가 된다. 顧況이 90세에 죽은 것으로 알려진 것으로 보아 역시 꾸며낸 이야기이다. (참조)

【皇甫湜】字는 持正. 睦州 사람으로 唐 憲宗 때에 진사에 올라 工部郞中을 지냈다. 韓愈에게 古文을 배웠다. 《新唐書》에 傳이 실려 있다.

> 참고 및 관련 자료

1. 고황(顧況: 727~916? 혹은 ?~806?)

字는 逋翁으로 그의 詩는 《全唐詩》에 4권(264~267)이 실려 있고 《全唐詩外編》 및 《全唐詩續拾》에 詩 4首와 斷句 2句가 실려 있다. 《唐詩紀事》(卷28)에 관련 기록이 실려 있다.

2. 《舊唐書》卷130 顧況傳 참조.

3. 《唐詩紀事》卷28

況, 字逋翁, 姑蘇人. 至德進士. 性詼譎, 與柳渾·李泌爲方外友. 德宗時, 渾輔政, 以祕書郞召. 及泌相, 自謂當得達官, 久之, 遷著作郞. 況坐詩語調譏, 貶饒州司戶. 居於茅山, 以壽終. 皇甫湜爲況文集序云: 「偏於逸歌長句, 駿發踔厲, 往往若穿天心, 出月脇, 意外驚人語, 非尋常所能及, 最爲快也.」 其爲人類其詞章云.

4. 《全唐詩》卷264

顧況, 字逋翁, 海鹽人. 肅宗至德進士, 長於歌詩, 性好詼譎. 嘗爲韓滉節度判官, 與柳渾, 李泌善. 渾輔政, 以校書徵, 泌爲相. 稍遷著作郞, 悒悒不樂. 求歸, 坐詩語調譏, 貶饒州司戶參軍. 後隱茅山, 以壽終. 集二十卷. 今編詩四卷.

5. 〈傷子〉(《全唐詩》卷264)

『老夫哭愛子, 日暮千行血. 聲逐斷猿悲, 跡隨飛鳥滅. 老夫已七十, 不作多時別.』

6. 《唐摭言》(王定保) 卷8

顧況, 全家隱居茅山, 竟莫知所止. 其子非熊, 及第歸慶, 旣莫知況寧否, 亦隱於舊山. 或聞有所遇長生之秘術也.

076(3-26)

장남사張南史

    장남사張南史는 자는 계직季直이며 유주幽州 사람이다. 바둑에 뛰어나 그의 신기神技로 적수가 없었으며 도가의 태극설太極說에 관심이 많았다. 그는 일찍이 폭건幅巾에 여장藜杖을 짚고 왕후王侯의 집을 드나들기 10년, 고담활시高談闊視하며 거리낌 없이 강개한 기분을 맘대로 펼치는 기사奇士였다. 그는 중년 나이에 느낀 바 있어 비로소 힘들게 시문 익히기에 열중하여, 세상과 더 이상 구차스럽게 합치려는 뜻을 갖지 않게 되었다. 몇 년 후, 그는 점차 시의 경지에 들어서서 격조와 풍체가 초한超閑한 데에 이르게 되었고, 그 정치情致함을 겸비하여 마치 병주幷州·연주燕州의 노장老將 경지에 이르러 기운氣韻이 침웅沈雄, 당시 그를 따를 만한 자가 얼마 되지 않았다.

    숙종肅宗 때에 조정에서 현사를 선발할 때 그는 좌위창조참군左衛倉曹參軍이 되었다. 안사安史의 난을 피해 양주揚州의 양자揚子에 살 때, 난이 평정되고 다시 부름을 받았으나 부임하기 전에 죽고 말았다.

    시집 1권이 있어 지금도 전하고 있다.

    張南史:

    南史, 字季直, 幽州人. 工奕棋, 神算無敵, 游心太極. 嘗幅巾藜杖, 出入王侯之宅十年, 高談闊視, 慷慨奇士也. 中歲感激,

始苦節學文, 無希世苟合之意. 數年間, 稍入詩境, 調體超閒,
情致兼美, 如幷·燕老將, 氣韻沈雄, 時少及之者. 肅宗時, 廟堂
獎拔, 仕爲左衛倉曹參軍. 後避亂, 寓居揚州揚子. 難平再召,
未及赴而卒.

有詩一卷, 今傳.

【幽州】 州治는 蘇縣(지금의 北京市).
【太極說】《周易》繫辭(上)에 "易有太極, 是生兩儀, 兩儀生四象, 四象生八卦"라
  하였다.
【幷燕】 원래 禹가 洪水를 다스리고 나눈 九州의 이름. 지금의 河北 山西 지역.
  幷州와 燕州.
【揚子】 地名. 지금의 江蘇省 邗江縣 남쪽. 揚子江은 이곳에서 유래된 이름
  이다.

> 참고 및 관련 자료

1. 장남사(張南史)
字는 季直.《新唐書》(藝文志)와《直齋書錄解題》에 모두 그의 詩 1卷이 著錄
되어 있으며《全唐詩》(卷296)에 그의 詩 1卷이 실려 있고《全唐詩外編》및
《全唐詩續拾》에 1首, 斷句 2句가 補入되어 있다.

2.《唐詩紀事》卷41
○ 南史, 字季直, 幽州人. 以試參軍, 避亂居揚州. 再召, 未赴而卒.
○ 南史好弈棊, 其後折節讀書, 遂入詩境. 李端哭之云: 『諫草文猶在, 圍棊智
不如.』 高仲武云: 「張君弈棊者, 中年感激, 苦節學文, 數年間稍入詩境. 如『已被
秋風教憶鱠, 更聞寒雨勸飛觴』, 事與物力俱矣.」

3.《全唐詩》卷296
張南史, 字季直, 幽州人. 好弈棋, 其後折節讀書, 遂入詩境. 以試參軍, 避難,
居揚州. 再召, 未赴而卒. 詩一卷.

077(3-27)

융욱戎昱

附: 포자허包子虛

융욱戎昱은 형남荊南 사람으로 아름다운 풍모에 재담이 뛰어난 인물이었다. 젊어서 진사에 응시하였으나 낙방하자 유명한 도시들을 떠돌기 시작하였다. 그는 비록 가난한 선비였지만 뜻이 높아 기세를 조금도 누그러뜨리지 않았다. 그는 호상湖湘의 산수를 좋아하여 그곳의 나그네 생활을 하였다.

그 때 이기李夔가 계림桂林의 관찰사로 가다가 그곳을 지나면서 관사官舍에 유숙하게 되었다. 그런데 달밤에 이웃집에서 시 읊는 소리가 너무 청려함을 듣고 날이 밝자 그를 찾았더니 바로 융욱이었던 것이다. 이에 그를 데려다 막빈幕賓으로 삼아 아주 후하게 대접해 주었다. 그 뒤 중승中丞 최관崔瓘 역시 호남湖南에 있으면서 융욱을 매우 사랑하였다. 최관은 딸이 하나 있었다. 미모가 뛰어나 융욱에게 시집보내고 싶었으나 융욱의 성이 융戎씨임을 거슬려 성을 고치면 성사시키겠다고 하였다. 이를 들은 융욱은 시로써 사절하였다.

"천금을 줄지라도 성을 바꿀 수는 없다오   千金未必能移姓
한번 허락하면 살신해서라도 따라야 하지만."   一諾從來許殺身

그는 이기렴의 은혜가 지극히 깊어 그 감격을 다할 수 없다고 말하였다. 처음 그가 평원平原 안진경顏眞卿을 따르다가 안진경이 정남막征南幕이 되자 그 막료가 되었으며, 이 때 안진경은 여러 차례 그를 추천하였다. 그리고 다시 위백옥衛白玉이 형남절도사荊南節度使가 되자 역시 융욱을 불러 종사從事로 삼기도 하였다. 융욱은 건주자사虔州刺史를 거쳐 지덕至德 중에는 죄를 짓고 진주자사辰州刺史로 유배 갔다가, 뒤에 검남劍南의 나그네가 되어 농서隴西에 몇 년을 살았다.

헌종憲宗 때에 마침 변방에 소요가 심해지자 대신들이 모두 화친和親을 건의하고 나섰다. 그러자 임금은 대신들에게 이런 질문을 하였다.

"내 듣자하니 한 시인이 있으나 그 이름이 잘 알려져 있지 않다 하오. 누구를 두고 하는 말이겠소?"

재상이 냉조양冷朝陽·포자허包子虛의 이름을 들어 대답하였지만 모두 아니었다. 황제가 그의 시를 들어 읊자 그제야 모두들 이렇게 말하였다.

"융욱입니다."

이에 황제는 이렇게 말하였다.

"내 일찍이 그의 〈영사詠史〉 시에

'한漢나라 역사 속에	漢家靑史上
잘못된 것이 있다면 흉노와 화친하는 것	計拙是和親
사직이 명주에 의지해야 하건만	社稷依明主
안위를 부인에게 의탁하였으니	安危托婦人
어찌 그 미모를 가지고서	豈能將玉貌
문득 전쟁을 잠재울 수 있겠으며	便擬淨沙塵
지하에 천년 묵은 죽은 병사들	地下千年骨
그 누가 나라의 보좌신이 되려 하리오?'	誰爲輔佐臣

라고 읊은 것을 기억하고 있다."

그러고는 웃으면서 다시 이렇게 말하였다.

"위강魏絳은 어찌 그리 겁이 많았는가! 만약 융욱이 지금 살아 있어서 그에게 무릉武陵의 도화원桃花源을 준다면 그의 시 청영淸詠함이 딱 맞지 않을까!"

이에 사림士林에 융욱은 영광의 인물이 되었다.

융욱은 성당盛唐의 시인이었지만 격기格氣는 약간 뒤지며 그의 시 가운데에는 가끔 만당晚唐의 뛰어난 작품과 같은 것이 있다. 그러나 풍류가 기려綺麗하며 정치 교화를 훼손함이 없었다. 당시에 감상하던 자들이 한원翰苑에 그 소문이 시끄러웠으니 진실로 잘못된 일이 아니로다.

문집이 지금까지 전하고 있다.

戎昱: 附, 包子虛

昱, 荊南人. 美風度, 能談. 少擧進士不上, 乃放遊名都. 雖貧士而軒昂, 氣不消沮. 愛湖湘山水, 來客. 時李夔廉察桂林, 寓官舍, 月夜, 聞隣居行吟之音淸麗, 遲明訪之, 乃昱也. 卽延爲幕賓, 待之甚厚. 崔中丞亦在湖南, 愛之, 有女國色, 欲以妻昱, 而不喜其姓戎, 能改則訂議.

昱聞之, 以詩謝云:『千金未必能移姓, 一諾從來許殺身.』

自謂李大夫恩私至深, 無任感激. 初, 事顏平原, 嘗佐其征南幕, 亦累薦之. 衛伯玉鎭荊南, 辟爲從事. 歷虔州刺史. 至德中, 以罪謫爲辰州刺史. 後客劒南, 寄家隴西數載. 憲宗時, 邊烽累急, 大臣議和親.

上曰:「比聞一詩人姓名稍僻者爲誰?」

宰相對以冷朝陽·包子虛, 皆非. 帝擧其詩, 對曰:「戎昱也」

上曰:「嘗記其〈詠史〉云:『漢家靑史上, 拙計是和親. 社稷依明主, 安危託婦人. 豈能將玉貌, 便擬靜沙塵? 地下千年骨, 誰爲輔佐臣!』」

因笑曰:「魏絳何其懦也! 此人如在, 可與武陵桃花源, 足稱其淸詠」

士林榮之. 昱詩在盛唐, 格氣稍劣, 中間有絶似晚作. 然風
流綺麗, 不虧政化, 當時賞音, 喧傳翰苑, 固不誣矣.
有集今傳.

【荊南】荊州南郡으로 뒤에 江陵郡으로 고쳤다. 지금의 湖北省 江陵縣.

【李夔】李昌夔의 誤記. 桂州刺史 및 桂管防禦觀察使를 지냈던 人物.

【崔瓘】御史中丞·湖南團練觀察使 등을 지냈던 人物. 兩《唐書》에 傳이 실려
있다.

【千金未必能移姓】이 詩는 《全唐詩》(卷270)에 실려 있으며 제목은 〈上湖南
崔中丞〉이다. (참고) 그러나 다른 기록에는 '移姓'이 모두 '移性'으로 바뀌어
있다.

【顔眞卿】藝術家·詩人·書藝家. 019 注 참조.

【衛伯玉】代宗 때 荊南節度使를 지냈던 人物. 兩《唐書》에 傳이 실려 있다.

【虔州】지금의 江西省 贛州市.

【辰州】지금의 湖南省 沅陵縣.

【冷朝陽】本冊 卷四(095) 참조.

【包子虛】자세히 알 수 없다.

【詠史】이 詩는 《全唐詩》(卷270)에 실려 있는 詩 全文이며 제목도 같다. 한편
皇帝가 戎昱을 찾은 이야기는 《唐詩紀事》(卷28)에도 실려 있다. (참고)

【魏絳】春秋時代 晉나라의 대부인 魏莊子. 戎狹에게 겁을 먹고 講和를 주장
하여 晉 悼公이 이를 실행하였다. 《左傳》 襄公 4年 참조.

【士林之榮】이 이야기는 《雲溪友議》(卷下)·〈和戎諷〉에 실려 있는 것으로
"此人若在, 便與郞州刺史, 武陵桃源, 足稱詩人之興榮.'聖旨如此稠疊, 士林之
榮也"라 하였다. 그러나 이는 戎昱과 관련이 없다.

⌐ 참고 및 관련 자료 ⌐

1. 융욱(戎昱)
《新唐書》藝文志에 《戎昱集》 5卷이 著錄되어 있고 《郡齋讀書志》에는 3卷
으로, 또 《直齋書錄解題》에는 다시 5卷으로 되어 있다. 한편 《全唐詩》에는

그의 詩 1卷(270)이 실려 있고《全唐詩外編》및《全唐詩續拾》補詩 2首,
斷句 2句가 실려 있다.《唐詩紀事》(卷28)에 관련 기록이 실려 있다.

2.《唐詩紀事》卷28

憲宗朝, 北狄頻寇邊, 大臣奏議, 古者和親有五利, 而無千金之費. 帝曰:「比聞
有士子能爲詩, 而姓名稍僻, 是誰?」宰相對以包子虛·冷朝陽, 皆非也. 帝遂吟
曰:『山上靑松陌上塵, 雲泥豈合得相親. 世路盡嫌良馬瘦, 唯君豈合臥龍貧.
千金未必能移性, 一諾從來許殺身. 莫道書生無咸激, 寸心還是報恩人.』侍臣
對曰:「此是戎昱詩也. 京兆尹李鑾, 擬以女嫁昱, 令其改姓, 昱固辭焉.」帝悅,
曰:「朕又記得〈詠史〉一篇云:『漢家靑史內, 計拙是和親. 社稷因明主, 安危託
婦人. 豈能將玉貌, 便欲靜胡塵. 地下千年骨, 誰爲輔佐臣?』」帝笑曰:「魏絳
之功, 何其懦也?」大臣遂息和戎之論矣.

3.《全唐詩》卷270

戎昱, 荊南人. 登進士第, 衛伯玉鎭荊南, 辟爲從事. 建中中, 爲辰·虔二州刺史,
集五卷. 今編詩一卷.

4.〈上湖南崔中丞〉(《全唐詩》卷270)

『山上靑松陌上塵, 雲泥豈合得相親. 擧世盡嫌良馬瘦, 唯君不棄臥龍貧. 千金
未必能移性, 一諾從來許殺身. 莫道書生無感激, 寸心還是報恩人.』

078(3-28)
고지기古之奇

　고지기古之奇는 보응實應 2년에 예부시랑禮部侍郎 홍원洪源 아래에서 급제하였으며 경위耿湋와 동시대 인물이다. 일찍이 안서막부安西幕府의 서기書記를 역임하였고 이사마李司馬 단端과는 금란지호金蘭之好로 사귈 정도였다. 고조古調에 뛰어나 유한幽閑·담박淡泊한 정서를 풍부히 나타냈으며 완약하나 문채를 이루어 예포藝圃에 이름을 날리되 부범浮泛하지도 않았다.
　시집이 세상에 전하고 있다.

　古之奇:
　之奇, 寶應二年, 禮部侍郎洪源下及第, 與耿湋同時. 嘗爲安西幕府書記, 與李司馬端, 有金蘭之好. 工古調, 足幽閑淡泊之思, 婉而成章, 得名藝圃, 不泛然矣.
　詩集傳於世.

【洪源】당시 壯元한 人物. 그러나 그 해 壯元은 蕭昕이었다 한다.
【耿湋】本冊 卷4(085) 참조.
【李端】杭州司馬를 지냈던 人物. 본책 卷4(091) 참조.
【藝圃】文壇. 文學界.

1. 고지기(古之奇)

그의 生涯에 대한 기록은 자세하지 않으며 文集이나 詩集 역시 唐宋 이래 書目에 그 기록이 보이지 않는다. 다만 《全唐詩》(卷262)에 그의 詩 1首가 전하며 《全唐詩》(卷285)에 李端이 그에게 준 詩〈送古之奇赴安西幕〉이 실려 있고 《唐詩紀事》(卷28)에 李端의 詩를 引用하되 제목이〈送古之奇赴涇州幕〉으로 되어 있다.

2. 《唐詩紀事》卷28

○ 秦人謠云:『微生祖龍代, 却思堯舜道. 何人仕帝庭, 拔殺指佞草. 姦臣弄民柄, 天子恣衷抱. 上下一相蒙, 馬鹿遂顚倒. 中國旣版蕩, 骨肉安可保. 人生貴年壽, 吾恨死不早.』

○ 李端〈送之奇赴涇州幕〉云:『疇昔十年兄, 相逢五校營. 今宵擧盃酒, 隴月見軍城.』

○ 之奇, 登寶應進士第.

3. 《全唐詩》卷262

○ 古之奇, 登寶應進士第, 嘗爲馬燧辟置幕府, 李端有詩贈之. 詩一首.

○ 秦人謠

『微生祖龍代, 欲思堯舜道. 何人仕帝庭, 拔殺指佞草. 姦臣弄民柄, 天子恣衷抱. 上下一相蒙, 馬鹿遂顚倒. 中國旣板蕩, 骨肉安可保. 人生貴年壽, 吾恨死不早.』

079(3-29)

소환蘇渙

　　소환蘇渙은 광덕廣德 2년, 양서오楊栖梧와 동방同榜으로 진사에 급제한 인물이다.

　　본래 품행이 방정치 못하여 도처에 도둑질로 물건을 빼앗았으며, 백노白弩라는 활을 잘 써서 파종巴賨 지역의 상인들이 많은 고통을 받았다. 그래서 그를 '백척白跖'이라 불렀다. 그 뒤 그는 자신의 잘못을 알아 뜻을 꺾고 공부에 전념, 드디어 이름을 날리게 되었다. 그리하여 시어사侍御史를 거쳐 호남湖南의 중승中丞 최관崔瓘이 그를 불러 종사從事로 삼았다. 최관이 해害를 만나자 소환은 교주交州·광주廣州로 달려가 가서황哥舒晃을 선동하여 발호跋扈, 결국 교룡蛟龍이 피 맛을 본 듯이 본색을 드러내다가 얼마 지나지 않아 주살당하고 말았다.

　　처음 그는 일찍이 〈변율시變律詩〉 19수를 지어 광주절도사廣州節度使 이면李勉에게 올렸었다. 그 시는 풍자에 뛰어나 습유拾遺 진자앙陳子昂의 시풍을 반쯤 닮은 것이었다. 이 일로 그는 이면으로부터 더욱 우대를 받게 되었다. 이를 보고 어떤 이가 이면에게 이렇게 불평하였다.

　　"이 자는 못된 신하를 도와 왕의 정치를 침패시킨 인물인데, 지금 도리어 그 문장을 숭상하니 옳은 일입니까?"

　　그러자 이면은 이렇게 설명하였다.

　　"한漢나라의 사책史策에 괴통蒯通의 언론이 실려 있고, 지금 당나라 사록史錄에는 조군祖君의 격문檄文 초안이 실려 있소. 이는 세미한 것조차 크게 포용한 것입니다. 옳고 그른 것을 반드시 기록해 두는 것은 《춘추春秋》의 큰 교훈이요, 훌륭한 말은 쓴 사람이 나쁜 이라 해도 없애지 않는 것이 맹자孟子의 격언입니다. 소환 정도라면 그런 인물이 아니겠습니까? 이는 다만 소환의 조충소기雕蟲小技를 기록하여 못된 자를 심하게 징악懲惡한다는 뜻도 들어 있는 것이 아니겠소?"

당시 사람들은 이면의 말을 명언으로 여겼다. 두보杜甫는 그와 증답贈答한 시가 있으며 지금도 모두가 전하고 있다.

蘇渙:

渙, 廣德二年, 楊栖梧榜進士. 本不平者, 往來剽盜, 善用白弩, 巴竇商人苦之, 稱曰「白跖」. 後自知非, 折節從學, 遂成名. 累遷侍御史. 湖南崔中丞瓘, 辟爲從事. 瓘遇害, 繼走交·廣, 扇動哥舒晃跋扈, 如蛟龍見血, 本質彰矣. 居無何, 伏誅. 初嘗爲〈變律詩〉十九首, 上廣州節度李勉, 其文意於風刺, 亦有陳拾遺一鱗半甲, 故加待之.

或曰: 「此子羽翼嬖臣, 侵敗王略, 今尚其文, 可歟?」

勉曰: 「漢策載剷通說辭, 皇史錄祖君檄草, 此大容細者. 善惡必書, 《春秋》至訓. 明言不廢, 孟子格談. 渙其庶乎? 豈但存雕蟲小技, 亦以深懲賊子也!」

時以爲名言.

杜甫有與贈答之詩, 今悉傳.

【巴竇】 지금의 四川省 東部 지역을 일컫는다.
【白跖】 '白弓을 잘 다루는 盜跖'이라는 뜻. 이 기록은 《中興間氣集》(卷上)과 같다.

【崔瓘】前出.

【哥舒晃】嶺南節度使 呂崇賁의 부하로 773年에 呂崇賁을 죽이고 叛亂을 일으켜 蘇渙을 將軍삼아 영남 지역을 점거하였다. 그러나 775年에 路嗣恭의 진압군에게 패하여, 蘇渙과 함께 참수되었다.

【李勉】068참조. 前出.

【陳子昂】011참조.

【蒯通】원명은 蒯徹. 漢나라 초기의 人物로 言辯에 능하여 韓信을 유혹하여 반란케 하였다.《漢書》에 傳이 실려 있다.

【祖君】祖君彦. 隋나라 때의 人物. 隋나라 말기 李密이 魏公이 되자 組君彦을 記事로 삼았다. 李密이 反唐의 대열에 설 때 祖君彦으로 하여금 檄文을 초안토록 하였다.《隋書》에 傳이 있다.

【孟子格談】이는 孟子의 말이 아니라 孔子의 말이다. 그래서《四庫全書本》에는 "孔子格談"이라 하였다.《論語》衛靈公篇에 "孔曰: '君子不以言擧人, 不以人廢言.'"이라 하였다.

【雕蟲小技】작은 벌레가 나무를 갉아먹는 것과 같은 하찮은 재능. 漢 揚雄의《法言》吾子篇에 "或問: '吾子少而好賦?'曰: '然, 童子雕蟲篆刻.'俄而曰: '壯夫不爲也.'"라 하였다.

┌─────────────────────┐
│ 참고 및 관련 자료   │
└─────────────────────┘

1. 소환(蘇渙)

大曆 연간에 哥舒晃을 따라 叛亂을 일으켰다가 참수당하였다. 그의 詩는《四庫本》본문의 끝 부분에 杜甫의 詩〈蘇大侍御訪江浦賦八韻記異〉가운데 4句가 실려 있다. 그의 文集은《新唐書》藝文志에 詩 1卷이 기록되어 있으나 그 뒤 宋 이래의 書目에는 더 이상 보이지 않는다. 다만《全唐詩》(卷155)에 그의 詩 4首가 실려 있다. 한편《唐詩紀事》(卷26)에 관련 기록이 실려 있다.

2.《唐詩紀事》卷26

○ 渙以哥舒叛伏誅.

○ 高仲武云: 渙本不平者, 善防白弩, 巴人號曰白跖. 賓人患之, 以比莊蹻, 後自知非, 乃變節從學. 鄕賦擢第, 累遷至御史, 佐湖南使崔中丞瓘幕. 崔遇害, 渙遂蹻嶺扇動哥舒晃, 跋扈交廣. 此猶蛟龍見血, 本質彰矣. 五年中作〈變律詩〉

十九首, 上廣州連帥李公. 其文意長於諷刺, 亦有陳拾遺一鱗半甲, 故善之. 或曰:
「此子左右孽臣, 侵敗王略, 今著其文可歟?」答曰:「漢策紀酈通說詞, 皇史錄
祖君彥檄書, 此大所以容細也. 夫善惡必書, 春秋至訓; 明言不廢, 孟子格言.
澣者其殆庶幾乎? 但不可棄其善, 亦以深戒君子之意.」

3.《全唐詩》卷255

蘇澣, 嘗訪杜甫於江浦, 甫請誦新作, 有詩美之, 澣善放白弩. 巴中號爲弩跖,
後變節從學, 鄉賦擢第, 累遷至侍御史. 佐湖南崔中丞瓘幕府. 崔遇害, 遂踰嶺,
扇動哥舒晃跋扈交廣, 伏誅. 詩四首.

080(3-30)
주만朱灣

주만朱灣은 자는 거천巨川으로 대력大曆 시기의 은군자隱君子이며 호를 '창주자滄洲子'라 하였다. 그는 성품이 율리정소率履貞素하여 스스로를 감추어 드러내지 않았다. 그는 자연과 거문고, 그리고 술 사이를 소요하여 형해形骸, 승검繩檢 밖을 방랑하며 산 인물로서 군국郡國의 공경대부들이 그를 불렀으나 이에 응하지 않았다.

시에 뛰어났으며 격체格體가 유원幽遠하고 시흥이 크고 깊어, 자신의 뜻을 시로 쓸 때는 궁리진성窮理盡性하였으며 특히 영물시詠物詩에 뛰어나되 반드시 비흥比興의 기법을 써서 민첩敏捷한 기구奇句가 많았다.

이면李勉이 영평군절도사永平軍節度使가 되자 주만의 풍류와 절조를 가상히 여겨 많은 선물로 그를 초청하여 그를 막부幕府의 종사從事로 임명, 날로 그와 즐거운 담소 나누는 잔치를 열며 그 정분이 골육보다 더하였다.

오랜 시간이 지난 후, 그는 한때 호주湖州의 최사군崔使君을 예방하였으나 직접 만나주지 않자 떠날 때 이르러서 글로써 고별인사를 대신하였다.

"제가 듣건대 봉래산蓬萊山이 아무리 묘명杳冥한 속에 숨어 있다 해도, 가다보면 다다를 수 있다 하였습니다. 그러나 귀인의 대문은 중간에 소개해 통하도록 해주는 자가 없으면 끝내 다다를 수가 없군요. 또 여룡주驪龍珠가 아무리 황왕滉瀁한 깊은 못 속에 숨겨져 있다 해도, 어쩌다가 라도 발견된다 하였으나 귀인의 얼굴은 누군가가 이유를 만들어 데려다 주지 않으면 만나볼 수가 없군요. 그런데 나는 내 스스로 길을 찾아 그대 주인들과

문진問津을 하고 싶었습니다. 저는 마치 한 조각의 외로운 구름처럼 달이 두 번이나 차도록 두 달을 기다리며 그대의 집사執事에게 청해보고, 세 번이나 극문戟門을 달려갔지만 결국 깨닫게 된 것은 그대의 뜰에서 방까지의 거리가 천 리보다 멀다는 것이었습니다. 하물며 표모漂母에게 기식寄食하는 자로써 밤에는 고깃배에서 잠을 자는 자임에 있어서야 어떠하겠습니까? 그대의 문은 큰 용 같아 오르기 어렵고 밥이란 옥만큼이나 얻기 어렵군요. 그러나 그대는 그 옥같이 귀한 밥을 먹고 오르기 힘든 용의 대문을 오르내리며, 실로 이를 운용할 기심機心은 없으면서 도리어 이를 뒤집어 기사機事로 삼고 있으니, 한음漢陰의 장인丈人들이 들으면 어찌 크게 비웃지 않겠습니까? 눈을 들어 골짜기의 바람 빠름을 보고 제 주머니 이내 돈 다 떨어졌으니 감당甘棠 나무를 바라보며 탄식하면서 스스로 분수를 알아 물러납니다. 주만 올림."

그러고는 드디어 회계산會稽山 북쪽으로 돌아가 별서別墅를 짓고 살았으니 그의 경개耿介함이 이와 같았다.

문집 4권이 있어 지금도 전하고 있다.

朱灣:

灣, 字巨川, 大曆時隱君也, 號「滄洲子」. 率履貞素, 潛輝不曜, 逍遙雲山琴酒之間, 放浪形骸繩撿之外. 郡國交徵, 不應. 工詩, 格體幽遠, 興用弘深, 寫意因詞, 窮理盡性, 尤精詠物, 必含比興, 多敏捷之奇. 及李勉鎭永平, 嘉其風操, 厚幣邀來, 署爲府中從事, 日相談讌, 分逾骨肉.

久之, 嘗謁湖州崔使君, 不得志, 臨發以書別之曰: 『灣聞蓬萊山藏杳冥間, 行可到; 貴人門無媒通, 不可到. 驪龍珠潛混瀁之淵, 或可識; 貴人顔無因而前, 不可識. 自假道路,

問津主人, 一身孤雲, 兩度圓月, 載請執事, 三趨戟門. 信知
庭之與堂, 不啻千里. 況寄食漂母, 夜眠漁舟? 門如龍而難登,
食如玉而難得. 食如玉之粟, 登如龍之門, 實無機心, 翻成
機事, 漢陰丈人聞之, 豈不大笑? 屬溪上風便, 囊中金貧, 望甘
棠而歎, 自引分而退. 灣白.』

　　遂歸會稽山陰別墅. 其耿介類如此也.

　　有集四卷, 今傳.

【率履】禮法을 잘 지킴을 말한다.《詩經》商頌 長發에 "率履不越, 遂視旣發"
　이라 하였다.
【李勉】068 참조. 前出.
【永平】지금의 河南省 滑縣 부근.
【湖州】지금의 浙江省 湖洲市.
【崔使君】崔侃을 가리킨다. 使君은 존칭의 뜻.《唐詩紀事》(卷45)에 〈別湖州
　崔使君侃書〉가 있다. 180참조.
【蓬萊山】전설 속의 三神山 중의 하나.
【杳冥】아득함. 雙聲連綿語.
【驪龍珠】驪龍이 물고 왔다는 寶珠.《莊子》列禦寇篇에 "夫千金之珠, 必在
　九重之淵, 而驪龍頷下"라 하였다.
【滉瀁】깊은 모습. 疊韻連綿語.
【寄食漂母】《史記》淮陰侯列傳에 실려 있는 韓信의 故事. 韓信은 어릴 때
　집이 가난하여 漂母(빨래하는 여자)에게 밥을 얻어먹었다.
【漢陰丈人聞之, 豈不大笑】이는《莊子》天地篇 등에 실린 故事. 孔子가 弟子
　子貢과 함께 漢水를 지나면서 채소밭에 물을 주고 있는 老人을 만났다.
　이를 본 子貢이 물 퍼 올리는 기계로 물을 주면 쉽지 않겠느냐고 일러주자,
　그 老人은 화를 내면서 "吾聞之吾師, 有機械者必有機事, 有機事者必有機心.
　機心存乎胸中, 則純白不備, 純白不備, 則神生不定, 神生不定者, 道之所不載也.
　吾非不知. 羞而不爲也"라 하였다.

【甘棠】周나라 武王 때에 召伯이 南國을 순행하면서 지친 끝에 甘棠 나무 아래에서 쉬었다 한다. 이에 백성들이 그의 노고를 칭송하여 노래를 읊었다. 《詩經》召南 甘棠 참조.

참고 및 관련 자료

1. 주만(朱灣)

字는 巨川. 隱士로 '滄洲子'라고도 불리었다. 《新唐書》(藝文志)에 그의 詩 4卷이 著錄되어 있으며 《直齋書錄解題》에는 詩 1卷이 실려 있고 《全唐詩續拾》에는 2首가 補入되어 있다. 《唐詩紀事》(卷45)에 관련 기록이 있다.

2. 《唐詩紀事》卷45.

○ 灣爲李勉永平從事.

○ 高仲武云: 朱灣率履貞素, 放情江湖, 郡國交辟, 潛耀不起, 有唐高人也. 詩體幽遠, 興用洪深, 因詞寫意, 窮理盡性, 於詠物尤工. 如『受氣何曾異, 開化獨自遲』. 所謂哀而不傷, 國風之深者也.

3. 《全唐詩》卷306

朱灣, 字巨川, 西蜀人, 自號滄洲子. 貞元元和間, 爲李勉永平從事. 詩一卷.

081(3-31)
장지화張志和

장지화張志和는 자가 자동子同이며 무주婺州 사람이다. 처음 이름은 구령龜齡이었으나 임금의 조서에 의해 지화로 고쳤다.

16세에 명경과明經科에 발탁되어 일찍이 숙종肅宗에 책策을 써서 진언하여 특별한 상을 받고 대조한림待詔翰林에 임명되었다.

그는 친상親喪을 입어 사직하고 돌아가 그 뒤로는 더 이상 벼슬을 하지 않았다.

그는 강호江湖에 살면서 성격이 고매하여 구속됨이 없었으며 자칭 '연파조도煙波釣徒'라 하였다. 그런가 하면 《현진자玄眞子》 12권을 지어 또 달리 '현진자'로 호를 삼기도 하였다. 장지화의 형인 장학령張鶴齡은 자신의 동생이 세상을 등지고 살까 걱정하여 월주越州의 동쪽 외곽에 집을 지어 살도록 하였다. 그 집은 이엉으로 몇 개의 서까래를 얽어 꽃과 대나무 그림자가 덮고 있었다. 그는 표범 가죽을 깔고 앉고, 종려나무 껍질로 만든 신을 신었으며 냇물을 따라 낚시질할 때는 미끼를 던지지 않았다. 이는 그 뜻이 고기 잡는 데에 있지 않았기 때문이었다.

관찰사觀察使 진소유陳少游는 그를 자주 찾아왔다. 한 번은 임금이 장지화에게 남녀 노비 각 한 명씩을 내려주었다. 그러자 그는 이 두 사람을 부부로 짝을 지어주고 '어동漁童'·'초청樵靑'이라 불렀다.

그는 육우陸羽와 함께 안평원顏平原 진경眞卿의 식객으로 있었다. 안진경이 처음 호주湖州의 자사刺使로 부임하여 장지화가 인사하러 오자 안진경은 장지화의 배가 심히 낡은 것을 보고 다른 배 한 척을 주려 하였다. 그러자 장지화는 이렇게 거절하였다.

"내 스스로 원하여 물에 떠다니는 집 한 채 가지고 초계苕溪와 삽계霅溪를 왕래하는 것이니 이로써 족합니다."

그는 산수화에 능하였으며 술기운이 오르면 북을 치고 피리를 불며 붓끝을 핥아 곧 그림을 그렸는데, 그 모습이 곡진천진曲盡天眞하였다. 스스로 〈어가漁歌〉라는 글을 짓고는, 이를 다시 그림으로도 그렸으며 그 흥취가 고원高遠하여 누구도 그를 따를 수가 없었다.

헌종憲宗이 이를 듣고 조서를 내려 그의 초상화를 그리고, 그의 〈어가〉시가를 써서 그를 찾아오도록 하였지만 결국 그를 찾아내지 못하였다.

뒤에 그는 어느 하루아침에 운학雲鶴을 타고 날아가 버렸다고 전한다.

이덕유李德裕는 그를 두고 이렇게 말하였다.

"굴원屈原〈어부사漁父辭〉의 어부는 훌륭하였지만 그 이름이 알려지지 않았고, 치이鴟夷 범려范蠡는 지혜로우면서도 공을 높였다. 그러나 이 두 가지 경우 모두 현진자 장지화처럼 은둔하면서 동시에 이름까지 날린 것에 비하면 아무 것도 아니다. 그는 정직하면서 어려운 일이 없었고 궁하고 나서 현달한 것도 아니니 마치 엄광嚴光에 비할 만하다고나 할까?"

張志和:

志和, 字子同, 婺州人. 初名龜齡, 詔改之. 十六擢明經, 嘗以策干肅宗, 特見賞重, 命待詔翰林. 以親喪辭去, 不復仕. 居江湖, 性邁不束, 自稱「烟波釣徒」. 撰《玄眞子》二卷, 又爲號焉. 兄鶴齡, 恐其遁世, 爲築室越州東郭, 茅茨數椽, 花竹掩映. 嘗豹席樅屬, 沿溪垂釣, 每不投餌, 志不在魚也. 觀察使陳少游頻往候問. 帝嘗賜奴·婢客一人, 志和配爲夫婦, 號「漁童」·「樵靑」. 與陸羽嘗爲顔平原食客.

平原初來刺湖州, 志和造謁, 顔請以舟敝, 欲爲更之. 曰:
「願爲浮家泛宅, 往來苕·霅間, 足矣」

善畫山水, 酒酣, 或擊鼓吹笛, 舐筆輒就, 曲盡天眞. 自撰
〈漁歌〉, 便復畫之. 興趣高遠, 人不能及. 憲宗聞之, 詔寫眞
求訪, 并其歌詩, 不能致. 後傳一旦忽乘雲鶴而去.

李德裕稱以爲「漁父賢而名隱, 鴟夷智而功高, 未若玄眞隱
而名彰, 方而無事, 不窮而達, 其嚴光之比歟?」

【婺州人】《新唐書》에는 '婺州金華人'이라 하였고 顔眞卿의 〈浪迹先生玄眞子
張志和碑〉에는 '東陽金華人', 唐나라 張彦遠의 《歷代名畫記》(卷10)에는
'會稽人'이라 하였다. 婺州는 지금의 浙江省 金華市이다.
【親喪辭去, 不復仕】顔眞卿의 〈碑〉에 "……令翰林待詔, 授左金吾衛錄事參軍,
仍改名志和, 字子同, 尋復貶南浦尉, 經量移, 不願之任, 得還本貫, 旣而親喪,
無復宦情"이라 하였다.
【張鶴齡】張志和의 兄.
【越州】009 注 참조.
【陳少游】代宗 때 越州刺史·浙東觀察使 등을 지낸 人物. 兩《唐書》에 傳이
있다.
【顔平原】顔眞卿. 代宗 大曆 8年(773)에 湖州刺史로 부임하였다.
【漁歌】唐나라 李德裕의 《李文饒文集》(別集 卷7)의 〈玄眞子漁歌記〉에 "德裕
頃在內庭, 伏睹憲宗皇帝寫眞求玄眞子漁歌, 嘆不能致"라 하였다. 이는 憲宗이
〈漁歌〉詩를 찾도록 한 것이 아니다. (참고《唐詩紀事》)
【李德裕】中唐 시기의 유명한 宰相. 兩《唐書》에 傳이 있다.
【漁父辭】屈原의 작품으로 작품 속의 어부가 佯狂避世의 도리를 말하였다.
【范蠡】春秋 말기 越나라의 大夫. 越王 句踐을 도와 吳를 멸한 후, 江淮에
숨어 이름을 鴟夷子皮로 바꾸었다. 뒤에 陶 땅에서 큰 부자가 되었다.
陶朱公으로도 불리었다. 《史記》越王句踐世家 참조.
【嚴光】字는 子陵. 071참조.

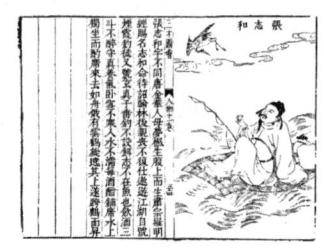

〈張志和(子同, 不同)《三才圖會》〉

참고 및 관련 자료

1. 장지화(張志和)

本名은 龜齡. 字는 子同이다. 그에 관한 기록
은 李德裕의 《李文饒文集》 등에 보이며 《全
唐詩》(卷308)에 詩 9首, 그리고 卷890에 〈漁
父〉 詩 5首가 중복되어 실려 있다. 그 외에
《全唐紀事》(卷46)에 그에 관한 기록이 실려
있다.

2.《新唐書》卷196 참조.

3.《唐詩紀事》卷46

○ 志和, 字子同, 婺州人. 母夢楓生腹上而産志和, 十六擢明經. 肅宗時, 以事貶
南浦尉. 不復仕, 居江湖, 自稱煙波釣徒. 著《玄眞子》. 兄鶴齡, 恐其遁世, 爲築
室越州東郭, 與陸羽往還, 憲宗圖眞求其歌不能致. 李德裕稱志和隱而有名,
顯而無事, 不窮不達, 嚴光之比云.

○ 憲宗時, 畫玄眞子像, 訪之江湖間, 不可得, 因令集其詩上之. 玄眞之兄張松齡,
懼其訪浪而不返也. 和答其〈漁父〉云:『樂在風波釣是閑, 草堂松逕已勝攀.
太湖水, 洞庭山, 狂風浪起且順還.』

○ 〈漁父歌〉云:『西塞山前白鷺飛, 桃花流水鱖魚肥. 靑蒻笠, 綠簑衣, 斜風細
雨不順歸.』

又云:『釣臺漁父褐爲裘, 兩兩三三鰣艋舟. 能縱棹, 慣乘流, 長江白浪不曾憂.』

又云:『霅溪灣裏釣魚翁, 舴艋爲家西復東. 江上雪, 浦邊風, 笑着荷衣不歎窮.』

又云:『松江蟹舍主人歡, 菰飯蓴羹亦共飡. 楓葉落, 荻花乾, 醉宿漁舟不覺寒.』

又云:『靑草湖中月正圓, 巴陵漁父棹歌連. 釣車子, 橛頭船, 樂在風波不用仙.』

4.《全唐詩》卷308

張志和, 字子同, 婺州金華人. 年十六, 擧明經. 肅宗時待詔翰林, 後不復仕進.
居江湖, 自稱煙波釣叟, 詩九首.

〈陶鶴〉(東漢) 明器 四川 成都 출토

당재자전 唐才子傳

卷四(082 - 111)

〈漁人圖〉(明) 戴進 미 프레얼 예술관 소장

082(4-1)
노륜盧綸

노륜盧綸은 자가 윤언允言이며 하중河中 사람으로 천보天寶 말에 안사지란安史之亂을 피해 파양鄱陽의 나그네가 되었다가 대력大曆 초에 여러 번 진사 시험에 응시하였으나 낙방하고 말았다.

그러나 재상 원재元載는 평소 그의 재능을 중시하여 그의 문장을 임금에게 알려 추천한 끝에 문향위閿鄉尉가 되었다. 그는 계속해서 검교호부랑중檢校戶部郎中·감찰어사監察御史를 역임하였으며 뒤에 병으로 사직하게 되었다.

그러다가 혼감渾瑊이 하중절도사河中節度使로 부임하자 몸소 노륜의 집에까지 찾아와 예를 다하여 그에게 원수부판관元帥府判官을 맡아 줄 것을 청하기도 하였다.

처음 그의 외삼촌 위거모韋渠牟가 덕종德宗의 총애를 받고 있을 때 그는 덕종에게 노륜의 재능을 칭찬하여 그를 궁중에 불러 보게 되었다. 이 때 임금이 글을 지으면 노륜은 즉시 그의 대구를 완성하고 이어내는 방법인 갱화賡和의 재능을 발휘하였다. 그런데 때가 지나 덕종이 어느 날 갑자기 위거모에게 물었다.

"노륜과 이익李益이 지금 어디 있는가?"

위거모는 이렇게 대답하였다.

"노륜은 지금 혼감을 따라 하중에 있습니다."

이에 임금은 역원驛院에 조서를 내려 그를 불러오게 하였다. 그러나 노륜은 그때 마침 죽고 없었다.

◎ 노륜과 길중부吉中孚·한굉韓翃·경위耿湋·전기錢起·사공서司空曙·묘발苗發·최동崔峒·하후심夏侯審·이단李端 등 열 명은 아름다운 문림文林을 형성하여, 그 은황銀黃이 상망相望하고 게다가 문체의 취미臭味까지 같았으며, 우정이 모두 깊어 당시 이들을 '대력십재자大曆十才子'라 불렀다. 당唐의 문체는 여기에 이르러 또 한 번 변한 것이다. 노륜의 작품은 특히 뛰어나 성당盛唐 시대에 조금도 뒤짐이 없어, 마치 삼하소년三河少年처럼 그 풍류가 훌륭하였다.

문종文宗은 그의 시를 특별히 훌륭히 여겨 재상에게 이렇게 물었다.

"노륜이 죽은 후 문장은 얼마나 남았으며 역시 그의 아들이 있는가?"

재상 이덕유李德裕가 설명하였다.

"그의 아들 넷이 있습니다. 모두 진사에 발탁되어 지금 대각臺閣에서 벼슬하고 있습니다."

이 설명에 문종은 관리를 파견하여 그 집안의 책 상자를 모두 뒤져보게 하였다. 이에 시 오백 수를 찾아 진상하게 되었다. 그는 종남산終南山에 별서別墅를 짓고 살았던 적도 있었다.

문집 10권이 있어 지금 전한다.

盧綸:

綸, 字允言, 河中人. 避天寶亂, 來客鄱陽. 大曆初, 數擧進士不入第. 元載素賞重, 取其文進之, 補閿鄉尉. 累遷檢校戶部郎中·監察御史. 稱疾去. 渾瑊鎮河中, 就家禮起爲元帥判官. 初, 舅韋渠牟得幸德宗, 因表其才, 召見禁中, 帝有所作, 趣賡和.

至是, 帝忽問渠牟:「盧綸·李益何在?」

對曰:「綸從渾瑊在河中」

詔令驛召之, 會卒.

◎ 綸與吉中孚·韓翃·耿湋·錢起·司空曙·苗發·崔峒·夏侯審·李端, 聯藻文林, 銀黃相望, 且同臭味, 契分俱深, 時號「大曆十才子」. 唐之文體, 至此一變矣. 綸所作特勝, 不減盛時, 如三河小年, 風流自賞.

文宗雅愛其詩, 問宰相:「綸沒後, 文章幾何? 亦有子否?」

李德裕對:「綸四子皆擢進士, 仕在臺閣.」

帝遣中使悉索其巾笥, 得詩五百首, 進之. 有別業在終南山中. 集十卷, 今傳.

【河中人】唐 姚合의 《極玄集》(卷上)에는 '河東人'이라 하였고 盧綸의 아들 盧簡辭傳(《舊唐書》)에는 '范陽人'이라 하였다.

【鄱陽】지금의 江西省 波陽縣.

【元載】唐나라 代宗·肅宗 때의 人物로 宦官인 李輔國과 결탁하였다가 피살되었다. 兩《唐書》에 傳이 있다.

【閺鄕】지금의 河南省 靈寶縣. '閺'은 '문'으로 읽는다.

【渾瑊】德宗 748年에 李晟과 함께 朱泚의 亂을 평정하여 副元帥에 올랐으며, 咸寧郡王에 봉해졌다. 兩《唐書》에 傳이 실려 있다.

【韋渠牟】'常渠牟'로 잘못 표기된 곳도 있으나 《新唐書》本傳에 의해 이름을 바로잡았다. 諫議大夫·太常卿 등의 官職을 지냈다. 兩《唐書》에 傳이 있다.

【賡和】'繼和'라고도 하며 原詩의 뜻이나 韻을 이어 和詩를 짓는 것을 말한다.

【李益】당시의 宰相. 詩人. 前出.

【大曆十才子】이는 桃合의 《極玄集》(卷上)의 李端 아래에 이름을 적어 그 注에 주장한 것이며 《新唐書》盧綸傳에도 기록되어 있다.

【三河小年】三河는 河內·河南·河東의 세 郡을 말하며 그곳의 소년들은 모두 귀족의 자제였다. 《史記》貨殖列傳에 "夫三河在天下之中, 若鼎足, 王者所更居也"라 하였다. 그리고 《敖器之詩話》에 "曹子建如三河少年, 風流自賞"이라 하였다.

【李德裕】앞장(081) 注 참조. 前出.

1. 노륜(盧綸)

字는 允言.《新唐書》(藝文志, 4)·《直齋書錄解題》(卷19)에《盧綸詩集》10권이라 하였으나《郡齋讀書志》(卷4)에는 1卷이라 著錄되어 있다.《全唐詩》에 그의 詩 5卷(278~280)이 실려 있고《唐詩紀事》(卷30)에 관련 기록이 있다.

2.《新唐書》卷203 참조.

3.《唐詩紀事》卷30

○ 綸, 字允言, 河中人. 大曆進士. 與吉中孚·韓翃·錢起·司空曙·苗發·崔峒·耿湋·夏侯審·李端皆能詩, 號大曆十才子.

○ 綸, 德宗時爲戶部郎中, 舅韋渠牟表其才, 召見禁中, 帝有所作, 輒賡和. 異日問渠牟:「盧綸·李益何在?」答曰:「綸從渾瑊在河中」驛召之, 會卒. 文宗尤愛其詩, 問宰相:「綸文章幾何? 亦有子否?」李德裕對:「綸四子, 皆擢進士第, 在臺閣.」帝遣中人悉索家笥, 得詩五百篇以聞.

4.《全唐詩》卷276

盧綸, 字允言, 河中蒲人. 大曆初, 數擧進士不第, 元載取其文以進, 補閿鄕尉. 累遷監察御史, 輒稱疾去. 坐與王縉善, 久不調. 建中初, 爲昭應令. 渾瑊鎭河中, 辟元帥判官, 累遷檢校戶部郎中. 貞元中, 舅韋渠牟表其才. 驛召之, 會卒. 集十卷, 今編詩五卷.

083(4-2)
길중부吉中孚

길중부吉中孚는 초주楚州 사람으로 파양鄱陽에 살았던 기간이 가장 길다. 처음 그는 도사道士로서 산 언덕에 적료寂廖하게 살다가 뒤에 환속還俗해 버렸다. 이단李端이 그에게 이런 시를 주었다.

"고향산에서 약초 들고 팔러 나오니   舊山連藥賣
  외로운 학 한 마리 구름 띠고 돌아가도다."   孤鶴帶雲歸

또, 노륜盧綸도 그에게 준 시가 있다.

"오래된 도교 비결 구름 골짜기에 감추고   舊籙藏雲穴
  새로운 시는 제향帝鄕을 가득 채웠네."   新詩滿帝鄕

길중부는 장안長安에 이르러 재상을 만나게 되었고, 천자에게까지 추천되어 날로 왕후王侯들과 친분을 맺어 서울에 그 이름이 떨쳤다.

얼마 되지 않아, 그는 진사가 되어 만년위萬年尉를 거쳐 교서랑校書郞을 제수받게 되었다. 그는 다시 굉사과宏辭科에 합격하여 한림학사翰林學士가 되었으며, 간의대부諫議大夫·호부시랑판탁지사戶部侍郞判度支事 등을 역임하였다. 그는 정원貞元 초년에 죽었다.

처음 그는 관직을 배수 받은 후, 어버이가 집안에서 늙어감에 따라 집으로 돌아가 지극한 효성을 다하여 봉양하면서 그 상까지 다 마친 후에 다시 벼슬에 나섰다.

길중부는 신골神骨이 청허淸虛하고 그 시들이 고아高雅하여 마치 신선神仙들 속에 사는 사람 같았다.

시집 1권이 있어 지금도 전한다.

吉中孚:

中孚, 楚州人. 居鄱陽最久. 初爲道士, 山阿寂寥. 後還俗.

李端贈詩云:『舊山連藥賣, 孤鶴帶雲歸.』

盧綸送詩云:『舊籙藏雲窟, 新詩滿帝鄕.』

來長安謁宰相, 有薦於天子, 日與王侯高會, 名動京師. 無幾何, 第進士, 授萬年尉, 除校書郎. 又登宏辭科, 爲翰林學士, 歷諫議大夫·戶部侍郎判度支事.

貞元初, 卒. 初, 拜官後, 以親垂白在堂, 歸養至孝, 終喪復仕. 中孚神骨淸虛, 吟詠高雅, 若神仙中人也.

集一卷, 今傳.

【楚州】지금의 江蘇省 淮安縣.

【李端】본책 卷四(091) 참조. 前出.

【舊山連藥賣】이 시는 〈四庫本〉에는 全文이 실려 있다. 《全唐詩》(卷285)에 실려 있으며 제목은 〈聞吉道士還俗因而有贈〉이다. (참고)

【舊籙藏雲窟】이 시는 《全唐詩》(276)에 실려 있으며 제목은 〈送吉中孚校書歸楚州舊山〉이다. 그 注에 "中浮自仙官入任"라 하였다. (참고)

【萬年】長安과 함께 京城內에 있던 縣. 지금의 陝西省 西安市.

1. 길중부(吉中孚)

《新唐書》藝文志에 《吉中孚詩》 1卷이 著錄되어 있으나 그 뒤로는 著錄이 보이지 않아 元代에 이미 失傳된 것으로 여겨진다. 《全唐詩》(卷295)에 그의 詩 1首가 전해지며 《全唐詩續拾》에 詩 1首가 補入되어 있다.

2. 《唐詩紀事》卷30 盧綸 (吉中孚에 관한 기록)

貞元中, 吉中孚爲翰林學士, 薦綸于朝, 會丁家艱, 而中孚卒, 大曆中, 李端・錢起・韓翃輩能爲五言詩, 詞精健麗, 綸作尤工. 至貞元末, 錢・李諸公凋落, 綸爲懷舊詩五十韻, 敍其事曰:「吾與吉侍郎中孚・司空郎中曙・苗員外發. 崔補闕峒・耿拾遺湋・李校書端, 風塵追遊, 向三十載, 數公皆負當時盛稱, 榮耀未幾, 俱沉下泉, 傷悼之際, 暢博士當追感前事, 賦詩五十韻見寄, 輒有所酬, 以申悲舊, 兼寄夏侯審侍郎.」

3. 《全唐詩》卷295

吉中孚, 鄱陽人, 大曆十才子之一. 始爲道士, 後官校書郎, 登宏辭. 興元中, 歷翰林學士. 戶部侍郎, 詩一卷. 今在一首.

4. 李端〈聞吉道士還俗因而有贈〉(《全唐詩》卷285)

『聞有華陽客, 儒裳謁紫微. 舊山連藥賣, 孤鶴帶雲歸. 柳市名猶在, 桃源夢已稀. 還鄕見鷗鳥, 應愧背船飛.』

5. 盧綸〈送吉中孚校書歸楚州舊山〉(《全唐詩》卷276)

『靑袍芸閣郎, 談笑把侯王. 舊錄藏雲穴, 新詩滿帝鄕. 名高開不得, 到處人爭識. 誰知冰雪顔, 已雜風塵色. 此去復如何, 東皐岐路多. 藉芳臨紫陌, 回首憶滄波. 年來倦蕭索, 但說淮南樂. 並檝湖上遊, 連檣月中泊. 沿溜入閶門, 千燈夜市喧. 喜逢鄰舍伴, 遙語問鄕園. 下淮風自急, 樹杪分郊邑. 送客隨岸行, 離人出帆立. 漁村繞水田, 澹澹隔晴煙. 欲就林中醉, 先期石上眠. 林昏天未曙, 但向雲邊去. 暗入無路山, 心知有花處. 登高日轉明, 下望見春城. 洞裏草空長, 家邊人自耕. 寥寥行異境, 過盡千峯影. 露色凝古壇, 泉聲落寒井. 仙成不可期, 多別自堪悲. 爲問桃源客, 何人見亂時.』

084(4-3)
한굉韓翃

한굉韓翃은 자는 군평君平이며 남양南陽 사람으로 천보天寶 13년에 양굉楊紘과 동방同榜으로 진사에 급제하였다. 후희일侯希逸은 평소 한굉의 재능을 아껴 이때에 자신의 치청淄青 막부幕府를 돕게 하였다. 그는 이를 그만둔 뒤, 10년을 한가히 지내다가 이면李勉이 선무군절도사宣武軍節度使가 되자 다시 그에게 불려가 그의 막료가 되었다. 덕종德宗 때에 제고制誥에 결원이 생겨 중서성中書省에서 두 번이나 후보를 올렸지만 임금은 이에 낙점을 찍지 않았다. 다시 또 서류를 올리자 임금은 이렇게 결재하였다.

"한굉에게 그 자리를 줄 것"

당시 마침 똑같은 한굉이란 동명이인同名異人이 있었다. 그는 강회자사江淮刺史였다. 재상이 어느 한굉이냐고 임금에게 청하자 임금은 이렇게 시 구절로 답하였다.

"봄날 그 어디 꽃이 휘날리지 않는 곳이 없네'   春城無處不飛花

라는 시를 쓴 한굉이다."

잠시 후, 그는 가부중지제고駕部中知制誥가 되었으며 중서사인中書舍人으로 벼슬을 마쳤다.

한굉은 시에 뛰어나 흥취가 번부繁富하여 마치 부용芙蓉이 물을 뚫고 피어난 것 같았다. 그래서 한 편씩을 이룰 때마다 조정의 선비들이 이를 보물로 여겼다. 그의 비흥比興의 풍류를 유문방劉文房 장경長卿에 비길 만하고 근절골격筋節骨格은 무정茂政 황보염皇甫冉만큼 되어 당시 크게 칭송을 받았다.

시집 5권이 있어 세상에 전하고 있다.

韓翃:

翃, 字君平, 南陽人. 天寶十三載, 楊紘榜進士. 侯希逸素重其才, 至是, 表佐淄靑幕府. 罷, 閑居十年. 及李勉在宣武, 復辟之.

德宗時, 制誥闕人, 中書兩進除目, 御筆不點, 再請之, 批曰:「與韓翃.」

時有同姓名者, 爲江淮刺史. 宰相請孰與, 上復批曰:「『春城無處不飛花.』韓翃也.」

俄以駕部郎中知制誥. 終中書舍人.

翃工詩, 興致繁富, 如芙蓉出水, 一篇一詠, 朝士珍之. 比諷深於文房, 筋節成於茂政, 當時盛稱焉.

有詩集五卷, 行於世.

【楊紘】天寶 13年에 장원한 人物.
【侯希逸】肅宗 寶應 元年(762)에 史朝義의 叛亂을 평정하였으나 뒤에 교만하게 굴어 참살되었다. 兩《唐書》에 傳이 실려 있다.
【淄靑】지금의 山東省 臨淄. 靑州 일대의 方鎭.
【李勉】汧國公. 唐나라의 宗室로 京兆尹·廣州都督 등을 지냈다. 兩《唐書》에 傳이 실려 있다.
【春城無處不飛花】이 詩는 《全唐詩》(卷245)에 실려 있으며 제목은 〈寒食〉이다. (참고)

【芙蓉出水】이는 《中興間氣集》(卷上)의 韓翃에 대한 評語이다.

【當時盛稱】明 楊愼의 《昇庵詩話》(卷14)에 "唐人評韓翃詩, 謂比興深於劉長卿, 筋節減於皇甫冉"이라 하였으며 《中興間氣集》에는 "其比興深於劉員外, 筋節成 (減의 誤記)於皇甫冉"이라 하였다.

> 참고 및 관련 자료

1. 한굉(韓翃)

字는 君平. 《新唐書》(藝文志, 4)에 《韓翃詩集》(5卷). 《郡齋讀書志》·《直齋書錄解題》에도 역시 5卷으로 著錄되어 있다. 《全唐詩》에는 그의 詩가 3卷 (243~245)으로 실려 있고 《全唐詩外編》에 詩 2首가 補入되어 있다. 《唐詩紀事》(卷30)에 관련 기록이 실려 있다.

2. 《唐詩紀事》卷30

○ 韓翃, 字君平, 南陽人. 命以駕部郎中知制誥, 時有兩韓翃, 德宗曰: 「與詩人韓翃.」終中書舍人.

○ 侯希逸鎮淄青, 宏爲從事. 後罷府閑居十年, 李勉鎮夷門, 辟爲幕屬. 時韓已遲暮, 不得意, 多家居. 一日夜將半, 客叩門急, 賀曰: 「員外除駕部郎中知制誥.」翃愕然曰: 「誤矣.」客曰: 「邸報制誥闕人, 中書兩進名, 不從, 又請之.」曰: 「與韓翃. 時有同姓名者, 爲江淮刺史.」又具二人同進, 御批曰: 『春城無處不開花, 寒食東風御柳斜. 日暮漢宮傳蠟燭, 青煙散入五侯家.』又批曰: 「與此韓翃.」客曰: 「此員外詩耶?」翃曰: 「是也. 是不誤矣.」時建中初也.

○ 高仲武云: 韓員外意放經史, 興致繁富, 一篇一詠, 朝野珍之, 多士之選也. 至如『星河秋一鴈, 砧杵夜千家』, 又『客衣筒布細, 山舍荔枝繁』; 又『疏簾看雪卷, 深戶映花關』. 方之前載, 則芙蓉出水, 未足多也. 其比興深於劉員外, 筋節減於皇甫冉也.

○ 世傳翃有寵姬柳氏, 翃成名, 從辟淄青, 置之都下. 數歲, 寄詩曰: 『章臺柳: 『顏色青青今在否? 從使長條似舊垂. 也應攀折他人手.』柳答曰: 『楊柳枝, 芳菲節, 可恨年年贈離別. 一葉隨風忽報秋, 縱使君來豈堪折.』後果爲蕃將沙吒利所劫. 翃會入中書, 道逢之, 謂永訣矣! 是日臨淄太校置酒, 疑翃不樂, 具告之. 有虞候將許俊, 以義烈自許, 卽許取得之, 以授韓. 希逸聞之曰: 「似我往日所爲也, 俊復能之.」翃後爲夷門幕府, 後生共目爲惡詩, 輕之.

3.《全唐詩》卷243

韓翃, 字君平, 南陽人. 登天寶十三載進士第, 淄靑侯希逸, 宣武李勉相繼辟幕府. 建中初, 以詩受知德宗. 除駕部郞中, 知制誥. 擢中書舍人卒. 翃與錢起·盧綸輩號大曆十才子. 爲詩興致繁富, 一篇一詠, 朝野珍之. 集五卷, 今編詩三卷.

4.〈寒食〉(《全唐詩》卷245)

『春城無處不飛花, 寒食東風御柳斜. 日暮漢宮傳蠟燭, 輕煙散入五侯家.』

085(4-4)
경위耿湋

　경위耿湋는 하동河東사람으로 천보天寶 2년에 홍원洪源과 동방同榜으로 진사에 급제하였으며 고지기古之奇와는 막역지교莫逆之交의 친구였다.

　처음에 대리사법大理司法이 되어 괄도서括圖書에 충보充補되어 강회江淮지역의 사신으로 가서 그곳 산수의 경승을 실컷 구경하였다.

　좌습유左拾遺로 벼슬을 마쳤으며 시재詩才가 준상俊爽하고 그 뜻이 보통 사람과 달랐다. 경위와 같은 시인은 결코 많을 수가 없다.

　시집 2권이 지금도 전하고 있다.

　耿湋:

　湋, 河東人也. 寶應二年, 洪源榜進士. 與古之奇爲莫逆之交. 初爲大理司法, 充括圖書使來江淮, 窮山水之勝. 仕終左拾遺.

　詩才俊爽, 意思不群. 似湋等輩, 不可多得.

　詩集二卷, 今傳.

　【河東】河東道. 治所는 지금의 山西省 永濟縣 蒲州鎭.

　【古之奇】卷3(078) 참조.

【括圖書】도서 수집을 맡은 관리.
【江淮】淮水·長江 일대. 중부 남부 지역.

참고 및 관련 자료

1. 경위(耿湋)
唐 姚合의 《極玄集》에는 그 이름을 '或作緯'라 하여 '耿緯'로도 쓴다. 그의
文集은 宋代 여러 서목에 모두 2卷으로 著錄되어 있으며 《唐詩紀事》(卷30)에
관련 기록이 있다.
2. 《唐詩紀事》 卷30
湋, 寶應元年進士, 爲在拾遺. 詩有家貧僮僕慢, 官罷友朋疏. 世多傳之.
3. 《全唐詩》 卷268
耿湋, 字洪源, 河東人. 登寶應元年進士第, 官右拾遺. 工詩, 與錢起·盧綸·
司空曙諸人齊名, 號大曆十才子. 湋詩不深琢削, 而風格自勝. 集三卷, 今編詩
二卷.

086(4-5)
전기錢起

附: 자전휘子錢徽·회소懷素

전기錢起는 자가 중문仲文이며 오흥吳興 사람이다. 천보天寶 10년에 이거경 李巨卿과 동방同榜으로 급제하였다. 그는 어려서부터 총민聰敏하여 이미 명성을 날렸다. 처음 그가 계리計吏를 따라 과거에 응시하기 위해 경구京口의 객사에 이르러 밤을 보내게 되었다. 그곳에서 그가 달밤에 산보를 하고 있을 때 집밖에서 어떤 이가 시를 읊고 있는 소리를 들었다.

"노래 소리 끝나니 사람은 보이지 않고   曲終人不見
   강가에 몇 개 봉우리만 파랗도다."   江上數峰靑

무릇 두 번 세 번 지나면서 그 구절을 읊고 있자 전기는 급히 뒤쫓았 지만 그를 찾을 수가 없었다. 그는 괴이하게 여겼다.

드디어 그가 분위粉闈에 이르러 시험 시간이 되자 시제詩題가 바로 〈상령 고슬湘靈鼓瑟〉이었다. 전기가 쓰기를 마치면서 그 귀신이 일러준 열 글자로 낙구落句를 삼았다. 주심이었던 이위李暐는 그 훌륭한 구절을 보고 심히 아름답다 여기면서 오랫동안 이를 음미하였다. 그러고 나서 이렇게 말하 였다.

"이는 필시 귀신이 도와서 이루어진 것이리라!"

그러고는 드디어 그를 일등으로 발탁하였다. 그는 석갈釋褐하고 교서랑 校書郎을 제수받았다. 그는 일찍이 전죽箭竹 채집관으로 촉蜀 땅에 심부름을 가기도 하였으며 고공랑중考功郎中을 제수받았다. 대력大曆 연간에는 태청궁사太淸宮使·한림학사翰林學士가 되었다. 전기의 시체詩體는 그 자체가 신기新奇하였으며, 이치理致가 청섬淸贍하여 송宋·제齊 시대의 부유浮游함을 잘라 없애고 양梁·진陳 시대의 만미嫚靡함을 깎아 내어 뚜렷하게 독보적인 위치로 서 있다. 그래서 우승右丞 왕유王維도 그의 고매한 풍격을 인정하였고, 낭사원郎士元과 이름을 함께 날려 사림士林에서는 이렇게 말하였다.

"당나라 전기에는 심전기沈佺期·송지문宋之問이 있고 후기에는 전기와 낭사원이 있다."

문집 10권이 지금도 전한다.

그의 아들 전휘錢徽는 시에 능하였으며 외생外甥 회소懷素도 글씨에 뛰어났다. 한 가문에서 예술에 뛰어난 명사들이 삼출森出하였으니 가히 숭앙을 받을 만하다.

◎ 무릇 당唐나라 사람들은 서로 모여서 잔치를 하거나 송별을 할 때면 반드시 모인 자리에서 서로 운을 나누어 제목을 정해 부시를 짓되, 그 중 뛰어난 한 사람을 추천하여 즐기곤 하였다. 재상인 유안劉晏이 강회江淮 지역을 순찰하고 나서 떠나는 잔치에, 시인들이 가득 모여 전기가 가장 뛰어난 자로 추천되었다. 그리고 곽애郭曖가 공주와 배필이 되어 결혼하는 성회盛會에는 이단李端이 최고자로 추천되었다.

성당 시절은 돌이켜보건대 왕왕 문사들의 모임이 있으면 군현群賢이 다 모이고 술잔과 투호놀이로 시끌벅적하였으며, 강산의 아름다운 풍경을 대하게 되면 옛사람의 정취와 주위의 온 즐거움을 이어 나간다고 여겼다. 그리고 이른 새벽의 아름다운 풍경이나 그 즐거움을 마음속에 탄상歎賞하였으니 그 당시에는 모든 것을 함께 할 수 있었다.

하물며 손님은 절영지혐絕纓之嫌이 없고 임금은 투할지곤投轄之困이 없어 가무가 신이 나고, 미인의 향기는 그윽하게 풍겨 와서 번잡하고 쓸데없는 예절이란 모두 벗어버려 왕공 귀족도 위대하게 보이지 않고, 평민 포의도 보잘것없다 여기지 않으며 피차의 신분을 잊고 서로 마주 앉아 세상 일로 담소하면서 시를 지어 주고받는가 하면 누구 하나 붓을 들어 일필휘지하면 둘러앉아 지켜보던 사람들이 놀라움을 금치 못하는 등 얼마나 즐거웠겠는가? 옛 사람들이 "촛불을 켜 놓고 밤에도 놀다(秉燭夜游)"라 하였으니 그 뜻이 결코 천박하지 않도다. 남녀가 함께 잔치를 벌이면서도 음란에 빠지지 않으니 이야말로 성세盛世가 아니었겠는가! 만약 눈앞에 남은 잔에 식은 고기 안주 놓고 한 번 술잔 올릴 때마다 백 번 굽실거리면서 주인의 희로喜怒를 미첩지간眉睫之間도 놓치지 않으려는 경우라면 가히 그만두어야 할 것이다.

錢起: 附, 子錢徽·懷素

起, 字仲文, 吳興人. 天寶十年, 李巨卿榜及第. 少聰敏, 承鄕曲之譽.

初, 從計吏至京口客舍, 月夜閑步, 聞戶外有行吟聲, 哦曰: 『曲終人不見, 江上數峰靑.』

凡再三往來, 起遽從之, 無所見矣. 嘗怪之. 及就試粉闈, 詩題乃〈湘靈鼓瑟〉起綴就, 卽以鬼謠十字爲落句, 主文李暐深嘉美擊節, 吟味久之, 曰:「是必有神祖之耳」

遂擢置高第. 釋褐授校書郎. 嘗採箭竹, 奉使入蜀. 除考功郎中. 大曆中, 爲太淸宮使·翰林學士.

起詩體製新奇, 理致淸瞻, 芟宋·齊之浮游, 削梁·陳之嫚靡, 逈然獨立也. 王右丞許以高格, 與郞士元齊名.

士林語曰:「前有沈·宋, 後有錢·郞」

集十卷, 今傳.

子徽能詩, 外甥懷素善書, 一門之中, 藝名森出, 可尚矣.

◎ 凡唐人燕集祖送, 必探題分韻賦詩, 於眾中推一人擅場者. 劉相巡察江淮, 詩人滿座, 而起擅場. 郭曖尚主盛會, 李端擅場. 緬懷盛時, 往往交會, 群賢畢集, 觥籌亂飛, 遇江山之佳麗, 繼歡好於疇昔, 良辰美景, 賞心樂事, 於此能幷矣. 況賓無絕纓之嫌, 主無投轄之困, 歌闌舞作, 微聞香澤, 冗長之禮, 豁畧去之, 王公不覺其大, 韋布不覺其小, 忘形爾汝, 促席談諧, 吟咏繼來, 揮毫驚座, 樂哉! 古人有「秉燭夜遊」, 所謂非淺. 同宴一室, 無及於亂, 豈不盛也? 至若殘盃冷炙, 一獻百拜, 察喜怒於眉睫之間者, 可以休矣.

【吳興】唐나라 江南道의 湖州. 지금의 浙江省 湖州市.

【李巨卿】당시 壯元한 人物. 錢起가 及第한 해는 天寶 9年이라고도 한다.

【曲終人不見】이 詩는 《全唐詩》(卷238)에 실려 있으며 제목은 〈省試湘靈鼓瑟〉이다. (참고)

【粉闈】粉署라고도 하며 尙書省의 別稱. 漢代 尙書省은 胡粉으로 벽을 바르고 그곳에 古代 賢人像의 벽화를 그려 '粉闈'라 칭하게 된 것이다.

【李暐】당시의 知貢擧. 시험 고시관.

【釋褐】'褐衣(平民의 옷)를 벗고 官服을 입다'라는 뜻이다. 官職에 나감을 말한다. 唐나라의 제도에는 과거에 급제하고 나서 다시 吏部의 고시에 합격해야 官職을 수여받게 되며 이를 '省試', 혹은 '釋褐試'라 하였다.

【錢徽】字는 蔚章. 錢起의 아들로 德宗 때 진사에 급제하여 翰林學士·禮部侍郞 등을 지냈다. 兩《唐書》에 傳이 실려 있으며 《全唐詩續拾》에 詩 1首와 斷句 2句가 전한다.

【懷素】속성은 錢으로 唐나라 高僧 玄奘의 弟子. 특히 '狂草'라는 글씨로 유명하다. 張旭의 글씨를 발전시켜 '顚張醉素'라 불린다. 《自敍》·《苦笋》 등의 서첩이 전한다.

【劉晏】京兆尹·戶部侍郞 등을 지낸 唐나라 名相. 兩《唐書》에 傳이 실려 있다.

【郭曖】 郭子儀의 아들로 代宗의 딸 昇平公主와 결혼하였다. 兩《唐書》에 傳이 있다.

【尙】 원래 봉사·配匹의 뜻이며 帝王의 딸을 아내로 맞이할 때 쓰는 말이다.

【李端】 본책(091) 참조.

【能幷】 '하기 어려운 일도 다 즐길 수 있다'라는 뜻이다. 謝靈運의 〈擬魏太子鄴中集詩序〉에 "天下良辰, 美景, 賞心, 樂事, 四者難幷"이라 하였다.

【絶纓】 '갓끈을 끊다'라는 뜻으로 客의 非禮를 감추어 줌을 말함. 《說苑》復恩篇에 "楚莊王賜群臣酒, 日暮酒酣, 燈燭滅, 乃有人引美人之衣者, 美人援絶其冠纓, 告王曰: '今者, 燭滅, 有引妾衣者, 妾援得其冠纓, 持之, 趣火來上, 視絶纓者.' 王曰: '賜人酒使醉失禮, 奈何欲顯婦人之節而辱士乎?' 乃命左右曰: '今日與寡人飮, 不絶纓者不歡.' 群臣百有餘人皆絶去其冠纓而上火, 卒盡歡而罷"라 하였다.

【投轄】 '남을 강제로 머물게 하여 즐기다'라는 뜻. 수레의 앞 축을 뽑아 우물에 던져놓고 술을 마신 고사에서 나온 말.《漢書》陳遵傳에 "遵嗜酒, 每大醉, 賓客滿堂, 輒關門, 取賓客之車轄投井中, 雖有急, 終不得去"라 하였다.

【秉燭夜游】 '낮에 놀 시간이 모자라 밤에도 촛불을 켜놓고 놀다'라는 뜻, 〈古詩十九首〉에 "生年不滿百, 常懷千年憂, 晝短苦夜長, 何不秉燭游?"라 하였으며 李白의 〈春夜宴桃李園序〉에도 引用되어 있다.

참고 및 관련 자료

1. 전기(錢起: 710?~780?)

字는 仲文.《新唐書》(藝文志, 4)에《錢起詩》1卷이 著錄되어 있으며《郡齋讀書志》에는 2卷으로, 그리고《直齋書錄解題》에는 10卷으로 되어 있다. 余嘉錫의 〈四庫全書提要辯證〉(卷20)에 전기 시집은 宋代에 1卷·5卷·8卷·10卷 등 4종의 판본이 있었으며 10卷은 南宋 때 重編된 것이라 하였다.《全唐詩》에는 4卷(236~239)으로 되어 있으며 가끔 그의 孫子인 錢珝의 詩가 섞여있다.《全唐詩外編》및《全唐詩續拾》에 8首와 斷句 2句가 補入되어 있다.《唐詩紀事》(卷30)에 관련기록이 있다.

〈郭子儀〉《三才圖會》

2.《唐詩紀事》卷30

起, 吳興人, 天寶進士, 與郎士元齊名, 時語曰:「前有沈·宋, 後有錢·郎.」終考功郎中.

3.《全唐詩》卷236

錢起, 字仲文, 吳興人. 天寶十載登進士第, 官秘書省校書郎, 終尙書考功郎中. 大曆中, 與韓翃·李端輩號十才子. 詩格神奇, 理致淸贍. 集十三卷, 今編詩四卷.

4.〈湘靈鼓瑟〉(《唐詩紀事》卷30·《全唐詩》卷238에도 실려 있다.)

天寶十年, 試〈湘靈鼓瑟〉詩云:『善鼓雲和瑟, 常聞帝子靈. 馮夷徒自舞, 楚客不堪聽. 苦調凄金石, 淸音入杳冥. 蒼梧來怨慕, 白芷動芳馨. 流水傳湘浦, 悲風過洞庭, 曲終人不見, 江上數峯靑.』起從鄕薦, 居江湖客舍, 聞吟於庭中曰: 「『曲終人不見, 江上數峯靑』. 視之, 無所見矣.」明年, 崔暐〈試湘靈鼓瑟〉詩, 起卽用爲末句, 人以爲鬼謠.

087(4-6)
사공서司空曙

    사공서司空曙는 자가 문명文明이며 광평廣平 사람이다. 성격이 뇌락磊落하면서 기이한 재주가 있어 위고韋皐가 검남劍南에 절도사로 있을 때, 그를 불러 자신의 막부幕府일을 돕도록 하였다. 그는 다시 낙양주부洛陽主簿를 제수받았다가 얼마 지나지 않아 장림현승長林縣丞으로 승진되었으며, 좌습유左拾遺를 거쳐 수부랑중水部郎中으로 벼슬을 마쳤다. 그는 원외랑員外郎 이약李約과 아주 가까운 사이였으며 성격이 경개耿介하여 권문세가에게 아무 것도 바라지 않았다. 그는 집에 쌀독이 텅텅 비어도 안여晏如하게 지냈으며 일찍이 병이 나서 가계를 꾸려나갈 수 없게 되자 자신의 사랑하는 첩도 풀어주고는 스스로 장사長沙 지역을 유랑하였다.

    그가 강우江右로 귀양갔을 때 많은 쌍림雙林들과 교유하였으며, 스스로 세월과 풍경에 대해 슬픔을 느꼈다. 그 때 〈기간상인시寄暕上人詩〉에 이렇게 읊고 있다.

"동림에 내 한 몸을 기탁코자 하나	欲就東林寄一身
어린 자식 아직 다 자라지 못한 게 불쌍하도다	尙憐兒女未成人
사립문에 손님 떠난 후 석양만 남아 있네	紫門客去殘陽在
약초 밭 벌레 시끄러운데 가을비가 잦네	藥圃蟲喧秋雨頻
물 가까우니 바야흐로 매불梅市처럼 은거할까?	近水方同梅市隱
옷이라도 말리면서 완씨 집안 가난한 웃음거리만 되네	曝衣多笑阮家貧

깊은 산 난야蘭若 그 어느 때나 가리오 　　　　深山蘭若何時到
한가로운 구름 이웃으로 삼는 게 부럽기도 하여라." 　羨與閑雲作四隣

　그의 한적한 전원생활 속에 얽매이지 않고 사는 높은 흥취를 가히
알 만하도다. 사공서 시의 격조는 유한幽閑하다. 모든 시가 재정才情이
창달暢達하여 마치 방금 피어난 꽃이 해를 보고 웃으며, 더러운 세속에는
전혀 물들지 않은 것과 같다. 그러니 그의 쟁쟁한 미칭美稱이 또한 마땅
하지 않겠는가!
　시집 2권이 지금도 전하고 있다.

　司空曙:

　曙, 字文明, 廣平人也. 磊落有奇才, 韋皐節度劍南, 辟致
幕府. 授洛陽主簿, 未幾, 遷長林縣丞, 累官左拾遺, 終水部
郎中. 與李約員外至交. 性耿介, 不干權要. 家無甔石, 晏如也.
嘗病中不給, 遣其愛姬, 亦嘗流寓長沙. 遷謫江右, 多結契雙林,
暗傷流景.

　〈寄暕上人〉詩云:『欲就東林寄一身, 尙憐兒女未成人. 紫門
客去殘陽在, 藥圃蟲喧秋雨頻. 近水方同梅市隱, 曝衣多笑
阮家貧. 深山蘭若何時到, 羨與閑雲作四隣.』

　閑園卽事, 高興可知. 屬調幽閑, 終篇調暢, 如新花笑日, 不容
熏梁. 鏘鏘美譽, 不亦宜哉!

　有詩集二卷, 今傳.

【廣平】지금의 河北省 鷄澤縣.
【韋皐】蜀을 맡아 다스리며 토번 정벌에 나섰던 人物. 兩《唐書》에 傳이 있다.

【長林】 지금의 湖北省 荊門縣.

【李約】 본책 卷6(152) 참조.

【雙林】 스님. 부처가 '娑羅雙林'에서 입적함을 두고 이른 말이다.

【寄暕上人】 이 詩는 《全唐詩》(卷292)에 실려 있다. 제목은 〈閑園卽事寄暕公〉
이며 詩의 全文이다.

【東林】 東晉 때 세운 절로 江西省 廬山에 있다. 여기서는 '寺院'의 뜻이다.

【梅市】《漢書》梅福傳에 의하면 梅福이 관직을 버리고 隱居하였는데, 뒤에
어떤 사람이 우연히 그를 會稽에서 만났더니 이미 이름을 바꾸고 吳市의
문지기 노릇을 하고 있었다 한다. 뒷사람들은 隱居를 '梅市'라 하였다.
市는 '불(市)'로 읽는 것이 타당할 듯하다.

【曝衣】《世說新語》任誕篇에 7월 7일 옷을 널어 말리는 習俗이 있어 阮咸은
가난하여 남이 비단옷을 말릴 때 자신은 큰 장대에 낡은 가죽 하의를 말리
면서 習俗을 지켰다는 故事가 있다. "阮仲容, 步兵居南道, 諸阮居北道. 北阮
皆富, 南阮貧. 七月七日, 北阮盛曬衣, 皆紗羅錦綺. 仲容以竿挂大布犢褌於中庭.
人或怪之, 答曰: '未能免俗, 聊復爾耳.'"라 하였다.

【蘭若】 梵語로 寺院, 절의 뜻.

1. 사공서(司空曙)

司空曙의 詩友인 盧綸·李端 등은 모두 그를 '司空文明'이라 불렀다. (《全唐詩》
卷278·284·285 등). 그러나 《全唐文》(卷690)에는 "水部司空郎中曙字文初"라
하였고 《極玄集》(卷上)·《新唐書》盧綸傳 등에도 그의 字를 '文初'라 하였다.
한편 그의 文集은 《新唐書》(藝文志, 4), 그리고 《直齋書錄解題》(卷19) 등에도
역시 《司空曙詩集》2卷이 著錄되어 있다. 또한 《唐詩紀事》(卷30)에 관련
기록이 실려 있다.

2. 《唐詩紀事》卷30

曙, 字文明, 廣平人. 登進士第, 從韋皋於劍南. 貞元中, 爲水部郎中, 終虞部郎中.

3. 《全唐詩》卷292

司空曙, 字文明, 廣平人. 登進士第, 終韋皋於劍南. 貞元中, 爲水部郎中, 終虞
部郎中. 詩格淸華, 爲大曆十才子之一. 集三卷, 今編詩二卷.

088(4-7)
묘발苗發

　　묘발苗發은 노주潞州 사람으로 묘진경苗晉卿의 큰아들이다. 처음 악평령樂平令으로 벼슬을 시작하여 병부원외랑兵部員外郎을 제수받고, 가부원외랑駕部員外郎으로 승진하여 도관랑중都官郎中으로 벼슬을 마쳤다.

　　그의 이름은 비록 재자才子들과 나란히 하지만 남긴 시편은 매우 적다. 당시 명사들은 누구나 그와 증답하였다고 한다.

　　苗發:

　　發, 潞州人也. 晉卿長子. 初爲樂平令, 授兵部員外, 遷駕部員外郎, 仕終都官郎中. 雖名齒才子, 少見詩篇.

　　當時名士, 咸與贈答云.

　　【潞州】지금의 山西省. 長治市.《新唐書》苗晉卿傳에는 '潞州壺關人'이라 하였다.

　　【苗晉卿】苗發의 아버지로 肅宗 연간에 左相을 역임하였다. 兩《唐書》에 傳이 있다.

　　【樂平】지금의 江西省 樂平縣.

1. 묘발(苗發)

大曆十才子 가운데 한 사람이기는 하나 《新唐書》(藝文志)에도 그의 著錄이
없으며 《全唐詩》(卷295)에 詩 2首를 《唐詩紀事》(卷30)에서 著錄하여 실려
있다.

2. 《唐詩紀事》卷30

○ 發, 晉卿子. 終都官員外郞.

○ 〈送司空曙之蘇州詩〉云: 『盤門吳舊地, 蟬盡草秋時. 歸國人皆久, 移家君獨遲.
廣陵經水宿, 建鄴有僧期. 若到栖霞寺, 應看江總碑.』

○ 〈送孫德諭罷官往黔州〉(孫父曾牧此州, 因寄家也)云: 『中歲分符典石城,
兩朝趨陛謁承明. 闕下昨陳歸老疏, 天南今切去鄉情. 親知握手三秋別, 几杖
扶身萬里行. 伯道暮年無嗣子, 欲將家事託門生.』

3. 《全唐詩》卷295

苗發, 宰相晉卿之子, 終都官員外郞, 大曆十才子之一也. 詩二首.

089(4-8)
최동崔峒

　　최동崔峒은 박릉博陵 사람으로 문장에 뛰어나 이름을 날렸다. 처음 택로절도사澤潞節度使로 부름을 받아 그 막부의 공조참군功曹參軍이 되었으며, 뒤에 좌습유左拾遺를 역임하고 우보궐 右補闕로 벼슬을 마쳤다.
　　최동은 시의 문체가 병연炳然하고 의사가 방아方雅하여 당시 사람들은 그의 시구詩句를 두고 이렇게 평하였다.
　　"모래를 일어 사금을 찾아내어 가끔 그 보배로운 금을 얻도다."
　　시집 1권이 있어 지금도 세상에 전하고 있다.

　　崔峒:

　　峒, 博陵人. 工文, 有聲. 初辟潞府功曹, 後歷左拾遺, 終右補闕. 詞彩炳然, 意思方雅, 時人稱其句爲「披沙揀金, 往往見寶」

　　詩集一卷, 今行於世.

　　【博陵】지금의 河南省 定縣.
　　【潞府】澤潞節度使幕府를 가리킨다.

【詞彩炳然】《中興間氣集》(卷上)에 "崔拾遺, 文彩炳然, 意思方雅. 如'淸磬渡
山翠, 閑雲來竹房.'又'水流聲中視公事, 寒山影裏見人家.'斯亦披沙揀金, 往往
見寶"라 하였다.

【披沙揀金】梁나라 鍾嶸의 《詩品》(卷上)에 "陸文如披沙簡金, 往往見寶"라
하였다.

참고 및 관련 자료

1. 최동(崔峒)
《新唐書》(藝文志, 4)에 《崔峒詩》 1卷이 著錄되어 있으며 《全唐詩》(卷294)에
詩 1卷, 《全唐詩續拾》에 詩 6首가 補入되어 있다. 《唐詩紀事》(卷30)에 관련
기록이 실려 있다.

2. 《唐詩紀事》卷30
○ 峒登進士第, 爲拾遺, 入集賢爲學士, 後終州刺史, 或云終玄武令. 文藝傳云:
「終右補闕.」

○ 高仲武云: 峒詩文彩炳發, 意思雅淡. 如『淸磬度山翠, 閑雲來竹房』; 又『流水
聲中視公事, 寒山影見人家』. 此亦披沙鍊金, 時時見寶也.

3. 《全唐詩》卷294
崔峒, 博陵人. 登進士第, 爲拾遺, 集賢學士. 終於州刺史. 藝文傳云:「終右補闕,
大曆十才子之一也.」詩一卷.

090(4-9)
하후심夏侯審

하후심夏侯審은 건중建中 원년에 예부시랑禮部侍郞 영호환令狐峘 아래 군모월중과軍謀越衆科에 응시하여 일등으로 급제한 인물이다.

그는 석갈釋褐하고 교서랑校書郞을 거쳐 참군參軍을 역임하였으며 시어사侍御史로 벼슬을 마쳤다. 처음 그는 화산華山 아래에 농토를 많이 사서 별서別墅를 짓고 물과 나무를 유한幽閑하게 꾸미고 운연호묘雲煙浩渺한 정취를 즐겼다.

만년에는 그 아래로 퇴거하여 이 때 읊은 글들이 자못 많다. 그러나 지금 그 시들은 흩어져 때때로 한두 수 정도 볼 수 있을 정도이며 그 시들은 모두가 비단같이 아름다운 것들이다.

夏侯審:

審, 建中元年, 禮部侍郞令狐峘下, 試軍謀越衆科第一. 釋褐校書郞, 又爲參軍, 仕終侍御史. 初, 於華山下多買田園爲別墅, 水木幽閟, 雲煙浩渺. 晚歲退居其下, 吟諷頗多.

今稍零落, 時見一二, 皆錦製也.

【令狐峘】令狐德棻의 玄孫으로 代宗·德宗 때 禮部侍郎을 지냈다. 兩《唐書》에 傳이 있다.

【釋褐】'평민의 옷을 벗고 관리의 옷을 입다'의 뜻. 관리의 길로 나감을 뜻한다.

참고 및 관련 자료

1. 하후심(夏侯審)

夏侯審의 詩나 文集은《新唐書》이하 어디에도 보이지 않으며 다만 李嘉祐의 〈送夏侯審參軍游江東〉에서 "袖中多麗句, 未遣世人聞"이라 하였고, 韓翃의 〈送夏侯校書歸上都〉의 詩에서 "後輩傳佳句, 高流愛美名"이라 하였다.《全唐詩》 (卷295)에 詩 1首가 전할 뿐이다.

2.《全唐詩》卷295

夏侯審, 大曆十才子之一, 官侍御史. 詩一首.

091(4-10)
이단李端

附: 유중용柳中庸·장분張芬

이단李端은 조주趙州 사람으로 이가우李嘉祐의 조카이다.

어려서 여산廬山에 살면서 교연皎然에 의지하여 공부하였으며, 그의 의황意況은 청허淸虛하였고 선승禪僧을 지극히 선모하였다. 대력大曆, 大歷 5년에 이단李搏과 동방同榜으로 진사에 급제하여 비서성교서랑秘書省校書郎을 제수받았다. 뒤에 깡마르고 병이 많아 관직을 그만두고 종남산終南山의 초당사草堂寺에 은거하게 되었다. 그러나 얼마 후, 그는 다시 기용되어 항주사마杭州司馬가 되었으나 하루 종일 소송과 판결로 얽매이자, 마음속에 심한 염증을 느껴 그만 호구虎丘 아래 땅을 사서 전원생활로 바꾸어 버렸다.

그러나 그는 다시 깊은 편벽증에 탐닉하여 그곳은 천석泉石의 유한幽閑함이 모자란다고 여겨서, 집안을 이끌고 형산衡山으로 옮기고 스스로 '형악유인衡嶽幽人'이라 불렀다.

그는 그곳에서 거문고를 타고 《주역周易》을 읽으며 등고망원登高望遠하니 신의神意가 박연泊然하였다. 처음 그는 벼슬에는 뜻이 없어 기영지지箕穎之志를 품었을 때 이렇게 말하였다.

"나는 젊어서부터 신선을 숭상하였으나, 아직 능히 그 길로 들어서지 못하였다. 내 친구 창당暢當이 나를 선문禪門으로 인도하여 내 마음 속으로 반드시 이를 따르리라 하였으나 아직 그 문을 찾지 못하고 있다."

그의 시는 더욱 고아高雅하여 '대력십재자大曆十才子' 중에서도 그 이름이 쟁쟁하였다.

그는 처사이며 경조京兆 사람인 유중용柳中庸, 그리고 대리평사大理評事인 강동江東 사람 장분張芬과 친하여 서로 주고받은 글이 있다.

처음 그는 장안長安에 오자마자 바로 시로서 이름을 크게 떨쳤다. 당시 영공令公이었던 곽자의郭子儀의 아들 곽애郭曖가 승평공주昇平公主의 배필이 되자 곽애는 현명한 인물들 중 뛰어난 준사俊士들을 모두 불러들였다. 이단도 그의 관중館中에 있었다. 그리고 곽애가 관직에 나가면서 큰 잔치를 열었고 술이 취하자, 공주가 이단에게 시를 지어 축하해 달라고 하였다. 그러자 이단은 기다렸다는 듯이 즉시 이를 완성하였다.

"젊은 도위님 풍류가 최고지   青春都尉最風流
스무살에 공을 이뤄 제후가 되었네   二十功成便拜侯
금발톱 싸움닭 들고 상원을 지나가고   金距鬪鷄過上苑
옥채찍 말을 몰아 추자나무 가로수를 내달리시네 玉鞭騎馬出長楸
향낭은 순욱荀彧것이 오히려 작다 애처로이 여기고 熏香荀今偏憐小
분바른 모습을 하안何晏도 근심 떨치지 못하리   傅粉何郎不解愁
해지는 어스름에 버드나무 언덕에 퉁소를 부니   日暮吹簫楊柳陌
길 가던 나그네 멀리 봉황루를 가리키네."   路人遙指鳳凰樓

공주는 이 시에 대단히 흡족히 여겼고 앉아 있던 사람들도 상탄해 마지않았다. 그러자 전기錢起가 이렇게 요구하였다.

"이는 필시 미리 준비하여 지어 놓았던 것이리라. 청컨대 나의 성씨인 전錢자를 운으로 뗄 테니 지어보시오!"

이에 이단은 즉시 다시 한 수를 읊었다.

"네모진 연못 거울 같은데 풀이 푸르고   方塘似鏡草芊芊
방금 뜬 달 갈고리 같아 아직 상현달은 아닐세   初月如鉤未上弦
새로이 금랄金埒을 만들어 말 쓰다듬는 모습 보려고 新開金埒看調馬
한문제도 동산을 하사, 멋대로 돈 만들라 허락하셨네 舊賜銅山許鑄錢
버드나무 누각까지 뻗은 곳에 옥적을 부니   楊柳入樓吹玉笛

부용꽃 물 위로 피어나니 예쁜 머리장식 질투스러워라 芙蓉出水妬花鈿
오늘에 도위께서는 서로 돌아보고　　　　　　　今朝都尉如相顧
긴바지 벗어버리고 마치 소년처럼 뛰놀고 싶으시다나!" 願脫長裾逐少年

　이를 본 사람들은 모두 놀라 엎어지고 말았다. 공주는 그에게 금백金帛의
선물을 내렸고 이단은 이를 종신토록 영광으로 삼았으니 그 시의 공교롭고
민첩하기가 이와 같았다.
　시집 3권이 있어 지금도 전하고 있다.

李端: 附, 柳中庸·張芬
　端, 趙州人, 嘉祐之姪也. 少時居廬山, 依皎然讀書, 意況
淸虛, 酷慕禪侶. 大曆五年, 李摶榜進士及第, 授秘書省校書郎.
以淸羸多病, 辭官, 居終南山草堂寺. 未幾, 起爲杭州司馬. 牒訴
敲扑, 心甚厭之. 買田園在虎邱下. 爲耽深癖, 泉石少幽, 移家
來隱衡山, 自號「衡嶽幽人」. 彈琴讀《易》, 登高望遠, 神意泊然.
初無宦情, 懷箕·潁之志.
　嘗曰:「余少尙神仙, 且未能去. 友人暢當以禪門見導, 余心
知必是, 未得其門.」
　詩更高雅, 於才子中, 名響錚錚. 與處士京兆柳中庸·大理
評事江東張芬友善唱酬. 初來長安, 詩名大振. 時令公子郭曖
尙昇平公主, 賢明有才, 延納俊士, 端等皆在館中.
　曖嘗進官, 大宴, 酒酣, 主屬端賦詩, 頃刻而就, 曰:『靑春
尉最風流, 二十功成便拜侯. 金距鬪雞過上苑, 玉鞭騎馬出
長楸. 熏香荀令偏憐小, 傳粉何郎不解愁. 日暮吹簫楊柳陌,
路人遙指鳳凰樓.』

主甚喜, 一座賞歎.

錢起曰:「此必端宿製, 請以起姓爲韻.」

端立獻一章曰:『方塘似鏡草芊芊, 初月如鉤未上弦. 新開金埒看調馬, 舊賜銅山許鑄錢. 楊柳入樓吹玉笛, 芙蓉出水妬花鈿. 今朝都尉如相顧, 願脫長裾逐少年.』

見者驚服. 主厚賜金帛, 終身以榮.

其工捷類此. 集三卷, 今傳於世.

【趙州】 지금의 河北省 趙縣. 《極玄集》(卷上)에 '李端, 字正己, 趙郡人'이라 하였다.

【李嘉祐】 卷3(057) 참조.

【皎然】 권4(103) 참조.

【意況】 大旨·槪要의 뜻.

【李摶】 당시 壯元及第하였던 人物.

【虎丘】 지금의 江蘇省 蘇州市 서북쪽 교외에 있으며 春秋時代 吳王인 闔閭가 죽어 이곳에 장례를 치르자 사흘 동안 호랑이가 나타나 걸터앉아 있었다 한다. 古代 姑蘇의 명승지.

【衡嶽幽人】 李端의 〈山中寄苗員外〉 詩에 "鳥鳴花發空山裏, 衡嶽幽人藉草時"라는 구절이 있다.

【箕潁之志】 隱居生活을 뜻한다. 晉나라 皇甫謐의 《高士傳》 許由傳에 "許由 於是遁而耕於中嶽, 潁水之陽, 箕山之下"라 하였다.

【未得其門】 이 구절은 李端의 詩 〈書志贈暢當〉(《全唐詩》 285)의 自序이다. (참고)

【暢當】 卷4(097)참조.

【柳中庸】 柳淡. 柳宗元의 族叔이며, 詩에 뛰어나 蕭穎士가 자신의 딸을 주어 사위로 삼았다. 《唐詩紀事》(卷31) 및 《新唐書》 柳幷傳 참조.

【張芬】 字는 茂宗이며 大理評事를 역임하였다.

【令公】 郭子儀가 中書令을 지내어 그를 '郭令公'이라 불렀다. 그의 아들 郭曖가 昇平公主에게 장가들었다. 본책 卷2(045) 참조.

【郭曖】 10여 세 때 昇平公主와 결혼하여 代國公을 襲封받았다. (086 참조)

【尙】 帝王의 딸과 결혼하는 경우에 쓰는 말. (086 참조)

【靑春都尉最風流】 이 詩는 《全唐書》(卷286)에 실려 있으며 〈贈郭駙馬〉(其一)의 全文이다.

【金距】 구리를 가시처럼 만들어 닭발에 붙여 싸움시키는 것을 말한다. 《左傳》 昭公 25年에 "李郈之鬪鷄, 李氏介其鷄, 郈氏爲之金距"라 하였다.

【上苑】 놀이와 사냥을 위한 帝王의 園林.

【荀令】 東漢 때의 荀彧. 漢 獻帝 때 尙書令을 지내어 荀令君이라 불렸으며, 향낭(香囊)을 차고 다녀 그가 지나간 곳이면 며칠 동안이나 향기가 났다 한다. 이를 당시 사람들은 '令君香'이라 불렀으며 뒤에 宰相·大臣의 風度와 神彩를 뜻하는 말로 쓰였다. 《太平御覽》(703)의 《襄陽記》를 볼 것.

【何晏】 삼국시대 魏나라 인물. 何晏의 얼굴은 너무 희어 사람들이 분을 바른 줄로 착각하였다. 《世說新言》 容止篇 참조. 이를 '傅粉何郎'이라 불렸으며 靑年美男을 뜻하는 말로 쓰인다.

【鳳凰樓】 春秋時代 蕭史라는 자가 퉁소를 잘 불고, 鳳凰의 울음소리를 잘 흉내내자 秦 穆公이 자신의 딸 弄玉을 주어 사위로 삼고 鳳臺를 지어 살도록 해 주었다. 그러던 어느 날 저녁, 퉁소를 불어 鳳凰이 모여들자 弄玉과 함께 봉황을 타고 승천하였다 한다. 劉向 《列仙傳》 참조.

【方塘似鏡草芊芊】 이 詩 역시 《全唐詩》(卷286)에 실려 있으며 〈贈郭駙馬〉(其二)의 全文이다.

【金埒】 埒은 둘레·경계를 막는 담장. 晉나라 때 王濟는 말타기·활쏘기를 좋아하였는데 돈이 많아 땅을 사서는 경계(埒)를 치고 그 안에 돈을 가득 깔아 사치스럽게 즐기며 이를 '金埒'이라 하였다. 《世說新語》 汰侈篇 참조.

【銅山】 漢나라 文帝가 아끼던 臣下 鄧通으로 하여금 蜀 땅의 銅山을 하사하여 그곳에서 마음대로 돈을 주조하여 쓰도록 허락하였다. 《漢書》 鄧通傳 및 《西京雜記》 참조.

【見者驚服】 이 이야기는 《國史補》(卷上)과 《舊唐書》 李虞仲傳에 자세히 실려 있다.

참고 및 관련 자료

1. 이단(李端)

《新唐書》(藝文志)·《郡齋讀書志》·《直齋書錄解題》 등에 모두《李端詩集》 3卷이 著錄되어 있다. 그의 詩는《全唐詩》3卷(284~286)에 실려 있고《全唐 詩外篇》및《全唐詩續拾》에 詩 1首와 斷句 4句가 전하며《唐詩紀事》(卷30) 에 관련 기록이 실려 있다.

2.《唐詩紀事》卷30

端, 趙州人. 始, 郭曖尙昇平公主, 賢明有才士, 尤多招士, 端等多從曖遊. 曖進官, 大集客, 端賦詩最工. 錢起曰:「素爲之, 請賦起姓.」 又工於前, 客乃服.

3.《全唐詩》卷284

李端, 字正己, 趙郡人. 大曆五年進士, 與盧綸·吉中孚·韓翃·錢起·司空曙·苗發· 崔峒·耿湋·夏侯審唱和, 號大曆十才子. 嘗客駙馬郭曖第, 賦詩冠其坐客, 初授 校書郞. 後移疾江南, 官杭州司馬卒. 集三卷, 今編詩三卷.

4.〈書志贈暢當〉(《全唐詩》卷285, 幷序)

余少尙神仙, 且未能去, 友人暢當以禪門見導. 余心知必是, 未得其門, 因寄詩 以咨焉. 『少喜神仙術, 未去已蹉跎. 壯志一爲累, 浮生事漸多. 衰顔不相識, 歲暮 定相過. 請問宗居士, 郡其奈老何.』

092(4-11)
두숙향竇叔向

두숙향竇叔向은 자는 유직遺直이며 부풍扶風 평릉平陵 사람이다. 그는 탁절卓絶한 성품과 행동으로 대력大曆 초에 등제하여 그 훌륭한 이름이 멀리까지 떨쳤으며 문인의 우두머리라는 영예를 누렸다.

그의 시법詩法은 근엄하여 상격常格을 넘어서 있었다. 그 때문에 일류재자一流才子들이 회오리바람에 먼지 일 듯 그를 우러러보았다.

어려서 상곤常袞과 등불을 같이하여 공부하였으며, 상곤이 재상이 되자 그는 두숙향을 불러 좌습유左拾遺로 발탁하여 내공봉內供奉까지 올랐다. 그러다가 상곤이 사건에 연좌되어 폄직되자 두숙향 역시 율수령溧水令으로 가게 되었다. 그는 죽은 후 공부상서工部尙書로 추증되었다.

그에게는 다섯 아들이 있었다. 바로 두상竇常·두모竇牟·두군竇群·두상竇庠·두공竇鞏이다. 모두가 시에 능하여 그 기세가 돌돌咄咄하고 과조지흥跨竈之興이 있어 당시 사람들이 부러워하였다.

《신당서新唐書》 예문지藝文志에 《숙향집叔向集》 7권이 실려 있으나 지금은 전하는 시가 매우 적고 모두가 흩어진 지 오래이다.

竇叔向:

叔向, 字遺直, 扶風, 平陵人也. 有卓絶之行, 登第於大曆初,遠振佳名, 爲文物冠冕. 詩法謹嚴, 又非常格. 名流才子, 多仰飇塵. 少與常袞同燈火, 及袞相, 引擢左拾遺, 內供奉, 及坐貶, 亦出爲溧水令. 卒. 贈工部尚書.

五子常·牟·羣·庠·鞏, 俱能詩, 咄咄有跨竈之譽, 當時羨之.
《藝文志》載《叔向集》七卷, 今存詩甚寡, 蓋零落久矣.

【扶風平陵】지금의 陝西省 西安市 서북쪽.
【卓絕】매우 뛰어남.《三國志》管寧傳에 "德行卓絕, 海內無偶"라 하였다.
【常袞】玄宗 때의 進士. 翰林學士·中書舍人·禮部侍郎·福建觀察使 등을 지냈다. 兩《唐書》에 傳이 있다.
【溧水】지금의 江蘇省 溧水縣.
【竇上】(105)·竇牟(106)·竇群(107)·竇庠(108)·竇鞏(109) 참조.
【咄咄】'놀랍거나 특출한 상태'를 말한다.《世說新語》참조.
【跨竈】말 앞발굽 빈 곳. 훌륭한 말은 뒷발굽 자국이 앞발굽 자국보다 앞에 그 흔적이 찍힐 정도로 달린다는 뜻. 비유하여 뒷사람이 앞사람보다 뛰어남을 말한다. 蘇軾의 〈答陳季常書〉에 "二子作詩騷殊勝, 咄咄有跨竈之興"이라 하였다.

참고 및 관련 자료

1. 두숙향(竇叔向)
《新唐書》(藝文志, 4)에《竇叔向集》7卷이 著錄되어 있으며 南宋 때《直齋書錄解題》(卷19)에는 1卷으로 실려 있다. 그런가 하면 같은 南宋 洪邁의《容齋四筆》(卷6)에는 "竇叔向詩, 略無一首存于今, 荊公《百家詩選》亦無之, 是可惜也"라 하였다. 그러나《全唐詩》(卷271)에 竇叔向 詩 9首가 실려 있으며《全唐詩外篇》에 1首가 補入되어 있고《唐詩紀事》(卷31)에 관련 기록이 있다.
2.《唐詩紀事》卷31
叔向, 字遺直, 京兆人. 代宗時, 常袞爲相. 用爲左拾遺內供奉, 乃貶, 亦出爲溧水令. 四子登第, 群以處士隱毗陵, 韋夏卿薦之朝, 德宗擢爲左拾遺, 代武元衡爲中丞, 薦呂溫·羊士諤爲御史. 李吉甫以二人躁險, 持不下. 群怨吉甫, 伺吉甫陰事, 幾爲憲宗所誅. 群與兄常·牟, 弟庠·鞏, 皆爲郞, 工詞章, 爲《聯珠集》, 行於時, 義取昆弟若五星然.

3.《全唐詩》卷271

竇叔向, 字遺直, 京兆人. 代宗時, 常袞爲相. 引爲左拾遺·內供奉, 袞貶, 出爲溧水令. 五子群·常·牟·庠·鞏, 皆工詞章. 有《聯珠集》, 行於時, 叔向工五言, 名冠時輩. 集七卷, 今存詩九首.

093(4-12)
강흡康洽

　　강흡康洽은 주천酒泉 사람으로 누런 수염이 더부룩한 미장부美丈夫였다. 성당盛唐 때에 그는 거문고와 칼 하나를 찬 채 장안長安에 이르러 권문세가의 집들을 방문, 그 기도氣度가 호상豪爽하였다. 그는 특히 악부시樂府詩에 뛰어나 궁녀나 이원梨園 사람들이 모두가 그의 성률聲律을 써서 불렀다. 현종玄宗조차 그의 이름을 알고 일찍이 그를 훌륭하다 탄상歎賞한 적이 있다.

　　그가 출입하는 곳은 모두 왕후귀주王侯貴主의 집들로 그들과 함께 놀이 다니고 잔치를 열어 그 귀족들의 준마駿馬나 창두蒼頭를 자기 소유처럼 타고 부렸다. 그의 복장과 수식의 광채를 보면 사람들은 자신의 것들은 다 태워 없애 버리고 싶은 마음을 일으키게 하였으니 그의 재주를 아끼고 또 다른 능력을 발휘함이 이와 같았다.

　　그 뒤, 그는 천보지란天寶之亂을 만나 강남江南 지역을 떠돌게 되었으며, 대력大曆 연간에는 이미 일흔이 넘어 용종龍鍾하고 노쇠한 모습으로 개원開元 시대의 화려하였던 자신을 날로 떠올리기만 하면, 끊임없이 눈물을 흘렸다.

　　그 뒤 그는 양경兩京에 왕래하면서 다시금 옛날 왕후들 집을 찾아다니며 얻어먹었으나 이미 공허한 '함양의 한 평민(咸陽一布衣)'에 불과할 따름이었다. 그러나 그 때에도 문사들은 그와 시를 논하며 사귀기를 원하였으니 이를테면 이단李端은 그를 만나자 그에게 이런 시를 주었다.

"이름은 항상 포조鮑照를 압도하였으나   聲名常壓鮑參軍
  벼슬은 겨우 양웅의 집극을 넘지 못하였네."   班位不過揚執戟

그리고 또 다른 시에는 이렇게 읊었다.

"같은 때에 글을 올려 모든 사람 물리쳤고   同時獻賦人皆盡
  한방에서 글 지어도 그대는 홀로 뛰어났었지."   共壁題詩君獨在

이렇게 그는 그의 신세를 안타까워하였다. 그는 뒤에 두릉杜陵 산 속에서
죽었으며 그의 문장은 전하는 게 없이 다 사라져 버렸다.

康洽:

洽, 酒泉人, 黃鬚美丈夫也. 盛時攜琴劒來長安, 謁當道,
氣度豪爽. 工樂府詩篇, 宮女梨園, 皆寫於聲律. 玄宗亦知名,
嘗歎美之.

所出入, 皆王侯貴主之宅, 從遊與讌, 雖駿馬蒼頭, 如其己有.
觀服玩之光, 令人歸欲燒物, 憐才乃能如是也. 後遭天寶亂離,
飄蓬江表.

至大曆間, 年已七十餘, 龍鍾衰老, 談及開元繁盛, 流涕
無從. 往來兩京故侯館穀, 空「咸陽一布衣」耳. 於時文士願與
論交, 李端逢之, 贈詩云:『聲名常壓鮑參軍, 班位不過揚
執戟.』

又云:『同時獻賦人皆盡, 其壁題詩君獨在.』

後卒杜陵山中, 文章不得見矣.

【酒泉】지금의 甘肅省 酒泉市.

【駿馬蒼頭, 如其己有】이는 戴叔倫의 〈贈康老人洽〉 詩에 "酒泉市衣舊才子, 少小知名帝城裏. 一篇飛入九重門, 樂府喧喧聞至尊, 宮中美人皆唱得, 七貴因之盡相識"의 내용과 같다.

【蒼頭】奴僕. 당시 노비들이 푸른 두건을 머리에 매었다.

【燒物】자신의 자랑거리가 남만 못함을 원통히 여겨 모두 태워버리고 싶은 마음 상태를 말한다. 《漢書》에 外戚傳에 "上官安以後父封樂侯. ……受賜殿中, 出對賓客言: '與我婿飮, 大樂. 見其服飾, 使人歸欲自燒物!'"이라 하였다.

【龍鍾】울퉁불퉁하고 우락부락한 모습을 나타내는 疊韻連綿語. 여기에서는 늙고 쇠한 모습을 말한다.

【館穀】'남의 집에 기거하면서 얻어먹다'라는 뜻. 《左傳》 僖公 28年에 "晉 師 三日館穀, 及癸酉而達"이라 하였다.

【李端】前出.

【李端詩】이는 《全唐詩》(卷284)에 실려 있으며 제목은 〈贈康洽〉이다. (참고)

【鮑參軍】鮑照를 말한다. 南朝 宋나라의 文學家. 樂府詩에 능하였으며 七言 歌行에 뛰어났다.

【揚雄】字는 子雲. 漢나라 때의 유명한 賦家이며 學者. 《漢書》에 傳이 실려 있다.

【執戟】揚雄이 黃門侍郎을 역임하였는데 당시 郎官들은 모두 창을 들고 있었기 때문에 뒷사람들은 郎官 정도의 벼슬을 '執戟'이라 하였다.

【杜陵】지금의 陝西省 西安市 동남쪽으로 漢 宣帝의 무덤이 있다.

참고 및 관련 자료

1. 강흡(康洽)
歷代 각 書目에도 그의 文集이 著錄된 곳이 없으며 그의 詩도 전하는 것이 전혀 없다.

2. 李端의 〈贈康洽〉(《全唐詩》 卷284)
『黃鬚康兄酒泉客, 平生出入王侯宅. 今朝醉臥又明朝, 忽憶故鄉頭已白. 流年恍惚瞻西日, 陳事蒼茫指南陌. 聲名恆壓鮑參軍, 班位不過揚執戟. 邇來七十遂無機, 空是咸陽一布衣. 後輩輕肥賤衰朽, 五侯門館許因依. 自言萬物有移改,始信桑田變成海. 同時獻賦人皆盡, 共壁題詩君獨在. 步出東城風景和, 青山萬眼少年多. 漢家尙壯今則老, 髮短心長知奈何. 華堂擧杯白日晩, 龍鍾相見誰能免. 君今已反我正來, 朱顏宜笑能幾回. 借問朦朧花樹下, 誰家畚揷築高臺.』

〈明皇幸蜀圖〉 부분 (唐) 臺北故宮博物館 소장

094(4-13)
이익李益

　이익李益의 자는 군우君虞이며 농서隴西 고장姑藏 사람이다. 대력大曆 4년에 제영齊映과 동방同榜으로 진사에 급제하여 정현위鄭縣尉를 조임調任받았다.

　그러나 같은 해에 급제한 친구들은 조금씩 현달하였지만 이익은 오랫동안 승진을 하지 못한 채, 울분을 품고 사직하고 연燕·조趙 지역을 유랑하였다. 그러자 유주절도사幽州節度使 유제劉濟가 그를 불러 막부의 종사從事로 삼아 주었고 얼마 지나지 않아 그는 빈녕邠寧 막부를 돕게 되었다.

　그는 풍류가 사조辭藻하여 같은 종족인 이하李賀와 서로 이름을 날렸으며, 매번 한 편의 시를 이룰 때마다 악공樂工들이 선물을 주고 이를 구해 아악雅樂에 실어 천자가 듣도록 연주해 올렸다. 그의 〈정인조행편征人早行篇〉과 같은 시는 천하 사람이 모두 그림으로 그릴 정도였다. 그는 20대에 세 번이나 책질策秩을 받았고 10년이나 종군을 하여 싸움에 전략을 세우고 승리를 거두는 면에 더욱 능력이 있었다. 그는 왕왕 말을 탄 채 글을 짓고 횡삭부시橫槊賦詩하여 그 때문에 억양抑揚, 격려激勵, 비리悲離의 작품이 많아 고적高適·잠삼岑參과 같은 시풍을 가지고 있었다. 헌종憲宗이 그의 훌륭한 명성을 듣고 그를 불러 비서소감秘書少監과 집현전학사集賢殿學士를 시켜 주었다. 그는 스스로 자신의 재능을 자부하며 선비 무리를 능력凌轢하여 그들은 더 이상 참을 수 없게 만들었다.

　그리하여 간관諫官이 그의 시

"서울의 누각은 쳐다보지 않으리!"　　　　　　不上望京樓

등의 구절을 들어 그가 임금을 원망하고 있다고 탄핵, 결국 강직降職되고
말았다. 그러나 그는 잠시 후 다시 복직되어 시어사侍御史를 제수받고 예부
상서禮部尙書까지 역임한 후, 사직하고 대화大和 초에 죽었다.

이익은 어려서부터 편벽된 병이 있어 시기 질투가 심하였으며 아내와
첩을 꼼짝하지 못하게 관속管束함이 지나치게 가혹하였다. 그래서 당시
사람들은 그를 두고 이렇게 말하였다.

"질투와 치벽痴僻의 상서 이익이로다妬痴尙書李十郞."

그런데 마침 당시 성명이 똑같은 또 다른 이익이 있었으며, 그는 태자
서자太子庶子의 벼슬을 하고 있었다. 사람들은 조정에서 두 사람 이름을
구별하지 못할까 하여 군우君虞를 '문장이익文章李益'으로, 태자서자를 '문호
이익門戶李益'으로 불렀다고 한다.

문집이 지금도 전한다.

李益:

益, 字君虞, 隴西, 姑臧人. 大曆四年, 齊映榜進士. 調鄭
縣尉. 同輩行稍進達, 益久不陞, 鬱鬱去, 遊燕·趙間. 幽州
節度劉濟, 辟爲從事, 未幾, 又佐邠寧幕府. 風流有辭藻, 與
宗人賀相埒. 每一篇就, 樂工賂求之, 被於雅樂, 供奉天子.
如〈征人早行〉篇, 天下皆施繪畫. 二十三受策秩, 從軍十年,
運籌決勝, 尤其所長. 往往鞍馬間爲文, 橫槊賦詩, 故多抑揚
激厲悲離之作, 高適·岑參之流也. 憲宗雅聞其名, 召爲秘書
少監·集賢殿學士. 自負其才, 自負其才, 凌轢士衆, 有不能堪.

諫官因暴其詩『不上望京橫』等句, 以爲涉怨望, 詔降職. 俄
復舊, 除侍御史, 遷禮部尙書.

致仕. 太和初卒. 益少有僻疾, 多猜忌, 防閑妻妾, 過爲苛酷, 有散灰扃戶之談, 時稱爲「妬癡尙書李十郞」. 有同姓名者, 爲太子庶子, 皆在朝, 人恐莫辨, 謂君虞爲「文章李益」, 庶子爲「門戶李益」云.

有集今傳.

【姑臧】지금의 甘肅省 武威縣.

【齊映】壯元及第 후 中書舍人 등을 역임하였으며 兩《唐書》에 傳이 실려 있다.

【鄭縣】지금의 陝西省 華縣.

【趙燕】春秋時代의 나라 이름. 지금의 河北 일대.

【劉濟】幽州 節度使인 劉怦의 아들로, 아버지를 이어 幽州帥가 되었다가 節度使에 올랐다. 兩《唐書》에 傳이 실려 있다.

【邠寧】唐나라 때의 方鎭. 지금의 陝西省 邠縣.

【李賀】本冊 卷5(115) 참조.

【運籌決勝, 尤其所長】李益 자신의 〈從軍詩幷序〉에 "君虞長始八歲, 燕戎亂華, 出身二十年, 三受末秩, 從軍十八載, 吾在兵間"이라 하였다.

【橫槊賦詩】曹氏 父子가 전쟁 중에도 긴 창을 옆으로 비끼며 글을 지었다 한다. 한편 元稹의 〈唐故工部員外郞杜君墓誌銘〉에 "曹氏父子鞍馬間爲文, 往往橫槊賦詩, 故其遒文壯節, 抑揚哀怨, 悲離之作, 尤極于古"라 하였다.

【不上望京樓】이 詩는 《全唐詩》(卷283)에 실려 있으며 제목은 〈獻劉濟〉이다. (참고)

참고 및 관련 자료

1. 이익(李益: 748~829)

字는 君虞. 李益의 文集에 대해서는 兩《唐書》에 기록이 없고 《郡齋讀書志》에 《李益詩》 1卷, 《直齋書錄解題》에는 《李益集》 2卷이 著錄되어 있다. 그리고 南宋 尤袤의 《遂初堂書目》에는 《李君虞集》이 보인다. 그의 詩는 《全唐詩》에

2卷(282·283), 그리고《全唐詩續拾》에 詩 1首가 補入되어 있다.《唐詩紀事》(卷30)에 관련 기록이 실려 있다.

2.《舊唐書》卷137 참조.

3.《新唐書》卷203 참조.

4.《唐詩紀事》卷30

○ 益, 姑臧人, 字君虞. 大曆四年登第. 其〈受降城聞笛〉詩, 敎坊樂人取爲聲樂度曲. 又有寫〈征人歌〉·〈早行〉詩爲圖畵者, 迴樂烽前沙似雪之詩是也. 益有心疾, 不見用. 及爲幽州劉濟營田副使, 獻詩有『感恩知有地, 不上望京樓』之句, 左遷右庶子. 年且老, 門人趙宗儒自宰相罷免, 年七十餘. 益曰:「此吾爲東府所送進士也.」聞者憐益之困. 後遷禮部尙書, 致仕卒.

○ 益錄其從軍詩贈左補闕盧景亮, 自序云:「從事十八載, 五在兵間, 故爲文多軍旅之思. 或因軍中酒酣, 或時塞上兵寢, 投劍秉筆, 散懷於斯, 文率皆出乎慷慨意氣. 武毅獷厲, 本其涼國, 則世將之後, 乃西州之遺民歟?」亦其坎軻當世發憤之所致也. (其詩皆建中·貞元間作.)

○ 大曆十才子,《唐書》不見人數. 盧綸·錢起·郎士元·司空曙·李端·李益·苗發·皇甫曾·耿湋·李嘉祐. 又云: 吉頊·夏侯審亦是. 或云錢起·盧綸·司空曙·皇甫曾·李嘉祐·吉中孚·苗發·郎士元·李益·耿湋·李端.

二李皆出於姑臧, 庶子爲文章李益, 尙書爲門戶李益. 一日赴嘉會, 上書曰:「今日兩箇坐頭, 皆是李益.」

5.《全唐詩》卷282

李益, 字君虞, 姑臧人. 大曆四年登進士第, 授鄭縣尉, 久不調. 益不得意, 北遊河朔, 幽州劉濟辟爲從事. 嘗與濟詩, 有怨望語. 憲宗時, 召爲祕書少監·集賢殿學士, 自負才地, 多所凌忽, 爲衆不容. 諫官擧其幽州詩句, 降居散秩, 俄復用爲祕書監, 遷太子賓客·集賢學士. 判院事, 轉右散騎常侍. 太和初, 以禮部尙書致仕卒, 益長於歌詩. 貞元末, 與宗人李賀齊名, 每作一篇, 敎坊樂人以賂求取, 唱爲供奉歌辭. 其〈征人歌〉·〈早行〉篇, 好事畵爲屛障. 集一卷, 今編詩二卷.

6.〈獻劉濟〉(《全唐詩》卷283)

『草綠古燕州, 鶯聲引獨遊. 雁歸天北畔, 春盡海西頭. 向日花偏落, 馳年水自流. 感恩知有地, 不上望京樓.』

095(4-14)

냉조양冷朝陽

냉조양冷朝陽은 금릉金陵 사람으로 대력大曆 4년에 제영齊映과 동방同榜으로 진사에 급제하였다. 그러나 그는 벼슬을 받기도 전에 돌아가 부모를 뵈어야겠다고 하였다.

그러자 장원壯元 이하 당시의 명인, 사대부 및 시인들 즉, 이가우李嘉祐·이단李端·한굉韓翃·전기錢起 등이 크게 잔치를 열어 부시賦詩를 지어 전별식을 해주었다.

일개 포의布衣로서 그 재명才名이 이와 같아 사람들은 모두 부러워하였다. 냉조양은 시가 뛰어났으나 대력의 여러 재자들에 비하여 그 법도法度가 약간 뒤쳐진다. 그러나 자운字韻은 청월淸越하여 조금도 손색이 없다.

그의 문집이 세상에 전하고 있다.

冷朝陽:

朝陽, 金陵人. 大曆四年, 齊映榜進士及第. 不待調官, 言歸省覲. 自狀元以下, 一時名士大夫及詩人李嘉祐·李端·韓翃·錢起等, 大會, 賦詩攀餞. 以一布衣, 才名如此, 人皆羨之.

朝陽工詩, 在大曆諸才子, 法度稍弱, 字韻淸越不減也.

有集傳世.

【金陵】 지금의 江蘇省 南京市. 당시에는 江寧·上元 등으로도 불리었다.

【齊映】 당시에 壯元한 人物.

【李嘉祐】 卷3(057) 참조. 〈送冷朝陽及第東歸江寧〉 詩가 있다.

【李端】 卷4(091) 참조.

【韓翃】 卷4(084) 참조. 〈送冷朝陽還上元〉 詩가 전하고 있다.

【錢起】 卷4(086) 참조. 〈送冷朝陽擢第後歸金陵覲省〉 詩가 있다.

참고 및 관련 자료

1. 냉조양(冷朝陽)

冷朝陽의 文集은 宋代 이래 여러 書目에 보이지 않으며 元代에 이미 亡失된 것으로 보인다. 《全唐詩》 卷305에 그의 詩 12首가 실려 있으며 《全唐詩外編》에 詩 1首가 補入되어 있다. 《唐詩紀事》(卷30)에 관련 기록이 실려 있다.

2. 《唐詩紀事》 卷30

朝陽, 登大曆進士第, 爲薛嵩幕府.

3. 《全唐詩》 卷305

冷朝陽, 金陵人. 登大曆進士第, 爲薛嵩從事. 詩十一首.

096(4-15)
장팔원章八元

장팔원章八元은 목주睦州 동려桐廬 사람이다. 어렸을 적에 시 짓기를 좋아하여 어느 날 우정郵亭에 우연히 시 몇 구절을 적어 붙였다. 모두가 격초激楚한 내용이었다. 그런데 시의 대가인 엄유嚴維가 순시 중에 그 역驛에 와서 그 시를 보고 기이하게 여겨 장팔원을 찾아 물었다.

"너는 내가 시의 격格을 가르쳐줄 테니 따라 배우겠느냐?"

그러자 장팔원은 기뻐하였다.

"평소부터 원하던 바이옵니다."

이리하여 잠시 후, 결국 그를 따라 떠나게 되었다. 그는 이미 부모를 사별한 뒤였다. 엄유는 그를 큰 그릇이 될 인물로 여겨 몸소 손가락으로 짚어 가며 그를 가르쳤고 몇 년이 흐른 후, 그는 시부에 정밀하고 절묘한 단계에 이르게 되었다.

대력大曆 6년, 그는 왕서王澥와 동방同榜으로 진사에 3등으로 급제하였다. 그러나 서울에 온 지 오래되어 기물이고 돈이고 모두 바닥이 나서 할 수 없이 강남江南으로 돌아가 소주蘇州 위응물韋應物을 찾아갔다. 위응물은 그에게 많은 노자를 주었다.

그는 다시 서울로 돌아와 제과制科에 응시하여 정원貞元 연간에 구용 주부句容主簿를 조임받았으나 봉록이 너무 박하다 하여 사직하고 고향으로 돌아가 버렸다.

雲崗石窟 벽화와 石佛像(山西 大同, 北魏)

당시 청강상인清江上人이란 승려가 있어 시를 매우 잘 하였다. 그는 이 장팔원과는 형제 사이처럼 친하게 지냈다.

처음 장안長安 자은사慈恩寺의 부도浮圖에 과거 명류名流 시인들의 시가 아주 많이 붙여져 있었다. 물론 장팔원의 시도 있었다. 그 시는 이러하였다.

"처음 새가 평지에서 날아오르는 것을 괴이타 여겼더니   卻怪鳥飛平地上
스스로 사람 말소리 하는 높이 시끄러움 때문이었네."   自驚人語半天中

그런데 뒤에 미지微之 원진元稹과 낙천樂天 백거이白居易가 그 탑 아래 이르러 둘러보고 나서 다른 것은 모두 떼어버리고, 오직 장팔원의 시판詩版만 그대로 두고는 오랫동안 이를 읊고 새겨 보더니 이렇게 말하는 것이었다.

"훌륭한 이름 아래 헛된 선비는 없군!"

장팔원 시의 경책警策이 이와 같았던 것이다.

시집이 세상에 전하기는 하나 1권만 남아 있다.

章八元:

八元, 睦州, 桐廬人. 少喜爲詩, 嘗於郵亭偶題數語, 蓋激楚之音也. 宗匠嚴維到驛, 見而異之.

問八元曰:「爾能從我授格乎?」

曰:「素所願也.」

少頃遂發, 八元已辭親矣. 維大器之, 親爲指諭, 數歲間, 詩賦精絶.

大曆六年, 王溆榜第三人進士. 居京旣久, 牀頭金盡, 歸江南, 訪韋蘇州, 待贈甚厚. 復來都應制科.

貞元中, 調句容主簿, 況薄辭歸. 時有淸江上人, 善詩, 與八元爲兄弟之好. 初, 長安慈恩寺浮圖, 前後名流詩版甚多, 八元亦題, 有云:『卻怪鳥飛平地上, 自驚人語半天中.』

後元微之·白樂天至塔下遍覽, 因悉除去, 惟存八元版在, 吟詠久之, 曰:「名下無虛士也.」

其警策稱是.

有詩集, 傳於世, 一卷.

【桐廬】지금의 浙江省 桐廬縣.
【郵亭】驛館. 公文이나 서신을 전달하는 使者들이 유숙하는 館舍.
【嚴維】卷3(071) 참조.
【韋應物】본책 卷4(102) 참조.
【句容】지금의 江蘇省 句容縣.
【淸江上人】詩僧. 會稽 사람으로 어렸을 때에 出家하여 皎然과 이름을 나란히 하였으며 《宋高僧傳》에 傳이 실려 있고 《全唐詩》에 詩 1卷이 실려 있다.
【慈恩寺】唐나라의 首都 長安에 있는 절.

【卻怪鳥飛平地上】이 詩는《全唐詩》(卷282)에 실려 있으며 제목은 〈題慈恩
寺塔〉이다. (참고)
【元稹】卷6(144) 참조.
【白居易】卷6(143) 참조.

참고 및 관련 자료

1. 장팔원(章八元)
《新唐書》(藝文志)에《章八元詩》1卷이 著錄되어 있고《全唐詩》(卷281)에
詩 6首가 실려 있으며《唐詩紀事》(卷26)에 관련 기록이 실려 있다.

2.《唐詩紀事》卷26
○ 八元, 睦州人. 登大曆進士第.
○〈題慈恩塔〉云:「十層突兀在虛空, 四十門開面面風. 却怪鳥飛平地上, 自驚
人語半天中. 迴梯暗踏如穿洞, 絶頂初攀似出籠. 落日鳳城佳氣合, 滿城春樹雨
濛濛.」 或云:「元·白見其詩云:『不請嚴維出此弟子!』」
○ 高仲武云: 八元嘗於郵亭偶題數句, 蓋激楚之音也. 會稽嚴維到驛, 問八元曰:
「爾能從我學詩乎?」曰:「能.」 少頃遂發. 八元已辭家. 維大異之, 遂親指喩,
數年詞賦擢第. 至如『雪晴山脊見, 沙淺浪痕交』, 得山水狀貌也.

3.《全唐詩》卷281
章八元, 睦州桐廬人. 登大曆六年進士第. 貞元中, 調句容主簿卒, 詩一卷. 今存
六首.

4.〈題慈恩寺塔〉(《全唐詩》卷281·《唐詩紀事》卷26, 관련 기록은 참고 2를
볼 것.)
『十層突兀在虛空, 四十門開面面風. 卻怪鳥飛平地上, 自驚人語半天中. 迴梯
暗踏如穿洞, 絶頂初攀似出籠. 落日鳳城佳氣合, 滿城春樹雨濛濛.』

097(4-16)
창당暢當

附: 정상鄭常

창당暢當은 하동河東 사람으로 대력大曆 7년, 장식張式과 동방同榜으로 과거에 급제하였다. 창당은 어린 시절 병법을 깊이 알았고 스스로도 전란의 시대를 살았으며 스스로 말을 타고 활을 쏘는 연습을 하였다. 그가 모래 판을 그려 군대의 포진布陣을 짜는 것을 보고는 사람들은 탄복해 마지 않았다. 당시 산동山東에는 아직도 반군叛軍이 있었고, 그는 벼슬 집안의 자제라는 신분으로 소집되어 참군參軍하였다.

정원貞元 초에 그는 태상박사太常博士가 되었고 과주자사果州刺史로 벼슬을 마치게 되었다. 그는 사마司馬 이단李端·낭중郎中 사공서司空曙와는 교칠지계 膠漆之契였으며 여러 번 숭산嵩山·화산華山을 왕래, 세상 밖의 사상에 귀의할 마음을 먹었으며 자못 선도禪道에 심취하기도 하였다. 그 까닭으로 송계 지흥松桂之興이 많고, 불사지지不死之志를 깊이 간직하기도 하였다. 시인으로 서의 명성도 매우 높아 그 흩날림이 구름을 넘지를 정도였다. 시집 2권이 있어 세상에 전한다.

한편 그와 동시대 인물로 정상鄭常이라는 자가 있어 역시 시로써 세상을 울었으며 시집 1권이 지금도 전하고 있다.

◎ 내 일찍이 건안建安 초의 진림陳琳·완우阮瑀 등 몇 사람을 보건대 전쟁에 나가 서기書記의 임무를 관장하면서 얻은 경기經奇함과 영기英氣함이 사람을 핍진하게 함을 느꼈다. 태평한 시대라면 글과 먹으로 세의책론

世議策論을 쓰고 말지만 다급한 전쟁 시기라면 활통과 칼집을 짊어지고 말안장에 각축전을 벌이면서, 병서兵書를 마주 대조해 보고 방패 손잡이에 격문을 초안하며, 산 속 돌에다 그 공적을 새겨 넣게 될 것이니, 옛날의 문인이란 바로 이렇게 뇌뢰낙락磊磊落落한 방통지사方通之士였던 것이다. 그러니 어찌 답답한 마음에 창문 아래에 묻혀 무릎을 껴안고 신음하면서 "세상이 나를 받아주지 않는구나! 사람들이 나를 알아주지 않는구나!"라고 하는 이와 비교가 되겠는가!

대도大道란 막힘이 없는 것이니 사람이 스스로 늙은이가 되어 가고 있을 따름이다. 당唐나라 시대에는 이처럼 특달特達한 이들이 심히 많아 그 광열光烈함이 멀리까지 비치니 개연히 이를 통해 흥회興懷를 느끼지 않을 수가 없는 것이다.

暢當: 附, 鄭常

當, 河東人. 大歷七年, 張式榜及第. 當少諳武事, 生亂離間, 盤馬彎弓, 搏沙寫陳, 人曾伏之. 時山東有寇, 以子弟被召參軍. 貞元初, 爲太常博士, 仕終果州刺史. 與李司馬·司空郎中有 膠漆之契. 多往來嵩·華間, 結念方外, 頗參禪道, 故多松桂 之興, 深存不死之志. 詞名藉甚, 表表凌雲.

有詩二卷, 傳於世.

同時有鄭常, 亦鳴詩. 集一卷, 今行.

◎ 嘗觀建安初, 陳琳·阮瑀數子, 從戎管書記之任, 所得 經奇, 英氣逼人也. 承平則文墨議論, 警急則橐鞬矢石; 金羈 角逐, 珠符相照; 草檄於盾鼻, 勒銘於山頭; 此磊磊落落, 通方 之士, 皆古書生也. 容有鬱志窗下, 抱膝呻吟, 而曰「時不我與」,

「人不我知」邪? 大道無窒, 徒自爲老夫耳. 唐間, 如此特達甚多, 光烈垂遠, 慨然不能不以之興懷也.

【張式】 당시에 壯元한 인물.
【果州】 지금의 四川省 南充市.
【松桂之興】 山中生活·隱居生活을 뜻한다. 盧倫의 〈送暢當還舊山〉 詩에 "山中 松桂花齊發, 頭白屬君如等閑"이라 하였다.
【鄭常】 代宗·德宗 연간의 人物로 淮西留后 吳少誠의 거역 명령에 걸려 피살 되었다. 《新唐書》(藝文志)에 《鄭常詩》 1卷이 저록되어 있으며 《全唐書》에 그의 詩 3首가 실려 있다.
【陳琳】 建安七子 가운데 한 사람.
【阮瑀】 역시 建安七子. 《典論》 論文에 "琳瑀之章表書記, 今之雋也"라 하였다.

참고 및 관련 자료

1. 창당(暢當)
暢當의 文集은 《新唐書》(藝文志)에 《暢當詩》 2卷, 그리고 《宋史》 藝文志에는 1卷이라 하였다. 《全唐詩》(卷287)에 詩 1卷이 실려 있으나 모두 17首밖에 되지 않으며 그 중에도 다른 사람의 詩가 섞여 있다. 《全唐詩續拾》에 詩 1首가 補入되어 있으며 《唐詩紀事》(卷27)에 관련 기록이 실려 있다.

2.《新唐書》 卷200 참조.

3.《唐詩紀事》 卷27
○ 當, 河東人. 貞元初爲太常博士, 後以果州刺史卒. 與弟諸, 皆有詩名.
○ 當詩平淡多佳句, 如〈釣渚亭〉云:『花發多遠意, 鳧鴈有閒情. 遲暉耿不暮, 平江寂無聲.』〈天柱隱所〉云:『荒徑饒松子, 深蘿絶鳥聲. 陽崖全帶日, 寬嶂偶通耕.』〈山居〉云:『水定鶴翻去, 松敧峯儼如』. 又『寒林苞晚橘, 風絮露垂楊. 湖畔聞漁唱, 天邊數鴈行』, 皆有遠意.

4.《全唐詩》 卷287
暢當, 河東人. 初以子弟被召從軍, 後登大曆七年進士第. 貞元初, 爲太常博士. 終果州刺史, 與弟諸皆有詩名. 詩一卷.

098(4-17)
왕계우王季友

　　왕계우王季友는 하남河南 사람으로 책 만 권萬卷을 암송하여 무엇이건 논할 때면 반드시 경經을 끌어들였다.

　　집이 가난하여 신발 장사를 하였으나 호사가好事家들은 스스로 술을 들고 그의 집에 몰려와 마시곤 하였다. 그의 아내는 유씨柳氏였다. 남편이 가난하고 누추한 모습을 싫어하여, 그를 포기하고 말았다. 이에 왕계우는 풍성鄷城을 유랑하다가 마침 홍주자사洪州刺史 이면李勉이 그를 한 번 보고는 반해서 그를 막부幕府 일을 도와 달라고 끌어들였다.

　　왕계우는 시에 뛰어났고, 성품은 뇌락磊落하여 구속됨이 없었다. 그리고 기이한 것을 좋아하고 모험심도 많아, 보통 사람의 생각을 멀리 뛰어넘었다. 그러나 나이 늙도록 헐벗은 옷에 사림士林을 기구하게 떠돌았으니 그 가난이 안타깝지 않겠는가!

　　그는 일찍이 이런 시를 읊었다.

　　"산 속에 사니 누가 나와 친밀하리오　　　　　山中誰余密
　　백발이 날로 서로 친해오도다　　　　　　　　白髮日相親
　　그 흔한 참새도 쥐도 밤이나 낮이나 안보이니　雀鼠晝夜無
　　내 부엌과 창고에 아무 것도 없는 줄 알기 때문이지." 知我廚廩貧

　　그리고 또 다른 시에는 이렇게 노래하였다.

"스스로 밭 갈고 수확하여 먹는 것을 하늘로 여기며　　自耕自刈食爲天
사슴처럼 들 속의 샘물을 마시도다　　　　　　　　如鹿如麋飮野泉
역시 세상에 공경이 귀한 줄은 알지만　　　　　　亦知世上公卿貴
나는 장차 산 속의 초목과 더불어 길이 살리라.　　且養丘中草木年

　그의 산수山水에 대한 독실한 뜻을 보건대, 가히 성정이 고원하고 풍류가
소방疏放하여 그 한일閑逸한 정취가 구름 밖에 있다 할 것이다.
　문집이 있어 세상에 전하고 있다.

　　王季友:

　季友, 河南人也. 誦書萬卷, 論必引經. 家貧賣屨, 好事者多
攜酒就之. 其妻柳氏, 疾季友窮醜, 遣去, 來客酆城. 洪州刺史
李公, 一見傾敬, 卽引佐幕府. 工詩, 性磊落不羈, 愛奇務險,
遠出常情之外. 白首短褐, 崎嶇士林, 傷哉貧也!

　嘗有詩云:『山中誰余密? 白髮日相親. 雀鼠晝夜無, 知我
廚廩貧.』

　又:『自耕自刈食爲天, 如鹿如麋飮野泉. 亦知世上公卿貴,
且養邱中草木年.』

　觀其篤志山水, 可謂遠性風疏, 逸情雲上矣.

　有集, 傳於世.

【河南】唐 玄宗 때 洛州를 河南府로 고쳤으며 府治는 지금의 河南省 洛陽市
였다.
【酆城】지금의 江蘇省 丰城市.
【李勉】唐나라의 宗室로 京兆尹·廣州都督·洪州刺史·宰相 등을 지냈으며
汧國公에 봉해졌다. 兩《唐書》에 傳이 있다.

【磊落】 '滄浪함, 시원함'을 말한다. 雙聲連綿語. 다른 本에는 '磊浪'으로 되어 있다.

【遠出常情之外】 이 표현은 《河岳英靈集》(卷上)의 기록에 따른 것이다.

【山中誰余密】 이 詩는 《全唐詩》(卷259)에 실려 있으며 《河岳英靈集》에는 제목이 〈山中贈十四秘書兄〉으로, 《唐詩紀事》에는 〈寄韋子春〉으로 되어 있다. (참고)

【自耕自刈食爲天】 이 詩는 《河岳英靈集》에 〈酬李十六岐〉로 되어 있고 《全唐詩》(卷259)에도 실려 있다. (참고)

참고 및 관련 자료

1. 왕계우(王季友)

《直齋書錄解題》(卷19)에 《王季友集》 1卷, 《宋史》(藝文志)에 《王季友詩》 1卷이 著錄되어 있다. 《全唐詩》(卷259)에 詩 13首, 그리고 卷780·883에도 실려 있으며 그 중 3首는 이름이 같은 다른 사람의 詩가 잘못 실린 것이다. 《唐詩紀事》(卷26)에 관련 기록이 실려 있다.

2. 《唐詩紀事》 卷26

季友, 肅·代間詩人也. 錢考功起有〈贈季友赴洪州幕下〉詩云: 『列郡皆用武, 南征所從誰? 諸侯重才略, 見子如瓊枝.』 乃知季友曾遊江西之幕.

3. 《全唐詩》 卷259

王季友, 河南人. 家貧賣履, 博極羣書. 豫章太守李勉引爲賓客, 甚敬之. 杜甫 詩所謂 『豐城客子王季友』也. 詩十一首.

4. 〈寄韋子春〉 (《全唐詩》 卷259, 《唐詩紀事》 卷26은 일부이다.)

『出山秋雲曙, 山木已再春. 食我山中藥, 不憶山中人. 山中誰余密, 白髮日相親. 雀鼠晝夜無, 知我廚廩貧. 依依北舍松, 不厭吾南鄰. 有情盡棄捐, 土石爲同身. 天子質千尋, 天澤枝葉新. 余以不材壽, 非智免斧斤.』

5. 〈酬李十六岐〉 (《全唐詩》 卷259)

『鍊丹文武火未成, 賣藥販履俱逃名. 出谷迷行洛陽道, 乘流醉臥滑臺城. 城下 故人久離怨, 一歡適我兩家願. 朝飲杖懸沽酒錢, 暮餐囊有松花飯. 于何車馬日 憧憧, 李膺門館爭登龍. 千賓揖對若流水, 五經發難如叩鐘. 下筆新詩行滿壁, 立談古人坐在席. 問我草堂有臥雲, 知我山儲無儋石. 自耕自刈食爲天, 如鹿如 麇飲野泉. 亦知世上公卿貴, 且養丘中草木年.』

448 당재자전

099(4-18)
장위張謂

장위張謂는 자가 정언正言이며 하내河內 사람이다. 어려서 숭산嵩山에서 독서하여 맑은 재주가 아주 우뚝하였다. 그는 두루 공부하고 널리 살피되 권세에는 전혀 굴함이 없었으며, 스스로가 기골奇骨이라 긍지를 갖고 뒤에 틀림없이 봉후封侯조차도 자신과 웃으며 얘기를 나눌 동등한 상대가 될 것이라고 말하였다.

24세에 부름을 받아 군영軍營에서 무려 10년을 보내면서 변방 요새에서 조금씩 공훈을 세우게 되었다. 그러나 자신이 모시고 있던 장군將軍이 죄를 짓자 그도 연루되어 계문薊門으로 쫓겨났으며 마침 자신의 무고함을 씻어주는 자가 있어 풀려났다.

그는 계속해서 예부시랑禮部侍郎에까지 오르게 되었으며 얼마 지나지 않아 담주자사潭州刺史로 부임하였다. 그의 성품은 술을 좋아하고 간담簡淡하였으며, 자연에 빠지는 것을 즐거움으로 삼았다. 시에 뛰어났으며 격도格度가 엄밀하고 어치語致가 정심精深하며 격절지음擊節之音이 많다.

지금 그의 문집이 세상에 전하고 있다.

張謂:

謂, 字正言, 河內人也. 少讀書嵩山, 淸才拔萃, 汎覽流觀,

不屈於權勢. 自矜奇骨, 必談笑封侯. 二十四受辟, 從戎營朔
十載, 亭障間稍立功勳. 以將軍得罪, 流滯薊門, 有以非辜雪
之者. 累官爲禮部侍郎.

　　無幾何, 出爲潭州刺史. 性嗜酒, 簡淡, 樂意湖山. 工詩, 格度
嚴密, 語致精深, 多擊節之音.

　　今有集, 傳於世.

【河內】 지금의 河南省 沁陽縣.
【嵩山】 中國 五嶽 가운데 하나로 中嶽에 해당한다. 지금의 河南省 登封縣에
　　있으며 꼭대기에 太室山·峻極山·少室山의 세 봉우리가 유명하다.
【將軍】 여기에서는 幽州刺史인 趙含章을 가리킨다. 《舊唐書》 玄宗紀 및
　　《資治通鑑》 開元 20年 참조.
【潭州】 州治는 長沙. 지금의 湖南省 長沙市.
【擊節】 손뼉을 치며 그 음절에 맞출 만한 훌륭한 작품.

　　참고 및 관련 자료

1. 장위(張謂)
字는 正言이다. 그의 文集은 唐宋 이래 여러 書目에 보이지 않으며 《全唐詩》
(卷197)에 詩 1卷, 그리고 《全唐詩外編》 및 《全唐詩續拾》에 斷句 2句가
補入되어 있다. 《唐詩紀事》(卷25) 및 《全唐文》(卷412)에 관련 기록이 실려
있다.
2. 《唐詩紀事》 卷25
○ 謂, 大曆間爲禮部侍郎, 典七年·八年·九年貢擧.
○ 乾元中, 謂以尙書郎出使夏口, 沔州牧杜公觴于江城之南湖. 謂命李白標之
嘉名, 白目爲郎官湖云.
○ 謂, 登天寶二年進士第. 奉使長沙, 嘗作〈長沙風土記〉云:「巨唐八葉, 元聖
六載, 正言待罪湘東.」

○ 殷璠云: 謂〈代北州老翁答〉及〈湖中對酒行〉, 並在物情之外, 衆人未曾說耳; 亦何必歷遐遠, 探古跡, 然後始爲冥搜.

3.《全唐詩》卷197

張謂, 字正言, 河南人. 天寶二年登進士第. 乾元中, 爲尙書郎. 大曆間, 官至禮部侍郎‧三典貢舉. 詩一卷.

100(4-19)
우곡于鵠

　　우곡于鵠은 처음 한양漢陽에 산을 사서 고고하게 은거하여 나이 서른이
되도록 오히려 이름이 알려지지 않았다.

　　대력大曆 연간에 그는 일찍이 추천에 의해 여러 부府의 종사從事를 하며,
변새邊塞 지역을 드나들고 풍사風沙 지역을 돌아다녔다. 그의 시는 대단히
뛰어나서 길고 짧은 것들이 때때로 사람들이 생각해 낼 수 있는 그 밖의
것들이 있고 종횡으로 방일放逸하되 소원疏遠함에 빠지지 않았다. 또 경책
警策의 내용들이 많다고 한다.

　　시집 1권이 있어 지금도 전한다.

　　于鵠:

　　鵠, 初買山於漢陽高隱, 三十猶未成名. 大曆中, 嘗應薦歷
諸府從事. 出塞入塞, 馳逐風沙, 有詩甚工. 長短間作, 時出
度外, 縱橫放逸, 而不陷於疏遠, 且多警策云.

　　集一卷, 今傳.

【漢陽】 지금의 湖北省 武漢市.

【買山】《世說新語》排調篇에 "支道林因人就深公買印山. 深公答曰:'未聞巢
由買山而隱.'"이라 하였다. 뒤에 買山은 隱居를 뜻하는 말로 쓰였다. 李白의
〈北山獨酌寄韋六〉의 詩에 "巢父將許由, 未聞買山隱"이라 하였다. 于鵠의
〈買山吟〉은 《全唐詩》(卷310)에 실려 있다. (참고)

【三十猶未成名】 于鵠 자신의 〈山中自述〉 詩에 "三十無名客, 空山獨臥秋"라
하였다.

参고 및 관련 자료

1. 우곡(于鵠)

《新唐書》(藝文志)에 《于鵠詩》 1卷, 그리고 《直齋書錄解題》(卷19)에도 역시
그의 詩集 1卷이 著錄되어 있다. 《唐詩紀事》(卷29)에 관련 기록이 실려
있으며 《全唐詩》(卷310)에 그의 詩 1卷이 실려 있고 《全唐詩外編》에 詩
2聯이 補入되어 있다.

2. 《唐詩紀事》 卷29

鵠, 大曆·貞元間詩人也. 爲諸府從事, 居江湖間. 有〈卜居漢陽及荊南陪樊尙書
賞花〉詩, 其〈自述〉曰:『三十無名客, 空山獨臥秋』, 豈以詩窮者耶!

3. 《全唐詩》 卷310

于鵠, 大曆·貞元間詩人也. 隱居漢陽, 嘗爲諸府從事. 詩一卷.

4. 〈買山吟〉(《全唐詩》 卷310, 《唐詩紀事》 卷29도 같다.)

『買得幽山入漢陽, 槿籬疏處種桃榔. 唯有獼猴來往熟, 弄人拋果滿書堂.』

101(4-20)
왕건王建

附: 왕수징王守澄

왕건王建은 자는 중초仲初이며 영천潁川 사람으로 대력大曆 10년에 정택丁澤과 동방同榜으로 2등 급제를 하였다.

석갈釋褐하여 위남위渭南尉를 제수받고 소응현승昭應縣丞을 조임받았다. 특히 부서마다 그를 추천하여 태부시승太府侍丞·비서승祕書丞·시어사侍御使 등을 역임하였고 대화大和 연간에는 섬주사마陝州司馬로 부임하였다.

그는 변방 지역을 종군從軍하면서 활과 칼을 몸에서 벗을 수가 없었으며, 몇 년 후 귀향하여 함양咸陽 근처에 집을 정해 살게 되었다.

처음, 그는 이부吏部 한유韓愈의 문장門墻에 들어가 망년지교忘年之交를 맺었으며, 장적張籍과는 절친한 사이로 창답唱答한 글이 특히 많다.

그는 악부시樂府詩의 가행歌行에 뛰어나 그 격조가 유심幽深하고 생각이 원대하였다.

장적·왕건 두 사람의 악부시는 모두 당시 시단의 기류를 변화시켰다. 왕건은 술을 좋아하였으며 방랑하여 구속됨이 없었고 그의 〈궁사宮詞〉는 그 절묘함이 옛사람의 경지를 뛰어넘고 있었다.

당초 그는 추밀사樞密使 왕수징王守澄과는 같은 족인族人의 신분이었다. 그 때문에 왕수징이 그를 아우로 불렀다.

왕건은 왕수징과 주고받는 대화 속에서 금액禁掖의 일, 즉 궁궐 내의 비밀스러운 사건을 많이 알게 되었고 이를 바탕으로 〈궁사〉 1백 편을 짓게 되었다. 뒤에 두 사람이 만나 술을 마시면서 서로 궁궐의 일을 이야깃

거리로 기학譏謔하자 왕수징이 이에 대해 심히 의심을 품고 이렇게 물었다.

"동생이 지은 〈궁사〉는 궁궐이라는 데가 그렇게 깊고 비밀스러운 곳인데 어떻게 자세히 아는가? 이를 밝혀 마땅히 임금께 보고하리라!"

놀란 왕건은 시를 지어 왕수징에게 사과하였다. 그 마지막 구절은 이러하였다.

"동성인 그대께서 친히 말해주지 아니하였다면　　　不是同姓親向說
　어찌 구중궁궐의 일을 바깥사람이 알리오!"　　　九重爭得外人知

이 구절을 본 왕수징은 결국 자신도 그에 연루될 것이 두려워 그만 묻어두기로 하였다.

왕건은 재주가 풍부하여 작품마다 훌륭하였다. 이는 아마도 힘든 세상길을 헤쳐 오며 달고 쓴 맛을 다 보았기 때문일 것이다. 그는 〈자상自傷〉 시에서 이렇게 읊고 있다.

"별 볼일 없는 가문에 태어난 사람 세상에 얼마나 많은가　衰門海內幾多人
　눈에 가득 보이나니 공경대부로되 가까운 이 하나 없네　滿眼公卿終不親
　네 번이나 관직을 제수받았건만 자격은 칠품에 그쳐　四授官資元七品
　집안의 혼사에도 오히려 단신인 듯　再經婚娶尙單身
　책들도 자주 옮기느라 모두 어디로 사라졌고　圖書亦爲頻移盡
　형제들은 아직도 끝없는 가난에 이리저리 흩어졌네.　兄弟還因數散貧
　홀로 집안에 있어도 항상 나그네 같아　獨自在家常似客
　황혼녘 봄이 오는 들판을 보고 하염없이 눈물짓네."　黃昏哭向野田春

그 밖에 그는 정수征戍에 관한 시, 천적遷謫에 관한 시, 그리고 이별, 유거幽居, 관직에 관한 것들이 있으며, 한결같이 신사神思를 감동시킬 만한 것으로서 사람들이 말하고 싶어도 말로 표현할 수 없는 경지의 작품들이다.

문집 10권이 있어 지금도 세상에 전하고 있다.

王建: 附, 王守澄

建, 字仲初, 潁川人. 大曆十年, 丁澤榜第二人及第. 釋褐
授渭南尉, 調昭應縣丞. 諸司歷薦, 遷太府寺丞·祕書丞·
侍御史. 太和中, 出爲陝州司馬. 從軍塞上, 弓劍不離身. 數年
後歸, 卜居咸陽原上. 初, 遊韓吏部門牆, 爲忘年之友. 與張
籍契厚, 唱答尤多. 工爲樂府歌行, 格幽思遠. 二公之體, 同變
時流. 建性耽酒, 放浪無拘.

〈宮詞〉特妙前古. 建初與樞密使王守澄, 有宗人之分, 守澄
以弟呼之. 談間故多知禁掖事, 作〈宮詞〉百篇. 後因過燕飮,
以相譏謔, 守澄深銜之, 忽曰:「吾弟所作〈宮詞〉, 內庭深邃,
何由知之? 明當奏上」

建作詩以謝, 末句云:『不是姓同親向說, 九重爭得外人知?』

守澄恐累己, 事遂寢. 建才贍, 有作皆工. 蓋嘗跋涉畏途, 甘分
窮苦. 其〈自傷〉詩云:『衰門海內幾多人, 滿眼公卿總不親. 四授
官資元七品, 再經婚娶尚單身. 圖書亦爲頻移盡, 兄弟還因數
散貧. 獨自在家常似客, 黃昏哭向野田春.』

又於征戍·遷謫·行旅·離別·幽居·官況之作, 俱能感動
神思, 道人所不能道也.

集十卷, 今傳於世.

【潁川】唐나라 때 許州를 潁川으로 고쳤으며 지금의 河南省 許昌市이다.
【丁澤】당시 科擧에 壯元한 人物, 그러나 王建은 大曆 10年에는 10세 밖에
　　되지 않아, 이때 進士에 급제한 것으로는 보이지 않는다.
【渭南】지금의 陝西省 渭南縣. 京兆府에 속하였다.
【昭應】지금의 陝西省 臨潼縣. 역시 京兆府에 속하였다.

【陝州】 지금의 河南省 陝縣.

【韓愈】 退之. 당시 文壇의 宗主. 唐宋八大家 중의 한 사람. 卷5(130) 참조.

【門牆】 師門. '스승으로 삼다'의 뜻.《論語》子張篇에 "夫子之墻數仞, 不得其門 而入, 不見宗廟之美, 百官之富, 得其門者或寡矣"라 하였다.

【張籍】 본책 卷5(138) 참조.

【王守澄】 원래 宦官으로 穆宗(李恒)의 책립에 공을 세워 穆宗 때 知樞密 院事가 되었다.

【宮詞】 이 시는《全唐詩》(卷300)에 실려 있으며 제목은〈贈王樞密〉이다. (참고)

【事遂寢】 이 이야기는《雲溪友議》(卷下)〈瑯琊忤〉를 근거로 한 것이며 明 胡 震亨의《唐音癸籤》(卷29)에 "唐時詩人於宮禁事皆盡說無忌, 楊阿環, 孟才人 尙入篇詠, 建詞有何嫌, 必制人以自全也?"라 하여 의심을 나타내고 있다.

【自傷】 이 詩는《全唐詩》(卷300)에 실려 있으며 제목도 같다. 詩 全文 그대로 이다.

참고 및 관련 자료

1. 왕건(王建: 766?~830?)

字는 仲初이다. 그러나《直齋書錄解題》(卷19)에는 '仲和'라 하였으며 明 高棅의《唐詩品彙》"詩人爵里祥節"에는 '字仲和, 潁川人'이라 하였다. 한편 그의 詩는《新唐書》(藝文志)·《郡齋讀書志》·《直齋書錄解題》에는 모두 詩 10卷으로 著錄되어 있다.《全唐詩》에는 그의 詩 6卷(297~302)이 著錄되어 있으며 그 중 6卷째의〈宮詞〉1백 편 속에는 다른 사람의 作品도 섞여 있다. 《全唐詩續拾》에 詩 2首가 補入되어 있고《唐詩紀事》(卷44)에 관련 기록이 실려 있다.

2.《唐詩紀事》卷44

建, 大曆進士, 爲昭應丞, 太府寺丞, 終於司馬, 建在昭應, 楊巨源奇詩曰:『武皇 金輅輾香塵, 每歲朝元及此辰. 光動泉心初浴日, 氣蒸山腹總成春. 謳歌已入 雲韶曲, 詞賦方歸侍從臣. 瑞靄朝朝猶望幸, 天敎赤縣有詩人.』

3.《全唐詩》卷297

王建, 字仲初, 潁天人. 大曆十年進士, 初爲渭南尉. 歷祕書丞·侍御史. 太和中, 出爲陝州司馬, 從軍塞上, 後歸咸陽, 卜居原上. 建工樂府, 與張籍齊名,〈宮詞〉

百首, 尤傳誦人口. 詩集十卷, 今編爲六卷.

4.〈贈王樞密〉(《全唐詩》卷300)

(建初爲渭南尉, 値內宮王守澄, 盡宗人之分. 因過飮, 語及漢桓靈信任中官起黨錮興廢之事, 守澄深憾. 曰:「吾弟所作〈宮詞〉, 天下皆誦於口. 禁掖深邃, 何以知之?」建不能對, 爲詩以贈, 其事遂寢.)

『三朝行坐鎭相隨, 今上春宮見小時. 脫下御衣先賜著, 進來龍馬每敎騎. 長承密旨歸家少, 獨奏邊機出殿遲. 自是姓同親向說, 九重爭得外人知.』

5.〈宮詞〉. 이는《唐詩紀事》卷44 및《全唐詩》302에 실려 있으며《唐詩紀事》에는 다음과 같은 기록이 있다.

建初爲渭南尉, 値內宮王樞密者, 盡宗人之分, 然彼我不均, 復懷輕謗之色, 忽過飮, 語及漢桓·靈信任中官起黨錮興廢之事, 樞密深憾其譏, 乃曰:「吾弟所有〈宮詞〉, 天下皆誦於口, 禁掖深邃, 何以知之?」建不能對. 後爲詩以贈之, 乃脫其禍. 建詩曰:『先朝行坐鎭相隨, 今上春宮見長時. 脫下御衣偏得着, 進來龍馬每敎騎. 常承密旨還家少, 獨對邊情出殿遲. 不是當家頻向說, 九重爭遣外人知?』

102(4-21)

위응물韋應物

附: 구단丘丹

위응물韋應物은 경조京兆 사람으로 한 때 임협任俠을 숭상하였으며, 처음에는 삼위랑三衛郎이 되어 현종玄宗을 모셨다. 그러다가 현종이 죽자 비로소 후회하고 뜻을 바꾸어 독서에 전념하였다.

그는 성품이 고결高潔하고 적게 먹고 욕심을 줄였으며, 살고 있는 집안에 반드시 향을 피우고 마당을 쓸고 바르게 앉아 만물 밖의 세계에 대해 명상을 하곤 하였다.

천보天寶 연간에 임금의 순행巡幸을 호종扈從하기도 하였고, 영태永泰 연간에는 낙양승洛陽丞을 거쳐 경조부공조京兆府功曹로 승진하였다. 다시 대력大曆 14년에는 호현령鄠縣令을 거쳐 역양령櫟陽令을 제수받았지만 병으로 사직하고, 선복사善福寺 정사精舍에 우거寓居하였다. 그리고 건중建中 2년에 전직의 경력을 인정받아 비부원외랑比部員外郎이 되어 저주자사滁州刺史가 되었다가 얼마 후 강주자사江州刺史로 옮겨갔다. 그리고 다시 대궐로 불려가 좌사랑중左司郎中에 이르자, 어떤 사람이 그의 진급을 시기하여 그를 모함 하기까지 하였다.

정원貞元 초에 그는 다시 소주자사蘇州刺史로 갔다가 대화大和 연간에는 태복소경겸어사중승太僕少卿兼御史中丞의 자격으로 제도염철전운강회유후 諸道鹽鐵轉運江淮留后를 임명받았다. 그는 관직을 그만둔 후, 영정사永定寺에 은거하면서 마음을 비우고 욕심을 줄여 일체의 인간속사人間俗事를 접어 버렸다. 처음 위응물은 호방하고 통이 넓어 얽매임이 없었으나 만년에 양개부楊開府를 만나 그에게 이런 시를 준 적이 있다.

"젊어서 무황제를 섬겼지   少事武皇帝
 그 은혜 믿고 무뢰하게 굴었네   無賴恃恩私.
 내 스스로 마을 안을 휘젓고 다니고   身作里中橫
 집에는 죄지은 놈조차 숨겨 주었지   家藏亡命兒.
 아침에는 저포놀이 도박에 빠져들고   朝持樗蒱局
 저녁이면 이웃집 색시 훔쳐보았네   暮竊東隣姬.
 그래도 포도청은 감히 나를 잡지 못하였고   司隷不敢捕
 나는 보란 듯이 궁전의 백옥 섬돌에 서 있었네   立在白玉墀.
 여산의 눈보라치는 밤을 즐겼고   驪山風雪夜
 장양궁에서는 사냥까지 즐긴 그 시절   長楊羽獵時.
 글자는 한자도 모르면서   一字都不識
 술이라면 제멋을 다 부려 미친 듯이 퍼마셨지   飲酒肆頑癡.
 그러나 그 임금 신선되어 떠나자   武皇升仙去
 초췌한 내 모습 남의 속임만 당하였네   憔悴被人欺.
 독서는 이미 때가 늦었고   讀書事已晚
 붓 들고 시 짓는 법이나 겨우 배웠지   把筆學題詩.
 그리하여 장안과 낙양에 벼슬자리 얻어   兩府始收蹟
 남궁으로부터 알지도 못하고 추천을 받았네   南宮謬見推.
 그러나 이 비재가 과연 그릇이 못됐지만   非才果不容
 나가서 그 백성 다스리기는 하였지   出守撫嬋嫠.
 그러다 갑자기 그대 양개부 만나   忽逢楊開府
 옛이야기 하다가 함께 눈물을 줄줄 흘리네   論舊涕俱垂.
 옆에 앉은 손님이 어찌 알리요   坐客何由識
 오직 옛 친구 그대만이 알지."   唯有故人知.

이를 통해 옛 사람들의 진솔한 묘미를 족히 발견할 수 있다.

◎ 평론하건대 시율詩律은 심전기沈佺期·송지문宋之問 이래로 날이 갈수록 미만靡嫚해지고, 장구章句를 파고 새기어 부화절염浮華切艷한 쪽으로 넘겨짚었다. 게다가 음운도 갈수록 완미·화해和諧해졌고 그것이 수식과 미화와 밀접하게 결합되어 한아평담閑雅平淡한 기풍은 더 이상 존재하지 않게 되었다. 이러한 때에 유독 위응물만이 건안建安 이래 각 가의 풍운風韻을 모아들여 스스로 일가의 시체를 이루었다.

그의 청심아려淸深雅麗함은 비록 시인이 많은 시대였음에도 같은 유형을 찾아보기 어려워, 당시에 논자들이 모두 훌륭하다고 칭찬하였던 바이다.

그러나 그의 풍정風情은 스스로에게서 그치지 못하였으니, 이를테면 미가영米嘉榮·두위낭杜韋娘 등에게 준 시는 모두가 술자리에서나 읊을 것으로, 자신의 소년 시절 옛 모습이어서 기괴하게 여길 만한 것이 못된다.

문집 10권이 있어 지금도 세상에 전하고 있다.

韋應物: 附, 丘丹

應物, 京兆人也. 尚俠, 初以三衛郎事玄宗, 及崩, 始悔, 折節讀書. 爲性高潔, 鮮食寡欲, 所居必焚香掃地而坐, 冥心象外.

天寶時, 扈從遊幸. 永泰中, 任洛陽丞, 遷京兆府功曹. 大曆十四年, 自鄠縣令制除櫟陽, 令以疾辭歸, 寓善福寺精舍. 建中二年, 由前資除比部員外郎, 出爲滁州刺史. 居頃之, 改江州刺史, 追赴闕, 改左司郎中. 或媢其進, 媒蘖之.

貞元初, 又出爲蘇州刺史. 太和中, 以太僕少卿兼御史中丞, 爲諸道鹽鐵轉運江淮留后. 罷居永定, 齋心屏除人事.

初, 公豪縱不羈, 晚歲逢楊開府, 贈詩言事曰:『少事武皇帝, 無賴恃恩私. 身作里中橫, 家藏亡命兒. 朝持樗蒲局, 暮竊東隣姬. 司隷不敢捕, 立在白玉墀. 驪山風雪夜, 長楊羽獵時.
一字都不識, 飮酒肆頑癡. 武皇升仙去, 憔悴被人欺. 讀書事
已晩, 把筆學題詩. 兩府始收蹟, 南宮謬見推. 非才果不容,
出守撫婷夌. 忽逢楊開府, 論舊涕俱垂. 坐客何由識, 唯有故
人知.』

　　足見古人眞率之妙也.

　　◎ 論曰: 詩律自沈·宋之下, 日益靡嫚, 鎪章刻句, 揣合
浮切; 音韻婉諧, 屬對藻密, 而閒雅平淡之氣, 不存矣. 獨應
物馳驟建安以還, 各有風韻, 自成一家之體, 淸深雅麗, 雖詩
人之盛, 亦罕其倫, 甚爲時論所右. 而風情不能自已, 如贈米
嘉榮·杜韋娘等作, 皆杯酒之間, 見少年故態, 無足怪矣. 有集
十卷, 今傳於世.

【三衛郎】皇家의 警衛 업무를 맡은 宮職.
【象外】物象之外의 준말. 晉 孫綽의 〈游天台山賦〉에 "散以象外之說, 暢以無
　　生之篇"이라 하였다.
【扈從】원래 임금의 피난을 따르는 것. 뒤에는 넓은 의미로 王을 수행하는
　　뜻으로 쓰였다.
【鄠縣】지금의 陝西省 戶縣.
【櫟陽】지금의 陝西省 臨潼縣 북쪽.
【善福寺】長安 서쪽 교외에 있던 절.
【比部】刑部에 소속되었으며, 百寮의 俸科 등을 관장하였다 한다.
【滁州】지금의 安徽省 滁縣.
【江州】지금의 江西省 九江市.
【永定寺】蘇州城 밖에 있던 절.

【楊開府】韋應物의 어릴 때의 친구. 開府는 唐代 文散官의 별칭.

【武皇帝】원래는 漢 武帝를 가리키는 말이나, 여기에서는 唐 玄宗을 말한다. 唐나라 詩人들은 거의가 玄宗을 武帝로 표현하여 時代를 避諱하였다. (白居易 〈長恨歌〉).

【樗蒲】당시의 도박으로 樗捕로도 표기한다. 《世說新語》 참조.

【白玉墀】백옥으로 만든 섬돌. 여기에서는 皇宮을 뜻한다.

【驪山】지금의 陝西省 臨潼縣 동남쪽의 산. 古代 驪戎이 거하였던 곳이며 온천이 있어 唐 玄宗이 別官을 짓고 楊貴妃와 사랑을 나누었다.

【長楊】長楊宮. 漢나라 때의 行宮. 지금의 陝西省 周至縣에 그 터가 있으며 揚雄의 〈長楊賦〉라는 作品이 있다.

【兩府】京兆府(長安)와 洛陽府(東都)를 말한다.

【南宮】漢나라 때 尙書省을 南宮이라 칭하였다.

【婷嫠】외롭고 의탁할 데 없는 가난한 과부. 여기에서는 천하고 고통스러운 백성을 말한다.

【少事武皇帝】이 詩는 《全唐詩》(卷190)에 실려 있으며 제목은 〈逢楊開府〉이다. 詩의 全文이다.

【沈佺期】本卷 卷1(008) 참조.

【宋之問】本卷 卷1(009) 참조.

【無足怪矣】宋나라 阮閱의 《詩話總龜》(前集 卷26)「奇贈門」에 "韋應物爲蘇州太守, 嘗有詩贈米嘉榮曰: '吹得凉州意外聲, 舊人惟有米嘉榮. 近來年少欺前輩, 好染髭鬚學後生.' 又嘗赴揚州司馬杜鴻漸宴, 醉宿驛亭, 醒見二佳人在側, 驚而問之 乃曰: '郎中席上與司空詩, 因令樂妓侍寢.'問: '記其詩否?' 一妓强記, 乃誦之曰: '高髻雲鬟宮樣妝, 春風一曲杜韋娘. 司空見慣渾閑事, 斷盡蘇州刺史腸.'"이라 하였고, 그 注에 "同前(《唐宋遺史》를 가리킨다). 《古今詩話》: 劉夢得詩."라 하여 韋應物이 아닌 劉夢得의 詩이며 그의 故事로 밝혔다. 게다가 이 故事는 《雲溪友議》 卷中·《本事詩》 情感·《太平廣記》(卷204)에 引用된 《盧氏雜說》 등에도 실려 있으며, 모두가 劉禹錫의 詩로 되어 있다. 따라서 여기에서는 辛文房이 阮閱의 본문만을 보고 잘못 引用한 것이다. 한편 《全唐詩》(卷356)에 劉禹錫의 〈與歌者米嘉榮〉·〈贈李司空妓〉의 詩가 실려 있다.

1. 위응물(韋應物: ?~798?)

韋應物의 詩·文集은《新唐書》(藝文志, 4)에《韋應物詩集》10卷, 그리고
《郡齋讀書志》·《直齋書錄解題》등에도 역시 10卷으로 著錄되어 있다.《全
唐詩外編》및《全唐詩續拾》에 4首가 補入되어 있다.《唐詩紀事》(卷26)에
관련 기록이 실려 있다. 한편〈三間草堂本〉목록에 이 韋應物傳에 부록으로
'丘丹'이 있으나 실제 본문에는 전혀 언급이 없다. 이에 대하여 陸芝榮의 校語
에는 "目錄附丘丹, 不載丹事, 堂有脫誤. 按韋集收有贈丘丹詩多首.《紀事》
四七丘丹條云: '丘丹隱臨平山, 與韋蘇州往還.'"이라 하였다.

2.《唐詩紀事》卷26

○ 韋應物, 周道遙公夐之後, 待價生令儀, 令儀生鑾, 鑾生應物. 其詩言天寶
時扈從游幸事, 疑爲三衛. 永泰中, 任洛陽丞·京兆府功曹. 大曆十四年, 自鄠縣令
制除櫟陽令, 以疾辭不就. 建中二年, 由比部員外郎出刺滁州, 改刺江州, 追赴
闕, 改左司郎中. 貞元初, 歷蘇州; 罷守, 寓蘇臺臺永定精舍.

○ 李肇《國史補》云: 開元後位卑而著名者, 李北海(邕)·王江寧(昌齡)·李館陶·
鄭廣文(虔)·元魯山(德秀)·蕭功曹(穎士)·張長史(旭)·獨孤常州(及)·崔比部
(元翰)·梁補闕(肅), 韋蘇州其一也. 應物仕官本末, 似止於蘇. 案白傅蘇州〈答劉
禹錫〉詩云:『敢有文章替左司』, 謂應物也. 官稱亦止此.

3.《全唐詩》卷186

韋應物, 京兆長安人. 少以三衛郎事明皇, 晚更折節讀書. 永泰中, 授京兆功曹
遷洛陽丞. 大曆十四年, 自鄠令制除櫟陽令, 以疾辭不就. 建中三年, 拜比部員
外郎, 出爲滁州刺史. 久之, 調江州, 追赴闕. 改左司郎中. 復出爲蘇州刺史. 應物
性高潔, 所在焚香掃地而坐, 唯顧況·劉長卿·丘丹·秦系·皎然之儔. 得廁賓客, 與之
酬倡, 其詩閒澹簡遠, 人比之陶潛, 稱陶韋云. 集十卷, 今編詩十卷.

103(4-22)
교연상인皎然上人

교연皎然은 자가 청주淸晝이며 오흥吳興 사람이다. 속성은 사謝씨로서 남조 송宋대 사령운謝靈運의 10대 손이다. 그는 처음 불도佛道에 입문하여 저산杼山에서 공부하였으며 영철靈徹·육우陸羽와 묘희사妙喜寺에 함께 거한 적도 있다.

그 때 육우가 그 절 옆에 정자를 신축하게 되었다. 그런데 마침 계축년癸丑年 계묘월癸卯月 삭朔 계해일癸亥日에 낙성하였다. 이에 호주자사湖州刺史 안진경顔眞卿이 이를 알고 정자 이름을 '삼계정三癸亭'이라 지어 주었고, 교연은 시를 지어 주어 당시 이를 '삼절三絶'이라 불렀다. 안진경이 군재郡齋에서 문사들을 모아 《운해경원韻海鏡源》이라는 책을 찬술할 때 교연도 그에 참가하여 논저를 썼으며, 이때 이르러 교연의 성가가 널리 퍼지게 되었다.

정원貞元 연간에 집현전集賢殿 어서원御書院에서 고승高僧들의 문집을 만들 때 교연상인의 글 10권을 구해 이를 소장하게 되었고, 호주자사湖州刺史 우적于頔이 책에 서문을 썼다. 이단李端이 광악匡嶽에 있을 때 교연에게 의지하여 살았던 적이 있어 스스로 교연의 제자라 하였다.

그 당시 일시의 명인들도 모두 교연과 친하게 지내면서 교연에게 준 시에는 모두 그 제목에 '주상인晝上人'이라 썼으니 그것이 바로 교연이었던 것이다.

당시 위응물韋應物은 고담교속古談矯俗으로 이름이 나 있었다. 이에 교연이 일찍이 위응물의 풍격을 모방하여 몇 수를 지어 이를 선물로 주었다.

위응물은 이를 이상히 여기고 있었다. 이튿날 다시 교연이 똑같이 옛날 지었던 글이라면서 찾아왔다. 위응물은 비로소 이를 알아차리고 교연에게 이렇게 일러주었다.

"사람은 각각 자기의 장점이 있는 법이며 이는 대체로 하늘로부터 부여받은 본분입니다. 그대는 나를 모방하고 있으니 이는 자신의 갈 길을 잃는 행동입니다. 오직 자기 갈 길로 가야 스스로 이름을 얻을 수 있는 것입니다."

교연은 이 말에 깊은 감복을 받았다.

그 전에 그는 서림사西林寺에 머물 때, 정좌定坐 시간 외에는 시간의 여유가 있어 그는 작시作詩의 체식體式과 아울러 고금 시인을 평론하여 《주공시식畫公詩式》 5권과 《시평詩評》 3권을 찬술하기도 하였다.

이 저술은 모두가 의론이 정밀하고 합당하며, 취사取捨가 공정하고 광란함을 정돈한 것이며 〈소騷〉·〈아雅〉의 전통을 드러내어 밝힌 것이다.

교연은 성품이 방일放逸하여 상율常律에 속박됨이 없었다.

처음, 태위太衛 방관房琯이 일찍 어린 나이에 종남산終南山에 은거하고 있었다. 그런데 절벽 아래에서 가끔 깊은 못에서 용의 울음소리를 듣게 되었다. 그런데 그 소리는 맑으면서 고요하여 사람의 사악한 생각을 말끔히 씻어 주는 것이었다. 당시 어떤 스님이 몰래 숨어 세 가지 쇠붙이를 두드리며 이 소리를 모사해 보았더니 오직 구리판 소리만이 흡사하였다.

방관은 그 뒤 다른 날, 그 절에 이르러 숲 속 언덕에 똑같은 소리가 들려 곧 스님으로 하여금 무엇을 두드리는지 찾아보게 하였다. 그러고는 사정을 알고 감탄하면서 이렇게 말하였다.

"이것이 진짜 용의 울음소리로다."

그러고 나서 대력大曆 연간에 그곳 진秦 땅의 어떤 스님이 이러한 방법을 알고 동강桐江으로 와서 똑같은 소리를 내자, 교연도 역시 구리로 밥공기를 두드리며 깊은 정적을 경계警戒하였다. 이에 다른 스님들이 이를 보고 놀리는 자가 있었다. 그러자 교연은 이렇게 말하였다.

"이는 통달한 스님이나 할 수 있는 일로 가히

〈菩薩圖〉(唐) 敦煌 322굴

선가禪家의 즐거움으로 삼을 만한 일이다. 너희들은 어찌하여 물건에 얽매어 자질구레한 일로 스스로를 구속하느냐?"

당시 사람들은 이 말에 그를 높은 경지에 이르렀다고 여겼다. 교연은 외학外學이 초연하였으며 그의 시흥詩興은 한적하여 제 1류에 속하는 것이 조금도 의심스럽지 않다.

시집 1권이 있다.

皎然上人:

皎然, 字清晝, 吳興人. 俗姓謝, 宋靈運之十世孫也. 初入道, 肄業杼山, 與靈徹·陸羽同居妙喜寺. 羽於寺傍創亭, 以癸丑歲癸卯朔癸亥日落成, 湖州刺史顏眞卿, 名以「三癸」, 皎然賦詩, 時稱「三絕」.

眞卿嘗於郡齋集文士撰《韻海鏡源》, 預其論著, 至是, 聲價藉甚. 貞元中, 集賢御書院取《高僧集》, 得上人文十卷, 藏之, 刺史于頔爲之序. 李端在匡嶽, 依止稱門生. 一時名公, 俱相友善, 題云「晝上人」是也. 時韋應物以古淡矯俗, 公嘗擬其格, 得數解爲贄, 韋心疑之.

明日, 又錄舊製以見, 始被領畧, 曰:「人各有長, 蓋自天分. 子而爲我, 失故步矣. 但以所詣自名可也」

公心服之.

往時住西林寺, 定餘多暇, 因撰序作詩體式, 兼古今人詩, 爲《晝公詩式》五卷, 及撰《詩評》三卷. 皆議論精當, 取舍從公, 整頓狂瀾, 出色〈騷〉·〈雅〉. 公性放逸, 不縛於常律. 初, 房太尉琯, 早歲隱終南峻壁之下, 往往聞湫中龍吟, 聲清而靜, 滌人

邪想. 時有僧潛憂三金以寫之, 惟銅酷似. 房公往來, 他日至
山寺, 聞林嶺間有聲, 因命僧出其器, 歎曰:「此眞龍吟也」

　大曆間, 有秦僧傳至桐江, 皎然憂銅椀效之, 以警深寂.
緇人有獻譏者, 公曰:「此達僧之事, 可以嬉禪. 爾曹胡凝滯
於物, 而以瑣行自拘耶?」

　時人高之. 公外學超然, 詩興閒適, 居第一流·第二流不過也.
詩集十卷.

【謝靈運】 南朝 宋나라 때의 文章家. 그의 조부는 晉나라 名將인 謝玄이었다.
사령운은 이에 康樂公을 襲封받았으나 宋이 들어서면서 작위가 강등되어
康樂侯가 되었다. 散騎常侍·永嘉太守 등을 지냈다. 뒤에 모반에 연루되어
피살되었으며 山水詩에 뛰어났다. 《宋書》·《南史》에 傳이 실려 있다.
【杼山】 浙江省 吳興縣(옛날의 烏程縣) 서남쪽의 산으로 妙喜寺가 있다. 靈澈
(073)·陸羽(074) 등과 함께 교유하던 곳이다. 顔眞卿의 〈湖州烏程縣杼山妙
喜寺碑銘〉이 있으며 《全唐文》(卷339)에 실려 있다.
【三癸亭】 顔眞卿의 〈碑銘〉에 의하면, 이 정자는 顔眞卿이 세우고 陸羽가 이름
을 붙인 것으로 되어 있다. 그리고 皎然은 이에 대하여 〈奉和顔使君眞卿與
陸處士羽登妙喜寺三癸亭〉이라는 詩를 지었다. (《皎然集》卷3에 실려 있다.)
【于頔】 湖州刺史·山南東都節度使 등을 지낸 人物. 兩《唐書》에 그 傳이 실려
있다.
【晝上人】 唐나라 때의 僧. 福琳의 〈唐湖州杼山皎然傳〉에 "晝生常與韋應物·
盧幼平·五季德·李萼·皇甫曾·梁蕭·崔子向·薛逢·呂渭·楊逵·或布衣·與之
交結, 必高吟樂道"라 하였다.
【所詣自名】 이 故事는 '邯鄲學步'의 전고를 인용한 것이다. 《莊子》秋水篇에
"且子獨不聞夫壽陵餘子之學行於邯鄲與? 未得國能, 又失其故行矣, 直匍匐而
歸耳!"라 하였다. 한편 皎然과 韋應物의 이 이야기는 《因話錄》角部에도
실려 있으며 皎然이 韋應物보다 나이가 많아 실제로 있을 수 있는 일이
아니라고 여기고 있다.
【西林寺】 廬山에 東林寺와 西林寺가 있었다.

【傍觀】唐 玄宗때 安祿山의 亂을 평정하고 肅宗을 책립한 공로로 높은
벼슬을 누린 人物이다. 兩《唐書》에 傳이 실려 있다.
【桐江】桐廬江. 錢塘江 중류의 江이름.

참고 및 관련 자료

1. 교연(皎然)
字는 淸晝. 혹은 晝上人. 唐나라의 詩僧. 속성은 謝氏. 唐나라의 僧 福琳의
〈唐湖州杼山皎然傳〉에 "釋皎然, 名晝, 姓謝氏. 長城人, 康樂侯十世孫也"라
하였다. 그의 文集은 자신이 쓴 《晝公詩式》5卷이《新唐書》(藝文志 4)에 著錄
되어 있으며《詩評》3권도 역시 著錄되어 있다.
《宋史》(藝文志)에는《詩議》1卷이 著錄되어
있으며《新唐書》(藝文志)에 따로《皎然詩集》
10卷, 그리고《郡齋讀書志》(卷4)에《杼山集》
10卷,《直齋書錄解題》에는《吳興集》1卷이
著錄되어 있다. 한편《全唐詩》에는 皎然의 詩
7卷(815~821)이 실려 있고《全唐詩續拾》에
補詩 2首가 실려 있으며《唐詩紀事》(卷73)에
관련 기록이 실려 있다.

2.《唐詩紀事》卷73
○ 僧皎然, 姓謝, 字淸晝, 吳興人, 靈運十世孫, 居
杼山, 顏眞卿爲刺史, 集文士撰《韻海》, 皎然預
其論著. 貞元中, 集賢院取其集藏之, 于頔爲序.
○ 嘗於舟中抒思, 作古體十數篇, 求合韋蘇州.
韋大不喜. 明日, 獻其舊製, 乃極稱賞云:「師幾
失聲名. 何不但以所工見投, 而猥希老夫之意?」
人各有所得, 非卒能至. 晝大服其鑒裁之精.

3.《全唐詩》卷815
皎然, 名晝, 姓謝氏, 長城人, 靈運十世孫也.
居杼山, 文章儁麗, 顏眞卿·韋應物並重之, 與之
酬倡. 貞元中, 敕寫其文集, 入於祕閣. 詩七卷.

〈白雙咀造石塔〉十六國 甘肅 酒泉 출토

104(4-23)
무원형武元衡

　　무원형武元衡은 자가 백창伯蒼이며 하남河南 사람이다. 건중建中 4년, 설전薛展과 동방同榜으로 진사에 급제하였고 원화元和 3년에는 문하시랑평장사門下侍郎平章事의 자격으로 검남절도사劍南節度使로 출임出任하였다.

　　뒤에 그는 조정으로 들어가 재상의 권력을 잡았으나 이듬해 이른 아침 조회하러 가는 길에 자객을 만나 화살을 맞아 암살당하고 말았다.

　　그는 시에 뛰어나서 비록 때때로 조탁의 흔적이 보이기는 하나, 그 시의 기구機構에는 영향을 주지 않았다. 이는 높은 경지의 시인들이 심하게 꺼리는 것은 아니기 때문에 호사자 누구나 그의 시를 전송傳誦하였고, 그 가사가 음악에 오르기도 하였다. 그는 일찍이 여름밤에 이런 시를 지었다.

　　"밤 깊도록 시끄러움 속에 잠시 눈 붙이니　　　　夜久喧暫息
　　　연못 위 누대에 오직 달만 밝구나　　　　　　　池臺惟月明
　　　이런 맑은 경치를 잡아둘 수 없으니　　　　　　無因駐清景
　　　해뜨면 다시 깨어나려나!"　　　　　　　　　　日出事還生

　　그리고 그 다음 날 피살당하였으니 이 시가 바로 그 참讖이 되고 만 것이다. 사람들은 이렇게 평가하였다.

　　"시가 뛰어나서 벼슬로 성공한 자는 오직 고적高適이요, 벼슬이 높아져서 시에 뛰어난 자는 오직 무원형이로다."

지금 그의 《임회집臨淮集》 10권이 세상에 전하고 있다.

武元衡:

元衡, 字伯蒼, 河南人. 建中四年, 薛展榜進士. 元和三年, 以門下侍郎平章事出爲劍南節度使. 後秉政, 明年早朝, 遇盜從暗中射殺之. 元衡工詩, 雖時見雕鐫, 不動機構. 要非高騈之所深忌, 每好事者傳之, 被於絲竹.

嘗夏夜作詩曰: 『夜久喧暫息, 池臺唯月明. 無因駐淸景, 日出事還生.』

翌日遇害, 詩蓋其讖也.

議者謂: 「工詩而宦達者惟高適, 達宦而詩工者唯元衡.」

今有《臨淮集》十卷, 傳於世.

【河南人】《舊唐書》에는 그를 '河南緱氏人'이라 하였다.
【夜久喧暫息】이 詩는 《全唐詩》(卷317)에 실려 있으며, 제목은 〈夏夜作〉이다. 《唐詩紀事》(卷33)에도 실려 있으나 이 詩가 讖이 되었다는 것은 뒷사람의 牽强附會인 듯하다. (참고)
【高適】高達夫. 본책 卷2(048)참조.

참고 및 관련 자료

1. 무원형(武元衡)
字는 白蒼. 그의 文集은 《新唐書》(藝文志, 4)에 《武元衡集》 10卷이 著錄되어 있고 《郡齋讀書志》에는 《臨淮集》 2卷, 《直齋書錄解題》에는 1卷으로 著錄되어 있다. 《全唐詩》에는 그의 詩 2卷(316·317)이 실려 있고 《全唐詩外編》

및《全唐詩續拾》에 詩 2首가 補入되어 있다.《唐詩紀事》(卷33)에 관련기록이
실려 있다.

2.《舊唐書》卷158 참조.

3.《新唐書》卷152 참조.

4.《唐詩紀事》卷33

元衡, 字伯蒼, 元和二年爲相, 代高崇文鎭蜀. 八年召還, 途經百牢關, 題石洞
詩云:『昔佩兵符去, 今持相印還, 天光臨井絡, 春物度巴山. 鳥道靑冥外, 風泉
洞壑間. 何愁班定遠, 辛苦玉門關.』

5.《全唐詩》卷316

武元衡, 字伯蒼, 河南緱氏人. 建中四年, 登進士第. 累辟使府. 至監察御史. 後改
華原縣令, 德宗知其才. 召援比部員外郎, 歲內, 三遷至右司郎中. 尋擢御史中丞,
順宗立, 罷爲右庶子. 憲宗卽位, 復前官. 進戶部侍郎. 元和二年, 拜門下侍郎
平章事. 尋出爲劍南節度使. 八年, 徵還秉政. 早朝爲盜所害, 贈司徒. 諡忠愍.
《臨淮集》十卷, 今編詩二卷.

6.〈夏夜作〉(《全唐詩》卷317에 실려 있으며 본문의 詩가 全文이다. 한편
《唐詩紀事》卷33에는 다음과 같이 기록되었다.

元衡善爲五言, 好事者傳之, 被之管絃. 嘗〈夏夜作〉詩云:『夜久喧暫息, 池臺
惟月明. 無因駐淸景, 日出事還生.』明日遇害. 初, 元和八年, 元衡自蜀再輔政,
時太微犯上相, 歷執法, 占者言:「今之三相皆不利, 始輕末重.」月餘, 李絳以
足疾免. 明年十月, 李吉甫以暴疾卒. 至是, 元衡爲盜所害. 年十五八.

105(4-24)

두상竇常

두상竇常은 자가 중항中行이며 두숙향竇叔向의 아들로 경조京兆 사람이다. 대력大曆 14년, 왕저王儲와 동방同榜으로 급제하여 처음에는 종사從事를 역임하였고, 뒤에 수부원외랑水部員外郎에 올랐다. 그리고 연이어 낭주閬州·기주夔州·강주江州·무주撫州 등 사주자사四州刺史를 제수받았고, 뒤에는 국자좨주國子祭酒로 벼슬을 마쳤다.

◎ 두상의 형제 다섯 사람은 모두 연방비조聯芳比藻하고 시로써의 명성이 대단하였으며 법도와 풍류가 서로 비슷하였다. 그리고 모두가 조정에서 왕의 일을 돕기에 힘써, 그 총애 또한 높았으니 어찌 회옥미진懷玉迷津의 구구한 자들과 비교될 수 있겠는가!

뒷사람들이, 그들이 지은 시 모두 일백 수를 모아 다섯 권으로 편집한 다음, 이를 《두씨연주집竇氏聯珠集》이라 하고, 마치 다섯 별이 빛남 같다고 하였다.

두상의 문집 18권과, 그 외에 한굉韓翃부터 교연皎然에 이르기까지 30명의 시를 모아 350편으로 꾸민 《남훈집南薰集》이 있으며, 각각 그에 대한 찬贊을 쓴 것이 3권으로 지금 모두 전하고 있다.

竇常:

常, 字中行, 叔向之子也, 京兆人. 大曆十四年, 王儲榜及第. 初歷從事, 累官水部員外郎. 連除閬·夔·江·撫四州刺史, 後入爲國子祭酒而終.

◎ 常兄弟五人, 聯芳比藻, 詞價藹然, 法度風流, 相距不遠. 且俱陳力王事, 脣寵淸流, 豈懷玉迷津區區之比哉! 後人集所著詩通一百首爲五卷, 名《竇氏聯珠集》, 謂若五星然. 常集十八卷, 及撰韓翃至皎然三十人詩, 合三百五十篇爲《南薰集》, 各系以贊爲三卷, 今並傳焉.

【王儲】당시 科擧에 壯元한 人物. 자세한 事跡은 알 수 없다.
【閬州】郞州로도 쓰며 지금의 湖南省 常德市.
【夔州】지금의 江西省 九江市.
【撫州】지금의 江西省 撫州市.
【竇氏聯珠集】《新唐書》(藝文志, 4)에 《竇氏聯珠集》 5卷이 著錄되어 있고 《直齋書錄解題》에도 5卷으로 표기되어 있으며 그 注에 "唐褚藏言所序, 竇氏 兄弟五人詩, 各有小序"라 하였다. 지금의 《四部叢刊三編》은 宋本을 影印한 것으로 5卷이며 詩 1百首(형제 각각 20首씩, 그들과 唱和한 閑遊·韋貫之·劉伯翁 등의 詩)가 실려 있다.
【南薰集】文集 이름은 虞舜의 "南風之薰兮, 可以解吾民之慍兮"에서 따온 것이며 《新唐書》(藝文志, 4), 《郡齋讀書志》(卷4)에 모두 《南薰集》 3卷으로 실려 있고 後序에 "右唐竇常撰, 集韓翃至皎然三十人, 約三百六十篇, 凡三卷. 其序云: '欲勒上中下, 則近於襃貶, 第一二三, 則有等衰, 故以西掖, 南宮, 外臺爲目, 人各系名系贊.'"이라 하였다. 한편 明 胡應麟은 그의 《詩藪》(卷3)에서 이 文集에 대하여 "宋末尙傳, 近則未睹"라 하여 明代에 이미 失傳되었다고 하였다.

1. 두상(竇常)

竇叔向의 아들이며 그 兄弟 다섯 명이 모두 뛰어났다. 이에 대한《竇氏聯珠集》
5卷은 지금도 전하며《竇常集》3卷은 전하지 않는다. 그의 詩는《全唐詩》
(卷271)에 26首가 실려 있다.

2.《舊唐書》卷155 참조.

3.《新唐書》卷175 참조.

4.《唐詩紀事》卷31 (竇叔向의 아들 常·牟·庠·鞏 등이 함께 실려 있다.)

○ 常, 字中行, 登第, 隱居二十年, 終國子祭酒. 牟, 字貽周, 終國子司業. 庠,
字胄卿, 婺州刺史. 鞏, 字友封, 元稹節度武昌, 辟爲御史中丞, 充副使; 雅裕有
名于時, 平居與人言, 若不出口, 世號囁嚅翁. 卒於武昌.

○ 常初登第, 桑道茂云:「二十年後出官, 後五度奏官」勑皆不下, 卽攝職久之;
至大曆十四年及第, 卽二十年矣.

5.《全唐詩》卷271

竇常, 字中行. 大曆中及進士第, 隱居廣陵之柳楊著書, 二十年不出. 後淮南節
度杜佑辟爲參謀, 元和間. 自湖南判官入爲侍御史. 轉水部員外郎, 出刺朗州·
固陵·潯陽·臨川四郡, 入爲國子祭酒, 致仕. 卒贈越州都督. 有集十八卷. 今存
詩二十六首.

106(4-25)

두모竇牟

두모竇牟는 자가 이주貽周이며 정원貞元 2년, 장정보張正甫와 동방同榜으로 진사에 급제하였다. 처음 그는 강동江東에서 공부를 시작, 집안에서는 효도를 다하고 계모를 극진히 섬겼으며 문장이 기이하고 행동이 특이하여 서울에까지 소문이 퍼지게 되었다.

두모의 외삼촌인 급사중給事中 원고袁高가 당시 전권을 잡아 이름이 높았다. 그가 선발한 인재가 심히 많았지만 두모는 그를 찾아가 뵌 적이 없이 끝내 과거시험을 통해 그 이름을 날리게 되었다. 그는 처음 여섯 부서를 돌며 다섯 번의 막료를 거쳤고, 여덟 번이나 검교우부檢校虞部를 지냈다.

원화元和 5년, 두모는 상서우부랑중尙書虞部郎中이 되었다가 낙양령洛陽令·도관랑중都官郎中을 거쳐 택주자사澤州刺史로 출입하였다. 그리고 그는 국자사업國子司業을 끝으로 벼슬을 마쳤다. 그는 만년에 소의군절도사昭義軍節度使 노종사盧從史를 모셨다. 그런데 노종사가 갈수록 교만해지고, 두모 자신도 더 이상 간언을 할 수 없는 경지에 이르자 병을 핑계로 물러나 동도東都에 은거처를 정하고 살았다. 장경長慶 2년에 죽었으며 창려昌黎 한퇴지韓退之 유愈가 그를 위해 묘지명을 썼다고 한다.

竇牟:

牟, 字貽周, 貞元二年, 張正甫榜進士. 初, 學問於江東, 家居

孝謹, 善事繼母, 奇文異行, 聞於京師. 舅給事中袁高, 當時專
重名, 甄拔甚多, 而年未嘗干謁, 意捷文場. 始佐六府五公, 八遷
至檢校虞部. 元和五年, 拜尚書虞部郎中, 轉洛陽令·都官郎中,
出爲澤州刺史, 仕終國子司業.

　　年晚從昭義盧從史, 從史寢驕, 年度不可諫, 卽移疾歸, 居東
都別業.

　　長慶二年, 卒. 昌黎韓先生爲之墓誌云.

【張正甫】 당시 科擧에 壯元한 人物.
【學問】 學習과 質問을 말한다.《周易》乾卦에 "君子學內聚之, 問以辯之"에서
　온 말.
【江東】 玄宗 開元 21年에 전국을 15道로 나누었을 때 江南東道를 말한다.
　治所는 吳郡(지금의 江蘇省 蘇州市)였다. 여기에서는 江南 지역을 일컫는
　말이다.
【袁高】 給事中·御史中丞을 지냈던 人物. 德宗 建中 2年에 京畿觀察使가 되었
　으며, 兩《唐書》에 傳이 있다.
【虞部】 尚書省의 工部에 소속되며, 天下의 虞衡·山澤 등의 入禁을 관장
　하였다.
【澤州】 州治는 晉城. 지금의 山西城 晉城縣.
【昭義軍】 代宗 大曆 3年에 6州를 합하여 하나의 鎭(方鎭)으로 하고 이에 소속
　된 軍隊를 昭義軍이라 하였다.
【盧從史】 당시 昭義軍의 전도사였으며 뒤에 吐突承璀에게 포로로 잡혀 폄직
　되었다. 兩《唐書》에 傳이 있다.
【東都】 洛陽.
【墓誌銘】 韓愈(退之·昌黎)가 그를 위해 〈國子司業竇公墓誌銘〉(《韓昌黎集》
　卷33)을 지었다.

1. 두모(竇牟)

兩《唐書》에는 모두 〈竇群傳〉의 부록으로 '竇牟'를 기록하고 있으며 본문의
내용은 대개 韓愈의 〈墓誌銘〉에 근거하여 쓴 것이다. 韓愈의 〈國子司業竇公
墓誌銘〉에 竇牟는 "年七十四, 長庚二年二月丙寅, 以疾卒"이라 하였다. 한편
그의 文集은 宋代 이래 여러 서목에서는 보이지 않고 다만 《竇氏聯珠集》에
의존하여 살필 수 있을 뿐이다. 《全唐詩》(卷271)에 그의 詩 21首가 전해지며
《唐詩紀事》(卷31)에 관련 기록이 실려 있다.

2. 《舊唐書》 卷155 〈竇群傳〉附, 竇牟 참조.

3. 《新唐書》 卷175 〈竇群傳〉附, 竇牟 참조.

4. 《唐詩紀事》 卷31

앞장 竇常 부분 참조.

5. 《全唐詩》 卷271

竇牟, 字貽周. 擧貞元進士第, 歷佐從事, 後爲留守判官, 檢校尙書都官郞中. 出爲
澤州刺史, 改國子司業卒. 有集十卷, 今在詩二十一首.

107(4-26)
두군竇群

두군竇群은 자가 단렬丹列이며 처음에 비릉毗陵에 은거하여 처사處士로 불렸다.

성품은 효성이 지극하여 혼전신성昏定晨省에 조금도 게으름이 없었다. 어머니가 죽자 애통하여 뛰기를 그치지 않았으며 결국 자신의 손가락 하나를 물어 이를 어머니 관 속에 넣고는 무덤 곁에 초막을 짓고 지켰다. 그가 상을 마치자 소주자사蘇州刺史 위하경韋夏卿이 두군을 추천, 효렴과孝廉科에 천거되었고, 덕종德宗은 그를 좌습유左拾遺로 발탁하였다.

헌종憲宗이 즉위하자 그는 이부랑중吏部郞中으로 옮겨갔다가 당주자사唐州刺史로 부임하였다. 그러자 산남동도山南東道 절도사였던 우적于頔이 그의 재능을 기특하게 여겨, 표를 올려 자신의 부수副手로 삼았다. 또 무원형武元衡이 재상이 되자 두군을 어사중승御史中丞으로 추천하였다. 그 때 두군은 여온呂溫·양사악羊士諤을 끌어들여 어사御史로 삼고 싶었지만, 재상 이길보李吉甫가 반대하였다. 이에 두군 등은 이길보의 잘못을 찾아 임금에게 고하였다. 임금이 이길보를 면전에 불러 대질시키자 이길보는 이를 거짓이라 뒤엎어 임금이 대노하여 두군 등을 처단하려 하였다. 그러자 이길보가 다시 나서서 힘써 구하여 결국 풀려나게 되었다. 그 뒤 두군은 검남관찰사黔南觀察使로 폄직되어 나갔다가 다시 용관경략사容管經略使가 되어 그 임소에서 생을 마쳤다.

그의 집에는 남은 재물이란 하나도 없고 오직 도서圖書 만축萬軸만이 있을 따름이었다.

竇群:

群, 字丹列. 初隱毗陵, 稱處士. 性至孝, 定省無少怠. 及母卒, 哀踊不已, 齧一指置棺中, 結廬墓次. 終喪, 蘇州刺史韋夏卿薦之, 擧孝廉, 德宗掐爲左拾遺. 憲宗立, 轉吏部郎中, 出爲唐州刺史. 節度使于頔奇之, 表以自副, 武元衡輔政, 薦爲御史中丞. 群引呂溫·羊士諤爲御史, 宰相李吉甫不可. 群等怨, 遂捃摭吉甫陰事告之, 帝面覆多誑, 大怒, 欲殺群等, 吉甫又爲力救得解. 出爲黔南觀察使, 遷容管經畧使, 卒官所.

家無餘財, 惟圖書萬軸耳.

【毗陵】郡治는 常州(지금의 江蘇省 常州市).

【定省】'저녁에 자리를 보아 드리고 아침에 문안을 드리다'라는 뜻. 즉 효성을 다함을 말한다. 《禮記》 曲禮(上)에 "凡爲人子之禮, 冬溫而夏淸, 昏定而晨省"이라 하였다.

【韋夏卿】長安縣令·蘇州刺史·吏部侍郞·京兆尹·東都留守 등을 지낸 人物. 兩《唐書》에 傳이 있다.

【唐州】州治는 泌陽. 지금의 河南省 泌陽縣.

【呂溫】본책 卷五 (137) 참조.

【羊士諤】본책 卷五(122) 참조.

【李吉甫】憲宗 때의 宰相으로 兩《唐書》에 傳이 있다.

【陰事告之】《舊唐書》 竇群傳에 "吉甫嘗召術士陳登宿於安邑里第, 翌日, 群令吏捕登考劾僞構吉甫陰事, 密以上聞"이라 하였다.

【黔南】黔中 지역. 이는 唐 開元 연간의 15도 중의 하나이며 州治는 黔州이다.
 지금의 四川省 彭水縣.
【容管】唐나라 嶺南五府經略使 중의 하나. 治所는 容州 北流(지금의 廣東省
 北流縣)였다.

참고 및 관련 자료

1. 두군(竇群)
역시 竇叔向의 아들로 그의 詩는 《竇氏聯珠集》에 전하며 《新唐書》(藝文志, 2)
에 그가 편찬하였다는 《史記名臣疏》34卷이 著錄되어 있다. 그의 詩는 《全
唐詩》(卷271)에 23首가 전하며 《唐詩紀事》(卷31)에 관련 기록이 실려 있다.
2. 《舊唐書》卷155 참조.
3. 《新唐書》卷175 참조.
4. 《唐詩紀事》卷31
105〈竇常傳〉해당 부분 참조.
5. 《全唐詩》卷271
竇群, 字丹列. 兄弟皆擢進士第, 獨羣以處士客於毘陵, 韋夏卿薦之. 爲左拾遺,
轉膳部員外郞, 兼侍御史, 知雜事, 出爲唐州刺史. 武元衡·李吉甫共引之, 召拜
吏部郞中. 元衡輔政, 復薦爲中丞. 後出爲湖南觀察使, 改黔中. 坐事, 貶開州
刺史, 稍遷容管經略使, 召還卒. 詩二十三首.

108(4-27)
두상竇庠

두상竇庠은 자가 주경胄卿으로 임금의 부름에 응하여 세 번이나 큰 부府의 보좌를 맡았었고, 봉선령奉先令을 거쳐 동도유수판관東都留守判官을 역임, 호부원외랑戶部員外郞을 제수받았다. 정원貞元 연간에 그는 무주婺州·등주登州의 이주자사二州刺史로 출임出任하기도 하였다.

평생을 문장 짓기에 각고면려하였고 저술 역시 많았으며 지금 모두 전해 오고 있다.

竇庠:

庠, 字胄卿. 嘗應辟, 三佐大府, 調奉先令, 遷東都留守判官, 拜戶部員外郞. 貞元中, 出爲婺·登二州刺史.

平生工文甚苦, 著述亦多, 今並傳之.

【奉先】褚藏言의 《竇庠傳》과 《舊唐書》에는 모두 '奉天'으로 되어 있으며 奉天은 지금의 陝西省 乾縣을 가리킨다.
【婺州】지금의 浙江省 金華市.
【登州】지금의 山東省 蓬萊縣.

1. 두상(竇庠)

역시 竇叔向의 아들이며 그의 兄 竇群이 셋째, 竇庠은 다섯째, 竇鞏은 일곱째
이다. 그의 文集은 褚藏言의 《竇庠傳》에 "詩筆散落, 編錄未遑"이라 하였고
역대의 여러 書目에도 보이지 않는다.《全唐詩》(卷271)에 그의 詩 21首가 실려
있으며 《唐詩紀事》(卷31)에 관련 기록이 있다.

2.《舊唐書》卷155 참조.

3.《唐詩紀事》卷31

105〈竇庠傳〉을 볼 것.

4.《全唐詩》卷271

竇庠, 字胄卿, 釋褐, 授國子主薄. 韓皐鎭武昌, 辟爲推官. 皐移鎭京口, 用爲度支
副使, 改殿中侍御史. 歷登·澤·信·婺四州刺史, 庠天授偶儻, 氣在物表, 一言
而合, 期於歲寒, 爲五字詩. 頗得其妙, 詩二十一首.

109(4-28)

두공竇鞏

두공竇鞏은 자가 우봉友封이며 모습이 준수하였으며 어려서부터 넓게 공부하여 통하지 아니하는 것이 없었다. 성격은 굉방宏放하여 고금의 일을 논하기를 좋아하여 그의 집 앞에는 당시 뛰어난 자들의 수레바퀴 자국이 끊임없었다. 당시 그의 여러 형들은 모두 현달하였지만 두공은 아직도 과거 시험장을 드나들고 있어 자못 자신의 의지가 억눌려 〈방어放魚〉라는 시에서 이렇게 읊었다.

"황금이면 칼자루 흔적도 면하여 대속할 수 있다지만   黃金贖得免刀痕
도를 들으면 날짐승, 물고기조차 은혜에 감복한다네   聞道禽魚亦感恩
즐겨 장강 천만리를 쏘다니기 좋아할 뿐   好去長江千萬里
고생 끝에 꼭 용문에 오르고 싶지도 않다네."   不須辛苦上龍門

이로써 사람들은 그의 고통에 대한 술회가 어떤가를 알게 되었다. 그러므로 원화元和 2년, 그는 왕원王源과 동방同榜으로 드디어 진사에 급제하여 치청막부淄靑幕府의 부사로 있다가 비서소감秘書少監·어사중승御史中丞을 역임하였으며 무창관찰부사武昌觀察副史로 관직을 마쳤다. 두공은 평소 남과 이야기를 나눌 때 말을 제대로 하지 못해 당시 그를 '섭유옹囁嚅翁'이라 불렀다 한다.

寶鞏:

鞏, 字友封. 狀貌瑰偉, 少博覽, 無不通, 性宏放, 好談古今, 所居多長者車轍. 時諸兄已達, 鞏尙來場屋間, 頗抑初志, 作〈放魚〉詩云: 『黃金贖得免刀痕, 聞道禽魚亦感恩. 好去長江千萬里, 不須辛苦上龍門.』

人知其述懷也. 元和二年, 王源中榜進士, 佐淄青幕府, 累遷秘書少監, 拜御史中丞, 仕終武昌觀察副使.

鞏平居與人言不出口, 時號爲「囁嚅翁」云.

【放魚】 이 詩는 《全唐詩》(卷271)에 실려 있으며 제목도 같은 全文이다. 그러나 《唐詩紀事》(卷31)에는 이 詩에 대하여 ‘武昌時’라 하여 寶鞏이 武昌節度副使였을 때의 作으로 그의 晩年에 해당하며 登科 전이 아닌 것으로 여기고 있다. (참조)
【王源】 당시 壯元及第한 人物.
【武昌】 治所는 鄂州. 지금의 湖北省 武漢市 武昌.
【囁嚅翁】 ‘말을 더듬는 늙은이’라는 뜻. 《舊唐書》에 “寶鞏, 性溫雅, 多不能持論, 士友言議之際, 吻動而不發, 白居易等目爲囁嚅翁”이라 하였다.

참고 및 관련 자료

1. 두공(寶鞏)

寶叔向의 아들이며 褚藏言의 〈寶鞏傳〉에 “佳句不泯, 傳于人間. 文集散落, 未暇編錄”이라 하였다. 역대 書目에 그의 文集에 대한 著錄이 보이지 않는다. 《宋史》(藝文志, 7)에 《寶鞏傳》 1卷에 보이나 이는 《寶氏聯珠集》에서 뽑아낸 것이 아닌가 여겨진다. 《全唐詩》(卷271)에 그의 詩 40首가 실려 있으며 《唐詩紀事》(卷31)에 관련 기록이 실려 있다.

2. 《舊唐書》 卷155 참조.

3.《新唐書》卷175 참조.

4.《唐詩紀事》卷31

105〈竇庠傳〉을 참조할 것.

5.《全唐詩》卷271

竇鞏, 字友封. 登元和進士, 累辟幕府. 入拜侍御史, 轉司勳員外·形部郎中. 元稹觀察淛東, 奏爲副使. 又從鎭武昌, 歸京師卒. 鞏雅裕, 有名於時. 平居與人言, 若不出口, 世稱囁嚅翁. 白居易編次往還詩尤長者, 號《元白往還集》, 鞏亦與焉. 詩三十九首.

6.〈放魚〉詩 (《唐詩紀事》卷31,《全唐詩》卷271도 같다.)

『金錢贖得免刀痕, 聞道禽魚亦感恩. 好去長江千萬里, 不須辛苦上龍門.』(武昌時也)

110(4-29)
유언사劉言史

附: 이이간李夷簡

유언사劉言史는 조주趙州 사람이다. 젊어서 기절氣節을 숭상하여 진사 시험에 응시하지 않았다. 그는 시에 뛰어났으며 그 내용이 미려회섬美麗恢贍하여 세상에 그와 짝을 이룰 자가 적었다. 그는 이하李賀·맹교孟郊와는 동시대의 친구였다. 당시 기진절도사冀鎭節度使 왕무준王武俊은 자못 유언사의 글을 좋아하였다. 그리하여 유언사가 그를 찾아오자 그를 공경하고 대우함이 아주 각별하였다.

왕무준이 어느 날 사냥을 나가서 풀밭에서 뛰어 나는 두 마리의 물오리를 하나의 화살로 쏘아 잡자, 유언사가 말 위에서 즉시 〈사압가射鴨歌〉를 지어 헌상하였다.

이 일로 왕무준은 그에게 관직을 주고자 표를 올려 청하여 조강령棗强令을 받도록 해주었다. 그러나 유언사는 병을 핑계로 벼슬자리에 나가지 않았으며 당시 사람들은 더욱 그를 우러러보게 되었다.

원래 재상이었던 농서공隴西公 이이간李夷簡이 다시 한남절도사漢南節度使가 되었다. 이 사람은 유언사와 젊을 때 함께 공부한 인물이었다. 이에 이이간이 양양襄陽에서 나는 좋은 칠기漆器 천 개를 왕무준에게 선물로 주면서 유언사를 불러오게 하여, 결국 한남막부漢南幕府의 막빈幕賓으로 모실 수 있게 되었다. 둘은 날마다 함께 담소하며 시가詩歌로써 창답唱答, 그 훌륭한 재주가 크게 알려졌다. 그 때 이이간이 유언사에게 하고 싶은 바가 무엇인가를 묻자 유언사는 이렇게 대답하였다.

"사공연司空掾의 자리가 아주 한가하다 들었소. 혹 그 자리에 결원이 생긴다면 그런 자리에 가고 싶소!"

이에 이이간은 드디어 그 자리를 유언사가 맡도록 하였다. 유언사는 그 관직이 비록 미천하였지만 이이간은 여전히 그를 다른 종사와 똑같이 공경해 받들었다. 한 해가 지난 후 이이간이 조정에 표를 올려 유언사를 승진시키려고 그 결재를 기다리고 있는 사이 유언사는 그만 큰 병 없이 죽고 말았다.

이이간은 당초 유언사가 관상이 박薄하여 귀한 신분이 되어 아깝게 그 생명이 줄어드는 일이 없도록 하였던 적이 있었다. 그러나 결국 이런 일이 벌어지자 통곡을 하면서 이렇게 말하였다.

"과연 미미한 관직이지만 내가 이를 주선해 줌으로 해서, 내 사랑하는 빈객을 죽이고 말았구나."

그러고는 그를 양성襄城에 후하게 장례를 치러 주었다.

피일휴皮日休는 그의 부賦를 일컬어 이렇게 평하였다.

"금을 다듬고 옥을 쪼아 그 기묘함을 꽁꽁 묶되 백 번을 단련하여 한 글자를 만들고 천 번을 단련하여 한 구절을 이루었다(雕金篆玉, 牢奇籠怪, 百鍛爲字, 千煉成句)."

정말 훌륭한 표현이다.

《시가詩歌》6권이 있어 지금도 전한다.

劉言史: 附, 李夷簡

言史, 趙州人也. 少尚氣節, 不擧進士. 工詩, 美麗恢贍, 世少其倫. 與李賀·孟郊同時爲友. 冀鎭節度使王武俊頗好詞藝, 言史造之, 特加敬異. 武俊嘗獵, 有雙鴨起蒲稗間, 一矢聯之, 遂於馬上草〈射鴨歌〉以獻, 因表薦請官, 詔授棗强令, 辭疾不就, 當時重之. 故相國隴西公李夷簡爲漢南節度, 與言史少同遊習, 因遣以襄陽髹器千事賂武俊請之, 由是爲漢南幕賓, 日與談讌, 謔詩唱答, 大播淸才.

問言史所欲爲,曰:「司功掾甚閒, 或可承闕.」

遂署. 雖居官曹, 敬待埒諸從事. 歲餘奏陞秩, 詔下之日, 不羌而終. 公初以言史相薄, 不欲貴, 以惜其壽.

至是, 慟哭之, 曰:「果然微祿殺吾愛客也!」

厚葬於襄城. 皮日休稱其賦:「雕金篆玉, 牢奇籠怪, 百鍛爲字, 千煉成句, 眞佳作也.」

有歌詩六卷, 今傳.

【趙州】 州治는 平棘. 지금의 河北省 趙縣.

【李賀】 본책 卷5(115) 참조. 본문에서 李賀가 劉言史와 친구라 하였으나 나이 차이로 보아 친구가 될 수는 없다. (李賀는 790년에 태어났다.)

【孟郊】 본책 卷5(134) 참조.

【冀鎭】 肅宗 때 설치한 方鎭으로 成德에 위치하였다. 治所는 恒州(지금의 河北省 正定縣).

【王武俊】 원래 契丹人. 成德節度使 李寶臣의 部將으로 李寶臣의 아들이다. 李惟岳과 叛亂을 일으켰다가, 李惟岳을 죽인 공로로 桓州刺史를 지냈다. 뒤에 다시 叛亂을 일으켰다가 朝廷에 귀순하여 成德節度使가 되었다. 兩 《唐書》에 傳이 있다.

【棗强】 지금의 河北省 棗强縣. 이로 인해 劉言史를 劉棗强으로 불렀다.

【李夷簡】 唐나라 때의 宗室로 字는 易之이다. 鄭惠王 李元懿의 4세손으로 御史中丞·戶部侍郎·淮南節度使를 지냈으며 隴西公에 봉해졌다. 《新唐書》에 傳이 있다.

【漢南】 治所는 襄州. 지금의 湖北省 襄樊市.

【髹器】 漆器를 말한다.

【皮日休】 본책 卷8(215) 참조. 劉言史를 위하여 〈劉棗强碑〉를 지었으며 그 아래 評은 비문에 실린 글이다. (《唐詩紀事》 卷46을 볼 것)

1. 유언사(劉言史)

皮日休의 〈劉棗强碑〉에 "先生姓劉氏, 名言史, 不詳其鄕里"라 하였다. 그의
詩는 《新唐書》(藝文志, 4)에 《劉言史歌詩》6卷이 著錄되어 있고 《宋史》
(藝文志)에는 《劉言史詩》10卷이 저록되어 있다. 《全唐詩》(卷468)에 詩
1卷이 실려 있으며 《唐詩紀事》(卷46)에 관련 기록이 실려 있다.

2. 《唐詩紀事》卷46

○ 皮日休〈劉棗强碑文〉云:「歌詩之風, 蕩來久矣. 大抵喪于南朝, 壞於陳叔寶.
然今之業是者, 苟不能求古於建安, 卽江左矣; 苟不能求麗於江左, 卽南朝矣.
或過爲豔傷麗病者, 卽南朝之罪人也. 吾唐來有是業者, 言出天地外, 思出鬼神表;
讀之則神馳八極, 測之則心懷四溟, 磊磊落落, 眞非世間語者, 有李太白. 百歲
有是業者, 彫金篆玉, 牢奇籠怪, 百鍛爲字, 千練成句, 雖不追躅太白, 亦後來
之佳作也. 有與李賀同時, 有劉棗强焉. 先生姓劉氏, 名言史, 不詳其鄕里. 所有
歌詩千首, 其美麗恢贍, 自賀外, 世莫得比. 王武俊之節制鎭冀也, 先生造之.
武俊性雄健, 頗好詞藝, 一見先生, 遂加異敬. 將署之賓位, 先生辭免, 武俊美
騎射, 載先生以貳乘, 逞其藝於野. 武俊先騎, 警雙鴨起於蒲稗間, 武俊控弦,
弦不再發, 雙鴨聯斃於地. 武俊歡甚, 命先生曰:『某之伎如是, 先生之詞如是,
可謂文武之會矣. 何不出一言以讚耶!』先生由是馬上草〈射鴨歌〉以示武俊, 議者
以爲禰正平〈鸚鵡賦〉之類也.」(下略)

○ 言史與孟東野友善, 詩中有貝州召郊之作. 又有金陵. 瀟湘之遊, 廣州贈北中親
友詩, 蓋言史平生所經歷處. 東野〈哭言史〉詩云:『精異劉言史, 詩腸傾珠珂.
取此爲抛擲, 飛過東溟波. 可惜大國謠, 颺爲四夷歌. 常於衆中會, 顔色兩切磋.
今日果成死, 葬襄之洛河.』

3. 《全唐書》卷468

劉言史, 邯鄲人, 與李賀同時. 歌詩美麗恢贍. 自賀外, 世莫能比, 亦與孟郊友善.
初客鎭冀, 王武俊奏爲棗强令, 辭疾不受. 人因稱爲劉棗强, 後客漢南. 李夷簡
署司空掾, 尋卒. 歌詩六卷, 今編一卷.

111(4-30)
유상劉商

　　유상劉商은 자가 자하子夏이며 서주徐州 팽성彭城 사람이다. 진사에 발탁
되어 정원貞元 연간에 벼슬이 비부원랑중比部員郎中을 거쳐 다시 우부원외랑
虞部員外郎이 되었으며 몇 년 후에는 검교병부랑중檢校兵部郎中에까지 이르
렀다. 그러다가 뒤에는 변주관찰판관汴州觀察判官으로 출임하였으나 병을
핑계로 사직하고 자신의 구업舊業을 위해 낙향해 버렸다. 유상은 성품이
술을 좋아하였으나 집이 가난하여 그저 대화임월對花臨月하여 유연히
독작하고, 항음장요亢音長謠하면서 방적자수放適自遂의 생활을 즐겼다. 그리
하여 이런 시로써 자신을 노래하였다.

　　　"봄 풀, 가을바람 이 몸을 늙게 하니　　　　　　　　春草秋風老此身
　　　한 표주박 술에 길이 취해 집안 가난 내맡기네　　一瓢長醉任家貧
　　　깨어나면 다시 부평초처럼　　　　　　　　　　　醒來還愛浮萍草
　　　관직을 포기하며 남에게 부탁할 일 없음을 만족하네."　漂寄官河不屬人

　　그의 악부시가는 고아수절高雅殊絶하여 채염蔡琰의 〈호가십팔박胡笳十八拍〉
을 모방하여 당시 인구人口에 회자膾炙되었다. 그는 또한 산수山水, 수석
樹石의 그림에 뛰어났었다. 그는 처음 오군吳郡 사람 장조張璪를 스승으로
배웠으나 뒤에는 스스로 일가의 풍격을 이루었으며, 장조가 형주사마衡州
司馬로 폄직되자 유상은 이를 슬피 여겨 시를 짓기도 하였다.

유상은 도가의 신선술을 선모하였으며 일찍 연금수골煉金修骨을 익혀 의흥義興 호부胡父의 물가에 은거하여 은사들과 사귀었다. 그 때문에 그는 충허이거沖虛而去하여 신선이 되었다는 전설을 남겼다. 그러니 가히 강해江海 에도 흔적을 남기지 않고, 영원히 산림 속을 가버린 자라고 할 수 있다.

문집 10권이 있어 지금도 전하며 무원형武元衡이 이에 서문을 썼다고 한다.

劉商:

商, 字子夏, 徐州, 彭城人. 擢進士第. 貞元中, 累官比部員 外郎, 改虞部員外郎. 數年, 遷檢校兵部郎中. 後出爲汴州觀 察判官, 辭疾挂印, 歸舊業. 商性好酒, 苦家貧, 嘗對花臨月, 悠然獨酌, 亢音長謠, 放適自遂.

賦詩曰: 『春草秋風老此身, 一瓢長醉任家貧. 醒來還愛 浮萍草, 漂寄官河不屬人.』

樂府歌詩, 高雅殊絶, 擬蔡琰〈胡笳曲〉膾炙當時. 仍工畫山水 樹石, 初, 師吳郡張璪, 後自造眞. 張貶衡州司馬, 有惆悵之詩.

好神仙, 煉金骨, 後隱義興胡父渚, 結侶幽人, 世傳沖虛而去, 可謂江海冥滅, 山林長往者矣.

有集十卷, 今傳, 武元衡序之云.

【彭城】 지금의 江蘇省 徐州市.

【汴州】 州治는 開封이었으며 지금의 河南省 開封市.

【春草秋風老此身】 이 詩는 《全唐詩》(卷304)에 수록되어 있으며 제목은 〈醉後〉 이다. 詩 全文이다.

【胡笳十八拍】 《郡齋讀書志》(卷2)에 〈胡笳十八拍〉 1卷이 著錄되어 있으며

晁公武의 注에 "右唐劉商撰, 漢蔡邕女琰爲胡騎所掠, 因胡人吹蘆葉以爲歌, 遂翻爲琴曲, 其辭古淡, 商因擬之, 叙琰事, 盛行一時"라 하였고, 《直齋書錄解題》(卷15)에도 〈四家胡笳詞〉 1卷을 著錄하면서 "蔡琰, 劉商, 王安石, 李元白撰"이라 하였다. 劉商의 〈胡笳十八拍〉은 《全唐詩》(卷303)에 실려 있다.

【蔡琰】 蔡邕의 딸이며 이름은 文姬이다. 漢末 대란 때 南匈奴에게 붙들려가 12년 동안 고통을 겪고 그 겪은 일을 〈胡笳十八拍〉이라는 글로 남겼다.

【張璪】 '張藻'로도 쓰며 그림에 뛰어났다. 《唐朝名畫錄》에서는 그의 그림을 神品에 넣었다. 《歷代名畫記》(卷10)에 傳이 있다.

【衡州】 州治는 衡陽으로 지금의 湖南省 衡陽市.

【詩】 《歷代名畫記》(卷10) 劉商條에 "自張貶竄後, 嘗〈惆悵賦詩〉曰: '苔石蒼蒼臨澗水, 谿風裊裊動松枝. 世間惟有張通會, 流向衡陽那得知?'"라 하였다. 이는 《全唐詩》(304)에 〈懷張璪〉로 실려 있다(《歷代名畫記》의 詩와 같다).

【義興】 潤州에 속하며 지금의 江蘇省 宜興縣.

【沖虛】 《莊子》 逍遙游에 列子를 '御風而行.'즉 '신선이 되어 날아다니다'라는 뜻으로 썼으며, 唐 玄宗은 道敎를 신봉하여 天寶 元年에 列子를 '沖虛眞人'이라 하였고 《列子》 책도 《沖虛至德眞經》이라 하였다. (《莊子》는 함께 《南華眞經》으로 하여 道家의 經으로 삼았다.)

【武元衡】 104 참조. 武元衡은 劉商을 위해 〈劉商郎中集序〉를 썼으며 이 文章은 《全唐文》(卷531)에 실려 있다.

참고 및 관련 자료

1. 유상(劉商)

자는 子夏이며 그의 文集은 《新唐書》(藝文志, 4)에 《劉商詩集》 10卷이 著錄되어 있고 《直齋書綠解題》(卷19)에도 《劉虞部集》 10卷이 있으며 《宋史》(藝文志, 7)에 《劉商集》 10卷이 기록되어 있어 元나라 때까지도 전해왔음을 알 수 있다. 그의 詩는 《全唐詩》(303·304)에 2卷이 수록되었으며 卷883에 1首가 실려 있고, 《全唐詩續拾》에 殘句 1句가 補入되어 있다. 그 외에 《唐詩紀事》(卷32)에 관련 기록이 실려 있다.

2. 《唐詩紀事》 卷32

商, 彭城人, 居長安. 劉禹錫作高陵令劉仁師遺愛碑云:「武德名臣刑部尙書德威三代孫, 大曆中詩人商之猶子, 其名重如此.」商終於檢校禮部郎中·汴州觀察判官.

3.《全唐詩》卷303

劉商, 字子夏, 彭城人. 少好學, 工文, 善畫. 登大曆進士第, 官至檢校禮部郎中, 汴州觀察判官. 集十卷, 今編詩二卷.

4. 〈醉後〉(《全唐詩》卷304)

『春草秋風老此身, 一瓢長醉任家貧. 醒來還愛浮萍草, 漂寄官河不屬人.』

5. 〈懷張璪〉(《全唐詩》卷304)

『苔石蒼蒼臨澗水, 陰風裊裊動松枝. 世間唯有張通會, 流向衡陽那得知.』

임동석(茁浦 林東錫)

慶北 榮州 上茁에서 출생. 忠北 丹陽 德尙골에서 성장. 丹陽初中 졸업. 京東高 서울 敎大 國際大 建國大 대학원 졸업. 雨田 辛鎬烈 선생에게 漢學 배움. 臺灣 國立臺灣師範 大學 國文硏究所(大學院) 博士班 졸업. 中華民國 國家文學博士(1983). 建國大學校 敎授. 文科大學長 역임. 成均館大 延世大 高麗大 外國語大 서울대 등 大學院 강의. 韓國中國言語學會 中國語文學硏究會 韓國中語中文學會 會長 역임. 저서에《朝鮮 譯學考》(中文)《中國學術槪論》《中韓對比語文論》. 편역서에《수레를 밀기 위해 내린 사람들》《栗谷先生詩文選》. 역서에《漢語音韻學講義》《廣開土王碑硏究》《東北 民族源流》《龍鳳文化源流》《論語心得》〈漢語雙聲疊韻硏究〉등 학술 논문 50여 편.

임동석중국사상100

당재자전 唐才子傳

辛文房 撰 / 林東錫 譯註
1판 1쇄 발행/2010년 12월 12일
발행인 고정일
발행처 동서문화사
창업 1956. 12. 12. 등록 16-3799(윤)
서울강남구신사동540-22 ☎546-0331~6 (FAX)545-0331
www.epascal.co.kr
잘못 만들어진 책은 바꾸어 드립니다.

＊

＊

사업자등록번호 211-87-75330
ISBN 978-89-497-0642-9 04080
ISBN 978-89-497-0542-2 (세트)